U0945061

苏州院士

上

纪顺俊 主编

文匯出版社

《苏州院士》编委会名单

序

名城苏州，名家荟萃。苏州是古代的“状元之乡”，自古有“苏州文盛出状元”之说。在当代，苏州院士多达110余位，是名副其实的“院士之乡”。从古代的“状元之乡”，到当代的“院士之乡”，充分彰显了苏州地区经济、文化、教育、科技事业的繁荣发达，展示了文化苏州的独特魅力。

作为一种独特的文化现象，苏州盛产状元和院士不是偶然的。苏州自古就有崇文重教的优良传统，文化教育事业十分发达，文风鼎盛，名家辈出。据史料记载，苏州自春秋“泰伯逊天下，季札辞通国，德之所化者远矣”。历史上，“因士类显名于历代，而人尚文”。从范仲淹兴办义学，到近代开新学风气之先，再到现代教育事业的繁荣兴盛，都充分体现了苏州在人才培养方面的薪火相传和一脉相承。

一方水土养育一方人。无论是在战火纷飞的苦难岁月，还是激情燃烧的和平时期，苏州院士的成长成才过程深得苏州源远流长的历史文化的浸染和熏陶，与家乡结下了深厚的情缘。苏州院士既是苏州人民的优秀儿女，又是苏州人民的荣耀和楷模，更是今天苏州科技创新发展的重要支撑力量。气贯长虹、充满人文气质的人才群落，不仅革新和丰富了苏州文化的历史和现实内涵，成为新时期弘扬和传承苏州文化的标本和载体，也是苏州文化繁荣发展的宝贵资源和靓丽的城市名片以及闪光的金字招牌。

院士是我国科学和工程技术领域的最高学术荣誉称号，具有崇高的荣誉和学术上的权威性，代表我国科技队伍的最高水平和声誉。

苏州院士呈现四个主要特色：一是数量众多，在全国地级市中列居首位。二是贡献巨大，从“两弹一星”元勋王淦昌、建筑大师贝聿铭，到诺贝尔奖得主李政道、朱棣文等等，都在科学技术领域做出杰出贡献，在国内外享有盛誉。

三是家学渊源，苏州院士中出现了诸如夫妻院士吴仲华、李敏华，叔侄院士时钧、时铭显，兄弟院士王守武、王守觉，堂兄妹院士唐孝威、唐孝炎等，传为佳话。四是情系家乡，尽管很多苏州院士工作在外，却始终关心支持家乡的建设与发展，无论是领衔设立研发基地、建立院士工作站，还是著书立说、做学术或科普报告，都倾心为之，点点滴滴，凝聚着院士们对家乡的一片挚爱深情。

在苏州院士身上，既展示了独特的个性魅力，又体现了鲜明的时代精神。一是不畏艰险、百折不回、奋力攀登科学高峰的精神；二是开拓进取、追求真理、勇于创新的精神；三是胸怀世界、报效祖国、不求名利、无私奉献的精神；四是热爱家乡、感恩回馈的赤子情怀。在苏州加快转型升级、推进“三区三城”建设和率先基本实现现代化的关键时期，实施创新引领战略，推进科技创新工程，加快转变发展方式，建设智慧型城市，离不开高素质创新型人才的支撑。大力宣传苏州院士成长成才的先进事迹和奋斗历程，弘扬他们奋发图强、开拓进取、勇于创新、情系祖国、热爱家乡、献身科学事业的精神，具有重要的时代意义和现实价值。

近年来，苏州市委、市政府高度重视苏州院士工作，把联络服务苏州院士作为人才战略的重要一环。1997年以来，苏州市图书馆建立了院士展厅，作为爱国主义教育基地；2006年开始，苏州连续举办五届院士论坛，设立了两院资深院士联谊会常设机构；2012年4月，苏州市名人馆“院士厅”专题介绍苏州院士的相关事迹；苏州各级档案部门也积极开展院士档案的征集。苏州院士精神是苏州城市精神的集中体现，也是苏州文化的重要组成部分。如何进一步弘扬苏州院士精神，增强苏州文化软实力，促进苏州市民科学素质的提高，为实现苏州社会现代化与人的现代化提供精神动力，是一个值得研究并加以重视的课题。苏州市要紧紧围绕增强苏州文化软实力和提高市民科学素质这两个中心任务，充分挖掘苏州院士资源，发挥“院士效应”，提升苏州院士的感召力和美誉度，营造良好社会氛围，将苏州院士所体现出来的民族精神和时代精神纳入社会主义核心价值观的宣传教育之中。

由苏州市科学技术协会和苏州市档案局(馆)合作编撰出版的《苏州院士》一书，为展示苏州院士风采、进行市情教育和爱国主义教育提供了丰富而生动的教材。这是我市促进文化大发展大繁荣的一件好事，也是我市科技界全面贯彻落实人才强市战略，提升市民科学素质的一个重要举措，对于弘扬院士科学精神、普及科学知识、启迪青少年、激发有志者，无疑具有重要的时代价值和深远的社会意义。《苏州院士》一书以生动的笔触将院士奋进而感人的为人为学事迹娓娓道来，通过丰富生动的照片资料呈现不同时期的院士风采，展示了院士鲜明的个性气质和人格魅力，体现了院士和家乡之间的情感交融，既具有较强的可读性，又体现丰富的思想文化内涵。相信《苏州院士》将成为研究苏州院士的权威工具书、提升广大市民科学素养的科普书、宣传推介苏州文化软实力的教科书，也必将成为文化苏州百花园中又一枝绚丽多姿的花朵。

江山代有才人出，一代更比一代强。愿苏州院士和院士精神成为提升市民素质的强大引擎，推动苏州科教园地涌现出更多的杰出人才！

中共江苏省委常委
苏州市委书记

2013 年 8 月

目录

夏坚白
丈量天地　测绘人生

夏坚白(1903.11.20—1977.10.27),江苏常熟人。毕生致力于我国测绘教育事业,是我国大地天文学的奠基人,并在提高天文方位角测定精度方面做了大量的研究工作,为组建我国测绘教育机构和发展测绘科学事业做出了重要贡献。

童年时代在家乡就读私塾、小学。1921 年赴沪,相继在上海公学、中国公学和浦东中学学习。1925 年 10 月,考取清华大学土木工程学系。1929 年 7 月毕业后,留校任教。1934 年 8 月,获“庚子赔款”奖学金留学英国,进入伦敦大学帝国学院攻读测量学。1935 年 7 月,取得该院特许工程师文凭。同年 8 月,赴德国柏林工业大学测量系学习。1937 年 7 月,获该校特许工程师文凭,继而攻读大地测量学博士学位。1939 年 8 月,获该校工学博士学位。

1939 年 10 月,夏坚白毅然回到正遭受日军侵略的祖国,到抗战大后方任同济大学测量系副教授、中国地理研究所大地测量组副研究员,后任同济大学教授。1944 年,被聘为中央测量学校教授兼教育处长。其间,进行了一系列教育改革,改设大地测量、航空摄影测量、地形测量、制图和测绘仪器制造 5 个专业,并将大专体制的学校改成高等军事测绘学校。1948 年 7 月,上海同济大学聘请夏坚白任测量系教授,兼任教务长。同年 12 月,任校长。上海解放前夕,在中共地下组织的动员

1956 年，夏坚白在武汉测量制图学院成立大会上讲话

下，夏坚白不顾国民党特务的胁迫，不仅自己不离开上海，还劝说叶雪安等著名测绘专家不去台湾，掩护著名桥梁专家李国豪等人避开特务追捕，为新中国保护了重要人才；同时，担任同济大学应变组织主任委员的夏坚白，以校长身份保护全校师生员工，组织护校、护产和储粮，使同济大学完好地回到人民手中。

新中国成立后，夏坚白任同济大学校务委员会主任，后任副校长、校委会副主任等职。在夏坚白和测绘界人士的不断努力下，测绘科学成为一门独立学科，全国人大常委会也于 1955

1934 年，夏坚白在德国柏林工业大学航测实验室

1938 年，夏坚白在意大利罗马列席国际摄影测量会议。左起：王之卓、黄维树、陈永龄、夏坚白

年 1 月批准设立国家测绘总局。1955 年 6 月，夏坚白被选聘为中国科学院生物学地学部学部委员（院士），成为全国测绘界第一位学部委员。1955 年 1 月，夏坚白发起并主持召开全国高等测绘教育经验交流座谈会，倡议创建一所专业齐全的测绘学院。同年 6 月，国务院任命夏坚白为筹委会副主任，具体领导筹建武汉测量制图学院。1956 年 9 月，武汉测量制图学院建成开学（1958 年更名武汉测绘学院）。武汉测绘学院诞生后，夏坚白担任院长，远赴外地邀聘测绘专家来校任教，并聘请苏联测量专家来校担任顾问和讲学。与此同时，1956 年 7 月，夏坚白负责筹建中国测量制图学会。1959 年 2 月，中国测量制图学会（后更名中国测

1954年,同济大学党委书记兼校长薛尚实(右一)、副校长夏坚白(左一)会见苏联土建专家

1957年12月,夏坚白(前排中)出访苏联时会见苏联测绘界同行

绘学会)成立,夏坚白任副理事长。

1970年10月,夏坚白被调往华中师范大学英语教材组编写英文教材。1972年7月,夏坚白给华中师大领导写报告,希望利用业余时间继续钻研测绘专业,得到支持。他自费购买、预订国内影印的外国测绘期刊,钻研学习。在华中师大和湖北省有关方面的支持下,组建了卫星大地测量研究组。1972年,夏坚白在湖北省委召开的高级知识分子座谈会上呼吁恢复我国的测绘体制,并写信给周恩来、郭沫若等人,呼吁恢复国家测绘总局、武汉测绘学院和测绘研究所。1973年5月,国务院通知重建国家测绘总局、武汉测绘学院和测绘研究所。1974年4月,夏坚白回到重建后的武汉测绘学院。

夏坚白代表作有《应用天文学》、《养路工程学》、《测量平差法》、《航空摄影测量学》、《大地测量学》、《实用天文学》、《大地天文学》等。

(撰稿:吕惠峰)

李强
从虞山走出的全能型专家

李强(1905.9.26—1996.9.29),原名曾培洪,字幼范。江苏常熟人。无产阶级革命家,无线电专家,经济专家。

李强曾就读于南洋路矿学校土木工程专业,在五卅运动中成长为学生运动领袖,加入共产主义青年团,不久转为中共党员。1926年2月,创建常熟第一个党组织——中共常熟特别支部,并担任支部书记。

1927年5月,李强在武汉任中央军委特务科特务股股长。1928年10月,中共中央特别行动科在上海成立,李强任第四科(负责交通、通信)科长。根据周恩来指示,自制中共第一部无线电台,并参与培养中共第一批无线电人才。1929年底,奉命到香港九龙建立第二个秘密无线电台。次年1月,沪港两地通报成功,成为中共自己制造的第一对通报电台。1932年,中共中央的声音已能通过秘密电台及时传达到全国各大根据地。1931年,中央特科负责人顾顺章被捕叛变,李强在协助周恩来等转移后,前往莫斯科,他在苏联邮电部通信科学院学习、研究,发表《发信菱形天线》,在苏联无线电界引起震动,被苏联政府提升为研究员,成为全苏联7位无线电专家之一,其研究成果被命名为"李强公式"。

1938年年初,李强来到延安,白手起家,办起了枪炮厂、炸药厂、炼钢厂、制药厂、炼油厂等军工企业。1939年4月,生产出陕甘宁边区第一支七九步枪,

1944 年，毛泽东为李强题词“坚持到底”

这是我军军工史上自己制造的第一支步枪。仅 1939 年至 1943 年，延安军工厂就生产了步枪近万支、手榴弹 58 万颗、迫击炮弹近 4 万发。其间，他顶住政治压力，保护了沈鸿、钱志道等专家、工程师。1944 年，毛泽东为其亲笔题词“坚持到底”。此后，担任延安自然科学院第四任院长。解放战争时期，李强受命建造短波广播发射台，把新华社的声音传向全世界。新中国成立后，李强担任广播事业局局长，成为新中国广播事业的奠基者。1955 年，因其在无线电领域的成就被选聘为中国科学院技术科学部学部委员(院士)。

1952 年 8 月，李强被任命为对外贸易部副部长兼驻苏联大使馆商务参赞。他既是苏联援华建设项目的见证人和执行者，又在苏联单方面撕毁协议撤走技术专家和技术资料

20 世纪 40 年代，李强在延安军工局讲课

1963 年 4 月，李强（二排右）率中国贸易代表团赴莫斯科贸易谈判期间去列宁墓献花圈

时奉命与对方进行斗争。“文革”期间，他在极其复杂困难的情况下开展外贸工作，同时出任国务院援越运输领导小组办公室负责人，主持援越物资运输工作长达十余年。1995 年 10 月，越南政府向李强授予友谊勋章。1973 年，任对外贸易部部长，向周恩来提出扩大外贸范围，为国家多赚外汇，并开展了期货贸易，使得整个外贸局面趋于活跃。

年逾古稀的李强第一个向中央提议利用外国贷款，首次引进美国可口可乐生产线，最先促进对外开放。

李强是第九届至第十一届中央委员会委员，第三届至第五届全国人大代表。1981 年，担任国务院顾问。1982 年，担任中央顾问委员会委员。1996 年 9 月，李强逝世，中共中

1977 年 11 月，李强（右三）访问英国时出席撒切尔夫人冷餐会

1981 年 8 月 25 日，在欢迎美国前总统卡特的宴会上，李强与卡特握手

1978 年 4 月 4 日，李强访问德国期间与德国总理施密特会晤

1973 年 10 月，李强（中）参观常熟工厂

央给予高度评价，称他为“中国共产党的优秀党员，久经考验的忠诚的共产主义战士，无产阶级革命家”，“他不仅是革命家，而且是科学家和经济专家，是我党一位难得的复合型人才，在科研领域、军工生产领域、广播电讯领域和外经贸领域都做了奠基性或开创性工作”。

1997 年 4 月，常熟市在虞山建立纪念墓碑，隆重举行李强部分骨灰撒埋和“李强叶落归根处”揭牌仪式，李强回到了故乡常熟。

（撰稿：吕惠峰）

戴松恩
三把“金钥匙”彰显人生高度

戴松恩(1907.1.6—1987.7.31),江苏常熟人。作物育种和细胞遗传学家。

戴松恩早年丧父,跟随摆摊糊口的母亲艰难度日,相依为命。9岁进入东唐市初级小学。1920年,以第一名的成绩毕业,免费升入苏州晏成中学。1925年,因成绩优异被金陵大学农业专修科免试录取,从此走上农业科技道路。

1926年6月,戴松恩又以第一名的成绩毕业,并留在金陵大学农学院农艺系任助理,协助沈宗瀚进行小麦、水稻遗传育种研究工作,对创造优良新品种产生了浓厚兴趣,立志做一名作物遗传育种专家。为此,自学遗传学理论、育种学原理及方法等基础课程,并以工读方式插入金陵大学农学院作物遗传育种专业二年级学习。1931年,再次以第一名的成绩毕业,获农学士学位,被学校授予金钥匙奖。1933年,考取清华大学公费留美生,进入美国康奈尔大学研究生院攻读作物育种及细胞遗传学。1936年冬,获得博士学位,并被选为美国“西格玛赛”(Sigma Xi)荣誉学会会员,获得该学会金钥匙奖。1937年2月,婉拒导师的挽留,毅然回国,任职于中央农业实验所。

戴松恩从20世纪20年代中期即开始进入作物遗传育种研究领域,是我国较早从事这方面工作的学者之一。至30年代,利用来自中国、苏联、美国的小麦品种进行杂交研

1958 年 8 月 14 日，全国春小麦现场会议全体代表合影。二排左七为戴松恩

1940 年 10 月，戴松恩（中）在贵阳中央农业实验所开展玉米、烟草和油菜的育种试验

1957 年 11 月，戴松恩（右一）随同以郭沫若为团长的中国访苏科学技术代表团赴苏联考察访问

究，发表博士论文《中俄美小麦品种杂交之遗传研究》。这种规模的遗传研究为国内首创。1938 年，在贵阳对烟草、玉米和油菜生产进行深入考察，发现贵阳地区适宜发展烟草种植，引进美国烟草品种，经三年试验，于 1940 年第一次在贵阳地区种植出烟草新品种，并示范推广育苗、移栽、管理、采收以至烤烟技术，为后来贵州烟草事业发展奠定基础。针对国外专家散布在严格接种的条件下，小麦品种都要感染赤霉病的悲观论点，对已搜集到的小麦品种材料进行了连续四年的抗病性鉴定试验，于 1941 年发表《小麦赤霉病抗病性研究》，指出在严格接种条件下中国小麦品种中有对小麦赤霉病表现抵抗的材料，并以云南“牟定火麦”为例，论证了选育抗病品种的可能性。

新中国成立后，戴松恩历任华北农业科学研究所副所长，中国农业科学院作物育种栽培研究所副所长、副秘书长、研究生院副院长，曾担任中国作物学会副理事长兼秘书长、中

1979年6月，戴松恩（前右二）等在原子能所试验小麦地进行小麦非整倍体研究的杂交工作

戴松恩（左）在指导科研人员进行小麦杂交工作

国农学会常务理事等职。1955年，被选聘为中国科学院生物学地学部学部委员（院士）。1978年起，为弥补我国在小麦育种基础理论及方法上与国外的差距，主持"小麦非整倍体研究"。1980年，主持召开全国小麦非整倍体研究讨论会，并发表《为什么研究小麦非整倍体》及《小麦非整倍体》（译文）等文章。他和助手、研究生进行了各种变异类型的细胞遗传学研究，为开创小麦育种的新途径进行了有益的尝试。

1956年2月，戴松恩递交第一份入党申请书。1982年，75岁高龄的他第二次递交入党申请书，终于如愿以偿，他说："我又获得了第三把金钥匙。"戴松恩晚年体弱多病，健康状况恶化，却始终牢记周恩来接见时的嘱托"希望你用科学技术增多小麦，让人人都能吃上白面"，一如既往坚持科研和教育工作。

（撰稿：吕惠峰）

王淦昌
中国核武器研制的奠基人

王淦昌(1907.5.28—1998.12.10),江苏常熟人。4岁、13岁时,父母先后去世,自小立下"精忠报国"志向的王淦昌刻苦学习,先读私塾,1915年转入太仓沙溪小学,四年后随亲戚赴上海,就读浦东中学。

1929年,王淦昌毕业于清华大学物理系。大学期间受到著名物理学家叶企孙、吴有训等指导和赏识。1930年,考取官费留学生,赴德国柏林大学,进入德国最著名的威廉皇家化学研究所放射性物理研究室,1933年获博士学位。1934年4月回国,先后任山东大学物理系教授,浙江大学物理系教授、系主任。1950年至1956年,任中国科学院近代物理研究所研究员、副所长。1955年,被选聘为中国科学院数学物理化学部学部委员(院士)。1956年至1960年,任苏联杜布纳联合原子核研究所研究员、副所长。1961年至1978年,回国任第二机械工业部九院副院长,参与领导核武器研制工作。1978年至1982年,任二机部副部长,兼任原子能研究所(今中国原子能科学研究所)所长。1979年,加入中国共产党。1980年,当选为中国科协第二届全国委员会副主席、中国核学会理事长。1982年,任二机部科学技术委员会副主任。1988年,任中国核工业总公司科技顾问。历任九三学社常委,中央参议委员会主任、名誉主席。

在70余年的科研生涯中,王淦昌始终活跃在科学前沿,取得多项令世界瞩目的科学成就。1941 年，提出验证中微子存在的实验方案并为实验所证实。1953 年至 1956 年，领导建立云南落雪山宇宙线实验站，使我国宇宙线研究进入国际先进行列。1959 年，在苏联杜布纳联合原子核研究所领导一个研究小组，在世界上首次发现反西格玛负超子。1964 年，和苏联巴索夫院士同时提出用激光打靶实现核聚变的设想，是世界激光惯性约束核聚变理论和研究的创始人之一，也使我国在这一领域的研究工作走在世界前列。1984 年，领导开辟了氟化氪准分子激光惯性约束聚变研究的新领域。曾参与我国原子弹、氢弹

王淦昌（左）与聂荣臻（中）、朱光亚在核试验基地

1956 年至 1960 年，王淦昌（右）在苏联杜布纳联合原子核研究所

1956 年至 1960 年，王淦昌（右三）在苏联杜布纳联合原子核研究所

原理突破及核武器研制的试验研究和组织领导，是我国核武器研制的主要奠基人之一。在爆轰试验、固体炸药工艺研究和新型炸药研制，以及射线测验和脉冲中子测验方面，指导解决了一系列关键的技术问题。

王淦昌既是伟大的科学家，也是具有高风亮节的模范。抗战时期，王淦昌积极宣传抗日，募捐废铜铁，帮助政府制造枪炮。1960 年底，王淦昌在杜布纳联合原子核研究所任满回国前，向中国驻苏联大使馆捐献了 4 年积蓄 14 万卢布。1982 年，因为早年发现反西格马负超子，荣获国家自然科学奖一等奖，王淦昌把奖金全部捐赠给原子能研究所职工子弟中学，作为奖学金。

1983 年，美国提出“星球大战”计划，欧洲也有“尤里卡”计划，在世界上产生震动。具有强烈历史使命感的王淦昌和王大珩、杨嘉墀、陈芳允在同年 3 月联名给中共中央写信，提出《关于跟踪研究外国战略性高技术发展的建议》。此建议受到高度重视，中共中央、国务院批准了《高技术研究发展计划纲要》（即“863”计划），从世界高技术发展的趋势和中国的需求出发，

1984 年，王淦昌（右六）率核安全代表团访问联邦德国

1984 年，王淦昌（中）参观联邦德国加兴等离子体研究所

1985 年，王淦昌（右）在实验室指导惯性约束核聚变实验工作

向中央提出发展高技术建议（“863”计划）的四位科学家。
左起：陈芳允、王大珩、杨嘉墀、王淦昌

选择了生物、航天、信息、激光、自动化、能源和新材料 7 个领域作为我国发展高技术的重点。从此，中国踏上了世界高科技竞争的起跑线。“863”计划的影响极其深远。

由于对我国科学技术事业和国防建设的卓越贡献，王淦昌曾荣获 2 项国家自然科学奖一等奖、1 项国家科学技术进步奖特等奖和首届何梁何利基金科学与技术成就奖。1999 年，被追授“两弹一星”功勋奖章。

2002 年 5 月 28 日，王淦昌 95 周年诞辰之际，为纪念这位科学巨匠，常熟市支塘中学更名为“王淦昌中学”。2003 年 9 月 17 日，国家天文台将发现的一颗小行星正式命名为“王淦昌星”，以表彰王淦昌在核物理、宇宙线、粒子物理研究以及核武器研制中的杰出贡献。2004 年 10 月，《王淦昌全集》由河北教育出版社出版，共分为 6 卷，包括学术论文、专著、讲话、书信以及向中央部委提出的建议、意见等，这是王淦昌留给后人的宝贵科学文献。

（撰稿：吕惠峰）

周同庆
一生与光同行

周同庆(1907.12.21—1989.2.13),江苏昆山人。物理学家,被誉为我国光学、真空电子学和等离子体物理学研究的先驱者。曾研制出我国第一台声纳测深仪、我国第一只医用X光管和高压整流管。

周同庆生长在一个知识分子家庭,祖居位于昆山玉山镇北后街。父亲周梅初是中学国文教师,新中国成立后曾任昆山县副县长。周同庆年仅14岁时,只身离家远行,到南京就读于东南大学附中。1925年夏,以第一名的成绩考取了清华大学物理系,得到叶企孙、吴有训等良师的精心指导。1929年夏,周同庆又以第一名的成绩从清华大学毕业。随后,获"庚子赔款"奖学金赴美留学,进入普林斯顿大学物理系就读,先后发表了3篇学术论文:《氩放电管中的振动和移动辉纹》(1931)、《二氧化硫的发射和吸收光谱》(1931)和《二氧化硫的光谱》(1933)。在获博士学位时,得到普林斯顿大学校长亲自授予的金钥匙奖,但他没有舍得花美元购买那把金钥匙,仅带回一纸奖状。1933年春,周同庆回国担任北京大学物理系教授,兼任母校清华大学物理系教授,时年25岁。1936年,周同庆应聘到南京中央大学物理系任教并担任系主任。抗日战争全面爆发,他随中央大学迁往重庆。1943年,又受聘到迁往重庆的上海交通大学物理系工作。1952年,全国高校院系调整时被调入复旦大学,担任物理系系

20 世纪 50 年代的周同庆

20 世纪 50 年代,周同庆(右)与谈家桢(遗传学家)交谈

务委员会主任、X 光管研究室主任、光学教研室主任,还担任过复旦大学工会主席。1955 年,被选聘为中国科学院数学物理化学部学部委员(院士)。在当时的复旦大学教授中,被选为中国科学院院士的,仅陈建功、苏步青、周同庆三位。1956 年,周同庆被评为一级教授,同年加入中国民主同盟。曾担任过中国物理学学会理事,上海市第一、第二届物理学会理事长,全国政协委员,上海市第五届政协常委,第三届全国人大代表,第三届上海市人大代表。

抗日战争期间,周同庆随校迁至重庆,与当时的中央水工实验所合作,研制成功超声发生器、超声探测器等,经组装联合,终于创制出一种叫作"磁致伸缩式高频声波自动记录回声测深仪"(简称水声回响仪),这项研究成果解决了军事上测量河道水深的难题。

新中国成立伊始,遭到了西方国家的封锁,为了适应当时国家急需医用 X 光设备,同时也因上海地区防空雷达网和电讯方面对真空电子管的需要,周同庆提出要独立自主地开展研制 X 光管工作的意见。随后成立了"电子管研究工作委员会",周同庆担任主任委员,负责全面工作。在短短的两年时间

1954 年，周同庆（右）与方俊鑫（固体物理学家）设计试制 X 光管

里，就自力更生地解决了一系列关键性的设备，逐个攻破研制 X 光管的许多技术性难题。1953 年 3 月成立了“X 光管研制实验室”，试制国产 X 光管。X 光管研制成功后，于 1955 年移交南京电子管厂生产。国产 X 光管全部利用国产材料和自主知识产权试制成功，不仅冲破了外国的技术封锁，填补了国内空白，节省了大量的外汇，更重要的是推动了我国电真空器件的设计和制造进入新阶段，也推动了我国高真空技术的发展。与此同时，复旦大学物理系也在周同庆等进行实验研究的基础上，开展真空物理、固体发光、电介质物理、原子分子光谱等方面的研究，后来都发展为独立领域，并取得丰硕成果。

1956 年，周同庆参与制定我国《1956—1967 年科学技术发展远景规划纲要》，与王大珩一起主持制定物理学规划中的光学部分，为推动我国光学学科的发展做出了贡献。1957 年，他邀请各大学的光谱学教师到复旦大学，研讨我国高等学校光谱学的教学和科

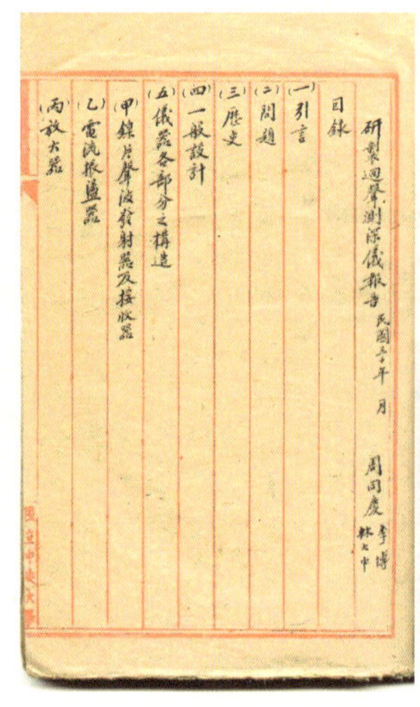
研製迴聲測深儀報告 民國三十年 月 周同慶 李博 林大中

目錄

(一)引言
(二)問題
(三)歷史
(四)一般設計
(五)儀器各部分之構造
(甲)鎳片聲波發射器及接收器
(乙)電流振盪器
(丙)放大器

1941 年，周同庆手稿

周同庆（左一）和王福山教授（左二）等人合影

研，对我国光谱学的发展起了推动作用。他和同事合作翻译的《原子物理学》，成为全国物理系统一教材；与卢鹤绂、许国保合编的《受控热核反应》，成为我国最早的介绍受控核聚变的专著；为等离子体及光谱等专业招收了多名研究生，在他的培养指导下，杨澄中、范章云、蔡驹、冯康、方俊鑫、华中一、蔡祖泉等，都成长为科学界的知名人士。

周同庆十分关心科学普及工作，曾专程来昆山做《人造卫星》的科普讲座。他的音容笑貌给家乡人民留下了深刻的印象。

周同庆在国内学术界有很高的威望，被誉为“北有吴头（吴有训），南有周公（周同庆）”，时称“江南一枝花”。他是一个毕生追求科学真理的爱国志士，是一个正正派派的学者，是一个值得在祖国教育、科学园地里竖立起铜像的人。

（撰稿：曹小芳、高云、张橙华、陆宜泰）

张青莲
10项原子量新值测定成国际新标准

张青莲(1908.7.31—2006.12.14),江苏常熟人。无机化学家、教育家,中国稳定同位素化学和重水研究的奠基人和开拓者。与人合作编著的《无机化学教程》是中国化学家自编的第一部基础无机化学教材。晚年从事同位素质谱法测定原子量的研究,完成的10项新值被国际采用为新标准。

张青莲曾就读于支塘正修蒙学堂(常熟市支塘中心小学前身)、苏州桃坞中学(苏州四中前身),并在中、英文等竞赛中名列榜首。1926年高中毕业,考入光华大学化学系。毕业后,到常熟孝友中学任教。一年后,考取清华大学研究生院,当时中国无机化学人才缺乏,他便选读无机化学专业,后以优异成绩公费出国留学。1934年秋,进入德国柏林大学物理化学系,在两年的重水研究中,共发表论文10篇,成为世界早期重水研究的经典文献。1936年6月获博士学位后,前往瑞典皇家科学院物理化学研究所做访问学者一年。其间,受到中央研究院化学研究所所长庄长恭邀请,被聘为副研究员。

张青莲为我国无机化学科研和教学人才的培养做了大量的基础工作。1938年起,历任光华大学、西南联合大学、清华大学教授,讲授无机化学、稀有元素化学等课程。1952年,全国高校院系调整,调入北京大学任教授,试点设立无机化学教研室,并担任主任。其间,作为教育部课程改

童年时期的张青莲

《无机化学丛书》作者们合影

革委员会化学组组长，组织编写《无机化学教程》，还担任教育部化学教材编审委员会副主任。1954年，主持苏联专家为全国各高校无机化学教师的培养工作。后在北京大学开设稀有元素、无机合成和同位素化学等课程，培养了许多无机化学方面的研究生与进修教师。

张青莲长期从事无机化学的教学与科研工作，对同位素化学造诣尤深。1933年发表的《五种硒酸盐新络合物的合成》是中国第一篇配位化学的论文。从1935年起，张青莲一直在进行重水和稳定同位素的研究，涉及十几种元素的同位素。1985年，测定标准平均洋水(SMOW)的25℃时的密度，数值达7位有效数，是1975年后国际上3项高度精密测定之一。1991年至2002年，主持实施测定10项原子量新值的长期计划，In、Ir、Sb、Eu、Ce、Er、Ge、Dy、Zn、Sm等10项原子量新值被国际原子量委员会正式确认为国际新标准值。其中，1991年测得铟元素(In)的精确原

1957 年，张青莲（右一）赴莫斯科红场参加同位素应用会议

1985 年 9 月，张青莲（右一）出席在法国里昂举行的第 33 届 IUPAC 代表大会，与中国代表团合影

子量 114.818±0.003，为国际原子量表增加了一个新数字。这是国际上第一次采用中国测定的原子量数据作为标准数据。1997 年，获国家自然科学奖二等奖。1998 年，获何梁何利基金科学与技术进步奖。

张青莲还积极参加专业领域内的社会活动和国际交流。1951 年至 1956 年，任中国化学会第十七届理事会常务理事（此后曾任该会第二十至第二十二届常务理事、理事）。1952 年至 1956 年，任《化学学报》主编。1955 年，被选聘为中国科学院数学物理化学部学部委员（院士），并参加筹建中国科学院化学研究所的工作，后兼任该所研究员。1981 年至 1992 年，任中国科学院化学学部副主任。1980 年后，任中国质谱学会首届理事长、国家科委稳定同位素分组组长等职。1983 年，在第 32 届国际纯粹与应用化学联合会代表大会上，张青莲当选为原子量与同位素丰度委员会衔称委员，成为我国第一个获此荣誉的化学家。

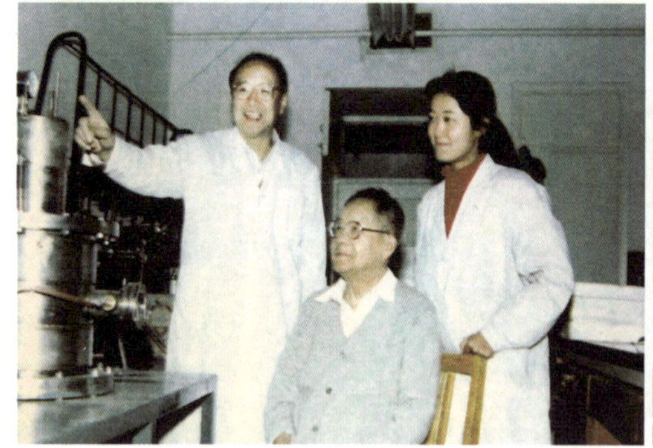

1987 年，张青莲（立者左三）参加在波士顿举行的国际原子量委员会会议

张青莲（坐者）在实验室

张青莲（左一）指导学生使用 CH-5 型质谱仪

由于张青莲在无机化学领域的卓越成就，人民教育出版社于 2000 年 3 月出版发行的全日制普通高级中学化学教科书收录了包括张青莲在内的中国两位杰出的化学家。2011 年 11 月，常熟市支塘中心小学更名为“常熟市张青莲小学”，以纪念这位伟大的化学家。

（撰稿：吴红红）

黄文熙
结构和水利的巨人

黄文熙(1909.1.3—2001.1.1),祖籍江苏吴江,生于上海。是我国土力学工程技术的奠基人、水利水电科学研究事业的开拓者。

少年时,因家庭生活比较困难,为了日后能有稳定的职业,黄文熙选择进入培养邮政和海关业务人才的上海民立中学就读。1929年,毕业于中央大学土木系,留校任教一年半。之后,他到上海慎昌洋行建筑部任结构设计员,参与了几座高层建筑物的结构设计。1933年,考取清华大学第一届留美公费生,主修河工专业。学校指定中国河工专业创始人李仪祉和沈百先为导师,安排在国内参观实习一年。1934年秋,赴美国就读依阿华大学。次年春,转入密歇根大学。同年,获硕士学位,并破格免试攻读博士。1937年,获密歇根大学博士学位。留学期间,黄文熙学习勤奋刻苦,常常每天学习14个小时以上,每年的成绩均为优。其博士论文《格栅法在拱坝、壳体和平板分析中的应用》提出拱坝分析格栅法,受到答辩委员们的称赞,并被授予“西格玛赛”荣誉奖章。当地报纸称赞他为“密歇根大学多年来才华最出众的学生,在结构和水利工程两个领域内取得了杰出的成就”。

抗战爆发前夕,黄文熙接受中央大学的邀请,毅然回国。因此时中央大学已内迁,他暂时留在浙江水利局和西安东北大学工作。1937年底,几经辗转到达重庆。此后,在中央大

1988年，黄文熙在科研教学50年学术报告会上

1989年，黄文熙在执教52周年暨80寿辰庆贺会上发言

学担任水利系教授、系主任，并兼任中央水利实验处特约研究员、土工实验室主任等职。1939年，把土力学这一新兴学科引入中国，在国内第一个开设土力学课程，并建立了国内大学第一个土工实验室。抗战胜利后，随校返回南京。20世纪40年代，黄文熙不顾身患肺结核病，仍坚持教学和科研工作，并创建了水工建筑物土壤地基的沉降量与地基中的应力分布理论，成为应力路径法的先驱。

1949年至1956年，黄文熙先后任南京大学、南京工学院、华东水利学院教授。其间，筹建了国内成立最早的水利水电科研机构——南京水利实验处，开创了泥沙、潮浪结构材料等新的研究领域，使其成为当时全国规模最大、水平最高的水利水电科研机构。1955年，被选聘为中国科学院技术科学部学部委员(院士)。1956年，参与制定我国《1956—1967年全国科学技术发展远景规划》。1956年起，任清华大学水利系教授，先后兼任水利水电科学研究院副院长、顾问，南京水利科学研究院顾问等职。

古稀之年的黄文熙依旧倾注于科研工作，提出运用有限的试验资料直接研究土的弹塑性模型的理论，经过10年的奋斗，建立"清华弹塑性模型"，获得国家自然科学奖三等奖。

黄文熙全家福

黄文熙在学校与工程研究机关工作了60多年，长期致力于水工结构与岩土工程的研究和实践，也培养了大批水利工程与岩土工程专门人才，还参加了淮河、黄河治理，西南水电建设以及宝钢、武汉长江大桥等国家重点工程的咨询和研究工作。1984年，中央征求水利专家关于三峡建设方案的意见。多数专家支持150方案（坝高150米），150方案比175方案堤坝矮25米，投资会大大减少，且当时国家经济较为困难，筑坝技术方面不能保证达到高质量的要求，黄文熙却坚决反对，要求所有的设计都必须按照坝高尽可能加高的方案设计。由于黄文熙等人的坚决反对，150方案没有立即实施，中央又对三峡调查、研究了十

黄文熙(右)指导博士生

黄文熙伏案阅读

几年。事后,黄文熙感慨地说:“中央为什么要找专家征求意见,是因为中央认为你在这个方面有专长,你了解情况,所以你在提意见的时候就要实事求是,说出这个事情是对人民负责。”

黄文熙是第三届全国人大代表,第二、第三届全国政协委员。曾任中国水利学会副理事长、名誉理事,中国水力发电工程学会副理事长,中国土木工程学会荣誉会员,土力学及基础工程学会理事长,中国力学学会名誉理事,还担任《水利学报》、《岩土工程学报》编委会主任,《中国科学》、《清华大学学报》编委等职。其代表性论文有《框架力矩直接分配法》、《水工建筑物土壤地基的沉降量与地基中的应力分布》、《砂基和砂坡的液化研究》、《土的弹塑性本构关系》、《圆拱形变方程及其在拱坝分析中的应用》等。出版专著《土的工程性质》等。

(撰稿:吴江)

张光斗
江河共工 星斗共魂

张光斗(1912.5.1—2013.6.21),江苏常熟鹿苑(今属江苏张家港)人。水利水电结构工程专家。中国科学院学部委员(院士)、中国工程院院士。

张光斗出身贫寒家庭。1924年小学毕业后,到上海南洋大学附属中学学习,后经上海交通大学预科升入上海交通大学土木工程学院,学习结构工程。1934年秋大学毕业后,以优异成绩考取了清华大学水利专业公费留美生。

在美国,张光斗发奋读书,1936年、1937年分别获得加州大学、哈佛大学硕士学位,由于学习成绩优异,获得了哈佛大学攻读博士学位的全额奖学金。七七事变给了张光斗极大的震动,他毅然放弃了继续深造的机会,回国参加抗日。他说:“国将不国,我心何安?”

回国后,张光斗先后担任了国民政府资源委员会龙溪河水电工程处设计课长和襄渡河水电工程处主任。20世纪30年代末至40年代初,主要负责设计了四川下清渊硐、桃花溪、仙女硐、鲸鱼口等我国首批小型水电站。1945年,担任国民政府资源委员会全国水电工程总处设计组主任工程师、总工程师,负责修建了上清渊硐、古田溪等中型水电站,并为三峡、钱塘江、柘溪、翁江、岷江等8处水电站地址进行勘测工作,收集了大量资料,首次估计我国蕴藏水能资源为2.5亿千瓦,为我国水电建设的发展开辟了道路。

新中国成立前夕,在华工作

1973 年，张光斗（右三）率中国大坝代表团参加西班牙第 11 届国际大坝会议

1981 年，美国加州大学伯克利分校校长萨克逊授予张光斗“哈斯国际奖”

的美国水电工程师力邀张光斗“逃离沉船”，赴美工作。然而他回答：“我是中国人，是中国人民养育了我，我有责任建设祖国，为人民效力。”国民党政府也曾多次下令，让张光斗把自己多年参与查勘、积累的水电资料送往台湾。在地下党的帮助下，张光斗巧施“掉包计”，将假资料交了出去，20 大箱真资料藏到地下保存。后来，他将这些资料全部捐赠出来，成为国家“一五”期间水电建设的重要依据。

新中国成立后，张光斗担任清华大学水工结构教研组主任期间，他意识到我国水利理论教学的贫乏，遂认真钻研，整合优化，探索了一套教学大纲，率先在我国开设了水工结构专业课，编写了国内第一本《水工结构》教材，同时，建立国内最早的水工结构实验室，开创了水工结构模型实验。20 世纪 50 年代初，负责承担黄河下游人民胜利渠的渠道工程，渠道建成后，安全、高效运行多年，使新乡地区成为全国有名的高产灌区，而且为黄河下游开堤建闸引水开创了先例。1954 年，作为中方主要专家和苏联专家一起开展黄河三门峡科学技术是第一生产力，要理论联系实际，既重视科学，又重视技术。
张光斗
一九九二年一月

张光斗手迹

水利枢纽的规划设计工作。由于成绩卓著，1955 年，被选聘为中国科学院技术科学部学部委员(院士)。同年，担任中国科学院水工研究室主任。1957 年至 1961 年，出任黄河三门峡水利枢纽工程技术主要负责人，为三门峡水利枢纽工程顺利建成做出了卓越的贡献。1958 年，担任水利电力部与清华大学合办的水利水电勘测设计院院长兼总工程师，负责设计密云水库，采用高沙砾坝薄壤土斜墙、深覆盖层混凝土防渗墙和防渗帷幕、土坝坝下导流廊道等创新技术，技术水平达到了国际先进。密云水库建成后，防治了潮白河下游洪水，成为北京市主要供水水源，受到各界的赞誉。

1973 年，张光斗参加葛洲坝工程设计，提出修改枢纽布置，加大二江泄洪闸，以减小大江截流水头，提出为砂页岩软弱地基上修建深齿墙混凝土闸坝等创新建议设计。葛洲坝工程获国家科技进步奖特等奖。

1978 年，张光斗担任清华大学副校长，兼任水电部水利水电科研院院长。20 世纪 80 年代，他全身心投入中国的水利建设，参加隔河岩、荆江分洪闸、官厅水库、大伙房水库、三门峡工程、五强溪水电站、东风水电站、二滩水电站、三峡工程、小浪底工程、龙滩水电站等设计，对枢纽布置、结构设计等提出创新意见，解决关键技术问题，保证工程安全可靠，在业内得到高度赞誉。1981 年获美国加州大学"哈斯国际奖"。1982 年，为墨西哥几座大坝工程提出咨询意见，解决复杂技术问题，被墨西哥工程科学院选为外籍院士。

1993 年 5 月，张光斗被国务院三峡工程建设委员会聘任为《长江三峡水利枢纽初步设计报告》审查核心专家组的组长，主持三峡工程初步设计的审查。在汇集 10 个专家组、126 位专家意见的基础上，他慎重研究，反复推敲，逐字逐句地核定最终审查意见。1994 年，当选为中国工程院院士(能源与矿业工程学部)。三峡工程开工后，张光斗担任国务院三峡建委三峡工程质量检查专家组副组长，每年至少两次来到三峡工地的施工现

年近九旬的张光斗(中)亲自下到三峡工程施工仓面观察混凝土浇筑情况

张光斗(中)出席清华大学校庆日活动

场进行检查与咨询。2000年末,耄耋之年的张光斗又一次来到三峡工地,为考察导流底孔的表面平整度是否符合设计要求,硬是从基坑攀着脚手架爬到56米高的底孔位置。之后,在质量检验总结会上,张光斗极力坚持修补导流底孔,以确保工程质量。

张光斗毕生为祖国水利事业操劳奋斗,功勋卓著,但虚怀若谷,淡泊名利。2000年北京蓝旗营的院士楼建成时,他说什么也不肯搬进去,说我的住房条件很好,新房还是让给年轻的院士吧。2000年以来,他在国内外屡获大奖,可他说:"我感到很惭愧,我只是做了应该做的一点事情,感到受之于人民多,为人民工作得少。"

(撰稿:缪宏)

王大珩
科学如昼　光华如珩

王大珩(1915.2.26—2011.7.21),祖籍江苏苏州,生于日本东京。应用光学专家、教育家,中国光学奠基人、开拓者和组织领导者。1936年毕业于清华大学,1938年赴英国留学。历任大连大学教授、中科院仪器馆馆长、长春光机所所长、国防科委十五院副院长、中科院技术科学部主任、中科院空间科学技术中心主任、国防科委副主任等职。1955年当选为中国科学院技术科学部学部委员(院士),1985年当选为国际宇航科学院院士,1994年当选为中国工程院院士(信息与电子工程学部)。曾任中国科协副主席,北京市科协主席,中国光学学会、中国计量测试学会、中国仪器仪表学会理事长,国际计量委员会委员。是中共十二大代表,第三至第六届全国人大代表,第三届、第七届全国政协委员。1979年获“全国劳动模范”称号;1985年获国家科技进步奖特等奖,名列首位;1994年获何梁何利基金科学与技术成就奖;1999年获“两弹一星”功勋奖章;2000年获首都首届精神文明建设奖;2001年获“‘863’计划特殊贡献先进个人”称号。

王大珩祖居苏州齐门,父亲王应为留学日本,回国后任职青岛观象台,是我国早期的地球物理和气象学家。母亲也极重视对子女的教育。幼年时,父亲用筷子斜插入水杯中,告诉他,这就是折光现象。在他小学时就带去参观地磁观测,在初中时进行气象观测实习。在父亲的辅导下,他提前学完

王大珩手迹

了中学数学和微积分。1932 年毕业于青岛礼贤中学，考入清华大学物理系。在叶企孙等名师的教育熏陶下，不仅学到了科学知识，而且学会了从事科学工作的思想方法。1936 年毕业后，留校任教。

1938 年，王大珩考取公费留学生，进入英国伦敦大学帝国学院应用光学系，不久便发表《在有球差存在下的最佳焦点》，提出了以优化概念进行光学设计，以低级球差平衡残余高级球差并适当离焦的论点，至今为大孔径小像差光系统像差校正和质量评价的最佳依据。获硕士学位后，进入谢菲尔德大学攻读光学玻璃理论，这时恰有机会去昌斯玻璃公司工作，他放弃攻读博士学位，进入该公司。他看到稀土光学玻璃色散率小、折射率高等优越性，发展出了稀土光学玻璃系列，成果很快被昌斯公司纳入生产计划。王大珩成为英国研制稀土光学玻璃第一人，设计的 V 棱镜精密折射仪获英国科学仪器协会青年仪器发明奖。

1951 年 3 月 25 日，东北精密医疗仪器厂第一次筹备委员会留影。左二为王大珩

1948 年回国后，王大珩先在上海耀华玻璃公司任研究室主任，随即赴解放区，在大连大学任应用物理系主任。1952 年，调往长春筹备中科院仪器馆（后改组为长春光机所），出任仪器馆馆长。他团结、组织来自全国各地的技术人员，建立光学物理、光学玻璃和光学机械三个实验室和两个实验工厂。领导并参与研制出“八大件一个汤”（指角秒高精度经纬仪、万能工具显微镜、多臂投影仪、中型电子显微镜、大型石英光谱仪、红外望远镜、高温金相显微镜、中子晶体谱仪和在第一炉光学玻璃的基础上研制出的 20 余种系列的颜色光学玻璃），建立起全套的生产技术和设备，并完善了该所从事光学工程的设计及工艺基础，使我国光学仪器从仿制走上自行设计制造的道路。中国第一台激光器诞生于长春光机所，王大珩在解决晶体与氙灯的结构设计中起了重要作用。

王大珩主持长春光机所业务 30 多年，从该所中分出人员先后组建上海光学仪器厂、西安光

1991 年，王大珩(左)听取总参相关工作汇报

王大珩获得 1994 年度何梁何利基金科学与技术成就奖

机所、上海光机所、成都光电所、安徽光机所。这些机构都已成长壮大，并以不同专业特色，构成中国光学的骨架，使中国应用光学、光学机械及光电技术和光学工业取得举世瞩目的成就，形成了可跻身于世界之林的研究制造队伍。2008 年，中国科学院苏州生物医学工程技术研究所由长春光机所负责筹建和管理运行。

1956 年，国务院组织编制《1956—1967 年科学技术发展远景规划纲要》，王大珩任仪器仪表项目和计量技术项目组长。此后，指导光度、温度、长度、电学等计量基础研究，为计量院的成立建立了基础。在彩电攻关中，为了解决彩色复现问题，他撰写《彩色电视中的色度学问题》，并培养彩电专业人员。还代表中国参加国际米制公约组织，出任国际计量委员会委员。

1960 年后，王大珩领导并参与建立国防工程光学，包括空间光学、激光技术、光学计量等。主编我国第一个遥感科学规划；研制出靶场及测量船上用光学设备、空间环境太阳模拟器、核爆火球观测高速摄影机、空间侦察设备

2001年2月19日，王大珩（右）、杨嘉墀获“863”计划特殊贡献先进个人称号

王大珩查阅资料

等；研制成功精密跟踪电影经纬仪，开创我国自主设计制造大型精密光测设备的先河。此外，还独立解决了测量船远洋平稳跟踪、抗干扰变形等难题。

1986年，王大珩与王淦昌、杨嘉墀、陈芳允联名向中央提出国家发展高技术计划的倡议，得到中央领导的批准，形成了《高技术研究发展计划纲要》（即“863”计划）。

王大珩关心、指导我国所有的大型光学项目，如2.16米望远镜和1.56米望远镜的鉴定会都是他主持的。我国自主创新研制的世界上最大口径的大视场光学望远镜——大天区面积多目标光纤光谱望远镜（LAMOST）是又一项国家大科学工程项目，王大珩也一直关注着，并担任项目科技委委员。

作为中科院技术科学部主任，王大珩倡导并组织院士主动开展科技咨询。他自己的目光也超越光学，和王淦昌院士共同向国家建议开展激光核聚变研究，和张光斗等五位院士一起倡议成立中国工程院，建议我国尽早发展大飞机，高度重视纳米技术，还和吴文俊院士共

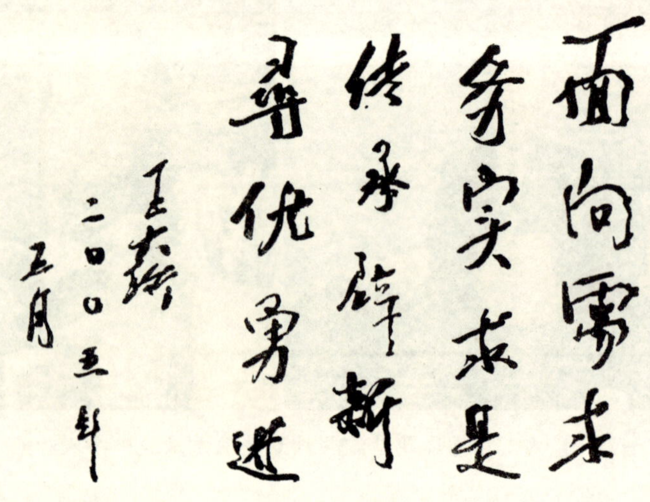

王大珩手迹

同建议加强对中国传统文化的研究。

王大珩还是杰出的教育家。他在大连创建应用物理系，在长春亲自领导组建光学设计组，举办全国光学设计训练班，培养出不少卓有成就的光学科学家。他创办长春光学精密机械学院（今长春理工大学），担任首任院长；组建哈尔滨科学技术大学（今哈尔滨理工大学），担任首任校长；建议设立光学工程专业；创建了中国光学学会、中国计量测试学会，担任理事长；出资设立中国光学学会科技奖，经中国光学学会改名为王大珩光学奖。他被誉为“中国光学之父”。

王大珩的夫人顾又芬教授是长春白求恩医科大学的儿科专家。他们深爱着祖国，在儿女王兢、王森、王赫相继获得博士学位后，王大珩作诗《喜看子女学有所成》：“异国风光好，莫忘民族心。须当爱国者，志把中华兴。”

2010 年 2 月 26 日，国家天文台发现的 1997CP28 小行星被命名为“王大珩星”。

（撰稿：张橙华）

吴仲华
"吴氏通用理论"改变世界

吴仲华(1917.7.27—1992.9.19),祖籍江苏苏州,生于上海。1940年毕业于西南联大。1947年获美国麻省理工学院博士学位。曾任中科院工程热物理所所长、研究员,中科院学部主席团执行主席。1957年被选聘为中国科学院技术科学部学部委员(院士)。1957年、1982年两次荣获国家自然科学奖二等奖,1975年获中国科学院重大成果奖,1987年获中国机械工程学会金奖。曾兼任中国机械工程学会、航空学会、力学学会副理事长等。是第三届全国政协委员,第六、第七届全国人大常委。

吴仲华是清嘉庆年间苏州状元吴廷琛的后裔,父亲随和风趣,母亲也受过良好教育,要求子女勤奋读书。吴仲华就读于上海格致中学,16岁转入南京金陵大学附中,两年后考入清华大学机械工程系,曾是清华乐队的第一小提琴手,其间和李敏华相识。抗战爆发后随校撤至长沙,吴仲华进入刚开办的交通兵辎重兵学校,学到驾驶和修理卡车、装甲车的好技术,一年多后加入机械化部队,令他失望的是该部队不上前线抗日。1939年又回到西南联大继续学习,1940年毕业后留校任教。

吴仲华获"庚子赔款"奖学金后,于1944年留学美国麻省理工学院,原本要读农业机械化,以便抗战胜利后为祖国农业现代化服务,但该专业停招,改学内燃机专业。获博士学位后,他任职美国航空咨询委员会NACA(宇航局NASA

吴仲华格言

中国人搞出来的理论
首先要为中国服务
吴仲华（李敏华临）

的前身）所属路易斯喷气推进实验室。吴仲华擅长传热学，可是路易斯实验室要他研究航空涡轮喷气发动机所急需的叶轮机械。当时对叶轮的认识还很粗浅，他用热力学中熵和焓分别用于流动中的黏性项和转子的能量，复杂的叶轮机械三元流动的基本方程得到简化，可以求解。他将丰富的想象力、清晰的物理概念、严格的数学演绎和方便的工程应用完美地结合在一起，解决了当时无法求解的三元流动问题。他的论文《轴流、径流和混流式亚声速与超声速叶轮机械中三元流动的普遍理论》，在国际上被称为“吴氏通用理论”，其中方程被称为“吴氏方程”，奠定了当代航空发动机和其他叶轮机械设计方法的基础，对促进世界航空发动机和燃气轮机的发展意义重大。

1950年，吴仲华专程去纽约，在联合国会议厅聆听了新中国代表伍修权的发言，坚定了回国报效祖国的决心。他克服重重困难，和妻子李敏华带着孩子于1954年回国。

吴仲华应老师刘仙洲（机械学家、中国科学院院士）之邀，到清华大学动力系任教授、副主任。1956年，吴仲华在该校创建了全国第一个燃气轮机专业。同年，又创建了中国科学院动力研究室，率队研究飞机、火箭所需的燃气轮机、冲压发动机和内燃机。吴仲华积极参加全国科学发展规划的制定，倡议建立动力工程的基础学科——工程热物理学科。1956年，我国第一次颁发国家自然科学奖，他以燃气轮机的研究荣获二等奖。

吴仲华亲自制订教学计划、上课、书写讲义。他要求学生学习数学、力学基础课，还要学好工程热力学、流体力学、传热传质学、燃烧学等专业基础课；要求青年教师、科研人员和学生一起听课，也要做习题、交作业；兼任实验室主任，建立了包括叶栅风洞、小型燃气轮机等实验装置；举办训练班，派送退伍军人、工人到航空发动机工厂培训，培养了一批实验技术人员，组建了合理配套的科研队伍。该专业首届学生的毕业设计课题是军舰燃气轮机，在此基础上后来研制成实用的机组。1957年，他派出动力研究室一批科研人员赴苏联、捷克留学，培养他们成长为中国工程热物理学科的科研骨干，包括中国宇航科研的领头人。1958年，中国科学技术大学成立，他兼任物理热工系（设3个专业）主任，创建了工程热物理专业。

1961年，吴仲华作为总负责人，承担了七机部马赫数3—7冲压发动机计算任务。1963年，提出了使用任意非正交速度分量的叶轮机械三元流动基本方程组。这时“吴氏通用理论”在国际上已广泛应用于设计先进的航空发动机。他领导研究发展了整套亚、跨、超声速计算机方法与计算机程序。1964年，他领导的几个研究室与航空部院所全面合作，开展歼8发动机摸底、改型研究。

“文革”中，吴仲华为科研工作的完全停顿而痛心疾首。1971年，吴仲华恢复工作，积极在全国推广叶轮机械三元流动理论，举行了全国性的三元流动理论讲习班，国内近百位高级专家、教授参加。他将刚发展的三元流动理论计算程序包，提供给国内研究所、工厂、高校等。

1978年，在吴仲华等人的建议下，国家科委成立了工程热物理学科组，吴仲华任组长，领导制定全国工程热物理学科发展规划。他指出中国要发展燃气轮机，适应国防、国民经济发展需要。同年，他创建了中国工程热物理学会。此后，又创办了《工程热物理学报》。

1987 年，吴仲华在第七届国际吸气式发动机会议上做特邀报告

吴仲华和他的验证、发展叶轮机械三元流动理论的试验台

吴仲华(右)到工程现场与科技人员交流

1980 年，吴仲华应邀为中央书记处讲课，提出总能系统、合理梯级利用能源、发展燃气蒸汽联合循环等，这些意见对我国合理利用能源具有指导性意义。在他的倡议下，中国科学院工程热物理研究所正式独立建制。

1985 年，中国工程热物理学会第五届年会在苏州大学举行。吴仲华得知苏州大学有热能专业，非常高兴，要苏州大学选派青年教师去北京学习，又赠送了大批书籍给苏州大学。

1988 年，吴仲华患肝癌。手术后，他继续工作，直到生命终止。

（撰稿：张橙华）

顾翼东
“与人无忤，与世相争”

顾翼东(1903.3.4—1996.1.21),江苏苏州人。无机化学家,我国稀土化学的奠基者。1914年,入东吴大学附属中学。1923年,毕业于东吴大学化学系。1925年,获芝加哥大学化学系硕士学位。1926年回国,任东吴大学化学系教授。1931年,任化学系主任。1933年,再到美国芝加哥大学,两年后获博士学位。回国后,继续受聘于东吴大学,任东吴大学理学院院长。1952年后,一直担任复旦大学教授、博士生导师。1980年,当选为中国科学院化学部学部委员(院士)。

顾翼东出身于书香世家,高祖顾沅是清代著名的图书、金石收藏家和文学家。父亲擅代数,母亲善诗词。外祖父王同愈是晚清翰林、著名书画家,爱好几何学和天文学,有维新思想,曾参加甲午战争。外祖父对顾翼东的成长颇有影响,甚至他以后科研的方向也与外祖父有一定关系。外祖父在担任江西提学使时,曾随身带回几块钨砂标本,告诉顾翼东这是比黄金还贵重的钨金。另一位对顾翼东的科研方向带来影响的是东吴大学的老师成功一。成功一曾给他三块珍藏的钨矿标本,嘱咐他钨是国防矿藏元素、战略物资,用途很大,并建议他日后从事钨化学研究。

顾翼东是我国稀有元素化学的奠基人,在多酸化学及钨钼化学的研究领域中成绩尤为突出。20世纪40年代,他发现我国钨矿中含有铌和钽,提出政府出口钨矿石应该根据铌和钽

1954 年，顾翼东(右)指导研究生实验

20 世纪 80 年代，顾翼东接待哈佛大学 Nash 教授来访

的含量制定价格标准，为保护国家资源做出了贡献。这是顾翼东的工作方向转入无机化学尤其是稀有元素研究的开始。他最早发表的两篇有关钨化学的论文《锰铁矿中铌、钽含量分析》和《黄钨酸——均相沉淀法》就是在这个时期完成的。后来他的研究领域扩展到萃取化学和稀土化学。50 年代，他创造了络合均相沉淀法制备黄钨酸的方法，用他的方法生产的黄钨酸，在产品性状方面与传统工业生产的有明显差别，从而开辟了制备黄钨酸的广阔道路。他还发表论文《金属离子的液相萃取分离法》，介绍了用于溶剂萃取的有机试剂，编写了《有机试剂在金属元素比色分析及沉淀分离中应用的发展》一书，使得溶剂萃取化学研究成果在萃取化学上发挥了很大的推进作用。

80 年代，顾翼东又创造性地以“倒滴加法”在常温及低酸度下制得活性粉状白钨酸，完成了国际上一直希望得到而始终未能制成的新化合物。他还十分重视生产急需的应用研究，提出“内在还原法”生产蓝色氧化钨，可以得到均匀、单一、粒度可控的产品，可用作高质量硬质合金及超细钨丝的材料；创造了从仲钨酸铵 APT 转为偏钨酸铵 AMT 的新工艺，所得产品质量优于世界同类产品。

稀土元素化学一度也是顾翼东的主要研究方向。1955 年，他指导研究生首先用纸上色层法进行了稀土和钍分离分析研究，并解决了当时独居石中钍的定量分析问题，保障了独居石的安全生产。另外，顾翼东还在常温、常压下和近中性溶液中制得含四价镨的铈镨杂多核氧化物，从而测得了四价镨在醋酸溶液中的吸收光谱，是国际上的最早报道。

顾翼东知识渊博，思路敏捷，基础深厚，治学严谨。他教导学生,“一个化学家必须为人类留下某些有用的东西。科学研究,不妨先从重复人家的工作开始,但是重复人家的工作时,往往会发现与预期要求不同之处,这样就会进入自己下功夫深入研究的境地”。同时他告诫学生搞科研务求理论联系实际,不要浮夸,不准弄虚作假,更不准剽窃别人的东西。他身体力行,为学生做出了榜样。他奉行的格言是:“与人无忤,与世相争。”即对人要宽厚,对真理却要争个明白,不迷信盲从。他不仅把它作为自己的座右铭,也一再谆谆教导子女们。在他的影响下,一门三代有15人致力于化学事业,堪称化学世家。

20世纪80年代,顾翼东在济南趵突泉留影

1985年,顾翼东在苏州洞庭西山留影

顾翼东热爱祖国。留学美国获博士学位后,婉拒芝加哥大学的留校邀请,毅然回国报效祖国。新中国成立前夕,坚决拒绝去台湾,而是留在上海为新中国建设出力。他认识到,国家要自强自立,一定要发扬自力更生的精神,大力发展科学,为此他以全副身心投入教学和科研工作。终其一生,强烈的爱国心是他的精神动力,实现祖国富强是他最大的心愿,他把祖国的荣誉看得比自己的利益更重要。1956年,顾翼东与李方训、梁树权代表我国出席在葡萄牙里斯本召开的第15届国际纯粹与应用化学联合会学术会议(IUPAC),会上美国企图制造“两个中国”,顾翼东等人义愤填膺,粉碎了这一阴谋。

顾翼东对家乡怀有深厚的感情,虽然新中国成立后不再在苏州工作,但仍关心家乡的建设,尤其在保存、整理地方文献方面做出很大贡献。1956年,顾翼东代表顾氏族人将苏州松鹤板场(现干将东路)赐研堂,甫桥西街(现凤凰街)辟疆小筑、传砚堂,大郎桥巷(现建新巷)宝砚堂这三座老宅数百间房屋捐献给国家。顾翼东的高祖顾沅,“收藏旧籍及金石

顾翼东在家中工作

文字，甲于三吴”，一生纂辑、刊印了大量古籍。由于战乱，顾沅的藏书渐渐散失。抗日战争时期，为了使这些书籍不被日本侵略者掠夺走，他费尽心思，想方设法带着这些“宝贝”逃难到乡下，生活稍安定，又携书回城藏起来。一旦听到有关顾氏书籍的消息，他往往不惜代价重新购回收藏。在繁忙的工作之余，仍然抽出一些时间，对顾沅留下的一些稿本进行整理。为了更好地保存好这些珍贵的文化遗产，1958 年，他把顾沅手辑的《吴郡文编》80 册计 246 卷捐赠给苏州博物馆，以后又陆续把许多家藏文物捐赠给故乡。

（撰稿：王伟群、冯婕）

时钧
才华横溢的“娃娃教授”

时 钧(1912.12.13—2005.9.1),江苏常熟人。1917年入辛安初级小学读书,1924年毕业,跳班考进孝友初级中学二年级,1926年毕业。1927年,随苏州工专附中班转入苏州中学高中部理科班。1929年,保送进入东吴大学读书。1930年,同时被清华大学和中央大学录取,选读清华大学化学系,后获“裴克”奖学金。1934年毕业后,报考清华大学第二届公费留学生,并被录取学习造纸工程。在国内实习一年后,于1935年8月进入美国当时唯一设有造纸专业的缅因大学深造。1936年5月,获缅因大学造纸专业工学硕士学位,之后赴麻省理工学院专攻化学工程。

抗战爆发后,时钧谢绝麻省理工学院化工系主任怀德曼教授的邀请,于1938年5月回国。1939年2月,到达重庆。此后,先后受聘中央工专、中央大学、重庆大学、兵工大学及动力油料厂研究生班,深受学生的敬重和爱戴。不到30岁的时钧,才华横溢,学识渊博,被誉为“娃娃教授”。1946年8月回到南京,任中央大学教授、化工系主任,同时兼任重庆大学化工系教授及系主任。

新中国成立后,时钧任南京大学化工系主任。1952年全国高校院系调整,任南京工学院化工系主任,同时受命创建我国第一个硅酸盐专业。1956年春,参与《1956—1967年科学技术发展远景规划》的制定工作,和严东生等共同负责制定硅酸盐组

80 多岁的时钧依然坚持为南京化工学院的学生们上课

时钧(右)与学生徐南平(2005 年当选为中国工程院院士)做试验

时钧在实验室

的课题,后又同汪德熙、张建侯、余国琮等共同拟定了其中有关化学工程学科发展的规划。1956 年秋,时钧与汪德熙、汪家鼎等教授联名建议在化工系设立化学工程专业。1957 年年初,高教部同意试办。同年 4 月底,高教部在北京召集有关会议,制订化学工程专业教学计划,由时钧任组长。1957 年夏,天津大学和华东化工学院开始化学工程专业招生。

“文革”期间,他在异常艰难的环境和极其简陋的条件下,依然开展了湍流塔试验和膜分离技术的研究。1979 年起,他着手重建南京化工学院化学工程系,并担任系主任,主持建成化学工程博士点和化学工程研究所。1980 年,

2004年4月23日，时钧莅临南京工业大学(2001年由南京化工大学和南京建筑工程学院合并组建)浦江学院建设现场

2006年5月20日，时钧塑像揭幕仪式在南京工业大学江浦校区举行

当选为中国科学院化学部学部委员(院士)。

时钧一生从教，桃李满园。在他的学生中，已有16人当选两院院士。为了表彰他的卓著成就，化学工业部授予时钧“全国化工有重大贡献的优秀专家”称号。他是我国首批享受政府特殊津贴的专家，曾荣获何梁何利基金科学与技术进步奖和多项国家、省部级科技进步奖，是第六、第七届全国政协委员。同时，兼任国家自然科学基金委员会化学学科评议组成员、化工组组长，中国化工学会常务理事，江苏省化学化工学会理事长等职。

2001年2月，时钧以90岁高龄加入中国共产党。

(撰稿：吕惠峰)

李竞雄
中国杂交玉米之父

李竞雄(1913.10.20—1997.6.28),江苏苏州人。玉米遗传育种学家,中国利用杂种优势理论选育玉米自交系间杂交种的开创者。

李竞雄出身于苏州一个小手工业者家庭,家境清苦。幼时父母双亡,靠亲戚抚养长大。为了求学,从初小二年级就寄宿在校,1932年从苏州中学高中毕业。由于家庭经济困难,申请到一年的奖学金升入浙江大学农学院。大学期间就对遗传学产生了浓厚兴趣,1936年毕业后留校任教。半年之后,被聘为武汉大学农学院李先闻教授的助教。

1944年至1948年留学美国期间,李竞雄先后得到密苏里大学遗传学家L. J. 斯塔德勒、明尼苏达大学细胞遗传学家C. R. 伯能教授及康奈尔大学遗传学家伦道夫教授的指导,为今后的遗传研究奠定了深厚的基础。在康奈尔大学三年期间,李竞雄先后获得硕士和博士学位。李竞雄以玉米的相互易位为题,完成了硕士论文,紧接着选用了X射线照射玉米花粉分析杂种一代各种染色体畸变的频率及其分布规律,作为攻读博士学位的研究课题。1988年,李竞雄赴美国考察期间,特地访问阔别40多年的母校康奈尔大学农学院,并与学校教务长合影,表达了对母校的怀念与感恩。

李竞雄之所以在美国期间把主要精力放在玉米细胞遗传学研究上,不仅是因为玉米是探索细胞遗传的好材

1987 年，李竞雄(左)在河北承德观察农家收获的“中单 2 号”玉米

1988 年 9 月，李竞雄在美国米多里大学与 Neuffer 教授合影

料，更重要的是那时我国玉米遗传育种和生产都很落后，李竞雄想奋起直追，为国计民生做贡献。李竞雄学成归国，于 1948 年 11 月应聘到清华大学农学院任农学系主任。新中国成立后，李竞雄先后在北京农业大学任副教授、教授兼农学系作物栽培教研组、遗传教研组主任，从教 20 多年。

20 世纪 50 年代末，由于受当时“环境决定生物遗传变异论”的影响，李竞雄因推崇遗传学理论，成为被批判的对象。然而，他还是一心一意地搞玉米良种培育，用育种成果来捍卫遗传学理论。作为中国利用杂种优势选育玉米自交间杂种的开拓者，他于 1956 年育成了首批“农大号”玉米双交种，在生产上大面积推广应用。1969 年 8 月，李竞雄被派往山西省昔阳县蹲点，一边参加劳动接受“再教育”，一边根据地方要求开展玉米育种工作，最终试验成功“大单 1 号”等玉米良种。

1990年，李竞雄(中)在巴基斯坦出席第四届亚洲玉米研讨会

李竞雄手迹

1973年年初，李竞雄回到北京中国农林科学院农业所，一如既往地奔忙于玉米试验田间。他和助手们选出7个“中单号”玉米杂交种，其中以1973年的“中单2号”玉米单交种最突出，实现了抗病丰产的目标。1982年以来，“中单2号”每年种植面积在两三千万亩以上，增产显著，它是中国利用时间最长的玉米杂交种，为国家创造了巨大的财富。李竞雄因此荣获1978年全国科学大会奖和1984年国家发明奖一等奖。

1978年起，李竞雄任中国农业科学院作物育种栽培研究所研究员、副所长兼玉米育种室主任等。1980年，当选为中国科学院生物学部学部委员(院士)、中国遗传学会理事。1981年，加入了中国共产党。

1982年，李竞雄提出了提高玉米营养品质，开展玉米品质育种的建议，并被纳入国家计划。同年，主持育成了中国第一个通过品种审定并用于生产的高赖氨酸玉米杂种“中

1988 年，李竞雄(左)在美国与老同学 Chase 教授合影

1988 年，李竞雄赴美国访问母校康奈尔大学农学院，与教务长合影

单 206”和甜玉米新品种“甜玉 4 号”，开拓了我国玉米品质育种、群体改良和基因雄性不育研究领域。1983 年后，被聘为“六五”、“七五”国家重点科技攻关项目“全国玉米新品种选育技术”课题专家组组长，该项目成绩斐然，为发展中国玉米育种事业和玉米生产做出了重大贡献。1989 年，被国务院授予“全国先进工作者”称号。

李竞雄在秋水仙精引变植物多倍体、粟类远缘种间杂交及其进化、小麦染色体联会消失基因、小麦矮生性状的遗传分析等方面做出了独创性的研究成果。著有《作物栽培学》、《植物细胞遗传学》、《玉米育种研究进展》、《高产不是梦——粮棉油雄性不育杂种优势的基础研究》等著作。李竞雄被聘为国家自然科学奖励委员会委员，担任《作物学报》副主编，《中国科学》、《中国农业科学》编委等职。

在努力搞好研究工作的同时，李竞雄还悉心指导培养后继人才。1983 年以后，他所在

1989 年，李竞雄在沈阳考察苏家屯乡玉米展示田

李竞雄考察作物生长情况

的作物育种栽培研究所玉米育种系共有 7 个中年科技人员晋升了高级技术职称，并成为“七五”国家攻关项目的专题和子专题主持人。

2003 年 10 月 19 日，中国农业大学隆重举行李竞雄 90 周年诞辰纪念暨塑像揭幕仪式。中国农业大学党委书记瞿振元在仪式上指出，李竞雄为中国玉米育种事业的发展、玉米品种改良所发挥的作用，如同水稻、小麦杂交之父一样，为解决中国的民生问题做出了巨大贡献。李竞雄甘于奉献，严谨求实，追求真知，成为学术道德的典范。2009 年，李竞雄被追授为“新中国成立 60 周年‘三农’模范人物”荣誉称号。

（撰稿：朱玉芳）

陈华癸

用智慧的土壤换取科学的春天

陈华癸(1914.1.11—2002.11.19),江苏昆山人。我国土壤微生物学研究先驱者之一,毕生致力于高等农业教育与管理以及科学研究,提出了“人性具有二重性”的独特理念与教育思想体系。

陈华癸出生于北京,1935年毕业于北京大学生物系。1936年赴英国伦敦大学卫生和热带病学院学习,1939年获伦敦大学哲学博士学位。曾任北京大学、武汉大学教授,华中农学院院长,华中农业大学学术委员会主任、教授、博士生导师,国务院学位委员会委员。1980年,当选为中国科学院生物学部学部委员(院士)。历任第三、第五、第六届全国人大代表。

1940年6月,怀着赤子之心的陈华癸,回到了战火纷飞的祖国,在昆明西南联合大学汤佩松教授主持的清华农科院,开始了他漫长的科学研究和艰苦创业。从1946年到1952年,陈华癸克服重重困难,分别创建了北京大学、武汉大学、华中农学院的土壤农化系,并亲自担任系主任。1956年,陈华癸筹建成立了中国科学院武汉微生物研究室。多次创业,显示了这位自然科学家的生命方式,那就是用自己的劳苦、耐性、智慧去换取一个科学的春天。

作为一个科学家,尤其是农业科学家,陈华癸所研究的课题便是本国的土地问题。结合自己植物学和微生物学的专业,陈华癸主要从事两个方面的研究工作,一个是根瘤菌和共生固氮关系的研究,另一个便是水稻土

1982 年,陈华癸(左四)访问英国

20 世纪 70 年代末,陈华癸(右四)向农业部何康部长(左二)汇报工作

里微生物的物质转化作用。早在 1941 年,陈华癸就在重庆北碚的中央农业实验所进行稻田绿肥的研究,并首先发现了紫云英根瘤和紫云英结瘤共生固氮是一个独立的"互接种族",国际上将紫云英根瘤菌正式定名为华癸根瘤菌(Rhizobium HuaKui)。之后,陈华癸亲自参与了根瘤菌肥厂的建设,以及大面积的示范应用和推广,为紫云英根瘤菌农业利用的科学技术奠定了基础。陈华癸还针对我国水稻土肥力在水稻生产中的特殊重要性,在我国率先开始了水稻土营养元素生物循环的研究,首次发现了水稻土中厌氧性硝化作用和起硝化作用的微生物。陈华癸从我国国情出发,研究共生固氮和水稻土肥力微生物学 60 余年,成为我国土壤微生物学的奠基人之一,以自己的科研成就带动了我国农业科技事业的发展。

他执教严谨,诲人不倦。40 多年来,先后为国家培养了 2000 多名大学生。他著作颇丰,撰写了许多学术论文和科研报告,在把科学转化为生产力方面,取得重大的经济和社会效益。陈华癸于 1957 年撰写的《土壤微生物学》是我国这一领域中的第一部专著。1959 年,他与南

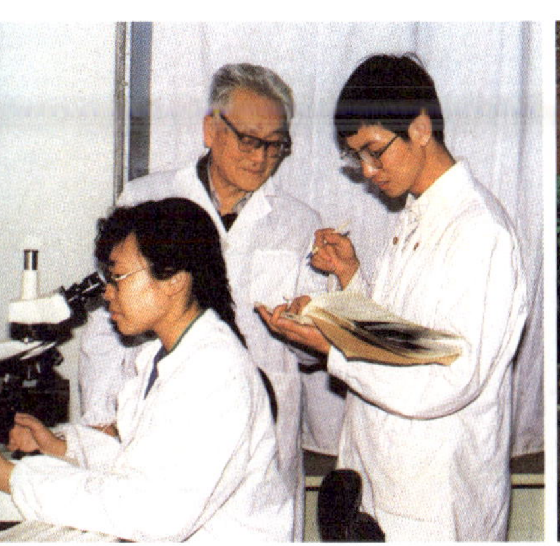

陈华癸在实验室指导科研工作

1993 年，陈华癸（左一）与荷兰 Wageningen 农业大学李德安教授（左二）合影

陈华癸指导实验课

京农学院樊庆笙合编的《微生物学》，被选为全国农业院校的通用教材。此外，他还主编了《微生物学实验》、《土壤学》（下册）等书。

陈华癸热心推动和参与国内外学术交流活动。他先后当选为中国科协第二届全国委员会委员，中国农学会常务理事、副会长、顾问，中国土壤肥料研究会第一、第二届理事长，中国微生物学会常务理事、副理事长、顾问，中国土壤学会理事，湖北省土壤学会理事长、名誉理事长。他先后于 1956 年和 1964 年参加第六、第八届国际土壤学大会，于 1957 年参加中苏稻作科学学术会议。1978 年、1980 年和 1982 年，他率团分赴澳大利亚、美国和英国考察生物固氮和农科大学教育。

（撰稿：曹小芳、高云、陆宜泰）

何泽慧
"立足常规，着眼新奇"

何泽慧(1914.3.5—2011.6.20),江苏苏州人。实验核物理学家。父亲何澄,号亚农,祖籍山西灵石,早年留学日本,追随孙中山参加同盟会,1912 年移居苏州。母亲王季山是明代户部尚书王鏊的后代。何泽慧自幼就读于外祖母、著名妇女教育家王谢长达创办的苏州振华女校(今苏州第十中学),完成小学、中学学业。她性格活泼、兴趣广泛,不仅理化成绩优异,还擅长书法,是学校排球队的主力队员,曾在 1931 年获得江苏省中学冠军。她篆写的级训"仁慈明敏"石刻至今留存在校园内。

1932 年,何泽慧考入清华大学物理系。这是一个以男生为主角的学科,部分教授也认为女生读物理难,劝她转系,但她不为所动。毕业论文选题为《实验室用电流稳压器》,她不仅分析、设计,也拿锉刀,上机床,焊线路,最后获得年级最高分 90 分。

1936 年毕业后,何泽慧作为国立大学毕业的山西籍学生从山西省政府得到三年资助出国留学,怀着为抗日而"学造大炮"的理想,赴德国柏林高等工业大学技术物理系学习弹道学,于 1940 年获得工程博士学位。接着在柏林西门子公司弱电流实验室、海德堡威廉皇家学院核物理研究所工作。1945 年,利用磁云雾室研究锰 -52 的正电子谱,首次观察到并确认正负电子弹性碰撞现象,被英国《自然》杂志称为"科学珍闻"。翌年春天,她与清华大学

何泽慧在书桌前

同班同学钱三强在中国驻法使馆登记结婚。他们并肩在法兰西学院约里奥·居里夫妇的实验室里研究原子科学，采用特殊配制的核乳胶片，鉴别出裂变碎片径迹，用实验证实了铀核的三分裂、四分裂现象。

1948 年夏，钱三强、何泽慧夫妇要离法回国，约里奥·居里夫妇理解、赞同他们的爱国之情，把当时保密的重要核数据告诉他们，并赠送一些放射性材料及放射源。

新中国成立后，钱三强、何泽慧夫妇受命筹建近代物理研究所。何泽慧绘制图纸，钱三强动手制作，用旧五金器材制成两台简易的车床，用旧电子元器件制造出研究所急需的仪器设备。20 世纪 50 年代初，何泽慧与陆祖荫、孙汉城等研制出原子核乳胶探测器。1956 年，研制成功具有国际先进水平的核乳胶，获国家自然科学奖三等奖。1955 年至 1966 年，负责原子能研究所实验物理方面的工作，建立中子物理研究室，以核武器研究所中子点火委员会委员的身份，指导开展子弹、氢弹所必需的中子物理、裂变物理与轻核反

1948 年，钱三强、何泽慧携 6 个月的女儿回国

何泽慧与约里奥·居里

应的基础性工作，测量了包括铀 -235 的热中子裂变截面、氘和锂 -6 反应在内的大量核参数，对中国原子弹、氢弹的成功研制做出重要贡献，并培养了一批人才，唐孝威、黄胜年和顾逸东等院士先后得到她的教益，核试验基地研究所也派人来中子物理研究室学习。她对年轻科技人员提出两个要求：一是要热爱工作，专心致志，推崇 1954 年诺贝尔物理学奖获得者波特的话“不仅要使自己在工作时间内，而且要在工作时间以外都在酝酿工作中的问题才行”。二是要胆大心细。

何泽慧不懈追踪学科发展前沿，探索新的生长点。“立足常规，着眼新奇”，是她从事科学实验的经验总结。20 世纪 70 年代后，何泽慧倡议和支持了在中国返回式卫星上用核乳胶测量空间粒子环境的一系列实验，为空间宇宙线研究和中国航天活动提供了宝贵的实测数据。创建的高能所宇宙线研究室通过国内和国际的合作，在西藏冈巴拉山建成

何澄(何泽慧之父)全家福

1936 年,清华大学物理系毕业照。前排右二为何泽慧,后排左一为钱三强

1947 年,钱三强、何泽慧夫妇在法国巴黎

1962 年,何怡贞、何泽慧、何泽瑛三姐妹在北京相聚

1978 年,同在庐山疗养的何怡贞夫妇与何泽慧夫妇合影。左起:葛庭燧、何怡贞、何泽慧、钱三强

2007 年 2 月，何泽慧参加中科院高能物理所院士新春座谈会

何泽慧、钱三强夫妇带孙子在北京中山公园赏菊

了世界上最高(5500 米)的高山乳胶室。1978 年，在她的指导下，在海拔 6500 米的珠穆朗玛峰脚下进行地面放置位置最高的核乳胶观测宇宙线实验。著有科普著作《原子能的原理和应用》，并在国内外发表《铀核四分裂的实验证明》、《自制原子核乳胶的特性》等数十篇论文。1980 年，当选为中国科学院数学物理学部学部委员(院士)。

何澄重视对子女的教育，8 个儿女都成为知识精英。这种重教的传统延续到下一代，何泽慧长女钱祖玄为法国国家科研中心(CNRS)研究工程师，次女钱民协为北京大学化学学院教授，儿子钱思进为北京大学物理学院教授。

何泽慧生活简朴，衣着朴素，长期居住在北京中关村一幢老式的居民楼内，办公、生活用品简陋，常坐公交车去高能所上班。手表用了 30 多年，必须平放在桌上，表针才能转动，但舍不得买新表。何泽慧、钱三强夫妇相濡以沫 40 余载，1992 年钱三强去世后，家中一直保留他在世时的样子。其实何家曾经很富裕，但他们爱国爱乡：1950 年，他们将网师园捐献给国家；1956 年、1990 年，又先后将包

苏州十中泽慧楼

括沈周、张大千书画在内的1347件文物、642册珍版古籍及72方印章、印材全部捐献给国家，成为向苏州博物馆捐赠数量最多的捐赠人。

家乡苏州是何泽慧深深眷恋的地方。1994年，她回到苏州，参加市政府补办的网师园受赠仪式，重访母校。2005年，她为苏州十中百年校庆题字“爱国奋进”。而今苏州十中实验楼取名为泽慧楼，纪念这位从苏州走出去的优秀女儿。2012年，她的子女遵其遗愿，将其生前使用过的办公、生活用品捐献给苏州市档案馆。

（撰稿：沈慧瑛）

郑国锠

赤子之心　扎根边陲

郑国锠(1914.3.30—2012.10.12),江苏常熟人。植物细胞学家,中国植物细胞生物学的主要奠基人,中国细胞生物学教学科研的主要推动者和创始人。

1928年9月起,郑国锠在太仓中学及高中师范科学习。1934年8月至1935年8月,在位于镇江的江苏省医政学校卫生教育科读书。1938年10月,抗战逃难途中,在长沙考取由南京迁往重庆的国立中央大学师范学院博物系。1943年7月,大学毕业后任博物系助教。1944年8月,考取中央大学研究生院生物研究所研究生,导师为段续川教授,并兼任助教。1948年1月,经留美同学的帮助,获得美国田纳西大学动物和昆虫系的奖学金,赴美留学。在这所学校读了两个学期后,1948年7月,又申请到威斯康星大学植物学系细胞研究室攻读博士学位并兼研究助理。郑国锠在威斯康星大学夜以继日,提前完成室主任Huskins教授交给的任务,对大量显微镜切片进行观察、整理和分析,深得导师喜爱。1950年底,郑国锠获得美国威斯康星大学博士学位。

1951年2月,郑国锠怀着回国报效的心情,谢绝导师再三挽留,放弃美国优越的生活、工作条件,携夫人仝允栩(中央大学师范学院博物系同学,威斯康星大学硕士,因回国放弃攻读博士学位)回到祖国。他面对国内多所高校和研究机构的邀请,毅然选择到当时还很荒凉、落后的大西北,

学习、学习、再学习、学无止境。
攀登、攀登、再攀登、創新无限。

郑国锠在资料室阅读文献

1980年9月4日，郑国锠(左一)与汪堃仁(右一)、谈家桢(右二)参加柏林第二届国际细胞生物学会会议期间合影

1986年8月10日，郑国锠重回母校威斯康星大学与动物系教授 Hris 观看高压电镜

辗转西行，于1951年4月27日来到兰州大学。从1951年4月至2012年10月，郑国锠在兰州大学生物系工作61年，他不畏条件的艰苦，将毕生精力投入兰州大学生物系的教学和科研事业，为兰州大学的发展、为甘肃地方经济建设、为中国的细胞生物学学科的建立和发展贡献了自己的全部力量。

郑国锠在兰州大学生物系执教60余年，致力于细胞生物学基础理论研究和教学工作。1953年10月至1981年3月，任兰州大学生物系教授兼系主任，他购置了大批设备和专业资料，同时努力培养教师，逐渐将兰州大学生物系发展成为国内重要的生命科学教学研究基地。1977年，教育部决定由郑国锠编写中国第一部细胞生物学教材，并批准建立中国第一个细胞生物学研究室。1978年，任兰州大学教育部直属细胞生物学研究室主任。1980年，当选为中国科学院生物学部学部委员(院士)。同年，由他编写的国内第一部《细胞生物学》教材出版，并在兰州大学建立国内第一个细胞生物学专业。8月，在他的推动和主持下，在兰州召开了中国细胞生物学学会成立大会暨第一次代表大会，他被选为副理事长。1981年4月至1999年5月，任兰州大学生物系名誉系主任。其间，继续从事细胞生物学基础

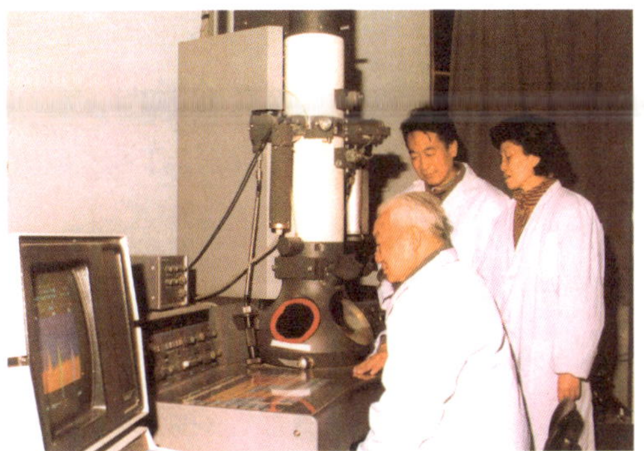

1989 年 8 月，郑国锠(右)与来兰州大学兰花公司视察的全国人大常委会副委员长费孝通合影

1992 年，郑国锠(坐者)在电镜室观察烟草 + 胡萝卜共培养的愈伤组织超薄切片

课和实验课的教学任务和研究生的指导工作，系统讲授本科生和研究生专业基础课程，还亲自编写教学讲义，指导学生撰写毕业论文。为推动中国细胞生物学的教学和科研事业，郑国锠先后多次举办了全国细胞生物学师资讲习班和实验讲习班，为国内培养了大量细胞生物学教学与科研人才。作为国内细胞生物学专业奠基人，他编写的《细胞生物学》和《生物显微技术》教材是中国最早的和最有影响力的教材，开设的《细胞生物学》和《生物显微技术》课程为兰州大学生命科学学院的特色课程。

郑国锠长期从事植物细胞融合和细胞工程的研究。早期发表的有关植物体细胞染色体减数的论文，提出体细胞同源染色体在前期分离，后期形成双纺锤体，最后形成四个单倍体的理论，被国际细胞学界公认为体细胞内出现的染色体减数机理之一。在植物细胞融合方面，研究了细胞融合的起因、机理及其生物学意义，又对胞间连丝和胞质通道生物发生的过程及其功能，细胞骨架和核骨架与细胞融合运动的关系进行了深入系统的研究，是国际植物细胞融合领域最权威、最系统的研究者。1998 年，关于形成胞间连丝所需的纤维素酶定位的论文，解答了国际上几十年来悬而未决的问题。在植物细胞工程方面，指导研究生在花药和未授粉子房培养、组织培养与植株再生、体细胞胚的发生、原生质体培养、体细胞杂交、抗盐作物品种的筛选和遗传转化等方面做了大量的研究。和中国科学院共同主持了国家教委的"七五"规划生命科学中的"细胞工程"项目，其成果编有《植物细胞工程应用基础研究新进展(1988)》一书。

郑国锠一生勤勉，著述颇丰，先后发表学术论文140余篇，编著的《细胞生物学》和《生物显微技术》分别于1987年获国家教委优秀教材一等奖、甘肃省教委优秀教材一等奖。还编著了《细胞生物学进展》(三卷)、《植物细胞融合与细胞工程·郑国锠论文集》。其科研成果，于1985和1986年两次获得国家教委科技进步奖二等奖。

郑国锠曾先后任国务院第一届学位委员会学科组成员，中国细胞生物学会副理事长，细胞生物学教学委员会主任委员，中国植物学会常务理事，《中国大百科全书·生物学卷》委员会委员，国家教委高校理科生物学教材编审委员会委员，细胞生物学编审小组组长，《植物学报》、《实验生物学报》、《西北植物学报》、《应用与环境生物学报》编委，《细胞生物学进展》主编，《细胞学》副主编。还曾当选第三至第五届全国人大代表、甘肃省科协副主席、九三学社甘肃省主委等。1999年，荣获"全国归侨、侨眷先进个人"、"全国先进科普工作者"称号。2003年，获得何梁何利基金科学与技术进步奖后，将奖金20万元港币全部捐赠，设立兰州大学郑国锠生命科学奖学金。2011年，获中国细胞生物学学会CST杰出贡献奖。

郑国锠博学审问，深思笃行，言传身教、笔耕不辍，为党的教育、科研事业奋斗不息，在90多岁时依然坚持每天去办公室工作，对待学生的错误格外严厉却从不因之产生成见，生活上极其简朴，却把大部分收入用于科研教学和购买文献，其治学精神与学术品格深得学界的敬仰与爱戴。

郑国锠心系家乡，晚年多次主动把丰富的个人档案捐献给常熟市档案馆，共计2200多件，丰富了馆藏名人档案的内容。同时还给常熟理工学院捐赠了大量的个人藏书，激励学生努力学习、奋发有为。

（撰稿：吴红红）

冯新德
高分子化学泰斗的学子情

冯新德(1915.10.12—2005.10.24),江苏吴江人。高分子化学家,中国高分子化学的开拓者之一。

冯新德中学就读于东吴大学附属中学。1933年,进入东吴大学化学系。在入学注册时,学校规定凡是念化学系的一定要修大学生物学,因最怕蠕体动物,特别是蚯蚓之类动物的解剖,只好存着转学的念头。1934年暑期,考取了清华化学系二年级插班生。入学后,发现清华大学学生与东吴大学很不一样,一是不修边幅,二是拼命读书,开始感到念书是怎么回事,以及图书馆的作用是多么重要。可清华大学学生一定要学游泳,冯新德却最怕耳朵进水,幸好曾被选进过东吴大学体操班,就进入器械操班,得以免修游泳。一年后清华校庆时,参加双杠表演,校刊介绍说:“从东吴转来的小将的确不凡。”1937年,从清华大学毕业,获理学学士学位。

抗日战争爆发后,冯新德辗转到达昆明,于1938年至1939年执教于昆明大学。1940年,任重庆中央工业专科学校教员。因作为教员代表向校长交涉欠薪事宜未果,只得自谋出路。1941年,考取遵义浙江大学化工系研究生,师从李寿恒。一年后,留校教授有机化学。当时浙江大学自校长、系主任至同学的朴实求是作风对冯新德影响很大。1945年,考取公费赴美留学生。1946年至1948年在美国印第安纳州诺特丹大学研究院学习,师从年轻有为的Price教授,获博士学位。

20世纪70年代末，冯新德（左五）与北京大学研究生等合影

冯新德、叶学洁夫妇

冯新德在书房工作

其间，连续三年荣获奖学金，并跟随导师去各地参加美国化学会举办的学术活动。

冯新德说：“我一生进过四所大学念书。东吴教我如何运动，如何玩；清华教我如何念书，如何考试；浙江大学给我大好机会，培养我如何教书，如何做事；在美三年（诺特丹大学），导师教我如何做研究，带我步入国际圈子，见识学术世面。这些构成了我几十年来的轨迹，在此我向我的四所母校致敬。”

1948 年 9 月，冯新德受清华大学邀请回国，先回到上海完婚，不久即与新婚妻子叶学洁赴北平，任教于清华大学化学系，兼辅仁大学化学系教授。1949 年，在国内率先开设高分子化学——聚合反应课。1952 年全国高校院系调整后，任北京大学化学系教授。1955 年，任中国科学院高分子委员会委员。1956 年，兼任中国科学院化学研究所研究员。1958 年，在北京大学成立全国第一个高分子化学教研室并兼任室主任，直至 1986 年。1977 年，又兼任中国科学院感光研究所研究员。1978 年起，当选为中国化学会第二十届至第二十二届理事会理事、高分子委员会副主任委员。1980 年，当选为中国科学院化学部学部委员（院士）。1983 年，受聘为中国石油化工总公司技术顾问。1984 年，赴日本讲学，任京都大学医用高分子与生物材料研究所客座教授。1988 年，受聘美国西雅图华盛顿大学生物工程中心客座教授。长期担任《高分子学报》与《中国高分子科学》（英文版）二刊主编，曾任《中国大百科全书・化学》编委。

冯新德长期从事高分子化学基础理论研究，涉及烯类自由基聚合与接枝共聚、非共轭烯的环化聚合、烯类光敏引发聚合、开环聚合、嵌段共聚合等。在生物医用高分子方面重点研究抗凝血材料与药物控释体系以及高分子老化与生物老化的初始反应机理，承担中国科学基金“七五”重大项目烯类聚合反应与“八五”烯类聚合与产物精细化。发表论文 200 多篇，多次获得国家、部委奖励，培养硕士、博士及博士后 60 余人。1987 年，科研成果“胺存在下的烯类聚合与引发机理”获国家自然科学奖三等奖。1989 年，获中国化学会育才奖。1984 及 1997 年，分别获日本高分子学会演讲奖与国际奖。1998 年，获何梁何利基金科学与技术进步奖。1999 年，作为第一完成人的生物医学高分子项目获教育部科学技术进步奖一等奖。出版专著《高分子合成化学》等。

（撰稿：吴江）

姚鑫

与中国生命科学并肩前行

姚鑫(1915.10.18—2005.11.4),江苏常熟人。实验形态学家,细胞生物学家,实验肿瘤学家。

姚鑫于1930年从常熟县立中学初中毕业后,考入苏州中学。苏州中学师资力量很强,尤其是生物学让姚鑫印象深刻,对其日后报考生物系产生了很大影响。1933年,考入浙江大学生物系实验生物学组。1937年以甲等优异成绩毕业后,留校任植物学助教。抗战爆发后,随校西迁,于1940年年初到达贵州湄潭,从植物学助教转为动物学助教,跟随系主任贝时璋工作,开展线虫卵裂过程中染色质丢失现象与胚胎细胞分化关系、水螅组织中枢诱导潜能梯度等方面的研究,其研究成果在英国《实验生物学杂志》发表。1946年,获英国文化委员会奖学金赴英国留学,到爱丁堡大学动物遗传研究所 C. H.Waddington 实验室工作,开始进行果蝇胚胎发育的细胞化学和组织化学研究,动物发育中的细胞分化问题逐渐成为他的研究兴趣所在。1949年,获英国爱丁堡大学哲学博士学位。

1949年夏,应浙江大学之邀,姚鑫决定回国,10月初到达杭州,在浙江大学任教一年,讲授发生生理学课程。翌年8月,随贝时璋到中国科学院上海实验生物学研究所工作,任研究员,继续做果蝇胚胎发育和变态的研究。1952年,姚鑫为将自己的研究工作更好地与人民大众的疾苦联系起来,决定转入肿瘤

1949 年，姚鑫获英国爱丁堡大学博士学位

20 世纪 60 年代，姚鑫和夫人丁静、儿子姚力行公园合影

生物学研究，开始筹建动物房，引进纯系小鼠和大鼠，结合自己的实际，建立了定性的和一些定量的组织化学方法，研究内分泌腺肿瘤发生发展过程中细胞内的物质变化。1957 年，姚鑫在《动物学杂志》发表了《近代的组织化学和细胞化学》一文，详细地评述了组织化学和细胞化学的概念、研究方法及其对生命科学做出的贡献。

1970 年，姚鑫在调查研究的基础上，决定利用甲胎蛋白及其抗体开展人体肝癌早期诊断的研究。他和其他人员在实验室分离、纯化甲胎蛋白，并制备抗体。后来，利用提纯的甲胎蛋白及其抗体，建立了灵敏度最高的放射免疫测定法及其他快速、灵敏的免疫测定法。1971 年，与上海杨浦区中心医院合作在某工厂进行了两类人群的普查，一是有肝病史人群，二是正常人群的普查。在肝病史人群中找到两名无任何临床症状的阳性职工，经医院建议和本人同意，对 1 例进行了剖腹探察，切除 2—3 厘米的结节，病理诊断为肝细胞肝

1982年10月，参加国际化学致癌机理讨论会诸专家。左起：姚鑫、钮经义、德国癌症研究所所长、王德宝、庄孝僡、陈瑞铭

癌。出院后曾随访十年，生活工作均正常。而另一位一年后却发展为大肝癌。由此说明甲胎蛋白检测应用于普查是可以发现亚临床肝癌患者的。“肝癌甲胎蛋白的诊断和普查应用研究”成果获1978年全国科学大会集体奖。1980年，姚鑫当选为中国科学院生物学部学部委员(院士)。

1983年，他组织和主持了抗人肝癌单克隆抗体研究，在国际上首次获得了有较好选择性的抗人肝癌单抗，经用放射性碘标记后已成功地用于临床肝癌患者定位诊断和治疗。另外，在研究所内成立了胚胎干细胞生物学研究组，对这种既有干细胞特性又有胚

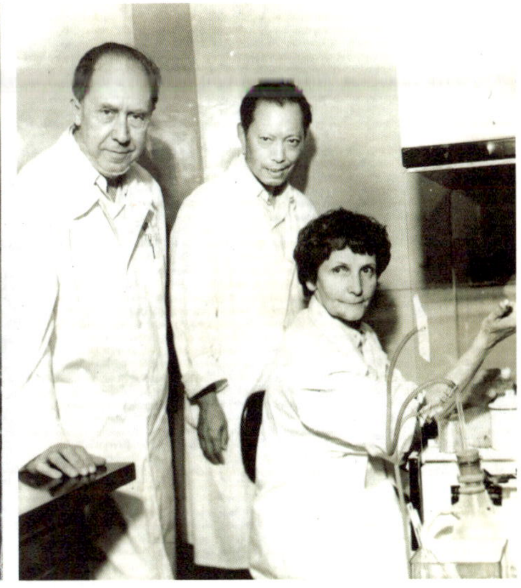

20 世纪 70 年代初，姚鑫与同事言穆琳（左）、葛锡锐（中）研究甲胚胎蛋白诊断人肝癌工作

1980 年 9 月，法国巴斯德研究所 Bussard 教授及夫人来所短期合作

胎细胞特性的细胞开展研究。1987 年，研究组建立了国内第一株小鼠胚胎干细胞（又称 ES 细胞）系。随后，又建立了其他 ES 细胞，进行了定向诱导分化研究。“小鼠恶性畸胎瘤研究”和“TGF－β 1 基因过表达对 ES 细胞分化的调节”分别获得 1987 年中国科学院科技进步奖三等奖和 1998 年中国科学院自然科学奖三等奖。

姚鑫还积极参与细胞生物学学科有关的社会活动，组建中国生物细胞学会，任第二届、第六届中国细胞生物学会理事长。积极推动亚太地区细胞生物学联合会的建立，并当选为联合会第一任主席和第二任副主席。多次出国访问，并在国内召开国际会议，促进了学科、同行之间的交流。积极参加细胞生物学方面的学术活动和组织工作。1990 年 3 月，中国细胞生物学会创办了全英文发表原创性学术论文的期刊《Cell Research》（《细胞研究》），并委任他担任主编。他十分重视学术刊物和研究论文的质量，对研究组成员的研究

1982 年，姚鑫(左)与张香桐院士在昆明西山龙门

1984 年，姚鑫(右)在第三届国际细胞生物学联盟学术大会卫星会议上

报告和学术论文都倾注了大量心血，不顾七八十岁高龄，依然亲自过目和精心修改。他对担任编委的期刊稿件也同样严格审查。《Cell Research》是我国细胞生物学领域中进入美国科学引文索引(SCI)和科学引文索引扩展版(SCIE)的少数中国期刊之一，是美国科学信息研究所 2001 年所收录的我国 57 种期刊中影响因子最高的一种，为我国细胞与分子生物学及其相关领域的科学家提供了一个发表论文、学术交流的良好国际舞台，也对我国细胞分子生物学及其相关学科的国际交流与合作起到促进作用。

2005 年，姚鑫不幸患病，已 90 高龄的他在病榻上仍然心系国家的科学事业，关心着他多年来一手创办的《Cell Research》，在临终前他还表示要将自己的积蓄捐出为期刊设立基金。

(撰稿：吴红红)

陆宝麟

与昆虫结下不解之缘

陆宝麟(1916.6.19—2004.4.9),江苏常熟人。医学昆虫学家。最突出的成就是中国蚊科昆虫分类的研究和媒介蚊虫的治理实践。

1928年,陆宝麟在东吴大学附属中学学习,立志从事生物科学研究。1934年,他考入东吴大学理学院生物学系学习,获理学学士学位。大三时,曾撰写《苏州的淡水鸟类》报告,受到老师刘承钊的赞扬。大四时,因抗战爆发,借读于华西大学生物学系。1938年,任华西大学生物学系标本采集员。次年,在清华大学生物学系研究生院攻读昆虫学,在著名昆虫学家刘崇乐指导下进行水生昆虫生态学的研究,获理学硕士学位。

毕业后,陆宝麟在清华大学农业研究所任职,从此开始了对蚊虫的研究。当时滇西南地区疟疾流行极为严重,他对昆明的按蚊进行了三年的调查,并证明中华按蚊是当地疟疾的媒介。1944年,他到湖北医学院任教。1946年起,任北京大学农学院昆虫学系讲师。1949年起,任北京农业大学昆虫学系讲师、副教授。1951年,参加中央防疫委员会组织的研究组,出席国际民主法律工作者协会调查团和国际科学委员会,向国际友人论证了美国空投昆虫进行细菌战的事实。1952年,调至刚组建的军事医学科学院微生物流行病研究所寄生虫学系昆虫室工作,专门从事蚊虫的研究。此后,历任研究室副主任、副研究员,研究室主任、研究员。20世纪50年代到60年代初,参加西南地区和华东地

1998 年，陆宝麟全家福

区抗疟和抗丝虫病的防治工作以及恙虫病和钩端螺旋体病的自然疫源地调查。1974 年起，受中国科学院委托，主持中国蚊类区系的研究，主编《中国蚊科志》。1980 年，任中国科学院《中国动物志》编委，并当选为中国科学院生物学部学部委员(院士)。1981 年，任世界卫生组织、联合国粮食农业组织和联合国环境规划署环境治理媒介控制联合小组成员，总后勤部卫生部医学科学技术委员会委员。1982 年起，先后任中国昆虫学会理事长、卫生部医学科学技术委员会委员媒介生物学和控制专题委员会疟疾专题组副主任委员。1984 年，任第四军医大学寄生虫学兼职教授。1986 年，任解放军预防医学中心副主任。1987 年，任卫生部寄生虫病专家咨询委员会委员、中国昆虫学会名誉理事。1989 年，任总后勤部卫生部预防医学咨询组顾问、中华预防医学会媒介生物学及控制学会名誉委员。

陆宝麟参观美国佛罗里达大学医学昆虫实验室

2003年，陆宝麟与美国CDC虫媒传染病所所长Gubler交谈

陆宝麟长期研究中国蚊虫的分类区系、生态习性、传病关系以及蚊虫的综合治理等。曾主持“白纹伊蚊和埃及伊蚊及其防治”、“稻田滋生蚊虫的综合控制”2项全国性协作课题，以及“战时特种武器伤害的医学防护”、“海南岛埃及伊蚊综合控制研究”等课题。先后获国家科技进步奖特等奖、全国爱国卫生运动委员会和卫生部科技进步奖一等奖等。1999年，获何梁何利基金科学与技术进步奖。主编有《医学昆虫学》、《中国重要医学动物鉴定手册》、《中国重要医学昆虫分类与鉴别》等著作。

（撰稿：吴红红）

谈镐生

“用生命的血液灌溉祖国的科学园地”

谈镐生(1916.12.1—2005.9.28),祖籍江苏武进,生于江苏苏州。力学、物理学、应用数学家。父亲谈振华,清末贡生,以教书和当职员为生,日本侵华时因抵制悬挂日本国旗险遭杀害,在当地被誉为爱国教师。谈镐生5岁丧母,学龄前由父亲教授四书五经,10岁在苏州的小学就读,1929年进入苏州中学,高中毕业前,自学完微分方程、变分法等大学课程。1935年考入上海交通大学机械工程学院。1939年获工学学士学位,同年,进入成都航空机械学校高级班学习。1940年毕业后,任中国航空研究院副研究员。两年内解决了滑翔机蒙布张力的测量问题,制成了张力计,并获得奖章。1945年通过公费留美考试。1946年赴美国加州理工学院攻读研究生,同年,转入康奈尔大学航空研究生院,在W.R.西尔斯教授指导下,于1949年以论文《有限翼展超音速双翼的波阻》获数学、力学和航空博士学位。毕业后,留在康奈尔大学航空研究生院任研究员,从事激波马赫反射问题、旋翼层流边界层和流体分离区问题的研究,并在这些领域内取得丰硕成果,迅速成为国际知名的空气动力学家。1954年,在美国诺特丹大学任工程力学副教授。1956年,晋升为终身教授,担任美国底特律大学航空工程教授。1957年至1962年,在美国创办高等热工研究所,先后任所长和科学顾问。1963年,任美国伊利诺伊理工学院

1980 年，北京等离子体学会第一届理事会留影。前排右四为谈镐生

教授。旅美期间，被聘为《力学评论》、《数学评论》和《航空学报》的评论员，以及美国海军部特邀顾问。

谈镐生于 1965 年回国，担任中国科学院力学研究所研究员，并于 1980 年当选为中国科学院数学物理学部学部委员(院士)。1981 年至 1984 年，任力学研究所副所长兼学术委员会主任，创办刊物《力学进展》并一直担任该刊主编。曾兼任国务院学位委员会学科评议组成员，《中国科学》、《科学通报》和《应用数学和力学》副主编，中国力学学会、空间科学学会、生物物理学会常务理事，中国科学院受控核聚变重点任务的总顾问，中国科技大

1984 年,中科院代表团副团长谈镐生赴西德签定洪堡基金会中外科技人员交流协定。左为谈镐生、邓团子夫妇,中为西德 Pfefier 秘书长

1990 年,在 ICNM 大会筹备会上。左起: 英国专家 A.Jeffrey、谈镐生、钱伟长

学力学系系主任,清华大学、上海交通大学、西北工业大学兼职教授等。

谈镐生是一位国际著名的科学家。主要从事流体力学、稀薄气体力学和应用数学研究。建立了平面激波对近平角刚壁马赫反射的二级理论,给出了反射波形和反射激波强度的二级解,这一成果对核爆炸的破坏机理研究具有关键意义;将普朗特和卡门就特殊二维物体得到的有限定形分离定理推广到任意二维物体情况,成为流体力学的一项经典成果;在层流边界层研究方面,对于绕垂直轴旋转的半无限平板和旋转柱形叶片,给出了三维流场各级解的一种系统求法,为开拓直升机旋翼三维流场的研究奠定了基础;提出了网格后湍流末期衰减负二次幂规律及其动力学解释,并用分层湍流模型揭示了末期衰减的能谱的解析性质。他是植被流理论研究的先驱,首先建立了准定常植被湍流局部扩散模型,还在自由分子流中弹头形状的优化问题、超音速双翼飞机马赫波锥流场的相互作用、非旋转对称激光光腔稳定性的普遍条件和地壳板块运动规律等方面取得重要成果。这些开拓性学术成果被广泛引用并被收入到相关领域的专著中,推动了力学和应用数学相关领域的发展。

谈镐生治学勤奋严谨,学风朴实民主。当他还是中国航空研究院的青年科研人员时,

1991 年 7 月，为支援西北引水问题视察兰州，参观中国科学院兰州近代物理所。左四至左八：钱伟长、谈镐生、该所所长、孔祥瑛（钱伟长夫人）、邓团子

就认识到数学是基础，自费聘请老师，钻研数学。在康奈尔大学攻读博士学位时，由于成绩优异，老师西尔斯教授要求他一年内取得博士学位，可是他却坚持要用三年，以更高的标准拓宽和加深自己的数理基础。两年后，他以数学和物理满分的成绩通过了考试，受到著名数学大师费勒(W.Feller)和诺贝尔奖金获得者贝蒂(H.A.Bethe)的赞赏，认为这个学生的才华远非 100 分所能表示。

谈镐生重视人才培养。“文革”期间，他顶着极“左”思潮的压力，抱病为青年人举办湍流、激光物理、概率论和分析力学等讲座，并翻译审校了 200 多万字的《随机函数和湍流》、《激光物理》和《气动激光技术》等书稿，吸引了一群优秀的年轻人聚集在他的周围，成为他的“地下研究生”（多半是 1962 届至 1965 届的研究生），积累了大量学术成果。

1980 年，谈镐生与美国宇航专家合影

1990 年，康奈尔大学访华使者受到北京校友的热情接待。前排左起：邓团子、李佩（郭永怀的夫人）、桂香云，后排左起：谈镐生、Corson、屠善澄、李宁德

1977 年，他上书中央领导，最早提出在中国建立分两级（相当于国外硕士和博士）培养研究生的制度，还建议按不同年龄，通过不同途径培养和提高在职科技人员业务水平的方案。此建议书受到中央领导的赞赏，并立即批送给有关部门办理。1978 年底，按照他的科研设想，在力学研究所建立基础力学研究室（17 研究室），当年的“地下研究生”纷纷加盟，下设天体物理力学、地球物理力学、生物物理力学、应用数学、力学物理五个组。由于“文革”期间的积累，大批论文纷纷发表，并在相应的领域内赶超世界先进水平。在这块“试验田”，谈镐生的 π 结构建室理念、哥本哈根精神和自由的管理模式创造了优良的学术环境，培养了一批优秀科技人才，其中很多已经成为中科院力学研究所各科研部门甚至海外一些科研部门的领导和骨干力量，其中还有两位中科院院士和两位国外终身教授。

中国科学院资深院士钱伟长曾称赞他，“镐生君对推动我国现代力学事业的发展贡献良多，功不可没”。《1978—1985 年全国基础科学发展规划》制定时，没有包括力学，只是在技术科学规划中列入了“工程力学”，谈镐生认为这种做法过分强调了力学的工程应用性，而忽视了它的基础性，不利于力学学科的发展。他向中国科学院党组呈报书面意见，强调支撑力学广泛应用性的是力学的基础性，提出召开全国力学规划会议，制定全国力学发展规划。这一建议被转呈中央，得到批准。1978 年 8 月，全国力学规划会议召开并通过了《1978—1985 年全国基础科学发展规划——理论和应用力学》，明确了“力学是许多工程技术和自然科学学科的基础”，为我国力学沿正确方向的发展起了重要的指导和推动作用，使天体物理力学、生物力学、地球流体力学、应用数学等力学边缘学科也得到了迅速发展。

谈镐生是一位热爱祖国的科学家。青年时代曾参加“九一八”赴南京请愿要求抗日的运动和“一二・九”爱国学生运动。1940 年，在成都航空机械学校毕业时，曾因起草的毕业典礼献词中批评了国民党政府的贪污腐败而被禁闭半年。旅美期间，曾多次拒绝加入美国国籍，并三次拒绝美国科技界把他的名字载入美国科学家名人录。1965 年，冲破重重阻力，以赴西欧旅游和到日本讲学为名，得以摆脱美国控制回到祖国。

谈镐生具有奉献社会的高尚品德。1969 年，他和夫人邓团子到河南汲县落户，在寒冷的冬天，宁愿自己挨冻，把发给的取暖煤全部送给五保户，向生产队捐款买牛，特意为久病卧床的老大娘去县城买药……“文革”结束后，谈镐生夫妇做的第一件事就是将落实政策后两人补发的工资 1 万余元全部捐赠给中国少年儿童活动中心。

谈镐生在《寄语青年科学家》中说：“用生命的血液灌溉祖国的科学园地，让神州大地上，开放出鲜艳夺目的科学奇葩，造福人类，垂荫后世。”

（撰稿：邵志锋、朱如曾）

程民德
让中国成为数学大国

程民德(1917.1.24—1998.11.26),江苏苏州人。长期从事多元调和分析、多元三角逼近论的研究,并在中国倡导开展模式识别、图像处理的研究。长期担任北京大学数学系的领导工作,是北京大学数学研究所的创始人之一。

程民德出身于知识分子家庭。父亲程瞻庐曾在苏州景海女校等任教,是江南颇有名气的章回小说作家,著有《唐祝文周四杰传》等。他笔下刻画的人物惟妙惟肖,从而备受周瘦鹃推崇。受其影响,程民德自幼养成爱读书、勤思考的良好习惯。

程民德于1932年考入苏州工业学校纺织科。受当时在苏州中学兼课的数学教师张从之的影响,对数学产生了浓厚的兴趣。1935年,程民德投考浙江大学电机系,由于数学成绩特别优秀,被当时浙江大学数学系主任苏步青慧眼相中,转录到数学系本科。

大学时期的程民德表现出了强烈的爱国精神与社会责任感。1937年日本侵略者攻到浙江,激于对日本侵略中国的义愤,程民德放弃学业,应招参加"抗日游击队"。但由于亲眼目睹国民党的腐败,于一年后退出,返回浙江大学复学,之后随浙江大学西迁贵州湄潭。

程民德于1940年本科毕业后,转为研究生,跟随当时国内著名的分析学家陈建功学习三角级数理论。1941年,由苏步青推荐,在日本《东北

1991 年，程民德参加云南省应用数学研究所成立会，在昆明市郊留影

帝大数字杂志》发表了自己第一篇关于“傅里叶级数之切萨罗求和”的论文。1943 年，被聘为浙江大学数学系讲师。这时他已在国内外发表了多篇数学论文。1944 年，与浙江大学研究生卢运凯结为伉俪。

1946 年，时任北京大学数学系主任江泽涵赏识程民德的数学才能，聘请他到北京大学任教，并推荐他投考赴美攻读博士学位的李氏奖学金。1947 年，程民德进入美国普林斯顿大学数学系，在著名数学家傅赫纳指导下，学习与研究当时刚刚显露强大生命力的多元调和分析。在美期间，程民德专心致志，刻苦用功，仅仅用了两年时间，在多元调和分析方面完成了数篇高水平的论文，取得了博士学位，继续在普林斯顿大学做博士后工作。这些论

1993 年，程民德（中）在系办公室

1995 年 5 月 18 日，程民德（右）与中国科协主席朱光亚在清华大学举行的中国数学会第七次代表大会暨 60 周年年会上

文后来发表于美国著名数学杂志《数学年刊》上。他受教于当时世界著名的数学家 E. Artin、C. Chevalley 等，两年半的学习生活，令他的学术眼界大开。

新中国成立后，程民德满怀报效祖国的决心，放弃了普林斯顿大学的优越条件，于 1950 年 1 月毅然回到祖国，在清华大学先后任副教授、教授。1952 年全国高校院系调整，转到北京大学任教。程民德到北京大学数学力学系后，先担任数学分析与函数论教研室主任，很快便任数学系副主任。院系调整后的北京大学数学力学系，教学、科研、师资建设的任务十分繁重，程民德和当时的系主任段学复合作，很快完成了系的初期建设任务，为后来的发展打下了良好的基础。1956 年 1 月，程民德光荣加入了中国共产党。

在繁忙的行政工作的同时，程民德一直担任着教学与科学研究工作。除讲授基础课外，还自编讲义，于 1956 年在北京大学开设调和分析专门化课程。以后于 1959 年、1962 年又再次开设。张恭庆、陈天权、陈子岐、龙瑞麟、黄少云等我国新一代数学家都是从这里开始学习调和分析的。他在继续研究多元

1994 年 10 月 8 日,《中国现代数学家传》首卷出版座谈会在北京大学燕园现代物理研究中心会议室举行。左起:程民德、吴文俊、赵慈庚、路见可

1996 年 8 月 21 日,程民德在他的学生龙瑞麟(中国科学院数学研究所所长)遗体告别仪式上签到

调和分析的同时,从 1954 年开始,同他的学生陈永和合作,在我国开创了多元三角逼近的研究方向。

1973 年,根据当时的实际情况,程民德从研究沃尔什变换及其在图像频带压缩中的应用开始,组织了跨学科的讨论班,从事信息处理的研究。他是我国开展模式识别与图像处理研究的先驱与倡导者之一。1978 年,程民德力荐石青云,把她引导入模式识别这一当代信息科学的前沿领域。不久,经程民德推荐,石青云于 1980 年去美国做访问学者。1982 年回国后,石青云主持并承接了国家一系列重大科研项目的研究,取得了系统的创造性成果,经鉴定达到国际先进水平的成果有 4 项,另有 2 项处于国际领先水平。1993 年,石青云当选为中国科学院院士。

1978 年起,程民德担任北京大学数学研究所第一任所长;1980 年,当选为中国科学院数学物理学部学部委员(院士);1982 年至 1986 年,担任北京市数学会理事长;1983 年至 1988 年,担任中国数学会副理事长。其间,他为北京大学数学系、数学研究所以及全国的数学发展做了一系列组织工作,成绩斐然。

他是国家教委应用数学领导小组的负责人之一、国务院学位委员会数学学科评议组成员、全国数学教材编审委员会副主任、科学出版社《现代数学基础丛书》主编、《北京大学数学丛书》主编、国家自然科学基金数学天元基金学术领导小组组长。

1986 年，当代著名数学家陈省身提出，在 21 世纪初中国数学可以率先赶上世界先进水平并于 21 世纪在中国建成数学大国。为了达到这个目标，程民德等在国家自然科学基金会与国家教委的支持下，于 1988 年在南开大学召开了第一届“21 世纪中国数学展望”学术讨论会，商讨发展中国数学的大计。1990 年，第二届“21 世纪中国数学展望”会议又在南开大学召开。多年来，作为一名著名的数学家和应用数学家，程民德在我国开拓了多元调和分析与多元三角逼近的研究方向，促进了我国模式识别与图像处理工作的进展，为我国现代数学事业的发展做出了杰出的贡献。1998 年，程民德获何梁何利基金科学与技术进步奖。

程民德对己严格，待人宽厚，处处为别人着想。他乐于助人，凡是了解他的人都知道，他家里总是宾客如云，络绎不绝。对找他帮助的人，他总是设身处地帮他们排忧解难，屡屡因抱病待客而加重病情，以至北京大学数学系行政部门不得不出面在他家门上挂上“谢绝来访”的牌子。程民德意志坚强，不管遇到什么困难，总是要求自己扎扎实实、默默无闻地去工作。他为人正直，待人真诚，从不说违心的话。在学术上，他从不保守，总是鼓励年轻人去创新，鼓励年轻人超过自己。这一切，正是他能为中国数学发展做出贡献并获得人们信任与尊敬的原因。

（撰稿：朱汉林）

沈善炯
“一个人的价值，应当看他贡献什么，而不应当看他取得什么”

沈善炯(1917.4.13—)，江苏吴江人。微生物生化和分子遗传学家。出身于吴江屯村的一个破落地主家庭。父亲沈时则受过中等教育，曾在乡里教书，母亲沈贞是农民，为人贤惠。父母秉承“耕读传家”的家训，竭尽全力供他上学。

在考入吴江中学就读初中之后，沈善炯深深地被学校纯朴的学风所感染。那是国难当头的20世纪30年代，吴江中学校长杨雪门率领学生走出校门宣传抗日抵制日货，而在随后的一个师范班的毕业典礼上，师生意气风发，引吭高歌的场景更是让沈善炯终生难忘。

初中毕业后，出于“为乡下农民做点事情”的考虑，沈善炯决定学农，考入江苏省立苏州农业学校。毕业后，经父母同意，靠各方借贷和出卖田地，考入了学费低廉的南京金陵大学。抗日战争爆发后，沈善炯借读在柳州的广西大学农学院。其间，他结识植物学家张肇骞。张肇骞的教导，对他以后树立从事遗传学与生物化学研究的志向产生了影响。1939年，沈善炯转学到云南昆明的西南联合大学生物系，与同学卢盛华一见钟情，此后不离不弃，相伴一生。1942年，大学毕业。1947年，在老师张景钺的帮助下，沈善炯获得了前往美国加州理工学院留学深造的机会，于1950年获生化遗传学博士学位。

1950年8月，沈善炯等人乘坐“威尔逊”总统号客轮回国，途经日本时，遭到美国人的扣押。为了阻止新中国获得高科技人才，美国人软硬兼施，

1958 年，出席在莫斯科举行的国际抗生素会议。左起：张为申、沈善炯、陈肖庆

1962 年，出席莫斯科大学第五届国际生物化学会议。左起：曹天钦、沈善炯、王应睐、殷宏章、邹承鲁

1978 年 6 月，出席在美国举行的国际固氮会议。左一至左五：单慰曾、卢嘉、沈善炯、李季伦、徐吉

1978 年，沈善炯与老师、诺贝尔奖获得者台尔勃吕克(Max Delbruck)在美国加州理工学院重逢

1978 年，沈善炯（立）在美国加州理工学院纪念摩尔根创立生物学系 50 周年会议上致词

1978 年，沈善炯与同学、诺贝尔奖获得者坦明(H·Temin)在一起

1996 年，沈善炯获美国加州理工学院杰出校友奖时与诺贝尔奖获得者 E. Lewis（中）、导师 Norman H（左）合影

试图利诱他前往台湾，而后又将他投入了监狱，直至 11 月，沈善炯才回到祖国。次年，在浙江大学医学院任副教授。1952 年，前往中国科学院实验生物研究所植物生理室工作。1956 年，任中国科学院植物生理研究所研究员。1960 年，任上海微生物研究所副所长。次年，该所并入植物生理研究所，他继续任副所长。1980 年，当选为中国科学院生物学部学部委员(院士)。他先后担任中国遗传学会副理事长、中国生化学会理事、中国微生物学会理事，兼任上海交通大学名誉教授。

新中国成立初期，我国的抗生素生产几乎处于空白状态，一些发达国家禁止对我国出口，自力更生发展抗生素生产成为一项急迫的国家任务。研究抗生素最初并不是沈善炯的专长，更不在他的兴趣范围之内。为了国家的需要，沈善炯无条件地放弃了自己钟爱的分子遗传学。1953 年，沈善炯带领几位科研人员从零开始，研究金霉素和链霉素的生物合成。在短短两三年的时间内，实现了我国抗生素的量产。

沈善炯长期致力于微生物生物化学和分子遗传学的研究。20 世纪 60 年代初，他与学生

1998年6月，第七届陈嘉庚生命科学奖获得者沈善炯(左)出席中国科学院第九次院士大会颁奖仪式

2012年，吴江电视台记者采访沈善炯

在微生物生化研究中发现分介己糖的分解代谢新途径，以及木酮异构酶。1974年开始，他领导开展固氮基因的结构和调控等多项研究工作，取得很多成果，为中国研究分子遗传学奠定了基础。20世纪80年代初，他积极帮助上海交通大学建立分子遗传和生物工程研究室，开创了我国在理工科大学开展分子遗传学研究的先例。

沈善炯在1955年、1979年两次获得中国科学院自然科学奖一等奖，1981年获美国南加州中国工程师和科学家协会颁发的杰出贡献奖，1987年获国家自然科学奖二等奖，1996年获美国加州理工学院杰出校友奖，1997年获陈嘉庚生命科学奖，1999年获何梁何利基金科学与技术进步奖。

沈善炯对待科研工作和自己的学生要求都非常严格，生活中他又是率真、随和的长者。他说，“我爱学生，学生也爱我”。他一直信奉爱因斯坦的一句话：“一个人的价值，应当看他贡献什么，而不应当看他取得什么。”

沈善炯对家乡吴江念念不忘。1997年，时隔60多年后，沈善炯再次回到母校吴江中学，他为这里的变化欣喜，也带给学子们治学的经验，临别更是写下一言表达他对母校的感情：“桃李不言，下自成蹊。”时至今日，沈善炯家中仍挂着一幅《鲈乡思旧图》，画中的景物就是令他魂牵梦绕的吴江中学，寄托着他难以忘怀的在家乡吴江的成长、求学历程。

（撰稿：范红明）

刘建康
和鱼做一辈子朋友

刘建康(1917.9.1—),江苏吴江人。鱼类学和淡水生态学家。从风华正茂到耄耋之年,他跟水打了一辈子交道,和鱼做了一辈子朋友。

刘建康的父亲为银行职员,母亲操持家务,对他的学业成绩和品德培养要求甚严。刘建康幼年就读于上海毓贤小学,毕业后入苏州中学初中部。1931年,考入苏州东吴大学附属中学高中部。1934年,考入东吴大学理学院生物系。当时生物系老师徐荫祺、刘承钊、陆近仁、李惠林等既授课又搞科研,教书育人,刘建康深受教益。1935年,东吴大学生物系在上海举办淡水生物展览会,系里指定刘建康随刘承钊去布置展览,从此,刘建康对淡水生物尤其是鱼类的研究产生了浓厚的兴趣。由于学习刻苦认真,他在大学期间一直被评为优等生,获得国内和美国教会大学校际“BBB”(Tri-beta)荣誉毕业生奖章。

1939年,刘建康考取上海国立中央研究院动植物研究所伍献文(中国鱼类分类学、形态学、生理学和水生生物学的奠基人之一,1955年被选聘为中国科学院学部委员)的研究生。伍献文是刘建康在鱼类学专业知识和科研能力方面获益最多的导师,此后两人共事长达40余年。1946年1月,刘建康到加拿大蒙特利尔麦吉尔大学研究生院动物系学习。1947年7月获哲学博士学位后,到美国麻省伍兹霍尔实验细胞研究室任副研究员。一年后,转到麻省北安普顿的史密斯学院做研究工作,任务完成后,学院劝其留在美国,

1953 年 6 月，刘建康(前排左二)与中国科学院水生生物研究所同事在湖北宜昌研究人工孵化鱼苗实验成功，离开宜昌前留影

并提出把他的未婚妻也接到美国工作。刘建康表示自己的事业在祖国，谢绝了他们的挽留，于 1949 年 2 月回国，任上海国立中央研究院动物研究所研究员。1950 年 1 月，被中国科学院水生生物研究所聘为研究员，在该所设在无锡的太湖淡水生物研究室工作。1951 年，兼任苏州东吴大学生物系教授。其间曾编著 10 万字的《鱼》一书，所得稿酬全部捐献以购买飞机大炮，支持抗美援朝战争。1954 年秋，随所迁至武汉，历任该所鱼类学组组长，湖泊水库研究室主任、所长、名誉所长，淡水生态和生物技术国家重点实验室主任等职。1980 年，当选为中国科学院生物学部学部委员(院士)。1984 年至 1992 年，任湖北省科协主席。曾任中国海洋湖沼学会副理事长，中国鱼类学会理事长，九三学社湖北省副主委、主委，九三学社中央常委，湖北省政协副主席等职。

20 世纪 40 年代，刘建康用实验证明了鳝鱼的主要呼吸器官不是鳃，呼吸不是靠水里溶解的

1985 年 10 月，刘建康与联邦德国马普学会湖沼学研究所所长 Overbeck 教授在中国科学院水生生物研究所合影

1987 年 9 月，刘建康向英国 Wootton 博士介绍水生生物所情况

氧，而是靠口喉部上皮组织直接利用大气中的氧。接着，他又揭示了鳝鱼始原雌雄同体现象，并对其雌雄性别转变过程中生殖腺的组织学进行了研究，于 1944 年发表《鳝鱼的始原雌雄同体现象》，揭示鳝鱼性别转变规律，为低等脊椎动物性别决定机制提供了有意义的新论据，引起国际动物学界的关注。

在加拿大攻读博士期间，刘建康根据对筒螅的检查和实验所得的结果，撰写了他的博士论文，并与他的导师贝瑞尔联名发表了《筒螅生殖芽体的形成与生殖细胞的起源》和《种质、魏斯曼与水螅纲》，指出德国生物学家魏斯曼在筒螅研究中有观察上的错误：筒螅生殖细胞既不是先天注定的，也没有在体内迁移的迹象，并进一步对其种质连续学说提出质疑。

20 世纪 50 年代初，刘建康在江苏进行池塘养鱼高产研究，创出亩产超 1000 斤的成绩。1955 年，发表论文《养鱼池单位面积产量试验》，被水产界公认为是对我国传统养鱼经验的科学

1999 年，刘建康(左一)与陈子元(左二)、石元春(右一)等院士参加华中农业大学 211 工程评估期间合影

2003 年 6 月，刘建康(左)与助手谢平博士后一起研究武汉东湖蓝藻现象

总结。1955 年至 1957 年，领导实施湖北梁子湖鱼类生态调查。1958 年开始，主持开展长江鱼类生态调查，总结出一套系统的鱼类生态学资料，填补了国内空白。这些研究资料汇集成我国第一部淡水鱼类生态学专著《长江鱼类》，也为后来论证葛洲坝工程和三峡工程对鱼类的生态影响和治理对策提供了科学依据，于 1991 年获得国家重点科技攻关项目“长江三峡工程重大科学技术研究”专家荣誉证书。

1959 年，全国水产科技与教育会议提出总结我国淡水养鱼经验并写成专著的倡议，刘建康承担了《饲养鱼类的繁殖》一章的撰写任务。1961 年，《中国淡水鱼类养殖学》正式出版。1992 年，刘建康主编的《中国淡水鱼类养殖学》第三版问世，并被列入“当代科技重要著作”丛书。

20 世纪 50 年代早期，刘建康还曾到长江宜昌段调查家鱼产卵场分布情况，并成功进行草鱼和鲢鱼的人工授精与孵化。他指导助手给未充分成熟的青鱼注射鱼类脑垂体激素催情，使其提前产卵，为后来我国“四大家鱼”成功进行人工繁殖打下基础。

70 年代，刘建康提出，我国鱼类区系和形态学研究已有较好基础，今后应该把注意力转移到鱼类个体生态学、群体生态学和系统生态学的研究领域。他主持“东湖渔业增产和稳产高产试验”，采取调整放养对象、提高鱼种规格等措施，使武汉东湖的鱼产量从 1971 年的 180 吨逐年

刘建康(坐者)任淡水生态与生物技术国家重点实验室首任主任

刘建康(左)与学生朱作言(1997年当选为中国科学院院士,1998年当选为第三世界科学院院士)合影

上升到1978年的801吨,单位面积鱼产量和递增速度在国内外同类型湖泊中均属罕见。这项成果获1978年全国科学大会科技成果奖,对发展大水面(湖泊、水库、滩涂等面积比鱼池大得多的水域)养鱼起到了示范作用。此后,又相继主持开展东湖渔业稳产高产试验与生物生产力的研究和东湖生态系统结构功能与生物生产力的研究,分获1982年中国科学院技术改进奖二等奖和1988年科技进步奖二等奖。1991年,农业部颁发荣誉证书,表彰他为发展大中型水域生产做出的贡献。20世纪80年代,开始东湖富营养化的研究,通过分析和评估水中营养元素等子系统在东湖整个生态系统的结构和功能中所起的作用,提出了湖泊富营养化的生物学治理对策,成功解决了东湖蓝藻水华问题。这项成果充分体现了我国长江中下游流域广大浅水湖群的生态学特色,获得1994年中国科学院自然科学奖一等奖。

刘建康关于淡水生态学的学术思想不断发展和成熟,提出流域生态学研究的新兴学科领域,为解决我国面临的日益严重的水资源短缺和水环境恶化问题奠定了坚实的生态学基础,并指出了研究方向。

(撰稿:张园)

钱人元
中国高分子物理学创始人

钱人元(1917.9.19—2003.12.6),江苏常熟汤家桥(今属江苏张家港)人。物理化学家,高分子物理学家,有机固体科学的奠基人。

钱人元出身书香门第。父亲钱育仁,字南铁,早年追随孙中山,擅长骈文和诗词,曾担任虞社社长,编辑出版诗文刊物。钱人元童年时期就受到爱国主义影响,立志勤奋学习,走振兴中华之路。1931年从常熟孝友初级中学毕业后,进入苏州中学化工科学习。

1935年,钱人元进入浙江大学化学系。业余时间自行装设短波无线电电台,先后与国内各地及日本、菲律宾、新西兰等业余无线电电台对话。其间,选修了电磁学、近代物理和光学等课程。由于在物理课程方面成绩优异,1939年化学系毕业后,破例留校任物理系助教,在王淦昌指导下进行研究工作,并在《科学》上发表铀核分裂方面的文章。

1940年至1943年,钱人元在昆明西南联合大学理化系任助教及教员,并旁听物理课程,随张青莲进行有关重水密度的研究,并与当时知名的科学家杨石先、张文裕等有教学、研究上的交往,因而得到物理和化学两方面的培养。受抗日战争影响,学校经费困难,实验室仪器、设备匮乏,钱人元自制了电磁继电器、恒温水浴、恒温细菌培养器等。

1943年,钱人元赴美国留学。在加州理工学院化学系学习一学期后,于1944年至威斯

钱人元（中）与同事探讨科研问题

康星大学化学系做研究生，并任研究助教。其间，还学习了物理课程和数学课程。F. Adler 教授讲授的理论物理和 R. Langer 教授的复变函数等课程对他影响很大。1947 年，又到依阿华州立大学化学系学习一年。

1948 年，钱人元毅然回国，以满腔热情投身到祖国的科学事业中，在厦门大学化学系任教授级讲席。1949 年，回到母校浙江大学任化学系副教授。1951 年，任中国科学院物理化学研究所研究员。1953 年，任中国科学院上海有机化学研究所研究员，开始进入高分子物理研究领域。当时，高分子物理学在国内还是一片空白，没有实验仪器、设备。钱人

钱人元(左一)与苏联专家一起讨论科研课题

元自力更生进行研制,仅用四年时间,就建立起当时国际上正在使用的各种仪器和方法,其测试结果达到当时的国际先进水平。1956年,随上海有机化学研究所高分子部迁往北京,改任中国科学院化学研究所研究员,负责高分子物理方面的学术领导工作。1977年至1985年先后担任副所长、所长。

根据国家经济建设的需要,钱人元不断开拓新领域,注重理论联系实际,解决生产中的难题,为丙纶纤维的开发做出了重大贡献。20世纪70年代后,开创了有机固体电导研究。80年代以后,开展了高分子凝聚态基本物理问题的研究。1956年,获中国科学院科学奖三等奖。1977年,被评为中国科学院先进个人。1978年,获全国科学大会奖。1980

1997 年,常熟孝友初级中学 1931 级学员孔令晟(左一,抗日将领)、胡秉方(左二,化学家)、钱人元(左四,化学家)与教员张青莲(左三,化学家)北京合影

2000 年第十次院士大会期间,钱人元(左)与郑国锠(右)等院士合影

年,获国家发明奖三等奖,并当选为中国科学院化学部学部委员(院士)。1987 年,获中国石油化工总公司科技进步奖一等奖。1988 年,获国家自然科学奖二等奖。1989 年,获中国科学院自然科学奖一等奖和国家科技进步奖一等奖。1994 年,获求是科技基金会奖。

钱人元还积极从事教育、科普和社会工作。他是中国科技大学高分子物理教研室的创建人,曾在中国科技大学、北京大学讲授高分子物理及仪器电子学等课程,曾任中国化学会理事长、高分子学科委员会主任,是国内外多种专业刊物的理事,多个专业组织的委员,多次参加国际学术会议。先后当选为全国人大代表、全国政协委员。

钱人元特别关心家乡教育事业的发展,于 2001 年为常熟海虞镇小学题写校名,并写下了“基础教育,重在素质;培育人才,立国之本”的校训。钱人元逝世后,遵其遗愿,其骨灰于 2004 年 4 月撒入家乡的长江入海口。

(撰稿:吕惠峰)

李敏华
不让须眉的力学大家

李敏华(1917.11.2—2013.1.19),江苏苏州人。中国科学院力学研究所研究员,著名固体力学专家,塑性力学和疲劳断裂领路人。1940年毕业于西南联大航空系,留校任教。1944年留美,获麻省理工学院机械系博士学位后,在美国航空咨询委员会(NACA)下属的路易斯飞行推进研究实验室任研究科学家。1952年任美国布鲁克林理工学院机械系研究教授。1954年回国后,长期从事塑性力学和应力分析课题的研究,后期主要致力于疲劳理论及机制的研究。1980年,当选为中国科学院技术科学部学部委员(院士)。曾兼任中国力学学会常务理事、副秘书长,航空学会常务理事,《力学学报》、《航空学报》和《固体力学学报》编委。还担任过第三届全国人大代表,第六、第七届全国政协委员和全国妇联执委等职。

李敏华的父亲是苏州网师园主人后裔,母亲毕业于杭州女子师范学校,十分重视女儿的教育。李敏华幼年就读苏州振华小学。1925年随家庭移居上海,九一八事变时她是务本女中的初中生,该校校长和教师都对学生进行爱国教育。1935年中学毕业,考入清华大学化学系,后转入机械系。她积极参加"一二·九"运动,同时刻苦学习。一年级时她认识了同学吴仲华,他们有着"理工救国"的共同奋斗目标,都很喜欢摄影与音乐,毕业后结为终身伴侣。

1943年,吴仲华获"庚子

李敏华手迹

赔款”奖学金赴美留学，李敏华亦获得美国大学的入学许可。他们于该年年底双双赴美，后就读于麻省理工学院。李敏华回忆往事时说，是日本飞机的轰炸，促使她选择了与航空有关的专业。她攻读硕士期间的研究课题是“用散射光弹解轴扭转”，她提出了一个新方法。攻读博士时，有一次热力学考题很难，很多人不及格，她考得 95 分，为班上第一名，任课教授说：“一个女孩打败了所有男孩。”导师要她研究“亚谐振动”问题，并说“这是极难的，不一定能做得出结果”。而这时他们已有了孩子，夫妇俩只能轮流学习，晚间由吴仲华照顾孩子，李敏华则挑灯苦战。经过研究，她确定机械系统在一定的初始条件下才产生亚谐振动，得到了解法，并计算例子作为验证。1948 年，她成为麻省理工学院工科方面的第一位女博士。

20世纪40年代,吴仲华、李敏华摄于麻省理工学院

20世纪50年代末的全家福,摄于清华园。前排右起:吴仲华父亲、吴仲华母亲、李敏华、吴仲华;后排右起:小儿子吴定、大儿子吴明

毕业后,李敏华任职路易斯飞行推进研究实验室,研究考虑材料硬化的发动机旋转盘塑性应力应变分析。当时,塑性力学刚开始不久,通常都采用迭代求解的近似计算。而她采用形变理论,由5个未知应力应变分量降为2个未知变量,又引进了一个任意常数,求得了精确解。李敏华为塑性理论的发展做出了贡献。

当吴仲华、李敏华准备报效祖国时,美国严禁中国科学家回国。他们任职的路易斯飞行推进研究实验室为国防部门,更是CIA的监控重点。为此,他们辞职转入纽约布鲁克林大学机械系任教授。1954年暑期,假称到英国度假,他们只带了两个孩子,从英国转到瑞士,悄悄进入中国使馆,由使馆协助,经奥地利、捷克到苏联,辗转回到北京。回国不久,周恩来总理在宴会上接见了他们。

李敏华在力学研究所担任塑性力学组长和固体力学研究室主任等职,继续研究塑性力学。她得出了轴对称平面应力问题用塑性形变理论的简单的精确解,用来求解当时无法解决的非均匀材料性能,包括不同温度分布引起的非均匀材料性能的塑性变形问题,获

1977 年 12 月，李敏华（右二）率中国科学院固体力学考察组出访罗马尼亚

20 世纪 80 年代末，李敏华（中）与研究生及助手在 MTS 试验机前

得 1956 年国家自然科学奖三等奖。

1959 年，李敏华接受了对新研制的复合材料试件进行驻点温度超过 1000℃的高温实验任务。她提出用炽体引燃，大大缩短了设计和加工周期。在不到半年的时间内，在国内首次实现了驻点温度超过 1000℃的高温实验。随后，她又研究能加热加载的材料试验机。她提出了应变测量方法，并与组内科研人员一起设计方案，在国内首次研制成功了瞬时加热加载材料试验机。

李敏华还为清华大学工程力学班开讲塑性力学课，在中国科学技术大学兼任力学系固体力学教研室主任，并讲授塑性力学课。

20 世纪 70 年代初，李敏华参加针对航空发动机涡轮轴断轴故障分析会，她深感疲劳问题的严重性，把她的科研方向从应力应变分析改为疲劳理论及机制。李敏华承担了在扭矩作用下喇叭轴应力分析工作。她提出以应力函数作为未知量，用非正交曲线座标有限差分法进行计算。这种新解法对圆截面轴和任意形状截面轴扭转问题，比传统的差分法和有限元法有很多优点，能很精确地算出轴在小凹槽处的高应变集中区的应变。当时她的小儿子患白血病，她每隔一天的下午或晚上去医院，另一天加班工作，按时完成了任务。该项工作获得 1978 年中国科学院重大成果奖。

1982 年，李敏华发起组织侧重宏细观结合研究、多学科交叉的全国疲劳学术会议，推动了学术交流。在低周疲劳研究中，她还提出用全量应力—应变关系和分段幂函数近似实际疲劳循环曲线的模型，通过实验研究，得出超载 60%，疲劳寿命增加 3—4 倍的载荷范围。吴仲华从 1988 年年初肝癌手术到 1992 年病故，李敏华一边工作，一边照顾病人，顶住了家庭和工作的双重压力。

回国以后，李敏华在国内外发表了《材料的应力应变曲线对塑性平面应力问题解的影响》、《硬化材料的轴对称塑性平面应力问题的研究》、《发动机涡轮轴在扭矩作用下的应力分析》、《变截面圆轴扭转问题用非正交曲线坐标的新解法》、《超载对平面应力集中问题低周疲劳损伤的影响》等重要论文。

2007 年，在李敏华 90 华诞时，中科院力学所召开隆重的庆贺会。全国侨联、中央统战部、中科院北京分院等有关领导祝贺她培养的高级科技人才桃李满天下，称她无愧是 20 世纪的中华女杰，号召大家学习她严谨的治学精神、实事求是的工作作风、爱国奉献的高尚品德和简朴的生活态度，为发展祖国的科学事业，振兴中华，贡献毕生精力。

1991 年，李敏华在中国科学院学部委员增选会上。左为陈芳允

1998 年，李敏华在中国科学院第九次院士大会上

（撰稿：张橙华、毛天祥）

程开甲
投身沙漠的“核司令”

程开甲(1918.8.3—),江苏吴江人。核物理学家,中国核试验事业的开创者和组织者,“两弹一星”功勋奖章获得者。

程开甲祖籍安徽,祖父程敬斋,父亲程侍彤,母亲董云峰。祖辈早年从徽州到吴江盛泽经商。在他出生时就去世的祖父提前为他起名“开甲”,希望他考取功名。程开甲7岁丧父,家境败落。1931年,在盛泽观音弄小学(今盛泽实验小学)毕业后,考入浙江嘉兴秀州中学。在中学就读期间,他钟爱数学老师的课,能将圆周率背到小数点后60位,还能背1—100的平方表。在高中阶段,他就接触了微积分,数学的常用公式,他不用翻查,一个复杂的微积分演算,他不用纸笔,很快便推算出结果。此外,他的英语也十分优秀。这对程开甲以后的学习与科研都大有裨益。

1937年,程开甲在浙江嘉兴秀州中学毕业,以优异的成绩被浙江大学和上海交通大学同时录取。考虑到家中负担后,他选择就读于为他提供奖学金的浙江大学物理系。时值抗日战争爆发,浙江大学在战火中搬迁了7个地方,最终迁往贵州湄潭。就在这所“流亡大学”里,他受教于束星北、王淦昌、陈建功、苏步青等多位物理、数学大师,不仅学业拔尖,还广涉研究领域,跟踪学术前沿,承载大师学风。1939年,才三年级的程开甲完成了“根据黎曼基本定理推导保角面积变换的最小值”研究,被陈建功推荐给英国数学家Tischmach教授发表。之后,该文章被苏联斯米尔诺夫的《高

1937 年，浙江嘉兴秀州中学毕业照。前排左三为程开甲，右一为校长顾惠人

等数学教程》全文引用。

1941 年，程开甲以优异成绩毕业，留校任教。他边工作边坚持学习研究，并开始钻研相对论和基本粒子。他对物理学权威狄拉克教授提出的“狄拉克方程”首次给予了严格的理论证明，被狄拉克教授推荐发表。1944 年，他推论计算给出的新介子论文，由英国科学家李约瑟博士亲自修改后转交狄拉克教授，虽未获发表，但与 1979 年诺贝尔奖实验结果相符。程开甲还和王淦昌合作研究，撰写了五维场的论文。

1946 年，经李约瑟博士推荐、英国文化委员会安排，程开甲抱着“科学救国”的思想赴英国爱丁堡大学留学，成为物理学大师玻恩教授的研究生。其间，程开甲主要从事超导电性理论的

20 世纪 60 年代，核试验集体照。前排左起：王汝芝、张蕴钰、程开甲、郭永怀、彭桓武、王淦昌、朱光亚、张爱萍、刘西尧、李觉、吴际霖、陈能宽、邓稼先

研究，与导师共同提出超导电性的双带理论机制，完成多篇研究论文。1948 年，程开甲获哲学博士学位，任英国皇家化学工业研究所研究员。

1950 年，程开甲怀着报效祖国的热忱回国，历任浙江大学、南京大学副教授、教授，南京大学物理系副主任，从事教学与科研工作。1956 年，参加高等教育代表团出访苏联，还参与了《1956—1967 年科学技术发展远景规划》的制定。他和施士元一起创建南京大学金属物理专业和核物理专业，参与江苏省原子能研究所的筹建工作。1958 年，主持研制出我国第一台双聚焦 β 谱仪。1959 年，出版了我国第一部固体物理专著《固体物理学》，该书对中国固体物理的教学与科研起到了重要作用。

"核弹试验赖程君，电子层中做乾坤。轻者上升为青天，重者下沉成黄地。"1960 年，程开甲毅然投身于祖国的核武器研制事业。在原子弹研制初期，即担任中国原子弹研制中心——核武器研究所的副所长，为原子弹的研制做了大量的开拓性工作。他第一个计算出原子弹爆炸时弹心的温度和压力，还攻克了原子弹起爆冲击聚集设计的关键理论难题。1962 年，正当原子弹研制工作突破重重技术难关的时候，程开甲再次服从组织安排，移交全部研究成果，投身到新中国核试验事业之中。在环境艰苦的大漠戈壁，他工作和生活了 20 余年，默默无闻地贡献自己的

人生的价值在於貢献
程开甲
一九九二年四月十五日

程开甲在空中核爆炸的高速摄影工号看试验胶片

聪明才智。作为我国核武器试验技术的开拓者和总设计师，他主张我国首次核试采用塔爆，与吕敏等一起起草了核测试的总体方案，又一起把核试需要解决的问题分成上百个课题，召开全国各科研院所和各军兵种几百次协作会议，终于研制出测试、取样、控制等各类实验设备和仪器。当第一颗原子弹在罗布泊起爆，自动控制系统在瞬间启动千台仪器，完成了起爆和全部测试，拿到了全部数据。而法国人首次核试验没有拿到任何测试数据，美、英、苏各国首次核试也都只拿到很少的数据。

以后在首次氢弹、首次导弹核试、首次地下平洞、首次地下竖井、首次增强型原子弹在内的几十次核试验，在试验方式选择、测试项目确定、测试方法研究、试验场地选址、场区气象以及工程施工等方面他又解决了一系列理论的技术难题，为我国核试验事业立下了不朽功勋，被人们尊称为“核司令”。

1987年后，国际上高温超导有重大实验进展，但尚未有理论解释，程开甲重新投入研究，和女儿程漱玉合作写成《超导机理》。后来，他对材料科学的理论和应用开展创新性研究，建立了程氏“TFD”电子理论，并在试验中取得了

1991 年，程开甲（左）与余瑞璜（物理学家）在讨论学术问题

2005 年 10 月，与航天员合影。左起：费俊龙、程开甲、杨利伟、聂海胜

重要进展。

程开甲先后担任二机部核武器研究所副所长、核武器研究院副院长，国防科工委核试验基地研究所副所长、所长、基地副司令员，国防科工委科技委常委、顾问，国家超导专家委员会顾问。曾任第三至第五届全国人大代表，第六、第七届全国政协委员，中国物理学会理事、中国力学学会理事、中国核学会常务理事。撰有《狄拉克方程的推导》、《汤末斯费密状态方程式》等多篇论文。1980 年，当选为中国科学院数学物理学部学部委员（院士）。程开甲先后获得国家科技进步奖特等奖、一等奖和国家发明奖二等奖。1999 年，荣获“两弹一星”功勋奖章。

程开甲说话依然带着浓重的吴江口音，他十分关心家乡建设，尤其关注青少年科技文化教育。2007 年，90 岁高龄的他回到吴江参观，欣然为吴江青少年们留下他的衷心寄语：“从小爱科学，努力打基础，长大成栋梁。”2010 年，程开甲的铜像在母校盛泽实验小学（舜湖校区）落成。

（撰稿：范红明、张橙华）

汪闻韶
人生有限 追求无限

汪闻韶(1919.3.15—2007.10.7),江苏苏州人。土力学及土坝、地基抗震学家。

他的父亲汪德章,早年留学美国,获畜牧学硕士学位,曾先后在东南大学、南通大学、中央大学和南京大学任教。母亲杨彦威,早年毕业于天津女子师范学校,曾从事教学工作。1928年秋,汪闻韶进入苏州景海女子师范学校附属实验小学,从小学三年级起插班学习,后升入东吴大学附属中学读书。中学时期,每个学期都获得品性优良、学业优良或品学兼优的奖状或银盾。

1937年9月,汪闻韶因战乱中断高中学业,随父母迁至湖南、四川。1938年10月,考入中央大学水利工程系学习。1943年大学毕业后,汪闻韶不顾自己体弱多病,主动要求到祖国西北贫困地区工作,先后在甘肃、宁夏等地从事农田水利工作。1946年12月,回到南京,在中央大学水利工程系任黄文熙教授的土力学助教。1947年12月,赴美国留学,于1952年2月获伊利诺理工学院土木工程博士学位。1952年至1954年,在麻省理工学院先后担任副研究员、研究工程师,在泰勒教授指导下从事土动力学试验研究工作。

1954年12月,汪闻韶毅然放弃国外优厚条件,冲破重重阻力回国,投身新中国的建设事业。历任水利部南京水利实验处、水利部水利科学研究院、水利水电科学研究院、中国水

科学工作来不得半点虚假。古人云：知之为知之，不知为不知，是知也。今人谓：实事求是。

汪闻韶 一九九二年三月十一日

汪闻韶手迹

利水电科学研究院高级工程师、教授级高级工程师、博士生导师。1980 年，当选为中国科学院技术科学部学部委员(院士)。1980 年至 1983 年，担任水利水电科学研究院抗震防护研究所第一任所长。

汪闻韶是我国土动力学和土工抗震学科的奠基者和创建者之一，在地震荷载作用下土的动力特性、土的地震液化、土石坝及地基抗震研究等方面取得了卓越的成就。

他创建了我国第一个土动力学专门试验室，主持研制了我国第一台振动三轴仪，在国内外首先将振动三轴试验应用于土的地震液化研究，首先发现了预振对沙土颗粒排列结构性的影响，如今循环荷载振动三轴仪及其试验已成为土动力学研究的主要手段；在国内

汪闻韶与妻子严素秋

汪闻韶全家福

外最先研究饱和沙土在循环荷载下孔隙水压力的产生机理及其在振动作用下的孔隙水压力产生、扩散和消散的基本规律，初步建立了计算模式的雏形，开启了现代土体有效应力动力分析方法的先河；提出了“地震总应力抗剪强度”地震稳定性分析方法，在我国土石坝和地基抗震设计中得到了广泛应用，被列入《地基动力特性测试规范》（中华人民共和国 GB/T50269-97 标准）。

他发现并在国内外首先研究少黏性土地震液化问题，提出了少黏性土地震液化评价方法，目前在国内外，特别是北美地区得到广泛应用；系统阐明了土的液化机理及其与土体极限平衡状态和破坏间的区别和关系，提出了防止土体液化破坏的原则和方法，提出了剪切波速在评价沙土液化中的应用方法及采用剪切波速反映沙土结构性影响的概念；广泛总结地震震害资料和工程经验，提出了“地震变形分析比地震稳定分析更为重要，抗震工程措施比理论计算更为有效”等一整套具有中国特色的土石坝及地基抗震设计的理论

1951 年，汪闻韶在美国伊利诺理工学院实验室工作

20 世纪 80 年代，汪闻韶在中国水利科学院土动力实验室做土坝抗震实验

和原则。

汪闻韶多次荣获国家自然科学奖、国家科技进步奖及省部级科技奖，发表论文 60 余篇，出版《土的动力强度和液化特性》、《中国水利工程震害资料汇编(1961—1986)》及《汪闻韶院士土工问题论文选集》等专著 15 种。

此外，汪闻韶还获得其他许多荣誉。1978 年，被评为全国水利电力科学技术先进工作者。1985 年，被评为全国抗震系统先进工作者。1992 年，被评为全国抗震防灾先进工作者。1993 年，荣获首届茅以升土力学及基础工程大奖。

他还担任了许多重要的社会职务。1979 年 12 月，被选为土力学及基础工程学会副理事长，之后连任三届，被推为中国土木工程学会荣誉会员。同年，还分别被推选为中国水利学会岩土力学专业委员会副主任委员和中国地震学会地震工程专业委员会副主任委员，并被聘为国家科学技术委员会水利工程学科组成员。1982 年，被聘为中国科学院技术

1999 年 3 月 15 日，中国水利水电科学研究院岩土所工程研究所举办
祝贺汪闻韶院士 80 岁寿辰暨从事水电事业 56 年庆祝活动

科学部科学基金组成员。1988 年 4 月，中国振动工程学会土动力学学会（后改称为土动力学专业委员会）成立，汪闻韶被选为第一届主任委员，之后连任两届，于 1996 年被推举为荣誉主任委员。1990 年，被聘为水利部技术委员会委员。2001 年，被聘为水利部科学技术委员会顾问。

汪闻韶说：“科学是人对外部世界的认识和运用，既无止境，又无虚假。人生有限，必须用毕生精力去追求，并世代相继，群策群力，才能得其精华，造福于人。”汪闻韶终生恪守“踏踏实实做人、勤勤恳恳做事”的人生准则。他为人宽厚，品德高尚，胸襟坦荡，淡泊名利。他治学严谨，一丝不苟，在科研和学术问题上不容半点虚假。他热心公益事业，自己生活简朴，居室简单，却把苏州老家的祖宅，包括 30 多间房屋和 10 亩桑园全部捐献给了国家。他是我国优秀知识分子的典范。

（撰稿：林忠华）

王守武
“国家需要什么，我就做什么”

王守武(1919.3.15—)，江苏苏州人。中国半导体事业奠基人之一，中国科学院半导体研究所研究员，微电子中心名誉主任。

王守武是明代文学家王鏊后裔，家族中涌现出一批科技精英：大哥王守竞是留美博士，最早用量子力学研究氢分子，1927年在美国物理学会年会上宣读论文，回国后任北京大学物理系主任，抗战时创办中央机器厂，是中国机械工业奠基人之一；二哥王守融清华大学毕业，在天津大学创建精密仪器工程系，因1号刻线机获国家发明奖；大姐王淑贞是留美博士，回国后长期在上海从医执教，是我国妇产科学奠基人之一；二姐王明贞是留美博士，所著论文《关于布朗运动的理论Ⅱ》是世界经典，回国后成为清华大学第一位女教授；三姐王守璨，清华大学毕业后留学英国，协助丈夫陆学善翻译物理学著作；弟弟王守觉也任职中科院半导体所，担任过所长，中国科学院院士。姑表姐妹中何怡贞是留美博士，固体物理学家；何泽慧是留德博士，核物理学家，中国科学院院士。他的父亲和叔伯也有功于科技。(参见本书王守觉简介)

王守武自幼体弱、性格内向，但喜欢动手，在家里学会配钥匙、装电线。父亲王季同退休后，全家回到苏州，王守武遂转入苏州中学。读书学习三角和代数后，想起幼时听父亲讲过圆周率，他写成《圆周率π的级数展开》，发表在校刊上。后因疟疾耽误考试，只得进同济大学机电系，1941年毕业后留校任

王守武手迹

教。1945年考取自费留美，进入美国普渡大学攻读工程力学，各门成绩优异，获硕士学位后又进入物理系学习材料科学，1949年获博士学位。

1950年，王守武偕夫人葛修怀回国。回国后，曾为志愿军运输队设计用定向反射锥体的车灯和路标，使司机能看清又不易被敌机发现。在为西藏人民设计太阳灶时，考虑到难于加工大面积抛物反射镜，就改用多个窄圆锥面组成反射系统，15分钟就可烧开一壶水。

1956年，王守武参与编制了《1956—1967年科学技术发展远景规划》中半导体科学技术部分。为了加快建设半导体事业，中央有关部门决定由黄昆、谢希德和王守武分别在培养人才和从事开拓性研究两个方面进行突击。

王守武领导设计制造了锗单晶炉，于1957年底制成我国第一根锗单晶，之后研制出我国第一批锗合金结晶体管，并掌握了锗单晶掺杂技术，能控制锗的导电类型、电阻率及少数载流子寿命等电学指标。1957年，林兰英（我国半导体科学事业开拓者之一，曾留学美国）回国，王守武聘

王守武(左一)在微电子中心

王守武做学术报告

请她任半导体材料研究组组长。经两人共同努力,我国第一根硅单晶于 1958 年 7 月问世。

1958 年,在王守武与其他同志的组织领导下,我国创建了第一家晶体管厂——中科院 109 厂,截至 1959 年年底,共为 109 乙机提供了 12 个品种 14.5 万多只锗晶体管,供中科院计算所研制新型计算机,并用于研制两弹。

我国半导体材料与器件工业在各地蓬勃发展,但无统一的检测手段。1962 年,王守武根据国家科委的决定,在半导体所筹建全国半导体测试中心。

1962 年,美国制成砷化镓半导体激光器,应用前景广泛。王守武在次年就组织研制半导体激光器。林兰英研制成砷化镓单晶后,关键困难是要在砷化镓薄片的两端形成互相绝对平行并与表面严格垂直的端面。王守武提出利用晶体解理面的光学定向方法,在年底研制成我国第一只半导体激光器。他又指导并参与研制激光通信机和激光测距仪,填补国内空白,支援国防现代化和国民经济建设。

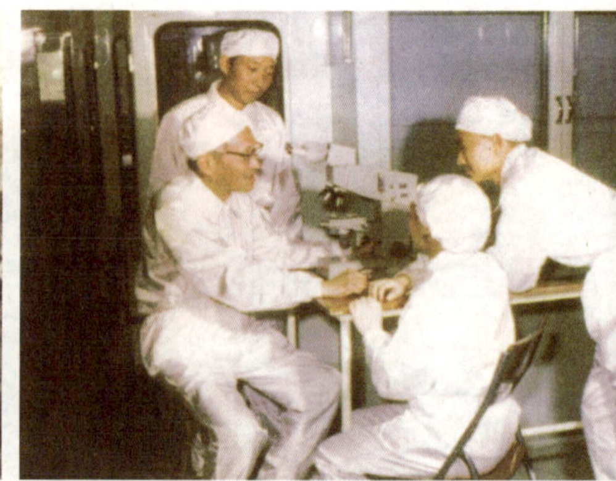

从美国乘船回国工作的海外赤子们。三排右起为王守武夫妇和他们的女儿

王守武(左一)在超净实验室工作

1978年,王守武受命兼任中科院109厂厂长,负责领导4000位MOS随机存储器大规模集成电路的研究工作。他指出,要在面积不到4毫米见方的单元硅片上,经过40多道工序,制作出由11000多个晶体管、电阻、电容等元件构成的电子电路,必须严格把住每道关口,要求一般工艺完好率达95%以上,关键工艺完好率达99%以上。他认真领导检修、改造仪器设备,对所用原料、材料都进行严格测试,1979年成品率大大提高,开始投入批量生产。生产线建成后,年产百万块中、大规模集成电路,1985年通过鉴定,1986年获中科院科技进步奖二等奖。同时,王守武还领导并参与建设另一条引进的集成电路生产线。该生产线于1988年通过验收,1990年获中科院科技进步奖二等奖。

他与半导体所同事一起研究半导体激光器的性能,先后发表了十余篇论文。曾任中国科学院半导体研究所副所长、国务院电子计算机和大规模集成电路领导组集成电路顾问组组长、中国电子学会半导体与集成技术学会主任委员、《半导体学报》主编。多次获中科院重大成果奖,

1979年获“全国劳动模范”称号，1980年当选为中国科学院技术科学部学部委员(院士)，是第三、第四届全国人大代表，第五、第六届全国政协委员。

归国初期，王守武在华北大学承担理论物理和电工学课程教学。1958年中国科技大学成立起至1980年，王守武兼任该校物理系副主任和半导体专业的主任，并为高年级学生讲授《半导体物理》。他制订教学内容，安排学生到半导体研究所实习，做毕业论文，培养了大批人才。

退休之后，王守武夫妇捐资4万元，在湖北鄂州泽林高级中学设立了“英才奖学金”，资助品学兼优的贫困生。

（撰稿：张橙华）

1964年12月，王守武(中)率领中国激光代表团参加伦敦国际激光会议。右二为干福熹，左一为许正嘉

1977年夏，王守武(左三)与钱三强院士(右一)一起出访澳大利亚

王圩(左)、吴德馨(右)夫妇看望恩师王守武

杨嘉墀

搏击苍穹 丹心映天

杨嘉墀(1919.7.16—2006.6.11),江苏吴江人。卫星和自动控制专家,仪器仪表与自动化专家,自动检测学的奠基者。

杨嘉墀出身于丝业世家,祖父杨文震曾任震泽丝业公会会长,堂伯父杨澄中是清末秀才、震泽丝业小学首任校长,表兄屠守锷院士也是“两弹一星”元勋。杨家思想较为开放,不要求小辈读四书五经、上私塾,而是让他们学英语、进学堂。崇文厚德的人文环境和殷实的家境,使童年的杨嘉墀较早接受了良好的启蒙教育。当时,受到“洋布”冲击,传统丝织业日趋衰落,学习技术改变落后现状的观念深深地影响了幼小的杨嘉墀。小学毕业后,他就读施肇曾创办的震属中学。

1932年,杨嘉墀随父母迁居上海,转入上海中学。1937年,以优异成绩考入国立交通大学电机系,和王安(美国王安电脑公司创始人)是同学。1941年毕业后,杨嘉墀冲破封锁,前往昆明,在西南联大担任助教,后被推荐到中央电工器材厂,研制出中国第一套单路载波电话样机、第一部扬声电话。1947年,赴美国哈佛大学应用物理系留学,不到一年时间就以A等成绩获硕士学位,一年后,又以论文《傅里叶变换器及其应用》获博士学位。新中国成立后,杨嘉墀申请回国遭到阻挠。1950年至1955年,先后任美国宾夕法尼亚大学副研究员和美国洛克菲勒研究所高级工程师。其间,研制

崇尚科学　求真务实

宽广胸怀　拼搏奉献

杨嘉墀

杨嘉墀在阅读文献资料

1941 年，杨嘉墀毕业于交通大学电机系

成功自动记录光谱仪，并获得美国专利，参与研制模拟生物化学反应的高速模拟电子计算机，主持研制测量酶化学过程的快速记录吸收光谱仪和研究脑电波的高阻自稳零直流放大器，将电子技术、自动控制技术和医学研究相结合，创立了生物医学电子学这门学科。

1956 年，杨嘉墀带着自己购买的示波器、真空管，途经香港回国。当时中央组织制定了《1956—1967 年科学技术发展远景规划》，杨嘉墀放弃在国外取得成就的医学电子学研究，转入国家急需的自动化领域。此后，他历任中国科学院自动化研究所研究员、室主任、副所长，北京控制工程研究所副所长、所长，中国科学技术大学自动化系教授，航天工业部第五研究院副院长，航天工业部总工程师，中国航天科技集团公司第五研究院技术顾问，中国航天科工集团公司技术顾问，中国人民解放军总装备部科技委顾问。

杨嘉墀手握卫星搭载过的青椒种子培育出的青椒

1983年至1987年，杨嘉墀连任两届国际宇航联合会主席

杨嘉墀长期致力于中国科学技术和航天事业的发展。参与中国工业自动化仪表、中国自动化科学技术、中国人造卫星发展、中国空间技术发展规划的制定。是中国科学院早期开展航天技术研究的专家之一。指导研制了原子弹爆炸试验所需的检测技术及设备，如测量火球温度和亮度、冲击波压力、地震波的各种仪器。为核潜艇研制自动控制仪表以及反应堆模拟计算装置。他还促进了中国航天科技产业化并推动国际合作。

杨嘉墀领导和参与了中国第一颗人造地球卫星姿态测量系统的研制。在中国返回式卫星姿态控制系统方案论证和技术设计中，提出一系列先进可行的设计思想，领导研制的返回式卫星姿态系统及数据分析指标达到当时国际先进水平。作为科学探测与技术试验“实践”系列卫星的总设计师，领导完成了“一箭三星”的发射任务。

杨嘉墀是“863”计划的倡议者之一。1986年，他与王淦昌、陈芳允、王大珩联名向中央提出了国家发展高技术计划的倡议，得到中央领导的批准，形成了《高技术研究发展计划纲要》(即“863”计划),为我国高技术发展开创了新局面。2000年,王大珩、杨嘉墀等院士再次联名提出“发展我国汽车电子信息产业,抢占未来世界汽车计算平台制高点”的建议。

杨嘉墀参与筹建了中国自动化学会,从1961年成立起,历任第一、第二届理事会常务理事,第三、第四届副理事长,第五、第六届理事长。参与组建中国仪器仪表学会,该学会于1979年3月成立后,杨嘉墀连续当选为第一至第四届理事会副理事长。还曾担任国际宇航联合会副主席、国际自动控制联合会空间控制专业委员会副主席。

1980年,杨嘉墀当选为中国科学院技术科学部学部委员(院士)。1984年,获航天部“劳动模范”称号。1985年,获国家科技进步奖特等奖。同年,当选为国际宇航科学院院士。1995年,获陈嘉庚信息科学奖。1999年,获党中央、国务院、中央军委颁发的“两弹一星”功勋奖章及何梁何利基金科学与技术进步奖。2000年,获国际电机电子工程师学会(IEEE)授予的“千年勋章”。

(撰稿:吴江、张橙华)

冯端

物理学界的一代宗师

2012年5月15日，我国物理学界泰斗、教育家冯端(1923.6.11—)在90华诞典礼上收到了一份特殊的生日礼物。这份礼物出自中国科学院紫金山天文台，他们将2008年3月3日发现的一颗国际编号为187709的小行星命名为“冯端星”。

祖籍浙江绍兴的冯端一直以苏州人自居，各种表格上的籍贯登记均写着“苏州”两字，只为他自1923年4月在苏州出生后，就与其兄姐一起在这座崇文重教的古城求学、生活、成长。抗战烽火摧毁了无数家园与人们的梦想，冯端数次中断学业，与家人一路颠沛流离，历时半年，来到重庆大后方。1942年，冯端凭其扎实的基础，以同等学力考取中央大学物理系。1946年大学毕业，冯端留校任教，从此决定了他从事科学研究、人才培养和教材建设的人生道路。

20世纪50年代，冯端开始从事金属物理学的研究，确定将国外涉足不多的钼、钨、铌等难熔金属中的“位错”结构研究作为主攻方向，开始了“浮区区熔法制备难熔金属单晶体”的课题，组织设计并研制成功我国第一台电子束浮区区熔仪，制备钼、钨、铌等单晶体。继而又进行“体心立方难熔金属中位错的研究”，发展了位错观察技术，澄清了位错类型及组态，主持撰写了我国该领域第一本专著《金属物理》，取得了独创性成果。1966年，冯端便作为中国科学家代表出席了在北京召开的亚非拉等33个国家参加的单科国际学术会议——北京科学讨论会

冯端手迹

1966年暑期物理讨论会,毛泽东等党和国家领导人会见了与会代表。

1974年,冯端将金属物理教研组改为晶体物理教研组,研究对象从金属转为复杂氧化物的非线性光学晶体,由此开创了我国晶体缺陷物理学科领域,《晶体生长中缺陷的形成》、《晶体缺陷研究的进展》等一批高质量的论文问世。然而,他并不满足已取得的成就,勇于创新,不断求索,拓宽视野,开拓了一个个未知的世界:20世纪80年代,主攻凝聚态物理学与材料科学,在国际上首次观测到准位相匹配的非线性光学晶体的倍频增强效应;90年代,他转向“纳米材料”课题,与严东生院士共同出任国家基础研究攀登计划“纳米材料学”的首席科学家,有力推动了中国纳米材料与纳米结构的研究进程。他还在第一届国际畴结构会议上做特邀报告。

1979年，冯端与诺贝尔奖得主巴丁合影于美国伊利诺大学

20世纪90年代，冯端做学术报告

身为著名的凝聚态物理学家，冯端文理兼修，痴迷诗词，创作、翻译了不少诗词。“你对不可言说的进行探究，使你迷惘的生命终趋于成熟”，这是他翻译奥地利著名诗人里尔克《黄昏》中的诗句，恰恰道出了他的人生态度与科学精神。他不是一个人孤军作战，而是带领他的团队共同拼搏。1984年创建了国家固体微结构物理实验室，并对实验室的研究工作进行了卓有成效的学术领导，在全国重点实验室评估中，连续数次荣登榜首，他本人亦荣获“金牛奖”。其科学成果屡获国家自然科学奖二等奖、三等奖，国家科学技术进步奖二等奖、三等奖，1998年获何梁何利基金科学与技术进步奖，2000年获陈嘉庚数理科学奖。他执掌教鞭六十余载，桃李满天下，因此获得国家级教学成果奖一等奖、二等奖。

1980年，冯端当选为中国科学院数学物理学部学部委员(院士)，1993年当选为第三世界科学院院士，1991年至1995年任中国物理学会理事长，1996年至2000年任中国科学院学部主席团成员。

冯端没有其他同时代科学家的留洋经历，改革开放后，他依旧坚守岗位，分期分批将年轻老师们送出国门，了解、学习世界上先进的科研技术。他自豪地说：“我虽然没有出国留学，但

冯端与兄姐在苏州家中后院合影。左起：冯焕、冯慧、冯康、冯端

2005 年 10 月，苏州中学百年校庆之际，冯端夫妇合影于校园

是我创建了国家重点实验室，领导了许多重大科研工作，培养了一批批优秀人才，还写了许多专著和科普读物，所以我感到很欣慰，无愧无憾。”冯端确实可以无愧无憾，他在晶体缺陷、结构相变、非线性光学晶体的准位相匹配、纳米结构与纳米材料等方面的科学研究取得了令人瞩目的重要成果；他亲自编写、主编的《金属物理学》、《凝聚态物理学新论》、《材料科学导论》、《凝聚态物理学》等著作受到国内外同行的高度赞誉。

“高瞻远瞩的科学视野，道器并重的治学方法，真诚热诚的处世方略，文理通融的深厚学养，正是先生成为一代宗师的基本条件”，蒋树声如是评价冯端。

苏州是冯端铭记在怀的故土，他在《三元坊和草桥的岁月》一文中深情地回忆了他在苏州的学习与生活。虽然 1938 年就离开了苏州，但他对苏州的怀念与对母校的感恩却从未中断。2012 年 10 月，年已九旬的冯端在我们面前吟唱当年苏州中学实验小学校校歌“沧浪亭北，故学宫旁，梧桐杨柳门墙……”当年的情景深深印在他的脑海，当年的歌声永远回响在他的耳畔。

（撰稿：沈慧瑛）

王守觉
“边缘学科是科学发展长河中新的生长点”

王守觉(1926.6.27—)祖籍江苏苏州，生于上海。半导体与信息科学专家，我国半导体器件奠基人之一。荣获国家发明奖(1964年)，国家新产品一等奖(1964年)，中科院重大科技成果奖一等奖(1980年)，中科院科技进步奖二等奖3项(1983年、1992年、1996年)、三等奖(1986年)，国家发明奖三等奖(1996年)，何梁何利基金科学与技术进步奖(2001年)。近年来致力于半导体神经网络、智能信息处理领域的研究，首创“神经网络计算机”，被评为国家“八五”科技攻关重大科技成果。历任中科院半导体研究所副所长(1977—1982年)及所长(1983—1985年)、中国电子学会副理事长、《电子学报》编委会主任、中国计算机学会多值与模糊逻辑委员会名誉主任、中国计算机学会CAD与图形学委员会名誉主任、中国神经网络委员会主席等职。1980年，当选为中国科学院技术科学部学部委员(院士)。

王守觉是明代名臣、文学家王鏊后裔。祖父王颂蔚师从提倡维新开放的冯桂芬，也主张“讲求实学”，希望士人“学习测量、化学、光学”，并“咨商制造”，考中进士后任军机处章京，祖母谢长达在苏州兴办振华女学。父亲王季同，清末任同文馆算学教习，著有《泛倍数衍》等，在英国发表论文《四元函数微分法》于爱尔兰皇家学会会刊，曾协助蔡元培办爱国女校和《俄事警闻》，1927年又协助蔡元培筹办中央研究院。大伯王季烈是进士，清末任学部专门司郎中兼京

2009 年 9 月，王守觉在大哥王守竞纪念铜像揭幕典礼上讲话

2011 年 8 月，王守觉（右）与中科院苏州纳米所所长杨辉交谈

师译学馆监督、理化教员，编译了我国第一部《物理学》教科书。叔叔王季点毕业于东京高等工业学校化工科，曾任京师大学堂格致科提调，参与发起中华化学工业会。叔叔王季绪留学英国，回国后任教清华，参与发起中国机械工程学会，历任北平工学院机械科主任、代校长。姑姑王季茝，清末留美，是中国第一位化学女博士。他的哥哥、姐姐也都功勋卓著。（参见本书王守武简介）

1936 年，王守觉从苏州彭氏小学毕业后入东吴大学附中，日军侵华后随全家逃难，颠簸两年后到达昆明，插入初三读书，不到半年考入高中。高一时，他因病辍学，在家里修钟表、制锁，也曾在飞机场工地做过测量员，后自学考上了同济大学电机系。国民政府号召大学生参军抗战，王守觉报名加入了青年军通信营，学习报务及机务。日本投降后，王守觉复员回上海同济大学继续学业。其间，获得全校仅有的两个名额的学业优异奖学金。

1949 年毕业后，王守觉进入上海镭学研究所，研究氧化亚铜固态整流器，后在上海新成电器厂任工程师，为我国最早的集中控制自动闭塞火车站 —— 衡阳火车站的建成解决了上百个自动控制系统的稳定供电。后在第一机械工业部第二设计分局任主任设计师兼弱电组组长，并研制了工业企业自动火警报警系统，提高了信息系统设计效率。1955 年被评为上海市工业劳动模

范。1956年作为全国先进工作者代表，赴北京参加全国群英大会。

1956年，王守觉奉调进入中国科学院应用物理研究所半导体研究室（后独立为半导体研究所）。同年，在显微镜下用手工做出我国第一只高频晶体管。1957年9月，被派往苏联科学院列宁格勒列别捷夫研究所进修。他刻苦自学，夜以继日地工作，在研制锗扩散型三极管方面取得显著成绩，并研制成一种具有N型负阻特性的半导体器件，给苏联同事留下深刻印象，受到赴苏实习团领导好评。

次年春，王守觉回国，研制成我国第一只锗高频合金扩散晶体管，其截止频率从锗合金结晶体管的2兆赫提高到200兆赫，解了我国首台晶体管高速计算机——109乙机（用于研制两弹）所需半导体器件的燃眉之急。之后他又研究硅平面工艺，制成我国第一只硅平面晶体管和第一块集成电路。所制成的低反向电流二极管、pnpn高灵敏开关器件、高速开关晶体管和两种高频晶体管等五种硅器件于1964年通过鉴定，为109丙机提供了器件基础。

1966年，王守觉看到制作集成电路要人工绘制光刻掩模，耗时费力，设想用机器产生图形。刚取得初步成果，“文革”开始了，他被迫离开岗位。1969年，他重返科研，开始制造图形发生器。1971年，研制成功，而国外的图形发生器已在年前诞生，中国失去了一项“世界第一”。

数字逻辑电路都工作于非线性段，王守觉首创利用其线性段，得到的逻辑电路多电平输出且工作速度极快，取名为多元逻辑电路，在此

边緣科學往往是科學發展长河中新的生長點它爲具有跨學科淵博知識的人敞開了創新的大門

王守覺
一九九二年十二月十五日

王守觉手迹

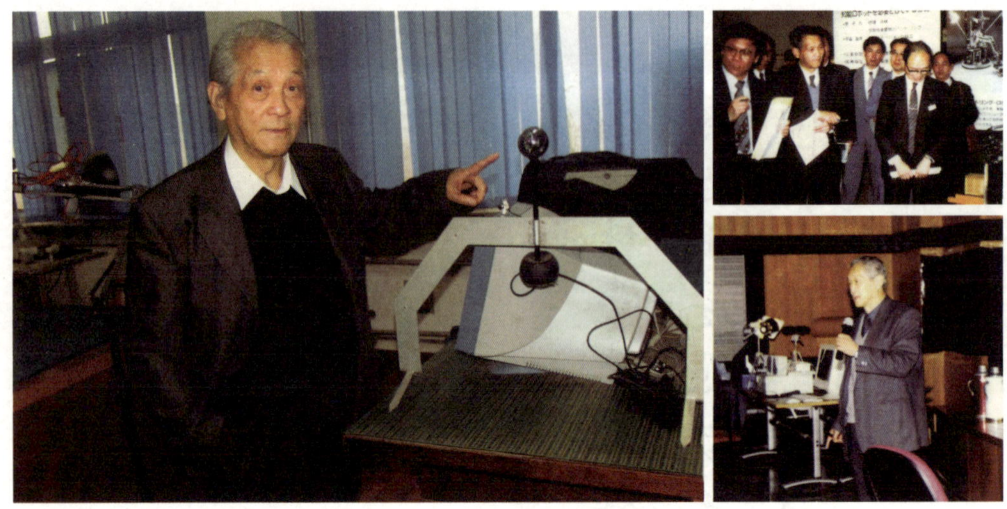

王守觉在实验室讲课

1984 年，王守觉（前左二）访问日本时参观日本机器人研究

2000 年，王守觉在“九五”攻关成果鉴定会上做成果报告

基础上，制成高速小型计算机，也取得万能函数发生器和时分制三用电话小系统等应用。

王守觉从所长岗位退下后，又投身“人工神经网络硬件化实现”项目，研制成了模拟 2000 万次神经联接的小型神经计算机 CASSANDRA（预言神）。该机被电子部评为我国 1995 年电子十大科技成果奖之一，并被评为国家“八五”科技攻关重大科技成果。他还开创了用神经网络进行模式识别的“仿生（拓扑）模式识别”理论和“高维空间复杂几何形体覆盖”识别方法。

王守觉曾主动指导苏州大学教师研究神经网络计算机应用。2009 年，又加盟中科院苏州纳米所。耄耋之年的他带领团队在故乡苏州继续研究仿生信息学理论和智能技术的新应用，在人脸识别、实物目标识别、连续语音识别、图像处理等应用方面不断取得实验成果。

（撰稿：张橙华）

唐孝威
多领域的跨界达人

没有花香，没有树高，
我是一棵普通的小草。
我在阳光照耀下成长，春风中尽情欢笑。
我在祖国大地里植根，寒冬时不会动摇。

没有寂寞，没有忧愁，
我有数不清的同志、朋友。
长城内外，大江上下，我们一起呼吸、共同奋斗。
愿使荒山披上美丽新装，
愿把沙漠变成幸福绿洲。

——唐孝威《小草》

唐孝威(1931.10.1—)，祖籍江苏太仓，生于江苏无锡。原子核物理及高能物理学家、脑科学及认知科学家。1979 年获"全国劳动模范"称号。1980 年，当选为中国科学院数学物理学部学部委员(院士)。

唐孝威的启蒙老师是他的祖父——著名教育家、曾任上海交通大学校长 14 年的唐文治先生。1949 年上海南洋模范中学毕业后，他成为新中国首届大学生，第一次来到了首都北京，进入清华大学电机系学习，一年后转入自己喜欢的物理系。当时清华大学物理系汇聚了中国最顶尖的物理学家，如王竹溪、叶企孙、孟昭英等人。在这批名师的教导下，唐孝威刻苦学习，积累了丰富的专业知识。三年后，由于国家建设需要，21 岁的唐孝威提前毕业，被分配到中国科学院近代物理研究所(后改名为原子能研究所)工作。

1964 年，中国新疆罗布泊，中国第一个原子弹试验基地一片繁忙的景象。一座 102 米高的核试验塔矗立在

唐孝威(右二)与部分科学家合影

唐孝威在安徽大学与师生交流

基地深处。这座铁塔周围布置了 90 多项效应工程、3000 多台测试仪器,用来测试原子弹爆炸的物理效应、生物效应和化学效应。这些测试仪器的研制是十分繁重的任务。刚过而立之年的唐孝威就承担了其中一项——近区测量原子弹核反应性能的重任。

唐孝威带领测试组的同志登上核试验塔的塔顶,在原子弹旁边安装测试仪器,又在试验塔附近的掩体里安装记录仪器。这些仪器可以真实地记录下核爆瞬间产生的各种数据。只有通过对这些近区数据的记录和研究,才能有效判断原子弹内部的核反应过程,判断核爆是否真正达到预期的效果。

1964 年 10 月 16 日,原子弹成功爆炸后,唐孝威带领他的实验团队立即投入到了突破氢弹核心技术的新一轮科技攻坚战中。经过紧张的研究,唐孝威的团队圆满完成了实验任务,为保证氢弹顺利爆炸做出了突出贡献。在氢弹原理试验爆炸的瞬间,唐孝威亲自守在研究室自主研发的实验记录系统旁,当场迅速报出关键性的

唐孝威在苏联杜布纳联合原子核研究所

实验数据，成为在核爆炸现场判断和证实我国氢弹原理成功的第一人。20 世纪 70 年代后，唐孝威又领导实验团队，对我国回收卫星舱内辐射剂量进行了测量。

1977 年，丁肇中应中国科学院高能物理研究所的邀请来华访问。访华期间，邓小平亲切接见了丁肇中，并达成了每年派遣中国科技人员参加西方国家大规模国际合作实验的协议。

根据协议，1978 年 1 月，唐孝威带领实验小组来到德国汉堡，加入丁肇中领导的合作实验组。这个合作实验组的主要工作是在当时世界上能量最大的正负电子对撞机上开展高能物理实验。唐孝威带领中国同事，主动向外国同行学习请教，刻苦工作，为实验做出

2003 年 1 月，唐孝威参加 AMS 部件环境模拟实验

工作中的唐孝威

了许多贡献。

刚到汉堡实验室时，唐孝威发现实验的马克·杰大型探测器的核心部分——电磁量能器的设计不完善，建议重新进行设计。当丁肇中在实验组宣布这一消息时，引起了大家很大的争议。因为丁肇中实验小组进度比其他小组已经落后了一年，如果重新进行仪器设计，那么必将落后更多。经过激烈讨论，小组最终统一了意见，接受唐孝威的建议，重新设计实验仪器。重新设计制造的实验仪器性能非常好。丁肇中小组凭借惊人的速度，一举揭开了胶子之谜。新华通讯社发布消息："丁肇中教授领导的小组在实验上证明胶子确实存在，我国唐孝威等 20 多位科学工作者参加了这项实验研究工作。这一重要发现，对于加深人类对物质微观结构的认识具有重大意义。"

此后，唐孝威又带领中国实验组，先后参加了日内瓦欧洲核子研究中心 L3 组的国际合作实验，以及探寻空间反物质和暗物质的阿尔法磁谱仪(AMS)的国

唐孝威与赵忠尧院士(前右)、王淦昌院士(前左)合影

唐孝威(左一)在511所航天振动实验室

际合作实验。

唐孝威的科研领域十分广阔,他总是在完成国家需要的同时,不断突破现有的成绩,不断寻求新的科研领域。如果把他为我国核探测器事业的奠基工作看作起跑前的准备,把他开展两弹研究的工作看作第一次起跑,他在德国开展的胶子研究看作第二次起跑,那么他在核医学和脑科学方面的开拓则是第三次起跑,他在心智、意识和智能方面的探索是第四次起跑。

如何和平利用核技术,让核技术造福人类,是摆在全世界各个国家面前的共同挑战。唐孝威克服了跨领域研究的巨大困难,潜心研究医学、心理学、生物学、计算机等方面的专业知识,开展了核医学和脑科学的实验研究。

他担任了国家攀登计划"核医学和放射治疗中先进技术的基础研究"项目的首席科学家。他又主持了国家基金委"发展近场技术,研究生物大分子特性"重大项目。长期以来,他一直积极地倡导和推动我国脑科学研究和脑功能成像实验。

2001 年，唐孝威到浙江大学工作。在教书育人的同时，他主持了“脑与认知科学”以及“语言与认知”等项目的研究工作。

他先后发表了《脑与心智》、《意识论》、《智能论》、《心智的无意识活动》、《一般集成论》等一系列专著，并合著有《心智的定量研究》、《心智游移》、《心智解读》、《脑科学导论》、《认知科学导论》等著作。

唐孝威说：“通过脑科学研究，可以帮助我们发展新的技术，对推动信息科学和信息工程的研究都具有重大意义。人类在 21 世纪，将对物理世界、生命世界、思维世界取得综合的、更为深入的认识，中国科技界应当在这个前沿领域做出自己的贡献。”

唐孝威多次将手稿、著作、照片、纪念品等捐赠给太仓市档案馆，表达了他对家乡的一片赤子之情。

（撰稿：池景彦、杨再兴）

吴传钧
“地理学是一门伟人的学问”

当今人类面临着人口、资源、环境等重大问题。协调人口、资源、环境的关系，谋求经济的可持续发展，是现代地理学研究的中心内容。而在这一重大领域中，做出卓越贡献的正是苏州籍中国科学院院士、世界著名地理学家吴传钧(1918.4.2—2009.3.13)。

吴传钧长期从事地理学的综合研究。早在20世纪50年代就提出“经济地理学非一般所说的经济科学，而是与自然科学及技术科学密切交错，具有自然、技术、经济三结合特点的边缘科学”。80年代，提出“地理学的中心研究课题是人地关系地域系统的发展过程、机理和结构特征、发展趋向和优化调控”。这些学术见解大大推动了地理学的基础理论研究，开拓了地理科学研究的新领域，并为推动中国地理学界与国际地理学界的合作与交流做出了重大贡献。吴传钧因此被推举为国际地理联合会副主席、中国地理学会理事长、联合国大学校长顾问，是公认的中国现代地理科学的带头人。

吴传钧，别号任之，出身于苏州的书香门第，其父吴曾善，是东吴大学法律系教授，当过司法官和律师，曾任苏州律师公会会长，还是著名的书法家。苏州虎丘山门题字“古吴揽胜”以及“别有洞天”等均为吴曾善所书。母亲毕业于教会学校，是一位贤妻良母型的家庭妇女。他们对子女的教育十分严格。出于朴素的爱国愿望，吴传钧自小立志走“教育救国”、“科学救国”之路，为他以后从事文教、科研工

人生短暂，贵在早日立志，而且要立大志。执着以求，卒抵于成。庶不致老来有徒伤悲之憾。

吴传钧

吴传钧在新疆阿勒泰考察国土资源

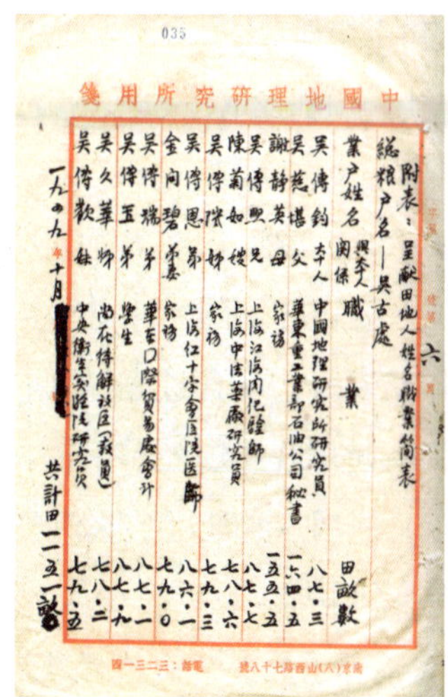

035

中國地理研究所用箋

附表：呈獻田地人姓名職業簡表

總糧户名—吴古處

業户姓名	與本人關係	職業	田畝數
吴傳鈞	本人	中國地理研究所研究員	八七·三
吴蒓塘	父	華東重工業部石油公司秘書	一六四·五
謝靜英	母	家務	一五五·五
吴傳熙	兄	上海江海關化驗師	八七·七
陳菊如	嫂	上海中法藥廠研究員	七八·六
吴傳傑	姊	家務	七九·三
吴傳恩	弟	上海紅十字會医院医師	八六·一
金向碧	弟妻	家務	七九·〇
吴傳瑞	弟	華東國際貿易處會計	八七·二
吴傳玉	弟	學生	八七·九
吴久華	妹	尚在待解放區(教員)	七八·二
吴傳歡	妹	中央衛生實驗院研究員	七九·五

共計田一一五一畝

一九四九年十月

南京(六)香山路七十八號 電話：三二三一四

1949 年 10 月，吴传钧代表家族捐献的苏州祖传田产凭证

1990 年，吴传钧以国际地理联合会(IGU)副主席身份主持亚太国际地理大会

作奠定了思想基础。

吴传钧少年时代就对地理科学产生了浓厚的兴趣。在纯一学校(苏州市第十六中学前身)读初中时，他听地理老师介绍孙中山的《建国方略》，大意是说为了发展我国实业，大规模地建设国家，不仅要在沿海开辟一系列的大港口，在内地具备条件的地方开设工厂、开发矿藏，还要把铁路修到祖国的四面八方，把贫穷落后的中国变成繁荣昌盛的国家。对未来美好前景的憧憬，激发了吴传钧学习地理的兴趣。后来，他就读苏州中学，又受到该校校长、著名地理学家胡焕庸的指导和影响。在胡焕庸转任南京中央大学地理系主任后的 1936 年，高中毕业的吴传钧即以优异的成绩考入中央大学地理系，开始专攻地理学且终身不懈。

1941 年，从中央大学毕业后，吴传钧考入该校研究生院，成为该院地理专业第一位硕士生，并在胡焕庸直接指导下学习。1943 年 7 月，获得理学硕士学位并留校任教。1945 年 7 月，通过考试，取得全国地理学专业仅有的一名公费出国留学名额，经英国文化教育委员会驻重庆代表、著名人文地理学家罗士培介绍，进入以研究远东地理为中心的英国利物浦大学研究生院深造。1948年7月，取得博士学位。当时国内正处于动乱之中，他放弃国外优厚待遇，毅然回国，受中国地理研究所所长林超聘请，到该所工作。新中国成立后，吴传钧代表家族将在苏州的祖传田产1151亩捐献给国家。40多年中，吴传钧一直在中国科学院地理研究所和中国科学院研究生院等科研教育第一线上，为创建和发展我国现代地理科学而勤奋工作。

吴传钧在掌握确切的理论和大量第一手资料的基础上，在国内外刊物上发表200多篇论文，出版20多种专著。这些论著高屋建瓴，理论性强，内容丰富又有新意，引起国内外地理学界的高度重视，并成为政府有关部门的决策依据。

吴传钧除了致力于繁重的科研工作外，还先后担任中国地理学会等多个全国学术团体的理事长、秘书长或顾问，《地理学报》等多个全国性学术刊物主编、副主编、顾问，《中国地理学家》等3个外国学术刊物的编委，10多个大学和研究所兼职教授。他对每一份工作都十分认真并取得显著成绩。他还先后出访西欧、东欧、北美、南美、东亚、南亚及大洋洲等20多个国家，多次组织双边、多边国际学术会议。1984年，在率领中国地理学代表团参加巴黎第25届国际地理大会期间，他周旋于各国代表团之间，经过协商和斗争，恢复了我国在国际地理联合会的会籍，1988年在悉尼召开的第26届国际地理大会上，他被选为国际地理联合会副主席。20世纪60年代以来，他先后为国家培养了数十名硕士、博士、博士后，这些学生大多成为我国地理教育和研究的骨干和中坚。

吴传钧主编的《中国农业地理总论》、《1 ∶ 100万中国土地利用图》、《中国土地利用》和他参与编写的《中国海岸带和海涂资源综合调查》、《中华人民共和国农业地图集》等重大科研成果，先后获中国科学院科技进步奖一等奖，国家科技进步奖一等奖、二等奖。为了表彰在推动国际地理学术活动方面的成绩，他被授予周培源国际科技交流大奖。1991年，当选为中国科学院地学部学部委员(院士)。

（撰稿：蒯元林）

李德生
做一个坚定不移的石油人

李德生(1922.10.17—),祖籍江苏苏州,生于上海。石油地质学家。他一生的追求是摘掉我国“贫油国”的帽子,把新中国建设成为一个石油生产大国。他参与了新中国历次重要的石油大会战,为我国石油工业的蓬勃发展立下了汗马功劳。

李德生出生于上海虹口区,幼年时随父母居住在苏州阊门外石灰弄,在苏州上过4年私塾,10岁时迁居上海,在上海读完小学和初中。日军侵占上海,他被迫转移到浙江丽水,就读于浙江省立临时联合高级中学。1941年,考入中央大学理学院地质系。1945年7月毕业,获理学学士学位。

大学毕业后,李德生自愿到较贫穷落后的西北地区甘肃油矿局玉门油矿工作,之后长期从事石油勘探开发和地质研究。20世纪50年代起,历任西北石油管理局地质师,延长油矿主任地质师,石油工业部玉门矿务局总地质师,四川石油管理局川中矿务总地质师,大庆、胜利油田和四川盆地的油气勘探开发会战指挥部总地质师,大港、华北油田主任地质师。1978年后,任中国石油天然气集团公司北京石油勘探开发研究院总地质师、教授级高级工程师、博士生导师。

李德生是新中国石油天然气地质勘探和开发事业的开拓者之一。他参与大庆油田的勘探,编制完成大庆油田第一部开发方案《萨尔图油田146平方公里开发方案报告》。自1976年起,大庆油田保持年产量5000万吨以上高峰期达27

1946 年 11 月，中国石油公司勘探室主任翁文波（中排右一）亲率两个重磁力测量队去台湾进行石油勘探工作。中排右四为李德生

年，开发水平达到国际领先。现今大庆油田累计产油量达 21.1 亿吨（154 亿桶），还保持 4000 万吨年产水平。他参加胜利油田、大港油田、任丘油田、辽河油田、中原油田等大油田的石油开发会战，提出渤海湾油区复式油气聚集（区）带的理论，并参与实践工作，目前在这个地质规律异常复杂的断块盆地内，已有 240 多个油田（包括 22 个大油田）投入生产。自 1986 年起，渤海湾盆地的原油年产量保持在 5000—6000 万吨水平，历年累计产油 21.36 亿吨（156 亿桶），为国家创造了巨大的经济效益。

值得一提的是，1949 年 5 月 27 日上海解放后，时任中国石油公司上海总公司勘探室助理地质师的李德生，在公司军代表徐今强"恢复生产"的号召下，参加了由勘探室主任翁文波、副主任赵仁寿两位地球物理学家领导组建的苏南地区重磁力勘探队，在长江以南、钱塘江以北，宁镇

1950 年 7 月，陕北石油勘探大队第二地质队在陕北黄龙县进行石油地质详查工作。左起：沈乃菁、包茨、宋四山、李德生

1964 年 8 月 2 日，北京石油学院部分参加大庆石油会战的学生返校毕业，邀请李德生合影留念。前排左三至左六：杨少银、施发根、李纪辅、张宏奎；后排左二为张自竖，中为李德生

山脉以东至浦东、长江入海口一带，测绘 1 ∶ 5 万重力、磁力图，并绘制平原区零星出露的地质图。勘探队由李德生、王纲道任队长，成员有汤任先、谢庆辉、包茨、宋四山和高凤仪等。勘探队队部设在苏州木渎镇，沿江南地区水网河道每隔 500 米做一个重力、磁力测量点，通过平原上出露的山岭填绘地质图。从 1949 年 8 月开始至 1950 年 6 月结束，李德生踏遍了苏南地区的山山水水，还在上海市外围浦东和江湾地区钻成几口浅井，从第四系贝壳层中获得天然气，这份地质物探资料对今天勘探下古生界页岩气仍具参考价值。

在长达 70 年的石油地质生涯中，李德生在中国陆相生油理论、含油气盆地构造类型、陆相湖盆储层特征、复式油气聚集（区）带成油规律、古潜山油气藏、海相古生界储层研究以及致密油气藏裂缝性储层特征研究等方面做出了重要贡献。先后荣获 1982 年国家自然科学奖一等奖、

1980 年 6 月，中国石油代表团访问欧洲英国、挪威、荷兰期间，李德生考察英国北海福蒂斯油田

李德生（右一）等在塔里木盆地考察沙漠公路

1985 年国家科学技术进步奖特等奖 2 项、1994 年美国石油地质家协会石油地质学杰出成就奖、1997 年何梁何利基金科学与技术进步奖、2010 年陈嘉庚地球科学奖等。

李德生在国内外地球科学刊物上发表学术论文 140 余篇，著有《石油勘探地下地质学》、《中国含油气盆地构造学》、《中国多旋回叠合含油气盆地构造学》、《李德生文集》等专著。曾担任中国地球物理学会创始会员、中国地质学会荣誉会员、中国石油学会常务理事、中国海洋学会常务理事及美国石油地质家协会荣誉会员。1991 年当选为中国科学院地学部学部委员（院士）。2001 年当选为第三世界科学院院士。

李德生工作勤奋，努力敬业。在北京石油勘探开发研究院工作期间，足迹遍及国内各个主要油气区，北到大庆、海拉尔，南至湛江、海南岛，西到喀什、乌鲁木齐，西南到昆明、拉萨，东至上海、台湾。他工作的原则是“理论来源于实践，理论又是为实践服务的”，立足大量第一手

1997年9月3日，何梁何利基金颁奖典礼。左起：杨遵仪、叶连俊、程裕淇、刘光鼎、李德生、施雅风

资料是他工作能够不断创新的基础。他一生始终没有动摇过为祖国寻找和开发更多油气田、建设我国强大石油工业的信心，他以“大批（判）则小干，小批（判）则大干，不批（判）则勤干”的态度来对待逆境和顺境。生命不息，努力不止，正是李德生工作态度和治学精神的最好写照。

面对荣誉，李德生显得非常平静。改革开放以来，他先后赴英国、挪威、荷兰、日本、美国、新加坡、印度、法国、意大利、加拿大、巴西和墨西哥等国参加学术交流会24次，宣读论文18篇。1994年美国石油地质家协会（AAPG）授予李德生石油地质学家杰出成就奖，这是该奖首次颁发给华人，他在答辞中说：“这份荣誉不仅是给我个人的，亦是给予中国的。”1982年至2008年，李德生为中国石油勘探开发研究院研究生部共培养了硕士、博士和博士后25名。他要求学生具有强烈的事业心和为我国石油工业持续发展而奋斗的精神，培养他们理论联系实际、重视生产实践的作风，同时培养他们的科学想象力和创新精神。

贯穿半个多世纪的中国石油工业史，见证者有之，亲历者寥若晨星，李德生无愧其一。他的石油生涯与新中国一同成长，在科学的疆域里，始终没有停止探索的脚步。

（撰稿：林忠华）

谢毓元

在瓶瓶罐罐中收获化学人生

谢毓元(1924.4.19—),祖籍江苏苏州,生于北京。药物化学家,在重金属中毒解毒药物、天然产物全合成、放射性核素促排药物等领域卓有成就。

谢毓元的父亲谢镜第,字容初,1899年进京就读京师大学堂第二期,毕业后先后在清政府邮传部、北洋政府和南京国民政府交通部任职。1928年,举家迁回苏州,住在菉葭巷。

1929年起,谢毓元先后在苏州菉葭小学、私立明德小学、县立大儒小学(均为今苏州市大儒菉葭中心小学前身)就读。1935年,考入江苏省立苏州中学初中部(后并入今苏州一中),初三下学期开学前,淞沪抗战爆发,学校停办。1938年,谢毓元插班考入苏州中学(沪校)高中部,1940年毕业。

谢毓元年幼时就常跟随父亲去旧学前淘旧书,还在父亲的指点下阅读《古文观止》、《纲鉴易知录》等文学历史名著,逐渐对文学和历史产生了浓厚的兴趣。报考大学时,他本想选择文学或历史专业,却遭到了父亲和兄长的坚决反对。父兄从实业救国的思想出发,认为读理工科才是出路。当时,大哥研究免疫学,二哥专攻地震学,谢毓元在两个哥哥的建议下,经过一番深思熟虑后选择了学化学。

1940年,谢毓元考进东吴大学(当时为躲避日军控制,迁校在上海租界)化工系,其间听过顾翼东、宋鸿锵等知名教授的课,同时打下了较好的英语基础。可惜,1941年太平洋战争爆发,日军进占租界,学校开不下

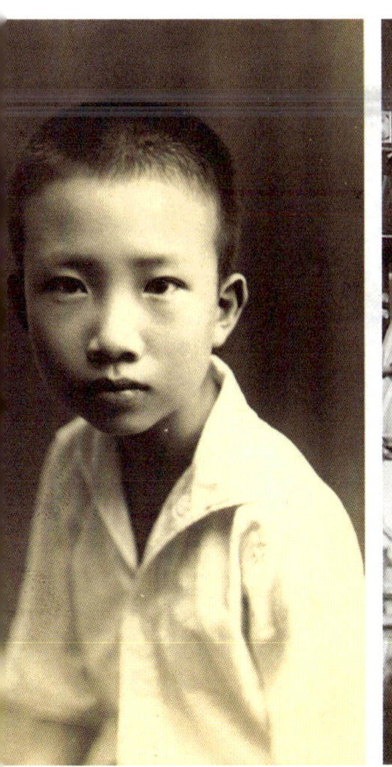

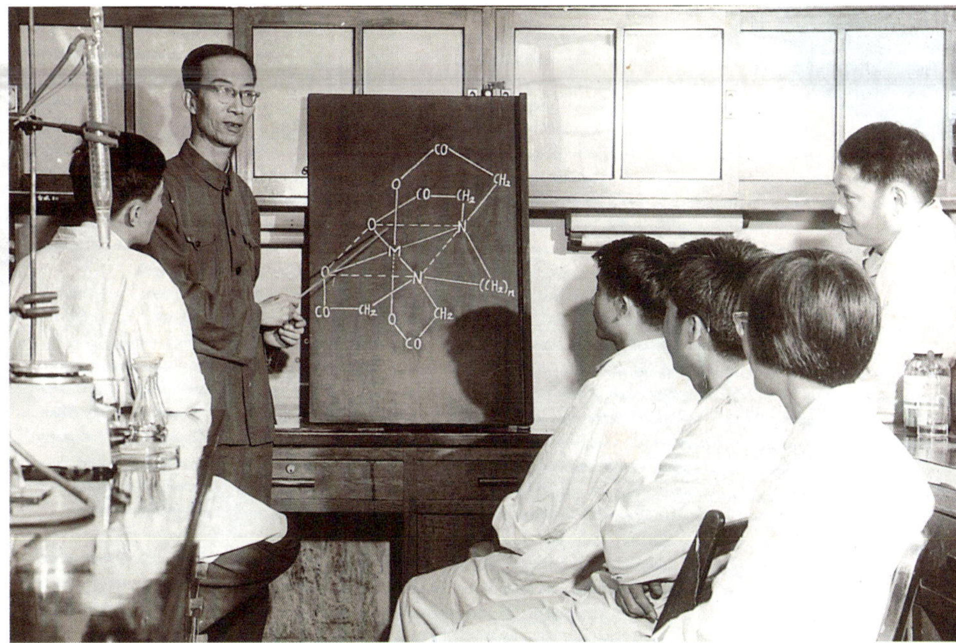

1935 年,谢毓元考入苏州中学时留影

1982 年,谢毓元在上海药物所给研究生上课

去,只能辍学在家自修,在东吴大学只读了一年半。1946 年,谢毓元考入了清华大学化学系,以二年级插班生身份继续学业。大三时,由于学习刻苦,受到了张青莲教授的赏识,在实验室里开始了科研,先后完成三篇论文。1949 年毕业后,留校任助教。

由于谢毓元大学时成绩优秀,且书法和外语功底好,得到了时任中国科学院有机化学研究所下属的药物研究室主任赵承嘏先生的青睐,同时出于研究兴趣考虑,他于 1951 年转到药物研究室工作(1953 年药物研究室独立为中国科学院药物研究所),研究领域从无机化学转向有机化学,在赵承嘏的实验室从事中草药化学成分研究,1953 年起,在嵇汝运先生的实验室从事血吸虫

1946 年，谢毓元（前右一）与同学们参加“沈崇事件”游行抗议活动

1953 年，谢毓元在上海药物所做实验

病防治药物研制。

新中国成立初期，我国正大规模开展血吸虫病防治，当时唯一能使用的药是酒石酸锑钾（俗称“吐酒石”），但其毒性很大，有许多副作用，甚至会造成死亡，因此在开发新的血吸虫防治药物的同时，还要寻找锑剂的解毒药物。1954 年，谢毓元合成了一种能与锑结合较强的化合物——二巯基丁二酸及其钠盐，后经药理室研究发现，其对排除人体铅、汞、砷、锑等重金属元素有很好的作用。1958 年通过临床试验。该药后来在一系列砷中毒事故的抢救中发挥了巨大作用。1991 年，二巯基丁二酸被强生公司仿制，经美国 FDA 批准，用于小儿铅中毒的治疗，成为国际上首选的重金属解毒药品。

1957 年，谢毓元被选拔到苏联科学院天然有机化合物化学研究所留学，师从施米亚京院士。有一次，谢毓元拿到课题研究方案后，立即参阅了有关资料，拟定出一个更简洁可行的方案。施

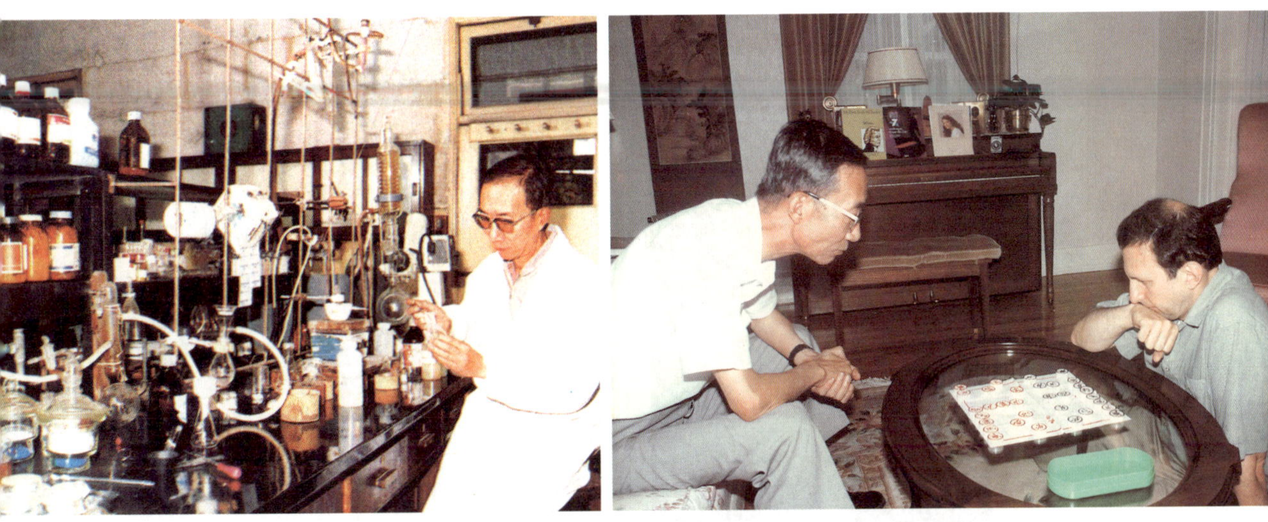

20 世纪 90 年代，谢毓元在中科院上海药物研究所做实验

1985 年，谢毓元在美国纽约友人家中下象棋

米亚京不认同，还批评他自作主张。为了证明自己的想法是正确的，谢毓元只得开夜车，按自己的方案做了一遍，获得成功。从此，施米亚京放开了手，别人做不出的实验也常常会转到谢毓元的手里，他都顺利完成了，施米亚京夸奖谢毓元有“一双幸福的手”。1961 年，谢毓元完成了当时国际上难度高但又热门的课题——四环素类抗生素的全合成，论文也通过了答辩，被授予副博士学位，旋即回国。

回国后，谢毓元即开展了天然药物的全合成工作。几年间，先后完成了灰黄霉素的全合成、莲心碱绝对构型的确定和全合成、甘草查尔酮的结构确定和全合成研究等等。

20 世纪 60 年代，随着我国国防和民用核科学的发展，放射性核素进入人体引发癌症的危险日益增多。1966 年起，谢毓元受命负责研究放射性核素促排药物，先后研发了喹胺酸（用于钚 -239、钍 -234、锆 -95 的促排），实现了其原料左旋多巴（亦可用于震颤麻痹症治疗）的国产化，

1958 年，谢毓元在莫斯科红场留影

1987 年，谢毓元访问位于美国印第安纳波利斯市的礼来公司总部

酰磷钙钠(锶 -90 促排药物)药效均超过国外报导的同类药物。此外，还在口服医用螯合剂、骨质疏松新药研究中，取得了一系列重要成就。

1984 年至 1987 年，谢毓元担任中国科学院上海药物研究所所长。当时正值改革开放初期，研究所的发展面临经费不足等诸多困难。他审时度势，领导全所迎难而上，大力推进国际合作、新药研发和科研基本条件建设。短短几年就打开了新局面，为药物所以后十多年的发展奠定了基础。其间，药物所与数家国外知名医药企业签订了多项合作研发协议，争取到 150 多万美元的外汇经费，引进了 400 兆核磁共振仪等一批先进的设备。其后曾任所长的陈凯先说："谢先生不仅是一位优秀的科学家，而且是一位杰出的领导者和组织者。"药物所的同事称："谢毓元是一个高明的谈判家和外交家。" 1988 年后，谢毓元先后担任学术委员会主任、国家重点实验室主任等职务。1991 年，当选为中国科学院化学部学部委员(院士)。

谢毓元在 60 年的学术生涯中，数次根据组织安排，改变科研方向，接受新任务，每一次都能顺利完成。他有三条经验体会与年轻学子们分享：第一，对科研工作要有锲而不舍的精神，从大处讲，是对任何工作都锲而不舍，从小处讲，就是对每一个实验的锲而不舍；第二，独立思考，不迷信权威，导师虽然有很多知识和经验的积累，但

1995 年，谢毓元（后排左二）在家中庆贺儿子谢家叶（后排右二）40 岁生日。后排左一为夫人叶德华，后排右一为女儿叶家苏

1995 年，谢毓元在法国巴黎

总还会有一些局限性，不可能对每一个问题的看法、判断都没有偏差；第三，干任何事情，缺少激情，缺少刻苦钻研、拼搏向上的精神是难以取得成功的。

谢家兄弟三人都是知识精英。大哥谢毓晋是微生物免疫学家，曾任同济大学医学院院长。二哥谢毓寿是地球物理学家、地震学家，北京地球物理所研究员。

谢毓元一直对故乡苏州有着深厚的感情。1998 年，谢毓元和家人商量，决定把家中收藏多年的 207 种 2035 册珍贵古籍捐赠给苏州图书馆，作为对故乡的礼物。他在赠书仪式上说："我的青少年时期是在故乡苏州度过，爱读书，也爱收藏书。记得小时候跟随父亲逛旧书店，如果发现一本合意的旧书，父子俩都欣喜若狂。就这样日积月累，经历了岁月沧桑，躲过'文革'浩劫，几千册图书象征着一段历史的积淀。"

谢毓元一直感恩母校，苏州中学百年校庆之际，他在《祝母校青春常驻》一文中这样写道："这一中学阶段我接受了许多名师的严格教育。他们学问渊深，教育经验丰富，不少人后来都成为大学教授。虽然他们都相继谢世，但他们循循善诱、深入浅出、引人入胜的讲课情景，至今历历在目。在沪的昔日同窗，每有聚会，总不免津津乐道当时情景，回忆恩师们各自的授课特点。

2003 年，谢毓元在中科院上海药物所实验室

2007 年 4 月，谢毓元（立者中）看望母校苏州一中的学子

这一阶段打下的良好基础使我们在各自的专业都能略有建树。对母校的感激之情，不是片言只字所能表达。”2007 年，他回到苏州一中参加 100 周年校庆，并题字“祝愿母校为社会主义祖国培养更多优秀接班人”。2011 年，他作为年龄最大的校友之一参加了苏州中学上海校友代表大会。

饶有趣味的是，谢毓元一直对苏州的美食记忆犹新，如黄天源的糕点、陆稿荐的酱肉等。时至今日，他每次回苏州都要买一些糕点和酱肉。

（撰稿：姜颖鹏）

孙钧

“使我忘我以求、如痴如醉的动力，只是‘兴趣’二字”

孙钧(1926.10.3 —)，祖籍浙江绍兴，生于江苏苏州。国内外知名的岩土力学与工程、隧道与地下建筑工程学者、专家。1949年毕业于上海国立交通大学土木工程系结构专业。1954年至1956年在苏联桥梁专家и.д.снитко教授指导下攻读副博士学位。1980年至1981年留学美国，在北卡州立大学任高访教授，并做博士后研究。历任同济大学地下建筑工程系教授、教务处长、地下工程系和结构工程系系主任。1991年当选为中国科学院技术科学部学部委员(院士)。

孙钧在隧道与地下结构工程学科领域开拓并建立了新的学科分支——地下结构工程力学，对地下结构黏弹塑性理论、岩土材料流变学和地下防护结构抗爆动力学等学科前沿进行了系统深入的研究，学术造诣丰厚；在城市环境土工学和软科学理论与方法(侧重智能科学)、岩土力学与工程中的应用方面也有相当的创新成果。撰有《地下结构》、《岩土力学反演分析的随机理论与方法》、《地下工程设计理论与实践》等学术专著8部，在国内外发表论文340余篇。先后获国家级奖励4项，省部和上海市级奖17项，连同其他获奖共20余项。

孙钧出身于书香世家，祖父早年在太平天国战乱中举家迁徙到苏州，在靖江县做事。父亲是一位国内知名的法学专家，民国时期曾在政府部门从事高级法政职务，先后调职，赴苏州、南京、重庆和上海定居。抗日战争胜利后弃

孙钧三岁时与祖母(坐者)、父母合影

1944 年夏,沪新中学师生合影。后排右二为孙钧

政从教,晚年历任南京国立中央大学、苏州东吴大学和上海法政学院等高等院校法政学系的一级教授,并从事律师业务。

青年时期,孙钧抱定“科学救国”的理念,并未嗣续父业而另改习了土木工程学。1945 年秋,孙钧以高分被上海国立交通大学土木工程系录取。1952 年,孙钧由上海交大转到同济大学任教,随后担任了苏联桥梁专家的专业口译。专业也由工程力学转到了桥梁工程。随后接专家衣钵,讲授《钢桥设计》和《桥梁施工与组织计划》两门专业课程,并随专家去武汉长江大桥(现武汉长江一桥)、山海关和丰台桥梁工厂实习,后又赴南京长江大桥(现南京长江一桥)进行科学研究。1960 年,同济大学兴办国内第一个隧道与地下建筑工程专业,孙钧担任了首届地下建筑教研室主任,负责新专业的建设。后又担任该系副主任、主任、党总支委员和结构工程系主任(地下建筑工程专业划归入结构工程系)。自 1960 年,孙钧开始了一生与“泥巴石头打交道”(以他自己自嘲的话说)的漫长的教学与科学研究生涯。

1986 年，孙钧在日本名古屋大学作学术演讲

1998 年，孙钧（中）在岩土流变实验室工作

孙钧始终坚信，知识和科技是建设我们伟大祖国不可或缺的关键。数十年来，他先后参加了水利水电、煤炭矿山、铁道公路、市政交通、国防人防等各个有关专业领域的隧道与地下工程建设约 60 余处。近年来，又重点参加了汕头海湾大桥、虎门、江阴、润扬、阳逻、苏通等多座特大跨桥梁的巨型锚碇和桩基工程，国内外最长的越岭铁、公路隧道和跨江水底隧道以及国内第一座厦门海底隧道、南水北调中线一期穿黄工程、崇明长江路桥、钱江隧道、港珠澳大通道岛屿工程的工程科学研究，担任专家委员会主任委员、专家组成员和技术顾问 20 余处，还担任了国内外一些学术团体的理事长和主任委员，以及国内外若干知名大学、研究院所的名誉、顾问教授与客座研究员。

"潜心致志，锲而不舍。" 很多人询问取得事业成功的原因时，孙钧的回答竟然十分平常但又发人深省："几十年来，使自己忘我以求、如痴似醉的动力，可说只是'兴趣'二字。" 他说，"因为对所从事的专业有了浓厚的兴趣，所以当我孜孜不倦地探索学问上的真谛时，就会因为有了一

2001 年秋，孙钧（右三）在润扬长江大桥工地现场

孙钧（前排左一）在苏通大桥长江上桥基工地调研

股莫大的自发的情感而为之痴心入迷”。年轻时，孙钧几乎没有什么周末，在小书房里看书、写文章总是一头钻了进去就出不来了，甚至忘记吃饭。

“不入虎穴，焉得虎子。”孙钧历来不主张做空泛的学问，极力反对“理论一大套，实际不对号”。他是这样说的，也是这样做的。他不仅负责主持过一大批国家重大重点工程的勘察、规划与设计，而且总是结合实际工程中涌现出来的技术难题开展深入系统的科学研究，取得了许多既富理论内涵又有重要工程实用价值的科研成果。

他一生潜心致志从事研究的岩土力学与工程，其研究的对象是多相、各向异性的裂（孔）隙岩土介质体。这就决定了它是由多个不同学科相互依存而又交叉融合所派生出来的一门新的边缘学科。岩土力学在岩土工程中的表现形式，与地质和水文条件有着密切联系，它客观上又与不同的工程类别、施工工艺、支护方式，以及时空域等内、外在因素有着相辅相成的复杂联系。这些特点决定着现今岩土力学与工程必须采用多种方法、多种技术并整体上作为一个大系统来进行综合性研究。事实上，近年来这种综合性的研究手段已经日益成为国内外岩土力学与工程业界的共识和努力方向。针对当前一些工学博士论文写作中出现的带普遍性的偏向：只醉心于

1989 年，孙钧（左一）在德国参观隧洞工程施工

数值分析，一味迷信在计算机上做学问却不想做实验和实测、监控方面的研究，孙钧对此持保留态度。他让弟子们用先后“接力棒”式一个个“接着做深做透”的办法来求得系统研究工作的逐步深入，以求更加全面系统地研究某些重点课题，这是孙钧多年来培养博士生和博士后的一套做法。例如，他擅长的岩土介质材料流变力学属性及其工程应用研究，自 1979 年始，前后持续已逾 30 年，研制并开发了一整套的专业程序软件包。这项系列成果曾先后由 20 多位博士生和博士后以上述“接力棒”的方式才得以逐步深入和系统，后来汇集成了一部学术专著《岩土材料流变及其工程应用》。继而，他又写作出版了另一部专著《城市环境土工学》，涉及上海市和国内 10 余处的现场施工变形预测、监控与工程验证，其核心内容是一种以软、硬科学相结合使用的人工智能方法，也是由 10 多位博士生和博士后先后结合写作论文来共同完成的。

“只争朝夕，宝刀不老。”孙钧说：“感叹自己虽然不能再拾起那逝去的年华，而来者却尚可追！”“我愿趁此虽已年迈体弱，但拙体尚健之日，再努力站好这最后一班岗，把那永远是无完无

2003 年 2 月 2 日，孙钧全家福

了、千头万绪的研究任务，尽可能地再多做一些，做得更快一些、好一些，该说不上是自己一项新的追求哩。”

“眷恋故土，乡情难忘。”孙钧在水乡苏州出生，自幼受书香之家的文化熏陶，兼又受父辈“百业士为先”的教诲，立志发奋读书。7 岁时随父亲去南京，抗战开始又在上海求学和工作，距今已近 80 年。据孙钧回忆，当时他苏州的老家在道前街，后来父辈在桃花坞北寺塔下置业，留有一处旧房产，因为多年不住早年就捐献给了苏州市政府。孙钧父母的坟地都安在故乡东山附近的横泾公墓三工区，他曾携家人到父母坟前哀思悼念，感念父辈养育之恩。2011 年春节，孙钧还带着全家老小回到苏州过年。

近年来，孙钧多次回到家乡，故土呈现许多新的面貌，让他振奋激动不已。2007 年 4 月，他应邀参加第二届院士（专家）苏州论坛，到苏州

孙钧夫妇与众多博士生成员合影

科技学院参加院士与大学生见面会，与青年学子畅叙“生活、学习、创新”。在担任苏通特大跨斜拉桥的技术顾问工作中，先后20余次忙碌在长江两岸滔滔江水之间。他一次次赶赴苏通大桥工地，中途奋力攀上江心主墩承台，直上施工电梯到达塔柱间的联系大梁平台，俯瞰万里长江。在苏州轨道交通一号线的建设中，为了解决地铁深大基坑与“东方之门”广场大片建设工程彼此间的环境维护问题，2011年和2012年，孙钧亲赴苏州主持召开了多次评审会议，妥善解决了相关难题。他恳切地表示：自己虽已耄耋之年，但仍希望有机会能为哺育自己成长的家乡发展尽一些绵薄之力。

（撰稿：徐钦）

陆熙炎

“用你敏锐的眼光抓住一切新现象”

陆熙炎(1928.8.29 —),江苏苏州人。有机化学家,主要从事有机合成研究。

陆熙炎出身于苏州的书香门第。祖父陆清翰是清光绪甲午科举人,做过县令,任过苏州电报局局长,抗日战争苏州沦陷时,虽生活艰难,仍坚决拒绝伪政府咨询委员会委员一职,每日在家教孙子读书,从四书到《纲鉴易知录》。虽然父亲在上海经商,但陆熙炎的幼年基本上是在苏州度过的。祖父的为人做事对陆熙炎的幼年影响颇大。另一位对陆熙炎影响较大的人是他的哥哥陆熙彦。陆熙彦毕业于苏州桃坞中学,后进入上海圣约翰大学土木工程系学习,为了照顾家庭,放弃出国留学,回苏州建设局工作,在1942年祖父去世后与姐姐一起负担陆熙炎的学习费用,新中国成立后参加了海军,1968年在舟山执行任务时不幸遇难,被追认为烈士。淞沪战争爆发,他们举家到穹窿山避难,后又搬到香山。1940年,陆熙炎进入吴县县立中学。1946年毕业后,受舅父的影响,考入金陵大学化学系,因学费昂贵放弃,一年后重新考入浙江大学化学系。1951年陆熙炎于浙江大学化学系毕业后,到中国科学院上海有机化学研究所从事科研工作至今,现为该所研究员。1991年,当选为中国科学院化学部学部委员(院士)。

在数十年的科研生涯中,陆熙炎承担了大量国民经济及国防建设中急需的任务。建国初,链霉素是关系人民健康的急需药品,大部分依靠进口。他通过研究在国内首先从链霉

1950年6月，浙江大学化学系师生职工合影

菌发酵液分离纯化制得盐酸链霉素氯化钙复盐结晶，同时深入研究其化学性质，在国际上首先半合成了双氢链糖内酯合成双氢链糖。20世纪50年代末到1965年，他承担了代号为P-204的提纯核燃料铀的含磷有机萃取剂的合成任务，实现了中国第一个酸性磷酸酯型萃取剂的工业化生产，为中国原子能工业做出了贡献。60年代初，他参加了牛胰岛素A链七肽和十六肽的合成，为胰岛素的全合成奠定了基础。在70年代初"靠边站"的情况下，仍与他人一起完成了光学仪器防霉剂SF-501的工作，于1983年获得国家创造发明奖二等奖。

自70年代开始，陆熙炎敏锐地观察到金属有机化学是一个大有发展前途的学科，他利用金属有机化学的基元反应发展新的有机合成方法，后来又开展了有机膦催化反应的研究，是国际上较早开展有机催化研究的化学家。90年代以来，他开始研究以炔烃衍生物为原料的合成反应，

1955 年，陆熙炎在显微镜下观察实验。同年，研究获得双氢链糖衍生物结晶

1958 年，链霉素合成组全体人员合影

发现了一些有学术意义和应用前景的反应，其中以烯烃和炔烃衍生物为原料的合成反应研究获得 1991 年、1997 年中国科学院自然科学奖一等奖和 1999 年国家自然科学奖二等奖。

陆熙炎现从事导向有机合成的金属有机化学及有机催化反应的研究，在国内外著名刊物上共发表学术论文 200 余篇，曾主持国家自然科学基金重大项目，并以其成果编著了《金属有机化合物的反应化学》一书。1999 年，获何梁何利基金科学与技术进步奖。2001 年，获全国五一劳动奖章。2008 年，在第十五届全国金属有机化学学术讨论会上，中国化学会授予陆熙炎“黄耀曾金属有机化学终身成就奖”。

长期的科研生涯中，陆熙炎不仅成果累累，而且诲人不倦，桃李满天下，培养了一批活跃在化学界的精英。他先后担任北京大学、兰州大学、浙江大学、苏州大学和复旦大学的兼职教授。多次到苏州大学讲学，传经送宝，一直关心苏州大学有机化学学科的发展，关心苏州的发展。

陆熙炎做人做事总是非常认真严谨。他说：“我不是一个聪敏过人的人，但从小我就有一

2002 年 4 月 17 日，陆熙炎(左)和苏州大学化学化工学院院长、教授纪顺俊在苏州大学红楼前

2003 年 11 月 30 日，陆熙炎夫妇在观前街

个信念，做事要一步一个脚印，而且要非常谨慎，所以用战战兢兢、如临深渊、如履薄冰来警戒自己。”尽管他学术思想活跃，有敏锐的洞察力，但总是谦虚地说自己“不是一个优秀的科学工作者，更不是一个战略家”。不管什么工作，不管什么条件，他都要求自己认真去做。他也一直言传身教，以自己的人格魅力影响和培养学生，教年轻人要学做人，要刻苦努力，他说“我们不能幻想不付出艰苦努力就有丰厚的回报”，而且要“不是只注意最后的结果，应该观察反应的新现象”，“不要让一个现象擦肩而过，而要用你敏锐的眼光抓住一切新现象。这些新现象可能代表了事物的必然性”。

（撰稿：冯婕、王伟群）

顾诵芬
中国飞机设计大师

顾诵芬(1930.2.4 —),江苏苏州人。飞机空气动力学家。1951 年毕业于上海交通大学。参与组建我国第一个飞机设计室。成功设计喷气教练机歼教 1 并建立了实用的飞机气动设计方法。主持、参与多项重大任务的气动布局和全机的设计。曾任歼 8 副总设计师、歼 8–II 总设计师。先后任沈阳飞机设计研究所所长兼总设计师、中国航空工业总公司科学技术委员会副主任、中国航空学会副理事长。获国家科技进步奖特等奖、国家科技进步奖一等奖、航空航天工业部航空金奖、何梁何利基金科学与技术进步奖等多项奖项。1991 年当选为中国科学院技术科学部学部委员(院士)。1994 年当选为中国工程院院士(机械与运载工程学部)。是第八、第九届全国人大常委。

顾诵芬父亲顾廷龙和母亲潘承圭都出身于苏州名门望族,旧居在望星桥。顾廷龙获燕京大学硕士后留校,任职图书馆中文采访部,后在国难中抢救古籍,到上海创建合众图书馆。顾诵芬从小在图书馆做义工,接收邮件,为馆藏英文书写卡片。他也阅读了馆内藏书中的一些科普书和参考书,促进了学业,开阔了视野,养成了爱读书的习惯和善于读书的能力,为他以后工作学习打下了基础。

七七事变时,顾诵芬在北京亲眼看到日本飞机猖狂轰炸 29 军营房,就立志要长大造飞机保卫祖国。他爱做航模,父亲就给他买航模书,带他买材料。南洋模范中学毕业时,他

1996 年 4 月 1 日，顾诵芬在北京航空工业总公司

报考清华、浙大和交大，志愿都是航空专业。1951 年 8 月，顾诵芬以优异的成绩毕业于上海交通大学航空工程系，随即北上投身参与创建新中国航空工业。

顾诵芬先在北京任职于航空工业局，当时我国只能照葫芦画瓢地修理、仿制苏联飞机，而苏联只负责援助飞机制造技术，对于航空科研设计则视为禁区。顾诵芬等人感到“搞飞机如只会仿制，就等于命根子在人家手里”。

1956 年，国家在沈阳组建中国第一个飞机、发动机设计室。顾诵芬担任空气动力学组组长，首项任务是自行设计喷气教练机歼教 1。在徐舜寿、黄志千等老一辈专家的带领下，他综合苏、美等国家的资料、书刊，通过分析与计算完成了该机全部气动数据的确定。1958 年 7 月，歼教 1 首飞成功，这是我国第一架自行设计制造的喷气式飞机，达到高亚声速，是中国首次应用两侧进气道。后来他又参加设计初教 6 飞机，仍负责气动，他的机翼布局优选设计保证了良好性能。该机至今制造使用已达几千架，从未因飞机质量出事故，曾获国家质量金奖，还出口到十多个国家，特别在美国，深受航空爱好者好评。

顾诵芬与父亲顾廷龙、母亲潘承圭在燕京大学校园内

顾诵芬(前排左三)与上海交大航空系同学合影

1964年,在仔细研究超声速歼击机米格21的基础上,上级决定要自行研制高空高速歼击机——歼8,顾诵芬担任副总设计师。他参与和组织飞机总体设计,采用大后掠角三角翼及平尾下置的空气动力布局形式。他还提出了一套对风洞试验测得的气动数据进行修正的方法。

1969年,歼8首飞成功,但样机在接近声速时发生严重抖振。为了克服抖振,顾诵芬不仅进行各种风洞试验,还说服领导,背着爱人,冒险三次乘超声速教练机升空,靠近飞行中的歼8观察拍摄后机身及尾翼的流面,最后采用尾部机身局部修型措施,才排除了跨声速抖振,速度超过了两倍声速。1979年,飞机设计定型。

在研制歼8－Ⅱ时,顾诵芬担纲总设计师,为此他又很快钻研了综合航电技术。该机从机头进气改为两侧进气,以便机头部装雷达天线。重点发展武器系统,如雷达制导的中程拦射导弹和空对地火箭等。加装拦射火控计算机、自动驾驶仪等设备,使歼8－Ⅱ型飞机具有全天候超视距攻击和对地攻击能力。飞机研制采用系

歼 8－Ⅱ飞机首飞签字现场。左起：首飞指挥员王昂、现场总指挥管德、总设计师顾诵芬和总指挥何文治

统工程管理，4 年实现首飞。飞行性能全面超过了当时的米格 23，部分达到幻影 2000。后来，歼 8 家族中增加空中加油、高空侦察等机型。

1985 年，歼 8 获国家科技进步奖特等奖。1989 年，在巴黎国际航展首次展出，被誉为“空中美男子”，以后成批生产，装备部队。这是我国航空工业的一个里程碑。

1986 年，顾诵芬被调到北京，先后任航空工业部科技委副主任、中国航空研究院副院长。他始终关注国内外航空科技和飞机设计方面的前沿技术，参加了“863”专家委员会。1988 年，他领导主动控制技术研究，后又组织中俄专家进行了远景飞机的概念研究。

顾诵芬一直关心着中国的大飞机事业。2006 年，他作为国务院大飞机专项论证组的负责人之一，规划了我国大飞机的发展，还担任“大飞机出版工程”系列图书总主编。

顾诵芬为人诚恳、率直、谦和，生活节俭。他始终认为设计研制飞机是设计、制造、试飞多部门几万人的工作实践过程，而非总设计师一人。他注重务实际、讲民主，为人朴素、低调。他长

顾诵芬一家在苏州一中顾廷龙赠书珍藏室合影

顾诵芬在操纵系统试验室

期骑自行车上班、到试制车间、到沈飞现场办事，直至调离沈阳。困难时期和大家一起啃窝头，出差回来，总是坐公交车回研究所。

顾廷龙逝世后，顾诵芬按照父亲临终前“将藏书一部分捐赠母校”的嘱托，分两次从北京专程到苏州，把父亲生前收藏的 4000 册（套）珍本、孤本、善本藏书捐赠给苏州一中。为此，苏州一中专设“顾廷龙赠书珍藏室”。苏州一中举办北京校友联谊会，他也欣然参加。他还将歼 8 模型，以及他的自传《我的飞机设计生涯》和传记《飞机设计大师顾诵芬》（签名本）赠送给苏州一中。

（撰稿：张橙华）

周干峙
引领中国城市规划的双院士

周干峙(1930.6.28—),江苏苏州人。建筑学和城市规划专家。曾任国家建设部副部长、国际建筑师协会理事,曾是中国技术政策中有关城乡建设(国家科委蓝皮书第6号)的主编,因此获得国家科学技术进步奖一等奖,也是现行中国城市规划法的主要起草人。1991年当选为中国科学院技术科学部学部委员(院士),1994年当选为中国工程院院士,并任土木、水利与建筑工程学部主任。建设部特邀顾问,清华大学教授、博士生导师。兼任中国城市规划学会理事长,中国风景园林学会理事长,中国房地产和住宅研究会会长,中国城市科学研究会理事长等。

周干峙家住苏州西百花巷,因战乱幼年随家庭迁居上海,就读工部局学校。抗战胜利后游览杭州,西湖美景启发了他“美丽城市、美丽河山”的观念,为此考入清华大学建筑系。

1952年8月,为“一五”计划做准备,中央决定成立建筑工程部,大学刚毕业的周干峙被调遣过来,参与了156项重点工程的厂址选择和重点城市的规划设计。他跟随苏联专家四处出差,投身于当时项目最多的西安市的选厂与城市规划工作。1953年春,周干峙第一次前往西安,负责编制西安的总体规划和详细规划。这涉及人口规模、道路系统、工厂位置等规划设计问题,保护历史文化遗存、保留古城风韵也成为古城西安城市规划工作中重点要

周干峙写作中

周干峙做学术报告

考虑、解决的问题。在当时拆墙成风的情况下，西安的明城墙要不要保留成为争执的焦点。因为当时城墙被看成是封建的象征，北京的都拆了，西安没有理由不拆。周干峙还记得在那本厚厚的《西安规划说明书》里，他将城墙形象地比喻为“城市的一根项链”，大力呼吁保留。正是由于他完整保护西安古城墙的建议，西安成为唯一的古城墙保留完整的城市。

周干峙参加指导、组织编制了上海市总体规划和地震后的唐山市和天津市重建规划。1976 年唐山地震发生三天后，他就住在帐篷里，制定唐山的救灾规划。当时争论的重点落在原地重建还是异地重建上，他采取混合型的布局方式。在老市区安全地带采取原地重建，并适当向西、北发展，将机械、纺织、水泥等工业及相应生活设施迁至主城区北部 25 公里的丰润县城东侧建设新区。由此，唐山被有机地分散成三大片区：中心城区、丰润新区和东矿区，形成了南、北、东三足鼎立的“一市三城”的分散组团式城市布局结构。重建规划几乎解决了

1999 年 4 月 12 日，周干峙在北京建设部办公室

老唐山建设中存在的大部分不合理状况，取而代之的是碧水长流、人和景宁的新面貌。唐山的重建规划基本完成后，周干峙立刻投入到天津的重建规划工作中，被急缺规划人才的天津市留下来担任了四年规划局局长。

周干峙指导编制的《深圳经济特区总体规划》(1986 年第 1 版)获英国建筑规划界最高的阿勃克朗培奖，并获全国城市规划优秀设计奖一等奖。他提出了“滚动、灵活、深细、诱导”的城市规划指导思想，提高了城市规划的深度和广度，发展了城市规划理论。他巧妙地利用深圳地形狭长、河道分隔的特点，结合自然山川，从东到西，依次布置了沙头角—盐田、罗湖—上步、福田—华侨城、南头—蛇口等组团。这种带状组团式布局的城市结构便于灵活调节，为后来的发展预留了空间。“一句话，长远的东西要留有弹性，不能搞一刀切。深圳是个开放城市，将来搞什么工业，来什么工业，谁都不知道，我把工业区划小，一个工业区顶多 2 平方公里，16 个工业区就是适应这个变化和开发需要，干一个成一个。”同时，周干峙还预留了地铁、机场、火车站的位置，为深圳日后的城市交通建设大大节约了成本。

周干峙提倡人与自然的和谐，主张节能环保，反对移大树进城和互相攀比

周干峙在政协委员小组讨论会上发言

而立之年(38 岁)

1999 年 4 月 12 日,周干峙在建设部办公室讨论苏州工业园区规划方案

2003 年,周干峙在省部长论坛会上发言

的高楼大厦。周干峙自20世纪50年代从清华大学建筑系毕业进入建设系统，见证并亲身参与了我国城市规划、绿化发展建设的主要过程。在过去十余年间，这位中国城市规划、绿化领域的权威却频频因各种“上书”、“反对”而为公众所关注。他言辞激烈、风格坦率：“北京是一个典型的四肢发达、心肌梗塞的城市。城市规划不够科学的问题在我国很多城市都存在。越是市中心，人车越拥挤，绿化面积越少，空气就越差。为经济利益所驱动，绿化土地频繁被地产所侵占，其后果没有多少人真正重视。”他把城市建设中的浪费现象归纳为六个方面：决策失误、重复建设、规划不当、设计有误、工程质量差、大拆大建。其中最大的浪费是决策失误造成的。

周干峙将大学毕业后的工作生涯分为三个阶段：20世纪50年代初到60年代中期，主要完成国家指派的城市规划任务，研究城市规划建设中的一系列相关问题；60年代末期至70年代的工作重点是搞研究和管理，先后在国家城市建设总局城市规划研究所、天津市规划局、中国城市规划设计研究院任职；80年代到建设部当副部长，分管城市建设、交通、科技、园林绿化方面的行政管理和政策制定工作。90年代至今，周干峙一直在部里担任特邀顾问，进行有关中国城市化、大城市交通、城市园林绿化和历史文化名城的保护等研究工作；完成了全国政协办公楼的规划设计和一些城市的设计，以及众多的城市规划咨询服务工作，并在清华大学每年指导2—4名研究生。这是周干峙人生的第四个阶段，耄耋之年的他依然辛劳忙碌，不知疲倦。

周干峙一直关心苏州的古城保护，长期以来，多次回家乡审查保护规划。1986年《苏州历史文化名城保护规划》就是他参与制定的。在改造干将路时，他题词：“古城无价宝，古画难添描。不得已改造，力求保风貌。”尽管从懂事起就已经离开苏州，但故乡给周干峙的印象就是一个生活的城市。“现在说，城市让生活更美好，苏州那时候就是个生活美好的城市，无论是居住还是饮食。”

（撰稿：张橙华）

曹楚南

“我不是权威，才刚刚找到新的起点”

曹楚南(1930.8.15—)，江苏常熟合兴(今属江苏张家港)人。在中国领导和开拓了腐蚀电化学领域，成就斐然。

曹楚南小时候在乡下的私塾里读书，记忆力出众。中学时进入梁丰中学，最初数学、物理成绩并不好，通过补习逐渐产生了对理科的兴趣。1948年夏高中毕业，考入同济大学。曹楚南本来读的是数学系，但后来觉得化学比数学同生产的联系更为密切，便在1950年转入同济大学理学院化学系。1952年大学毕业后，分配至中国科学院上海物理化学研究所，开始从事电化学和金属腐蚀研究。以后随物化所迁到长春，先后在长春应用化学研究所和沈阳金属腐蚀与防护研究所从事研究工作。

20世纪50年代，曹楚南研制出三氮杂苯型高效酸洗缓蚀剂并得到大规模应用生产；60年代，在参加四川含硫天然气井防腐蚀攻关中，创造性地提出了缓蚀剂的“后效”概念，并运用这一理论成果有效地解决了应用挥发性缓蚀剂保护生产井的实际问题，这一课题获得了1978年全国科技大会重大科技成果奖；70年代，在元宝山电厂30万千瓦进口发电机组锅炉的酸洗工艺研制中，从理论上做了重要指导，使生产工艺达到国际先进水平，获水电部重大科技奖。

此外，1979年以前，曹楚南曾在钢铁表面磷化处理、铝合金和镁合金的阳极氧化处理、铅的土壤腐蚀、腐蚀实验数据的统计分析、酸性缓蚀剂、天然气井缓蚀剂、低合金钢的海水腐蚀和钢

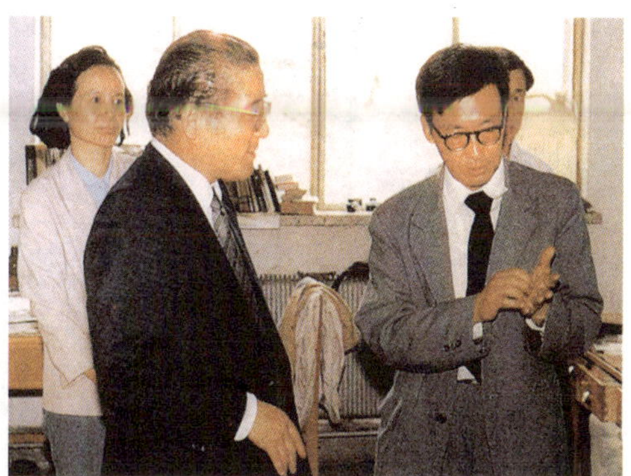

1982 年，曹楚南在中国科学院长春应用化学研究所实验室工作

1986 年，曹楚南（前右）陪同日本东京工业大学金属科春山志郎教授（前左）参观中国科学院腐蚀与防护研究所实验室

铁的局部腐蚀等领域从事过应用研究和基础研究，做出了卓越的贡献，成功研发出钢铁表面的磷化处理新工艺，制成了铝线绝缘膜，发展了一种新型镁合金阳极氧化槽液，研制成酸洗缓蚀剂 2—5，提出了低合金钢在海水中局部腐蚀性能快速评估方法。

1979 年起，曹楚南积极倡导在我国开拓腐蚀电化学研究领域，并在此后专门从事这一领域的基础研究。在这个研究领域，他将电化学基础理论、腐蚀科学理论相衔接，总结出腐蚀电化学的研究对象、任务、特点及基本规律。围绕该领域，他从事过金属的阳极溶解过程、缓蚀剂的吸附及缓蚀剂作用机理、钝化膜的稳定性、电化学瞬态测量技术及其理论、不可逆电极过程的电化学阻抗谱理论及其应用和腐蚀电化学研究与测量技术等方面的研究。1985 年，他撰写了第一本系统论述腐蚀电化学理论和研究方法的专著《腐蚀电化学原理》，首次提出了一套比较完整的腐蚀电化学理论体系并纠正了一些沿袭的错误观点，使腐蚀电化学这一学术领域为国内外同行所承认和重视。1987 年，中国科学院批准在金属腐蚀与防护研究所成立腐蚀科学开放实验室，曹楚南为实验室主任。

1992 年，曹楚南在美国洛杉矶南加州大学做学术报告

1992 年，曹楚南在中国科学院金属腐蚀与防护所成立 10 周年暨腐蚀科学开放研究实验室建立 5 周年专题学术报告会上做特邀报告

20 世纪 80 年代后期至 90 年代初，曹楚南的研究成果更加丰富和卓越：研究了线性极化电阻的理论误差，证明了在腐蚀电流密度与微分极化电阻之间存在一个普遍适用的关系式并提出了一个可以避免线性极化电阻理论误差的微分极化电阻测量方法；发展了一种由恒电位阶跃瞬态曲线求阻抗谱的线性近似拉普拉斯(Laplace)转换技术；将定态过程的稳定性条件引入阻抗谱理论，提出了不可逆电极过程的法拉第导纳的普适性表达式，并有单个电极过程的阻抗谱理论发展为同时有两个电极过程进行的混合电位下阻抗谱理论；同研究生一起发展了具有多个时间常数的电极过程的恒电位阶跃瞬态响应理论，并对这种瞬态测量提出了一种数据分析技术；提出了一个研究界面型缓蚀剂的电化学理论体系，并研究了多种界面型缓蚀剂的吸附和协同效应；研究了钝化的金属在孔蚀诱导期中的电化学噪声的普遍规律，推导了这种噪声的谱功率密度方程式；提出载波钝化可以提高钝化膜稳定性的设想，为国内外的研究所证实。1983 年，曹楚南获得“长春市特等劳动模范”、“吉林省劳动模范”和全国总工会授予的“全国优秀科技工作者”等称号。1985 年，获得全国五一劳动奖章。1991 年，获得政府特殊津贴，同年当选为中国科学院技术科学部学部委员(院

曹楚南(左一)向外国专家介绍实验室的腐蚀电化学研究工作

2010 年 8 月,曹楚南 80 岁华诞庆祝会

士)。一个个荣誉称号的获得,也一次一次印证了他在腐蚀电化学研究领域中取得的丰硕成果。

1994 年,曹楚南调入浙江大学后,任化学系教授,进一步拓展研究领域,建立了电化学研究室,从事应用电化学研究。1998 年 5 月,被中国科学院东北高性能材料研究发展基地聘为学术顾问。1998 年 8 月,兼任浙江大学环境与资源学院院长。20 世纪 90 年代后,在承担繁重的科研工作的同时,又担负起培养金属腐蚀与防护研究方面科研人才的重任,不仅在国内担任博士生的指导老师,而且还与世界著名的孟斯费尔德教授等合作培养了一批电化学的博士生。2002 年,与张鉴清教授合作撰写了《电化学阻抗谱导论》。2005 年,主编专著《中国材料的自然环境腐蚀》。

曾经有一位记者请曹楚南写一句格言,他提笔写下了“学然后知不足”。他解释说:“腐蚀科学是多学科渗透交叉形成的,常常需要补充新知识,我不是权威,才刚刚找到新的起点……”

(撰稿:缪宏)

姚开泰

在征服鼻咽癌的道路上披荆斩棘

姚开泰(1931.4.11—),祖籍江苏昆山,生于四川南充。著名肿瘤病理生理学家,我国鼻咽癌分子生物学的主要奠基人之一。

姚开泰4岁时随父母回到上海。抗日战争爆发后,他多次随父母往返老家昆山、上海以及松江外婆家避难。新中国的诞生给姚开泰带来了新的希望。1954年毕业于上海第一医学院医疗系,被分配到山东大学医学院病理教研室担任助教,从此开始了他潜心医学研究并显露锋芒的旅程。1956年,应组织要求,姚开泰从山东大学医学院调到湖南医科大学,从事病理生理学教学与科研工作,他的任务就是向学生阐述疾病发生的机理。1962年,在潘世宬教授的指导下,姚开泰参加了实验性宫颈癌的研究。他反复研习国外文献,仔细设计实验方案,成功地改进了挂线投药实验方法,使动物手术死亡率显著降低,并使甲基胆蒽诱发宫颈癌的发病率由原来49%增至95%。随后,他协助潘教授开展了用放射自显影法追踪胸腺嘧啶核苷酸标记宫颈S期细胞的研究,两人一起制作和完善了亚硝胺类化合物诱发的大白鼠鼻咽癌模型,建立了用二亚硝基哌嗪诱发大白鼠鼻咽癌的实验程序,成功地诱发了大白鼠鼻咽癌。在1978年召开的全国科学大会上,他们的"亚硝胺类化合物诱发大白鼠实验性鼻咽癌模型"成果荣获嘉奖。辛勤的工作换来了喜人的收获,更加坚定了姚开泰在这一领域开拓创新的决心。

对于科学研究,姚开泰到了痴迷的地步。每当他走进实验

1985 年,姚开泰(右五)在德国海德堡参加中德双方肿瘤学术会议

1987 年,姚开泰(坐者右)和潘世宬教授(坐者左)与学生合影

室,就完全忘却了斗转星移、白天黑夜。经过 4 年的反复实验,功夫不负有心人,人胚鼻咽上皮细胞培养成功了。1980 年,他们对其进行了生物学特征观察,从而首次成功地建立了人胚鼻咽上皮原代培养技术。3 年之后,才有英国人利用大量生长因子和滋养层培养人胚鼻咽上皮的报道。“人体鼻咽上皮细胞体外培养及化学转化的研究”被列入了国家“六五”重点攻关课题。

科学的征途没有止境。为了赶超鼻咽癌研究国际水平,1983 年,年过半百的姚开泰远渡重洋,以访问学者的身份赴美国马里兰州国立癌症研究院病毒癌变实验室研修。回国后,姚开泰担任了学校肿瘤研究室主任。1985 年,他又申请了国家“七五”重点攻关课题“恶性肿瘤的分子生物学基础研究”。他带领助手们对鼻咽癌基因组中的生物性状在人群中的多态性、染色体定位、表达、活性以及它在人类鼻咽癌变过程中的作用等进行了系统深入的研究。1989 年,姚开泰创建了肿瘤分子生物学研究室,从而为鼻咽癌分子机理研究提供了更好的场所。同年,湖南医科大学肿瘤研究所诞生,他担任所长。也就是在这一年,他所在的学科——病理生理学科一跃而成为国家教委的重点学科,姚开泰成为这个学科的学术带头人。

2008年，姚开泰（前排左五）参加解放军总后勤部三星人才评审

由于成效卓著，硕果累累，姚开泰于1983年晋升为教授。1985年被选为中国抗癌协会湖南省分会理事长，并先后担任了中国抗癌协会第一届全国理事会理事、第二届理事会常务理事，中华医学会肿瘤学会理事，中国病理生理学会肿瘤专业委员会理事长等职。姚开泰曾多次登上国际学术讲坛，报告了自己的研究成果，深得国内外学者的赞扬。

1987年，他被评为湖南省优秀科技工作者，被批准为博士生导师；1988年被评为卫生部有突出贡献的中青年科技工作者；1989年被评为湖南省优秀教师、教育系统劳模及全国优秀教师；1990年被评为全国卫生系统优秀留学回国人员；1991年担任湖南省科协副主席，并当选为中国科学院生物学部学部委员（院士）；1992年成为国家教委科技委员会学科组成员和国务院学位委员会学科组成员。

1999 年，姚开泰（前排左三）与他的肿瘤侵润与转移研究团队

2006 年 5 月，姚开泰（左二）到美国 NIH 参观

自 1998 年到广东工作以来，姚开泰共承担国家级科研项目和任务共 10 项，包括国家科技部“973”分题、“863”分题，国家自然基金重点课题和面上课题，与香港合作研究课题等，承担军队医药卫生研究重点课题 1 项、广东省科技计划项目 9 项、广州市科技计划项目 2 项。总共获得经费支持高达 2300 万元。全部按时高质量完成任务。

自 1981 年以来，姚开泰以第一作者或通讯作者被美国科学引文索引（SCI）收录的英文论文共 46 篇，大部分发表在重要的肿瘤学专业杂志上；以第一作者或通讯作者被非 SCI 收录的英文论文 6 篇；担任第一作者或通讯作者的中文论文共 251 篇，多数发表在一流的国内专业期刊上；参与的英文论文共 28 篇，参与的中文论文共 65 篇。共获得国家级科技奖励 3 项、省部级科技奖励 16 项。已培养博士后 10 名、博士 80 多名、硕士 70 多名。如今，这些学子们已遍布世界各地，并在各自的学术领域取得了令人瞩目的成绩，成为各自研究领域的中坚骨干。面对这些成就和荣誉，姚开泰并没有放慢科研的脚步，他说：“在征服癌症的道路上荆棘丛生，人类还有一段相当艰巨的路要走。”

（撰稿：曹小芳、高云、陆宜泰）

邹世昌
为了更强的中国“芯”

邹世昌(1931.7.27—),祖籍江苏太仓,生于上海。材料科学家。实业救国是他少年时代的决心,科学研究与生产实际结合,是他几十年来一贯坚持的传统。现任中国科学院上海微系统研究所研究员、博士生导师。1991年,当选为中国科学院技术科学部学部委员(院士)。

邹世昌曾在太仓城厢就读小学。1949年年初从上海格致中学毕业后,考入由申新纱厂创办的中国纺织工学院,从该校毕业后可以直接进入申新所属工厂就业。上海解放以后,邹世昌开始接触新思想,迫切追求进步,萌生了要投身到国家经济建设高潮中去的决心,于是决定舍近求远,转学北方交通大学冶金工程系。这是邹世昌应国家建设与重工业发展的需要做出的一次重新选择。1952年从北方交通大学毕业后,成为新中国培养的第一批大学生并被分配到中国科学院上海冶金研究所,开始了自己科学研究的生涯。1954年至1958年,在莫斯科有色金属学院学习并获副博士学位。

20世纪60年代初,由于苏联撕毁协议,国家要冶金所联合国内有关单位承担一项由周恩来总理亲自关注的用于制备浓缩铀的甲种分离膜项目,抽调副所长吴自良兼任这个研究室的主任,当时已是研究室主任的邹世昌担任该室工艺大组的组长。在任务紧急、资料匮乏、国外封锁等一系列困难面前,他们夜以继日,奋力拼搏,终于研制成功性能完全合格的甲种分离膜,并立即投入了生产,使中国成为世

2003 年 9 月,邹世昌(右)在上海宏力半导体制造有限公司开幕典礼上

2007 年 1 月,邹世昌与学生们在一起

界上第四个独立掌握浓缩铀生产技术的国家,为我国核工业的建设做出了重要贡献。这项技术在 1984 年被授予国家发明奖一等奖。

20 世纪 70 年代初,邹世昌的研究领域已转到研究离子束与固体材料的相互作用及其在半导体材料与器件方面的应用。当时能用的设备是国内制造的第一台 20 万电子伏特能量离子注入机,性能很不稳定。邹世昌先参加了 CMOS 集成电路(电子手表分频器)阈值电压控制的后期部分工作。这是中国首次将离子注入应用于半导体集成电路。1974 年,与上海原子核研究所合作在该离子注入机上配置束流准直器及精密定角器,建立了背散射能谱测量及沟道效应分析系统,应用于离子注入半导体的表面层组分浓度分布的测定、晶格损伤的分析以及掺杂原子晶格定位。1975 年,完成了氖离子背面注入损伤吸收硅中重杂质以改善 p-n 结反向漏电特性的研究工作。同年 9 月,邹世昌在西德卡尔斯鲁厄 “离子束表面分析” 国际学术会议上发表了这篇论文,引起国际同行好评。令他们十分惊讶的是国际上一般都要用百万以上电子伏特能量加速器及精密仪器进行的实验,中国竟在自制的设备上完成了。这是中国第一篇在国际学术界发表的利用离子背散射能谱分析开展半导体研究的论文。1978 年,又与上海光机所合作在国内率先开展了半导体激光退火的研究工作。在建立了上述技术的基础上,邹世昌领导的离子束实验

2004 年 9 月，邹世昌访问英国

2005 年 11 月，邹世昌深入车间一线

室对离子束与固体材料的相互作用进行了系统的研究并应用于材料的改性、合成、加工、分析，陆续完成了半导体离子注入、SOI 技术、离子束微细加工、离子束增强沉积等的研究工作。1983 年起，担任中国科学院上海冶金研究所所长。1984 年，被推选为国际"离子注入"及"材料改性"两个学术会议的国际委员会委员。

1997 年，怀着振兴中国微电子产业的愿望，邹世昌从研究所所长岗位退下来，转向产业，参加集成电路产业建设。曾任上海华虹集团公司董事，上海华虹 NEC 电子有限公司、上海华虹集成电路有限公司、上海新康电子有限公司副董事长，上海众华电子有限公司董事长。他还参与筹建了我国第一条 8 英寸集成电路生产线，1999 年年初华虹 NEC 公司比计划提前 7 个月投片生产，标志着我国从此有了自己的深亚微米超大规模集成电路生产线，走出了一条半导体企业的成功之路。随着该项目的成功建设，一批半导体制造线相继落户浦东地区。

邹世昌在太仓母校前留影

2006 年 12 月，邹世昌（左一）出席对外友好交流会议

经过近年来的快速发展，上海已形成了由电路设计、晶圆制造、封装测试、设备材料、智能卡等不同领域企业构建的完整集成电路产业链，邹世昌功不可没。

邹世昌曾获国家发明奖一等奖、中国科学院自然科学奖二等奖和中国科学院科技进步奖一、二、三等奖等 14 项奖励，发表文章 200 多篇，培养博士生 30 多名。2003 年被评为上海浦东开发建设杰出人才。2008 年被国际半导体设备材料协会(SEMI)授予中国半导体产业开拓奖。1986 年当选为中共上海市第五届委员会候补委员。1992 年当选为中共第十四届中央委员会候补委员。曾任上海市集成电路行业协会理事长、上海浦东新区科协主席等。

（撰稿：王敏红）

黄胜年
一个科学院院士的诗人情怀

黄胜年(1932.2.10—2009.1.8),江苏太仓人。实验核物理科学家。1991年,当选为中国科学院数学物理学部学部委员(院士)。

黄胜年出身书香门第,家庭的文化渊源对他走上科学道路影响深远。1947年,他考入位于上海南郊的上海中学高中就读理科,从此进入了科学的殿堂。在上海中学学习时,受到物理老师杨逢挺影响,对物理学产生了浓厚的兴趣。同时,他读了很多现代物理的科普书(《热和分子》、《原子结构》、《量子论和相对论》、《膨胀的宇宙》等),这些书籍更加坚定了他探索物理学的信念。1950年秋,黄胜年如愿考入了清华大学物理系。当时物理系云集了霍秉权、赵访熊、张青莲等名师。在这些名师的教导下,黄胜年如饥似渴地学习,积累了大量物理学知识。

"立雪俄京新耳脑,壮游万里记华年。"1952年年初,黄胜年被国家选为留苏预备生,和几十个同学一起登上火车,经过十天的长途跋涉,万里迢迢来到列宁格勒,开始了留学生活。

在列宁格勒大学学习期间,黄胜年的学习十分投入,到了三年级,不光有专业课,还要做年级论文。年级论文实质上是毕业论文的雏形。他每周至少花一个半天,到教研室去做实验,课题由教研室老师提供,实际也就是做科研工作的开始。

黄胜年被分配在超声波实验室做年级论文,在年轻教师索洛维尧夫的带领下从事实验工作。索洛维尧夫给黄胜年的第一个任

1955 年 6 月，列宁格勒大学物理系中国留学生合影。右一为黄胜年

务就是做一个直流 300 伏的稳压电源。这种电源现在已经可以由工厂批量生产，但是在 20 世纪 50 年代，只能由手工制作。黄胜年第一次遇到这种工作，好在设计是现成的，只要按照图纸进行组装就可以了。于是，他就从金工开始，挖洞，装真空管座，一样一样焊上零件，不久就做好了。但是当他把做完的稳压电源交给老师后，老师却说，你还没有“调”呢，怎么算已经做好了呢？在老师的不断教导下，黄胜年的实验能力突飞猛进，为日后进行科学研究奠定了良好的基础。

1956 年，黄胜年回国后，在中国科学院开始了裂变物理的开创性实验研究。开始时裂变组的人员不多，钱三强先生亲自兼任组长，除黄胜年外，还有 3 位 1956 年从北京大学技术物理系毕业的大学生。黄胜年采用了“分头调研做报告，共同讨论”的方法培养组里的同事。这个组

1955 年，黄胜年（左一）与留苏同学合影

的成员在这种互教互学中得到了迅速成长，研究工作也蓬勃地发展起来，实验研究总体的准备工作进展迅速，制作了裂变电离室、4 Π中子计数装置等探测设备。我国第一座实验反应堆建成后，这个小组立即在反应堆上进行了第一个核裂变物理实验。

黄胜年为我国核工程研究测量了大量的关键核数据。20 世纪 50 年代末，黄胜年领导的裂变组在反应堆上进行了钚 -239 和铀 -235 裂变瞬发中子数目的相对测量数据，澄清了当时国外数据的明显分歧。随后，建立了多种裂变谱中子源和多个 4 Π型中子探测器，并用此设备完成了铀 -235、铀 -238 和钚 -239 等一系列核素的裂变平均瞬发中子数的测量，为我国核工程设计提供了首批数据，填补了国内空白。

1963 年 6 月底，原子能所接到了一项紧急任务：建立一套能可靠地测量出金属铀本底中子的装置，同时要求同年 10 月 1 日前完成。时间紧，任务重。领导决定由黄胜年负责这项任务，同时，使用单位也派人参加这项工作。黄胜年对这项任务进行了深刻的分析，决定使用效率较高的 4 Π型慢化中子探测器。为了可靠地测量出金属铀块释放出的本底中子数，必须对装置的

1998 年，吴健雄夫妇访问中国时合影。后排左一为黄胜年，前排中为王淦昌，左三为袁家骝，左五为吴健雄

中子探测效率进行细致刻度。他不顾吸入金属铍粉中毒的危险，首次试制了光中子源来刻度中子探测器效率。经过两个多月夜以继日的奋战，终于在 9 月下旬建成了测量装置，提前完成了任务。

1979 年后，黄胜年对锎 -252 自发裂变这种典型的低激发能裂变进行系统的实验，观察到高动能事件碎片质量分布上的精细结构，并得出氚和 a 粒子伴随裂变（三分裂）的各种关联特性。他还在快中子截面、快中子能谱、探测技术、光中子反应、裂变产额和裂变势垒高度等方面做过研究。

值得一提的是，黄胜年的著作《黄胜年诗文集—— 一个科学院院士的情怀》，30 余万字的诗文，令人百感交集。这部著作是黄胜年在年逾古稀、半身不遂的情况下，在电脑前单手输入、一字数敲完成的，记录了自己人生道路上的“痕”和“迹”，凝聚了作者的思想和才情。其诗其文折射出他心系国防、热爱核事业、身残志坚的高尚情操，反映了一位科学家绚丽多彩的人生。

1996 年，黄胜年(前排中)与太仓师范附中校友合影

黄胜年酷爱古典诗词的创作研究，深受娄东诗派影响，且家学渊源绵厚，古典文学功底精湛，在诗学研究上亦别具一格，自成一体。他在诗作与诗论中，皆尽力表现出主体精神映象的神韵美、空灵美、混沌美，铸造大美，诗以咏志，生动再现出宏阔的精神世界与多彩的诗化人生。这也是这位大科学家的过人之处。

黄胜年巧妙运用诗词翰墨、时代歌弦，形象描绘了繁复的意象世界，深刻表现了瑰伟的时代主题，拓展出自身的诗化人生、文学富矿，用艺术与真爱有力地展示出他是一个大写的中国人，是科坛诗豪，人中杰俊。黄胜年写诗作词时有神来之笔。如他在 1948 年写夹竹桃："也师君子也留红，半望西庭半倚东。省得年年春意绿，可怜斑叶晓风中。"又如他在 1964 年写嘉峪关："一出雄关泪不干，古来征战血漫漫。而今百族同天下，塞外江南家可安。"再如写青龙桥："万山嫩绿扑窗来，岭上长城溪上台。洞转峰回疑路绝，詹公曾此展奇才。"

（撰稿：池景彦）

吴建屏
探索脑科学的奥秘

吴建屏(1934.4.4—2012.12.23),祖籍江苏太仓,生于上海。神经生理学家。神经生理是他主要的研究方向,他用毕生的经历,在动物身上探索人类大脑的奥秘。1991年,当选为中国科学院生物学部学部委员(院士)。2003年,当选为第三世界科学院院士。

吴建屏1945年毕业于上海民国小学,1951年毕业于上海民立中学,1958年于上海第一医学院医疗系毕业后,至中国科学院上海生理研究所工作,跟随著名神经生物学家张香桐从事研究,1960年因成绩突出被破格晋升为助理研究员,1964年7月至1966年6月被选送到英国牛津大学生理实验室深造,1980年10月调至中国科学院上海脑研究所工作,1981年12月晋升为副研究员,1986年6月晋升为研究员,1987年5月至1999年11月任中国科学院上海脑研究所所长,1999年7月至2000年5月任中国科学院上海生命科学研究院院长。曾担任上海市科协副主席、国际脑研究组织理事会理事和亚大地区神经科学学会联合会理事、《Brain Research》和《Neuroscience》杂志编委,并先后荣获国家科技进步奖三等奖、卫生部科技进步奖一等奖和1985年"上海市劳动模范"称号。

吴建屏长期从事神经生理学研究。他用生理学和形态学方法,对哺乳动物大脑皮层运动区的功能和结构,以及大脑

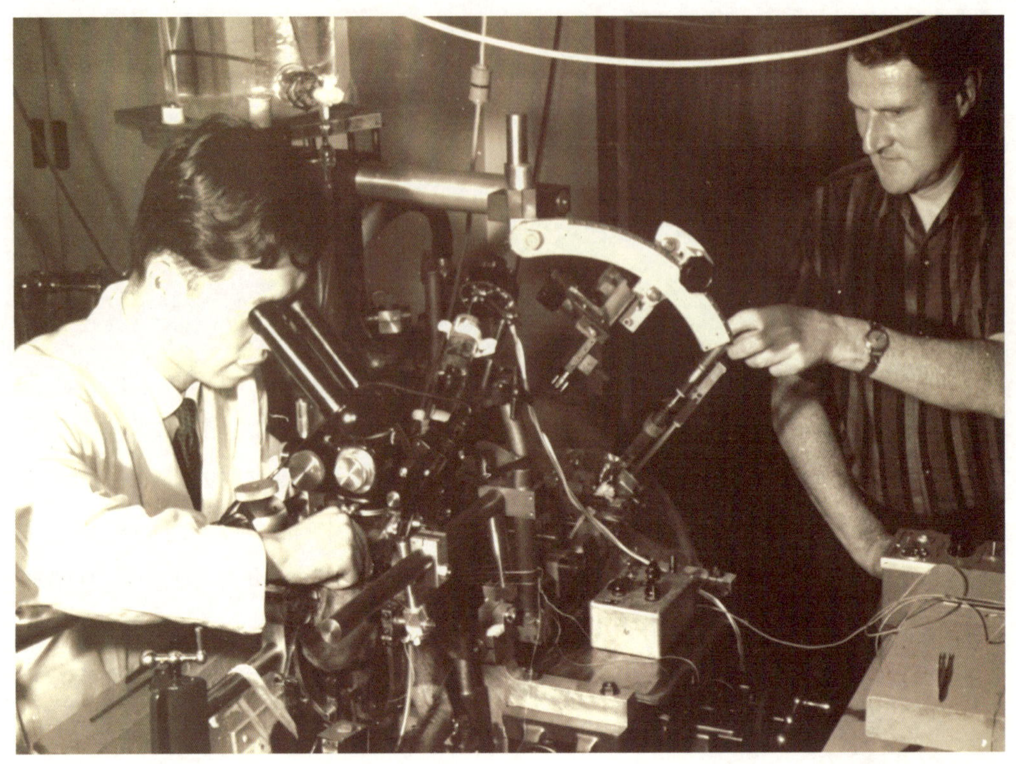

吴建屏在英国牛津大学生理系做实验

皮层中单个神经元的整合功能进行了深入系统的研究。早年在英国研究运动皮层对狒狒前臂肌肉运动神经元的控制，回国后继续研究运动控制机制。首次证明来自丘脑腹外侧核神经元的纤维末梢与大脑运动皮层快锥体束神经元有直接的突触联系；证明刺激猫十字沟旁4区及6区皮层可在快传导的延髓网脊神经元上引起单突触反应；证明猫肌肉I类传入纤维的传入冲动可以兴奋运动皮层中大多数锥体束神经元；在灵长类动物上证明了用短方波刺激运动皮层在锥体束所引起的D和I反应是同一群快传导的锥体束神经元重复放电的结果，修正了传统的观点；证明针刺或电刺激外周神经可抑制伤害性刺激引起的脊颈束神经元或其他背角神经元的反应，抑制作用的强弱与针刺部位和痛源之间的神经节段性关系有关，该节段理论在针刺镇痛临床应用上取得了较好效果。

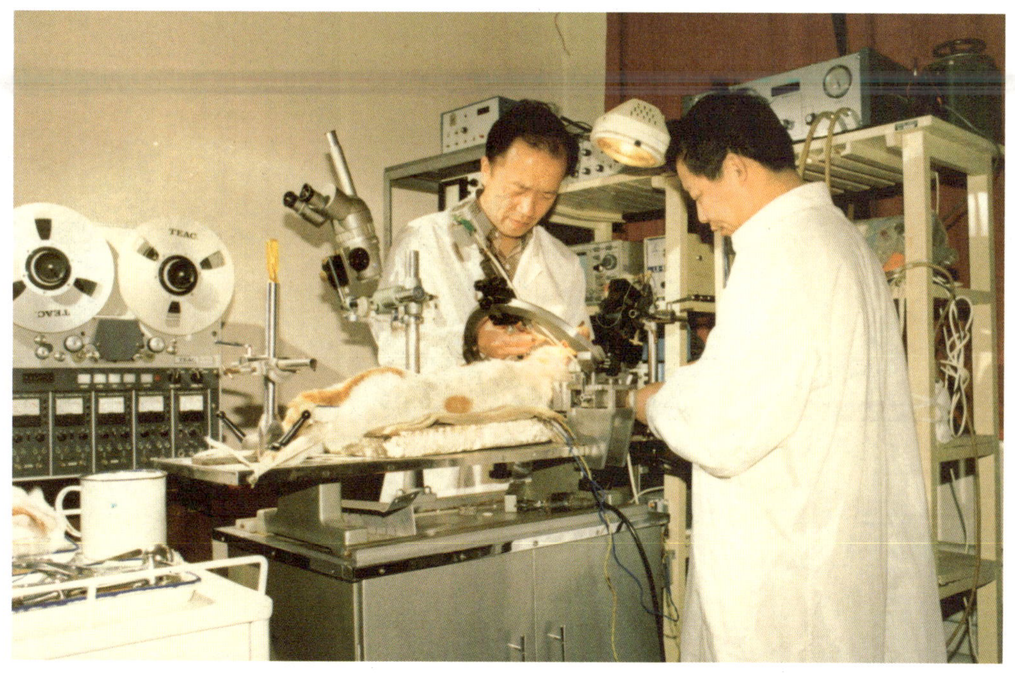

1990 年，吴建屏（左）做动物实验

吴建屏具有敏锐的战略眼光，善于把握学科发展机遇，在上海生命科学研究中心、中国科学院上海生命科学研究院、神经科学研究所等机构的创立中发挥了重要作用。1994 年 11 月，吴建屏受聘担任上海市政府和中国科学院共同组建的上海生命科学研究中心常务副主任。为适应现代生命科学发展的特点，落实国家、中国科学院“稳住基础研究这一头”的要求，加强基础研究基地建设，积极探索建立适应基础研究特点和规律的新结构和运行机制。1999 年 7 月，吴建屏任上海生命科学研究院首任院长，进一步深化科技体制改革，发挥上海生命科学研究综合优势。他支持和促进中国科学院成立神经科学研究所，为振兴我国的神经科学事业做出了有益的贡献。

吴建屏很喜欢猫，他家里一只可爱的花

1999 年,吴建屏(左)与张香桐院士在一起

2004 年,吴建屏在加拿大访问

猫曾养了 10 多年。喜欢摄影的吴建屏为这只活泼调皮的猫拍了许多照片。吴建屏在摄影上颇有功底,遇上外出开会或进行学术交流活动,相机是他随身必带的东西,他觉得摄影既可以放松自己,又可留下许多美好的瞬间。也许与职业有关,吴建屏另一兴趣是玩电脑,从电脑中接受世界上最新的信息,使他乐此不疲,妻子称他是电脑发烧友,一双儿女送给他的礼物多为电脑。

吴建屏是一位令人尊敬的学者。他潜心致研,严谨治学,把毕生的精力献给了科学事业。他关心后学,甘为人梯,以严谨的学风和科学的态度引进和培养了一批杰出人才。他谦虚朴实,淡泊名利,总是默默耕耘,体现了崇高的学术风范和人格魅力。

(撰稿:王敏红)

潘承洞
痴迷数学的人

潘承洞(1934.5.26—1997.12.27),江苏苏州人。出身于苏州一个旧式大家庭。父亲潘子起,号艮斋,曾任吴县县商会主席。母亲高嘉懿,江苏常州人,出身贫苦家庭。

潘承洞小时候十分爱玩,棋、牌、足球、乒乓球、台球……样样都喜欢,玩得高兴时就什么都忘了。因此,上小学时曾留级一年。潘承洞于1946年8月考入苏州振声中学初中,1949年毕业后考入苏州桃坞中学高中。读高中时,教他数学的是上海、苏州地区有名望的祝忠俊先生。一次,潘承洞发现《范氏大代数》一书中一道有关循环排列题的解答是错的,遂作了改正。这使教了20多年书而忽略了这一点的祝老师对他不迷信书本、善于发现问题、喜欢独立思考的才能与个性十分赞赏。

1952年高中毕业后,潘承洞考入北京大学数学力学系。当时,中国高校刚调整院系,许多著名学者如江泽涵、段学复、戴文赛、闵嗣鹤、程民德、吴光磊等为他们讲授基础课。以具有许多简明、优美的猜想为特点的数学分支——数论,一直使各个历史时期的数学大师着迷,但是,这些猜想中的大多数仍是未解决的问题,它们深深地吸引了潘承洞。

1956年潘承洞大学毕业,留在北京大学数学力学系工作。翌年2月,成为闵嗣鹤的研究生。其间,弟弟潘承彪也考入北京大学数学力学系。兄弟二人深造于同一学校同

1952 年，潘承洞（后排中）考入北京大学，与父母、姐弟合影

潘承洞与夫人李淑英及女儿合影

一系科，并先后成为数学巨擘，成为中国数学界的一段佳话。

1961 年潘承洞毕业后，分配至山东大学数学系任教，历任助教、讲师、教授，数学系主任，数学研究所所长，山东大学副校长。1986 年 11 月起，任校长。刚到山东大学的最初几年里，潘承洞对于解析数论研究的执着就得到了淋漓尽致的表现，在不到一年的时间里，他就自己的研究心得与中国科学院数学研究所的王元通信 60 多次。往往因为一个问题，双方在信上你来我往几个回合。学术上的争论更加深了他们之间的友谊，这种真挚的友谊一直延续下来，又成为数论界的一段佳话。

潘承洞学术造诣深厚，专长于解析数论的研究，尤以对哥德巴赫猜想的卓越研究成就为中外数学家所赞誉，与当代著名数学家华罗庚、王元、陈景润一起被国际数学界称之为中国数论派的代表。在从事哥德巴赫猜想的研究中，首先确定命题{1，C}中 C 的具体数值，证明了命题{1,5}和{1,4}成立，为后来的命题{1,3}和{1,2}的证明打下了基础。在简化陈氏定理{1,2}时提出并证明了一条新的均值定理，是对 Bombieri 定理的重要推

1980 年 4 月，潘承洞（前排右一）欢迎著名数学家华罗庚（前排右二）、柯召（前排右三）来山东大学为师生做报告

1982 年，国家自然科学奖获得者潘承洞、王元（左）、陈景润（中）合影

广与发展。为了最终解决哥德巴赫猜想，提出了一个完全不同于经典“圆法”的新的探索途径，其中的误差项比“圆法”简单明确，便于直接处理。现在，中外所有研究哥德巴赫猜想及相关课题的学者，都无一例外地参考和引用潘承洞的研究思路、方法和成果。作为数学家，他的名字已经镌刻在哥德巴赫猜想研究的年表上，镌刻在数学巨星的璀璨长廊里！

潘承洞非常热爱教学工作，即使是在担任山东大学校长期间，工作十分繁忙，身体也不好，也坚持抽出时间，担任一部分本科生教学任务。在他的带领下，数学系的教师不仅对科研非常重视，对教学也非常认真。1992 年，山东大学数学系被教育部评为首批“国家基础科学研究人才培养基地”。1995 年，他特地提出要求，让数学系的教务员给他安排了“阶的估计”课，由他本人亲自讲授，足见他对教学工作的重视。

结合多年科研工作的体会，潘承洞与于秀源合著了《阶的估计》一书，与潘承彪合著了《初等代数数论》（1991）、《解析数论基础》（1991）、《初等数论》（1992）三本教材。这几本书作为数学系本科生高年级和研究生的选修教材，是多年来教学工作的深刻总结。其中,《阶的估计》一书综合了各种阶的估计方法,如Euler-MacLaurent求和公式、鞍点法、Tauber型定理、Fourier积分等,是迄今为止国内唯一的一本讲述阶的估计方法的专门教材,对数学专业分析类各研究方向都是非常有用的。在培养研究生方面,潘承洞更是硕果累累,桃李满天下。从1978年国家重新开始招收研究生起,至1997年潘承洞去世,他一共指导培养了14名博士生和20多名硕士生,其中包括首批博士学位获得者之一的于秀源。他不仅教授学生们知识,传授他们独立开展科研的本领,还以自己对数论研究的执着和一丝不苟的严谨态度示范做人,向学生们展示了一个数学家应有的素质。

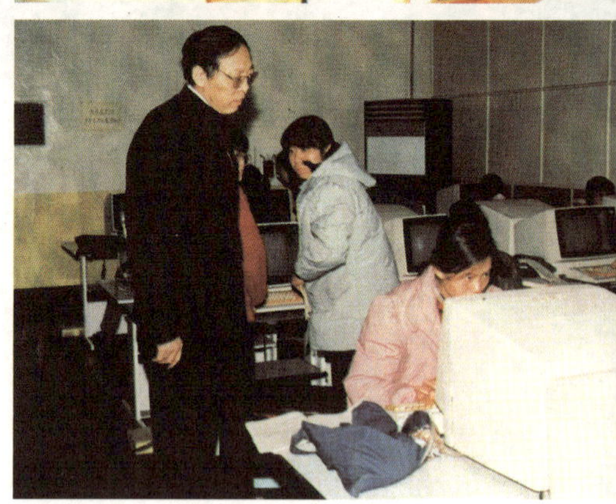

潘承洞在讲课

潘承洞在计算机房指导学生

1978年,潘承洞获全国科学大会奖并获"全国科技先进工作者"称号。1979年,被授予"全国劳动模范"称号。1982年,因在对哥德巴赫猜想研究中的突出贡献,与陈景润、王元一起获国家自然科学奖一等奖。1984年,被评为中国首批有突出贡献的中青年专家。1991年,当选为中国科学院数学物理学部学部委员(院士)。1995年,获何梁何利基金科学与技术进步奖。曾担任中共山东省委委员、山东省人大常委会委员、山东省科协主席、中国数学学会副理事长、国务院学位委员会数学学科评议组召集人、国家自然科学基金委员会数学学科评审组组长等职。

(撰稿:陈凤娟)

丁大钊

原子能时代的加速器

丁大钊(1935.1.12—2004.1.14),江苏苏州人。中国原子能科学研究院、中国科学院高能物理所研究员。1956年,赴苏联,为发现反西格玛负超子做出贡献。20世纪60年代初,负责轻核反应实验小组,为完成氢弹所需基础数据的测量做好准备。70年代中期及以后,负责开辟快中子核反应 γ 谱学分支学科,并领导热中子辐射俘获与原子核巨共振研究。80年代,负责建设串列加速器核物理实验区,建成适于进行精细核反应谱与核结构研究的实验室。1990年至1995年,兼任北京正负电子对撞机国家实验室副主任,负责同步辐射应用并参与建议“上海光源”。1991年,当选为中国科学院数学物理学部学部委员(院士)。2001年,获何梁何利基金科学与技术进步奖。妻子翁珍珊是他的大学同学,也从事实验核物理研究,有一个女儿。

丁大钊四岁半就上学,从位于苏州祥符寺巷的纱缎小学毕业后,进入有原中学(今苏州六中)就读,在沈家本老师引导下对物理产生浓厚兴趣,常进实验室额外学习。1951年,考入上海同济大学物理系,因全国高校院系调整并入上海复旦大学物理系。1955年毕业,进入中国科学院工作。

1956年7月,丁大钊赴莫斯科动力学院进修核工程,半年后被调往杜布纳联合原子核研究所。在王淦昌的指导下,丁大钊凭着多想多问多试的钻研精神,完成了从

1988 年，丁大钊在实验室工作

生有涯，学无涯，

丁大钊 九七、八月七日

100MeV 质子同步加速器中引出高能 π－介子束和丙烷气泡室实验终端的建设，建立气泡室中带电粒子径迹空间坐标重建及分析奇异粒子的运动学方法等工作，为鉴定与分析反西格玛负超子解决了关键问题。他们经过艰辛与细致的工作，终于从 4 万多张气泡室照片所记录的几十万个核反应事例中筛选出新的粒子踪迹，认定为反西格玛负超子。这一发现进一步论证了微观粒子电荷对称的普遍性，是联合研究所高能加速器上所完成的最有影响的成果，让全世界科学界开始对新中国刮目相看。为此，王淦昌、王祝翔和丁大钊在 1982 年共同荣获国家自然科学奖一等奖。

在中苏关系开始恶化时，丁大钊设法选购中子物理和核武器效应等方面的书籍，并于 1960 年 9 月以急切的心情离开苏联回国。返回原子能研究院后，他在何泽慧领导下负责中子物理研究室轻核反应研究，编写了我国第一份有关数据的《轻核反应调研》，又在静电加速器上测量氘—锂系统及中子—锂系统的核反应截面，为完成氢弹研制所需基础数据的测量准备了条件。

1957年,丁大钊(右)向老师王淦昌报告反西格玛负超子实验计算结果

1960年,丁大钊离开苏联杜布纳联合原子核研究所回国前与同事周光召(中)、吕敏(右)合影

"文革"期间,丁大钊在艰苦劳动中患了肾炎。恢复工作后,他提出测量核反应 γ 射线来研究核能的性质。"文革"结束后,我国从美国引进 HI-13 串列加速器,丁大钊不顾肾功能衰退的病体,一面进行血液透析,一面坚持在科研第一线,安装调试设备后分别指导两个研究小组开展核结构及核反应基础研究。由于长期劳累,肾炎加重到肾功能衰竭,终于病倒了,那时他正好 50 岁。在肾移植手术后,他于 1988 年重新回到工作岗位。此时,串列加速器实验室已通过国家验收,正式投入运行,按照对国内外开放的国家实验室模式管理与运行,为国内外 50 多个研究机构在串列加速器上共 300 多个课题的实验研究提供了从氢到铀的 40 多种离子束流。陆续在核物理基础研究、核数据测量、辐射物理与生物、核技术应用和交叉学科的研究各领域取得丰硕成果,为我国核装置的发展提供了强有力的技术保障,满足了国家核工程的重大需求。1990 年,应用加速器质谱方法测量了太平洋海底多金属结核剖面分布,提供了海底资源生长年代和赋存规律的重要依据,为我国获准中太平洋 C-C 区海域 30 万平方公里海底资源的开采权做出了重要贡献。1991 年,在串

1989 年，丁大钊（左）与原子能科学研究院的同事们讨论工作

1995 年，丁大钊（左）与博士生讨论问题

1999 年 4 月，丁大钊考察上海同步辐射装置工程

列加速器上合成了新核素——钌 -90，结束了中国人在发现新核素上的历史空白。

1993 年 12 月，丁大钊、方守贤、冼鼎昌三位院士提出了“在我国建设一台第三代同步辐射光源”的建议，在科学界引发了关于建设第三代同步辐射光源的讨论。最后，该项目落户上海原子核所。“上海光源”为我国广泛学科领域研究提供国际水准的平台。

丁大钊还关注核能技术的发展。他说，核工业过去为“强国”做了一件大事，在世纪之交，要为以推进核电建设为中心的“富民”做另一件大事。1995 年后，他主持开展新型裂变能利用——加速器驱动次临界系统(ADS)的原理研究。这种新型核能系统有利于解决裂变能应用中放射性废物处置问题并能高效利用可裂变核资源，有可能为我国实施可持续发展战略在能源领域提供新的选择。1999 年，该研究列入国家重点基础研究规划，丁大钊担任此项目的首席科学家。

由于长期服药损害肝功能，丁大钊因肝病不治于 2004 年 1 月 14 日逝世，年仅 70 岁。著有《奇异粒子的强相互作用》、《硫 -32 的热中子俘获研究》、《放射性“洁净”核能系统》等论文和《中子物理学》等专著。

（撰稿：张橙华）

姚熹
“追求‘真善美’是做人的根本”

姚熹(1935.9.28—)，祖籍江苏武进，生于江苏苏州。材料科学家。1989年，被选为国际陶瓷科学院院士。1991年，当选为中国科学院技术科学部学部委员(院士)。2007年2月，当选为美国国家工程院外籍院士。

姚熹的父亲姚剑初早年毕业于东吴大学数学系，先后在苏州桃坞中学(今苏州市第四中学校)、上海大同大学附中和教师进修学院执教，1956年被评为上海市优秀教师。母亲黄景月毕业于苏州女子师范学校，长期担任小学教师和校长的职务。姚熹的童年是在抗战时期的四川度过的，1947年2月随父母回到苏州，在其父任教的苏州桃坞中学插班读初一，1949年7月初中毕业后，转入上海大同大学附中二院读高中。姚熹曾说：“我一生中唯一的一次不及格就是在桃坞中学。”刚到桃坞中学读书时，由于四川和江苏教学质量差异很大，第一次期中考试，姚熹的英语没有及格。随后他坚持刻苦学习，英语成绩提高很快，期末考试时就轻松过关了。上高中时，姚熹利用课余时间坚持每天收听华东人民广播电台的俄语讲座，两年后通过考试获得俄语广播学校毕业证书。姚熹自豪地说，那时候，学校严重缺乏俄语教师，当时的俄语教师自身水平也普遍不高，凭着这张毕业证书，就可以找到好工作，他在大学期间的俄语课也免修了。

1952年在上海大同大学附中二院高中毕业后，姚熹参

1982 年，姚熹（立者）在博士论文答辩会上

2002 年，姚熹当选为美国陶瓷学会会士

加了全国第一次大学入学考试统考，被录取为留苏预备生，到北京俄语专科学校二部（后改为北京外国语学院）学习俄语，后因病回家休养。1953 年，姚熹进入交通大学电机系学习，为响应国家建设需求，改学电气绝缘与电缆技术专业。1957 年毕业，留校任教。1958 年年初，随学校从上海迁到西安，于 1960 年被破格提升为讲师。

1979 年年底，姚熹作为访问学者赴美国宾夕法尼亚州立大学材料研究所访问学习，几个月后，鉴于姚熹认真负责的态度和卓越的科研能力，该所负责人克劳斯(L.E.Cross)教授（美国国家工程院院士、国际著名材料科学专家）极力推荐姚熹攻读博士学位，并表示愿意提供资助。在请示我国教育部和驻美使馆获得批准后，姚熹于 1980 年 6 月开始攻读博士学位，两年不到的时间，1982 年 4 月以优异成绩通过了学位论文答辩，取得固态科学哲学博士学位，成为改革开放后最早在美国取得博士学位的大陆访问学者。当月，克劳斯教授致函中国教育部部长，对姚熹的工作给予了极高的评价。毕业后，应克劳斯教授的邀请，

2007 年，姚熹当选美国工程院外籍院士

2008 年，姚熹在台湾新竹第 6 届亚洲铁电会议上做邀请报告

姚熹留在该所担任博士后研究员。旅美期间，他发表专业论文 19 篇，其中 12 篇在美国全国或国际性专业学术会议上宣读。美国宾夕法尼亚州立大学材料研究所把姚熹作为在该所工作过的最杰出外国学者代表，将他的照片收入该所成立 20 周年纪念专刊，并从此开始大量接受中国访问学者。

1983 年 3 月，姚熹载誉归国，回到西安交通大学任副教授、电子系主任。次年，由教育部及国务院学位委员会特批晋升为教授、博士生导师。1985 年，开始在西安交通大学筹建电子材料研究实验室，该室于 1988 年被国家教委和国家计委批准为国家专业实验室，并被选定为世界银行贷款全国重点学科发展计划的 7 个试点实验室之一。1997 年，又受聘担任上海同济大学教授，创建了功能材料研究所。之后，姚熹又被上海交通大学、四川大学等十多所高等学校聘为兼职教授或名誉教授，受聘担任中国科学院硅酸盐研究所的兼职研究员、法国国家研究中心固态化学研究所高级研究员、新加坡国立大学访问教授、新

2007 年 9 月，姚熹夫妇在美国国家工程院合影

2012 年 10 月 3 日，姚熹参加苏州四中 110 周年校庆活动

加坡南洋理工大学南洋教授等。姚熹于 20 世纪 90 年代组建了亚洲铁电学协会，长期担任该会主席，后又倡议成立了亚洲电子陶瓷协会，现在这两个协会均已成为相关领域活跃的、有影响的国际学术机构。姚熹还曾经担任过许多国际学术组织、国际会议主席（分会主席），委员会（顾问委员会）成员以及国内外许多学报的编委、顾问等。

姚熹是国际知名的材料科学家，主要从事电子陶瓷材料与器件的研究工作，在双晶和多晶界面的研究中发现了陶瓷晶粒的压电共振现象，并采用计算机电路模拟方法，计算出了晶粒大小和取向都随机分布的多晶聚集体的介电频谱，其结果与实验十分吻合。对铁电体中的极化弛豫现象进行了系统研究，发现了微畴—宏畴转变、电场诱导纳米结构调整以及超顺电状态等一系列新现象，对发展机敏、智能材料有重要意义。姚熹在信息功能陶瓷的制备技术方面率先开展了溶胶—凝胶湿化学方法研究，开发出一大批低温合成的玻璃功能陶瓷、复合功能陶瓷和厚、薄膜材料。在大量研究工作的基础上进一步发明了一种混杂工艺，可在低温条件下制备许多高性能的功能陶瓷和复合材料。

姚熹治学严谨，学风朴实。旅美

2003 年 12 月，姚熹与参加第三届亚洲电子陶瓷会议的学生们在新加坡合影

期间，他在对弛豫型铁电体 PLZT 透明电光陶瓷的研究中，发现了一些新的现象，正在实验最紧张的时候，接到夫人张良莹从国内发来的电报，让他到纽约接机。姚熹原想和夫人一起在纽约玩几天，自己到美国已快三年了，还从未去过纽约，可这时也顾不上了，只好请领事馆的朋友代劳，又一头钻进了实验室。在大量实验数据的支持下，他敏锐地发现材料的纳米结构和纳米结构调整，对材料的宏观性质有很大的影响，提出了"纳米非均匀性"这一重要概念，并相应地提出了微畴—宏畴转变机制。姚熹对学生也坚持高标准、严要求。他要求自己的研究生必须至少发表两篇论文，一篇发表在国内，一篇发表在国外，才能毕业。

姚熹培养学生更重视学生的德育。他的一个博士生人很聪明，也很能吃苦，有干劲，就是有些傲气，有些自负。这个学生出国前，姚熹找他谈了几次，严厉地批评了他，教育他摆正自己的位置。若干年后,这个学生给姚熹写信说:"过去我曾认为工作第一,做人第二,无需顾及别人的褒贬,这实际上是一种自私的表现。""作为您的学生,请您放心,也许拼到最后可能是学业、科研中的失败,无法为国争光,但我决不会给国家、给民族丢脸。"

姚熹是拥有科技报国赤子情怀的科学家。鉴于姚熹在美期间取得的卓越成就,他可以在美国找到很好的工作。对于姚熹回国的决定,不但一些美国人觉得不太理解,国内的一些人也常常问他:"你在美国能够站住脚,为什么还要回来?""我是国家和人民培养起来的。"姚熹总是这样回答。这的确是姚熹的肺腑之言,他向祖国奉上的是一颗纯洁的赤子之心啊!回顾在美国的几年,姚熹深深地意识到他们这一代人肩负的历史使命。和各国优秀科学工作者的广泛接触、交流和合作,更使他增强了信心。他决心不辜负国家和人民的培养和期望,为使我国的科学技术赶上和超过世界先进水平贡献自己毕生的精力。

姚熹夫妇是材料科学领域的合作伙伴。妻子张良莹是姚熹同校同专业的同学,毕业后也留在交通大学任教。他们志趣相投,不论是在平时的研究上,还是在西安、上海两地实验室筹建的过程中,两人都同甘共苦,齐心协力。他们共同发展了一种独特的测量电介质超慢极化弛豫的研究方法——线变电压法,并于1986年获中国电子工业部科技成果奖二等奖,共同编著了《电介质物理》一书,至今仍是高校相关学科的教材。

姚熹说:"'真'就是真理、真知、真实、真诚,'善'就是善良、善意、善心,而'美'包括了生活中一切美的东西和事物。追求'真善美'是做人的根本,也是促进事业成功的力量源泉。"

（撰稿:邵志锋）

汪品先
“德育崇尚信仰，科学贵在怀疑”

汪品先(1936.11.14—)，江苏苏州人。海洋地质学家，同济大学海洋与地球科学学院教授。曾任国际海洋研究科学委员会副主席、中国海洋研究委员会主席。1991年，当选为中国科学院地学部学部委员(院士)。

半个世纪前，汪品先从显微镜下才看得见的化石——微体化石入手研究海洋的演变，发展了我国海域的古海洋学，进而研究我国与西太平洋的地质环境变化，成功地推进了我国的深海研究。1999年，他主持了南海首次国际深海科学钻探。2011年，他主持的“南海深部过程演变”大型研究计划启动。近年来，他又在推进我国海底观测网的建设，为我国深海科学研究做出了重大贡献。

然而，汪品先走上深海科学研究的道路并不平坦。1960年从莫斯科大学地质系学习古生物专业毕业回国，汪品先在分配工作志愿书上填的是去西藏工作，结果被分配到上海，进入华东师范大学。那里新办的地理系要发展海洋地质专业，这在当年是一个完全崭新的领域，但是这个连一条舢板船也没有的“海洋专业”，在“三年困难时期”里当然只能下马。

1968年，汪品先被下放农场劳动，听说国家要在海上找油的消息，十分兴奋，与同事打报告要求在学校招生建海洋地质系，之后果真招了十几个工农兵大学生。1972年，国家计委地质局为在东海、黄海找油，要求上海建立海洋地质专业，

夜伴寒窗台
熬得两鬓白
若为吃喝睡
不到人间来
汪品先
九七·七·十

20世纪90年代，汪品先在办公室工作

又将这支“海洋地质连队”整体搬迁到了同济大学。

同济大学的海洋地质专业起步并不轻松。开始的时候，汪品先他们住的宿舍是以前的肝炎病房，实验室是个紧挨生产队垃圾堆的废弃车间。最初，他用搪瓷饭碗在厕所的水龙头下淘洗海底沉积样品，用一台难以对焦的显微镜观察微体化石。就是在如此简陋的工作条件下，他开始了自己的科学生涯，开始“向海洋进军”。

转机出现在20世纪70年代末。1977年，汪品先应邀参加了南海第一口石油探井的工作，负责微体化石的研究。翌年，他作为中国石油科技代表团13名成员之一赴美、法考察，看到欧美科学家海洋石油勘探和海底科学研究的进展，大受启发。1981年，他获得洪堡奖学金，到德国基尔大学学习一年多，直接接触了深海研究的国际团队。回到国内后，更加潜心在我国海域进行与国际接轨的研究。1985年，他主编的英文版《中国海洋微体古生物》一书出版，引起了国际同行的关注。“中国觉醒了”，这是法国某学报评论该书的第一句话。

1985年开始，汪品先和地学界同仁们竭力推动中国参加国际大洋钻探计划。这是

1985 年，汪品先（右二）和同济大学海洋微体古生物科研组人员在实验室里

1986 年，汪品先（右一）与澳大利亚科学院院士 John Chappell（右二）在澳洲热带研究 Mac Arthur 河海

1968 年由美国发起，十几个国家共同出资的计划，用最新技术在深海海底打钻、取芯，研究最前沿学术问题，是 20 世纪里规模和成果最大的国际合作研究计划。经过学术界的多年呼吁，中国也加入了这项计划。1997 年，汪品先等人提交的南海大洋钻探建议书在全球竞争中名列第一。1999 年，汪品先被任命为首席科学家，和美国科学家 Warren Prell 教授共同主持南海的国际大洋钻探航次，在大陆坡上钻孔 17 口、取芯 5500 米，取得了西太平洋区 3000 万年来最好的环境演变纪录。

现在，南海已经成为举世瞩目的海区，不单是因为丰富的海底油气资源吸引各国打了 2000 多口探井，还因为独特的地质条件赢得了国际学术界的兴趣，至少有 16 个国际联合航次在南海海底两百多处取芯研究。我国能否成为南海科学研究的主体，其深远意义已经超越学术价值。2007 年起，经过多年的筹备和争取，由汪品先担任指导专家组组长的“南海深海过程演变”计划开始实施，这项初步投入 1.5 亿元的大型计划，采用一系列新技术探测深海盆，包括最近“蛟龙号”的深潜探测和将于 2014 年春启动的南海第二次大洋钻探，

1999 年春，南海 ODP 184 航次深海钻探时，两位首席科学家汪品先和美国 Warren Prell 教授合影

1999 年春，汪品先(左一)在大洋钻探船上工作

用来揭示南海的深海过程及其演变，再现边缘海的“生命史”，从而为边缘海的演变树立起系统研究的典范。

深海研究并不都是需要人类亲自下潜。在海底铺设观测网，从船上的“考察”发展到海洋内部的“观测”，是世界海洋科学发展的新阶段，也是汪品先所在的海洋地质国家重点实验室近年来的发展重点。2009 年，他领衔的团队建成了中国第一个海底综合观测试验与示范系统——东海海底观测小衢山试验站。目前，他们和兄弟单位联合提议的我国海底观测网，已经列入国家大科学工程的建设计划。

汪品先推进我国深海科学发展的脚步不断加速迈进，他对海洋科学领域的贡献，也赢得国际学术界的好评。2007 年，欧洲地学联盟第一次给中国人颁奖，这就是汪品先获得的米兰科维奇奖。2011 年，英国《自然》杂志发表对汪品先的专访报告，标题是《一位永不下沉的中国科学家》。

如果要问汪品先在海洋科学上取得如此成就，靠的是什么？最好的回答恐怕就是他给青年学生的题词："德育崇尚信仰，科学贵在怀疑。"他思想活跃，即使在人云亦云的年代也从不盲从迷信，而是不断探索、独立思考。以至1960年学成归国的留学生集中学习时，出身好的同学责问他："为什么我们从来没有怀疑过？"到了工作岗位，他汇报思想时提出自己的种种疑惑，也被领导反诘："为什么都要像你这样想怪问题呢？"但汪品先始终坚持怀疑的态度，正因有这样独立思考的习惯，不拘泥于前人的结论，他才能在科学研究上不断创新、不断突破。

至今，年事已高的汪品先仍旧和青年学子一样，在学术园地里辛勤耕耘，他说："我国的海洋事业正在经历郑和下西洋六百年来最好的时机，我们现在确实要向深海进军了！"

（撰稿：俞菁）

殷之文

"50年如一日畅游在科学的长河中"

殷之文(1919.5.30—2006.7.18),江苏苏州人。1942年,毕业于云南大学采矿冶金系。先后获美国密苏里大学冶金系硕士和伊利诺伊大学陶瓷工程系硕士学位。是我国无机功能材料学科奠基人之一。在中国首创功能陶瓷,又开发BGO晶体。曾任中国科学院上海硅酸盐研究所副所长、所学术委员会主任,先后获国家科技发明奖二等奖、全国科技大会重大成果奖、何梁何利基金科学与技术进步奖。1993年,当选为中国科学院院士(化学部)。

殷之文的父亲殷绥万是位教师,早年肄业于复旦公学,能诗文,善书法。弟弟殷震是动物病毒学和分子生物学专家,中国工程院院士。家乡苏州甪直是个古镇,却有开放求新的风气,1930年代已经有发电厂、电话局、轮船公司,到大城市读书甚至出国留学的也不少。殷之文自童年就相信"好男儿志在四方",12岁在甪直甫里小学毕业后,就到上海南洋中学,后又转入苏州东吴大学附中。他特别痴迷于几何证明题,得证之后,还要探索新的解法,养成了好思考的习惯。

高中毕业时,日寇侵占上海,家乡沦陷,殷之文到四川铁矿工作,参加寻找矿石。1938年秋,考入大同大学土木工程系。翌年,进云南大学矿冶系。1942年毕业后,赴四川綦江铁矿,不久应聘回云南大学任教。

1946年,殷之文获美国密苏里大学奖学金,赴美留学。1948年,获美国密苏里大学冶金系硕士学位,又转入伊利诺伊大学,两

1947 年，殷之文夫妇在美国留学

1996 年，殷之文（左）和弟弟殷震在苏州西山

年后，获陶瓷工程系硕士学位。

1950 年 5 月，殷之文与妻子闵嗣桂放弃国外优越的条件，与物理学家赵忠尧等一起冲破阻挠，回国参加社会主义建设。殷之文先在铁道部唐山铁道研究所工作。当时铁路车辆在使用中经常发生弹簧断裂。他从北到南跑了许多车辆厂，同工程师和工人共同研究断裂的原因，改进弹簧钢的热处理，终于提高了弹簧钢的质量，初步解决了断裂问题。

一年后，殷之文调入上海冶金陶瓷研究所。当时为配合各地电瓷厂，他先对国内不同类型的黏土、长石、石英进行详尽的研究、分析和鉴定。在此基础上进行瓷坯、瓷釉配方研究和工艺开发，最后到新建的西安高压电瓷厂生产试验，终于获得成功。1956 年，获国家科技发明奖二等奖。紧接着，为了强力电台的大功率速调管组所需的大尺寸、高强度、耐热、高频绝缘瓷环，他研制瓷环配方和工艺。1962 年，又一次获得国家科技发明奖二等奖。

不久，殷之文又开始研究压电陶瓷，这种功能陶瓷能实现电声转换，有广泛用途。当时国际上刚研制成锆钛酸铅(PZT)压电陶瓷，性能比钛酸钡压电陶瓷更优越。他探索气流粉碎、等静压成型、致密氧化铝坩埚密闭烧结等技术，逐步解决了 PZT 的制造工艺。成功之后既用于探测鱼

1995 年 3 月,殷之文(前排左一)接待南京大学冯端院士(前排中)、闵乃本院士(后排右二)等

群,为沿海渔民造福,也用于军事水声,为我国潜艇和反潜系统装上了“耳目”。为此,殷之文于 1988 年获得“献身国防科技事业”荣誉证章。

当时丁肇中为西欧核子中心(CERN)建设 L3 组电磁量能器,需求锗酸铋(BGO)闪烁晶体。而他需要的 BGO 晶体质量要求高,尺寸大而不规范,且数量大(1.2 万支),国际上没有一个单位能生产。殷之文研究出降低晶体抗光伤能力的“罪魁祸首”是杂质离子,因为它们拥有可被剥离的价电子,又碰巧被氧缺位“捕获”,从而造成了晶体的辐射损伤。通过传统办法提纯,无法完全去除杂质离子。殷之文设想,如掺入“争夺”电子能力比氧缺位更强的物质,就可消除辐照损伤,经过反复实验,他终于找到了铕,成功地开发出掺铕 BGO 晶体,保质保量地提前完成 1.2 万支 BGO 晶体。殷之文的成功探索与实践,奠定了我国在 BGO 闪烁晶体研究的国际领先地位。1997 年,“无机闪烁晶体及其应用”国际会议(SCINT97)在中国上海举办,殷之文任会议组织委员会主任。

后来,殷之文从事卤化物闪烁晶体研究,如氟化铅、氟化铈、碘化铯和钨酸铅等,其中碘化铯已进行批量生产,为美国斯坦福大学及日本高能所建立探测器之用。批量生产的晶体性能优异,

1995 年，殷之文（右一）出席中国硅酸盐学会成立 50 周年庆祝大会暨学术报告会

1997 年，殷之文（立者）出席上海硅酸盐所学位着装授予仪式

超出确定的指标。氟化铅也已成为德国美因茨大学生产观测强切仑科夫辐射需用的晶体。

殷之文详尽研究钛酸铅镧(PLZT)的相变和微观结构变化，并首先观察到 PLZT 立方中有纳米尺度的极性微区，既为弛豫型铁电体的微畴 — 宏畴相变理论提供了实验证据，也为其扩散相变的微不均理论提供了纳米级的证据。为总参防化兵部成功地研制了透明铁电陶瓷，用于制作核闪光护目镜。

1986 年，殷之文被聘为美国宾州大学材料研究所客座教授。1998 年，获得何梁何利基金科学与技术进步奖。曾任《硅酸盐学报》等多家学报编委、顾问，在国内外学术刊物上发表论文 70 余篇，著有《电介质物理学》等。他曾感慨地说，“我在无机非金属材料研究领域为祖国增砖添瓦”，国家的需要“激励着我如饥似渴地忘我工作，50 年如一日畅游在科学的长河中”。

（撰稿：张橙华）

李依依
从炼铁女工长到女科学家

李依依(1933.10.20—),祖籍江苏苏州,生于北京。冶金与金属材料科学家。1957年北京钢铁学院毕业,1986年至1998年担任中国科学院金属研究所一届书记和两届所长共12年,现为该所研究员、学术委员会主任及学位评定委员会主席。长期从事高温合金、低温无磁钢、高压下抗氢钢及贮氢材料、钛铝合金汽车阀门、核用690合金管材及材料制备工艺的计算机模拟工作。在从事合金研究中,主要提出新合金成分、工作方案与技术路线,重点进行相变工作。1993年,当选为中国科学院院士(技术科学部)。1999年,当选为第三世界科学院院士。主持承担国家攻关项目4项,获得国家科技进步奖一、二等奖4项及中国科学院科技进步奖一等奖3项等共12项奖项。

李依依的父母都是苏州人,老家分别住在齐门和阊门。父亲上学时就和祖父到上海,母亲在李依依中学时因为水灾和家里离散,只有祖母偶尔去苏州住,1960年祖父母都去世后,就没有家人在苏州了。

1953年,李依依毕业于北京师大附中,曾向往当女飞行员,以第一志愿考入北京钢铁学院冶金系。在本溪钢铁公司第一钢铁厂实习的几个月里,她同工人师傅建立了深厚的感情。1957年毕业后,分配到了本钢。

李依依干遍了炉上最脏最累的活。扒渣时,她冒着飞扬的灰尘和扑面而来的热浪,尽力挥动着手中沉重的铁耙;清料检修时,她挥锹不次于男工们;攀

大学时代的李依依

1988 年，李依依在沈阳主持召开国际低温材料会议

炉观测时，灼热的高温烤得人难以忍受，她却坚持认真观察炉温。她利用上班前的十几分钟为工人们讲授文化知识和炼铁技术理论，深受工人师傅的欢迎。她干起活来不嫌脏，不怕累，手臂在炉前留下了黑色烫伤斑痕。她成为了第一代高炉女工长。

1959 年，全国第一届群英会召开，1 号青年高炉因获得全国中型高炉利用系数冠军被团中央命名为先进集体，炉长张玉璞出席大会。《人民日报》、《苏联妇女杂志》、《本溪日报》也相继报道了女工长李依依的事迹，引起了大家的关注。1960 年，李依依调入辽宁冶金设计院，1 号青年高炉全体工友送给她的纪念册上写有一首诗：

人红炉红融一体，曾为红炉共努力。

今赴新任他乡去，青年高炉犹有您。

1962 年，李依依调往中国科学院金属研究所。在这个知识与智慧的海洋里，她以非凡的勇气、毅力和智慧又一次脱颖而出。李依依一直从事新材料研究和相变工作。早年在高锰奥氏体低温钢研究中，做出 Fe-Mn-Al 系相图与相鉴定方法，发现在低温下存在反铁磁转变，及 Fe-Mn

1995 年，李依依与美国 Amoco 公司的合作项目签约

1995 年，在日本参加五位所长国际材料发展会议。五位所长即英国 NPL 侯赛因、德国 Max Plank 佩卓夫、日本 NRIM 尼一、美国 NIST 若克、中国 IMR 李依依

合金中 e- 马氏体形核长大遵循层错重叠及极轴机制，解决了几十年来只有理论推测而未得到实验证实的难题。1982 年以来，连续主持和参与五个五年计划国家科技攻关课题，完成六种强度级别的抗氢钢系列，负责合金成分设计、热处理与相鉴定，并提出科学思想、技术路线和组织实施，发展了 Fe-Ni-Cr、Fe-Mn-Al、TiAl、TiNi 等十余种合金，为我国低温、高压、抗氢脆合金的研究做出了开创性贡献。

李依依 1982 年获辽宁省劳动模范称号，1988 年评为国家有突出贡献的中青年专家，1995 年获光华工程科技奖一等奖，1996 年获首届中国工程科技奖，1997 年获何梁何利基金科学与技术进步奖，2001 年获中国科学院首届十大女杰称号，2009 年获中国科学院杰出科技成就奖（突出贡献者）。发表论文 300 余篇，获专利 33 项，培养博士及硕士 60 余名。曾任中国金属学会副理事长，中国材料研究学会副理事长，辽宁省及沈阳市科协副主席、主席、名誉主席，中国科协第四至第六届委员及常务委员，中国科学院主席团成员、技术科学部副主任，中共十四大、十五大代表。现任中国科协荣誉委员、辽宁省科协名誉主席、中国金属学会常委、国际低温材料学会委员、《材料科学与工程计算机模拟》杂志编委。

1996 年，李依依用国内自制的离子探针仪逐层分析抗氢钢样品中氢含量

当前，李依依主要从事工程材料（包括核电、水电及高速列车用关键材料）的制备与显微组织之间的关系、大型铸锻件可视化制备技术、相场模拟与实验。主持 CRH5 动车组转向架关键金属材料的国产化、三峡 700MW 水轮机转轮马氏体不锈钢（ZG04Cr13Ni4Mo）铸件技术规范、辽宁省引进国外智力及中科院中英、中德国际合作等项目。

她主持的三个重大项目获得丰硕成果：第一，获得中科院重大项目的“低偏析合金工程”；第二，沈阳市长贴息贷款 6000 万元兴建高新科技企业群；第三，争取世界银行贷款建立“快速凝固非平衡合金国家实验室”、“高性能均质合金国家工程研究中心”。这三项工程的提出和组织实施，凝结了她无数的心血与操劳，从而使得她所在的金属所在科技体制改革、削减研究经费的困难时期得以快速发展。

中年科技骨干英年早逝的现象让李依依痛心疾首。担任所长后，她不忘关心职工的身体健

李依依在实验室工作

康。1994年元旦开始，她率先在研究所实施了5天工作制。1996年，在她的提议下，在实验大楼内开设一个咖啡屋，附设各种运动器械，每天下午3：00—3：30对职工开放，让科研人员有一个松弛神经、互相交流和工间活动锻炼的场所，把金属所建成沈阳市花园式文明单位。逢年过节，她都要带领所领导班子与老职工开茶话会，还把一些博士生、硕士生请到家里聚会。她自己却严格遵守领导干部的廉政公约，常说："国家拨给的经费不多，科技人员争取到经费也不容易，当领导的不能大手大脚摆阔气，能省就省点。"她经常出差到北京办事，往往是买票就走，多少个周末都花在工作上。有时是晚上乘车，第二天早晨到北京办完事当天再坐夜车赶回来。一般住在娘家，外出办事骑自行车。

"作为一个科研工作者，应该有'三严精神'即严格的训练、严密的组织、严肃的态度。"李依依在第200期名家科普讲坛上强调，"接受德智体美的全面教育很重要。"

李依依不仅事业有成，而且还拥有一个幸福的家庭。她是一位好所长，同时也是一位好妻子、好母亲。她的丈夫柯伟是她的大学同学，曾担任中国科学院金属腐蚀与防护研究所所长、研究员，中国工程院院士。他们心心相印，工作上互相支持，生活上互相照顾，运动场上同进同出。李依依每次到外地出差或出国，都要给丈夫买点礼物，或是一条领带，或是一包丈夫爱吃的紫菜……而柯伟则经常带回让李依依惊喜的礼物。为了让一双儿女成为有用之材，夫妻俩一向注意培养孩子的自立自强意识和刻苦耐劳的能力。如今两个孩子都事业有成。

光阴流转，作为中国科学院院士、杰出的学科带头人，李依依仍然是那样精力充沛，那样热情洋溢，孜孜不倦地学习、探索新知识，解决国民经济中的重大科技问题，连前行的脚步也依然是那样迅速轻盈。我们相信那颗永远年轻的心，定会谱写出更加辉煌的人生篇章。

（撰稿：张玉妥、张橙华）

章申
跨进地理与环境科学的殿堂

章申(1933.10.24—2002.9.3),江苏常熟三兴(今属江苏张家港)人。景观地球化学研究者,是我国化学地理、环境科学开拓者之一及主要学术带头人。

章申童年时正值抗日战争,随父母逃难到常熟鹿苑(今属张家港)祖父处避难。父亲章太和是当地著名的开明人士,新中国成立后曾任常熟市工商联秘书长、政协委员,家教甚严。章申从小懂得勤奋学习。1949年,章申考入梁丰中学。高中三年学习生活为他日后走上科研的人生道路奠定了扎实的基础。1952年高中毕业后,章申考入南京农业大学土壤系,此后一生与地学研究相伴。

1956年大学毕业后,章申又以优秀成绩考取了高教部的留苏研究生,转入南京大学化学系继续深造。在留学苏联研究方向的选择上,他思考再三,以党和国家的需要为第一,以个人的专业基础和学科发展的前景为立足点,从"国家十二年科学规划所需专业"中,选择了生物地球化学作为他的专业和研究方向。不久,他前往莫斯科大学生物土壤系就读研究生,从事微量元素景观地球化学和生物地球化学的科学研究。为及时了解学科研究的进展和科学的发展,他"发狂"地购书,每2—3个星期就要跑遍莫斯科的新旧书店,寻找研究所需要的书籍和刊物。当时的助学金,除了生活费用外,他几乎全部花在购买书籍上,以至学成归国时,他的书籍

章申与夫人匡廷云合影

章申在工作中

装了几大箱子。这些书籍成了他应用研究的巨大财富。四年苦读，终有收获，他以优异成绩获取了莫斯科大学生物学副博士学位。

1962年，章申学成归来，进入中国科学院地理研究所，开始了他的地学研究之梦。在此，他创建了微量元素实验室、化学地理研究组、室及环境生物地球化学开放实验室。

20世纪50年代以后，章申一直从事黑钙土、褐土地、棕壤、黄壤、红壤和砖红壤以及河湖沉积物种生命与污染微量元素含量分布及成因规律研究。他通过我国陆地水中约30种微量元素的含量分布和赋存形态研究，揭示了陆地水环境地球化学规律。60年代，首次揭示珠穆朗玛峰地区冰、雪、水中氢氧同位素的含量、分布和分馏规律，促进了我国高山极地水环境地球化学的发展。1967年，他与三位同事一起来到了南泥湾延安革命老区，开始了对当时世界上都没有攻克的大骨节病和克山病等地方病的调研防治工作，试图从地理环境、环境元素含量分布、迁移与病因的关系来研究疾病的预防和治疗。他们与中科

章申在研讨中

章申在指导科研人员进行科学实验

院土壤所等单位的研究员一起，深入病区，广泛调查研究，发现那些地区水体中硫元素含量偏低，经过缜密分析后，与其他研究人员一起提出了“大骨节病硫酸根疗法”。这一疗法的提出，成为70年代中国防治大骨节病的主要方法之一，也引领和促进了我国地方病生物地球化学病因说研究的大规模开展。也正是在这一时期，他与同事一起提出了生物地球化学质、量、比营养概念及我国生物地球化学省的规划方案。

1973年，由于我国水污染愈来愈越严重，章申又以极大的热情投身到地球环境科学研究中去，承担的第一项任务就是官厅水库水污染与治理研究。作为该项目的主持人之一，他和国内科研院校一起进行大协作攻关，综合应用地学、化学、生物学、土壤学的原理与方法，经过三年奋战，圆满完成这项国家级任务。这项研究成果为中国开辟水环境研究、防治水污染提供了一套完整的研究程序、原则和方法，总结出的一些带有基础应用性的环境科学理论，有力地推动了中国环保事业和环境科学的开展，该成果荣获全国科学大会奖。随后，他还系统揭示了蓟运河、湘江等河湖重金属污染规律，提出了水体污染的防治措施。他的成就丰富了环境科学，开拓了中国水环境地球化学研究新领域。

章申曾富有预见性地强调“可持续发展是21世纪地理研究的新生面，可持续发展战略是解开环境与发展的一把钥匙”。

20世纪90年代，章申进一步拓宽研究领域，主持完成了“长江水系环境背景值研究”国家科技攻关课题，全面揭示长江水系5800余个水、泥、生物样中约30种微量元素背景值、空间分布、形态分配以及在湖泊沉积物中历史演变规律。在环境保护实践基础上，提出环境问题形成的源、流、场、效应链式机制和防治对策。该研究成果获得1992年中科院科技进步奖一等奖、1993年国家科技进步奖三等奖。由于成就显著，1991年，章申被选为欧洲科学与艺术学院（奥地利）成员，1993年当选为中国科学院院士（地学部），1995年当选为国际欧亚科学院院士。章申的妻子匡廷云是我国著名植物学家，1995年当选为中国科学院院士（生物学部）。章申先后访问美国、苏联、意大利、澳大利亚等多个国家，与国际专家进行学术交流，多次参加国际学术会议。当有人赞誉他为中国和世界地理科学所做出的成绩时，他总认为：“我所做的，都是我应该做的，离地理与环境科学的殿堂还有很大的一段距离！”

（撰稿：缪宏）

吴健雄 Chien Shiung Wu
心怀桑梓的物理女王

吴健雄 Chien Shiung Wu(1912.5.31—1997.2.16),美籍华人,生于江苏太仓。她一生致力于物理学研究,曾获得美国国家科学院康士托克奖、1974年度美国最优秀的科学家、美国国家科学奖章、普平纪念奖章等多种荣誉。1958年当选为美国国家科学院院士,1975年被美国物理学会选为首位女性会长,1994年当选为中国科学院外籍院士。

吴健雄的父亲吴仲裔是一位思想进步、有胆有识的社会活动家。吴健雄童年时代就读于其父创办的明德女子小学。1923年,以优异成绩考取了江苏第二女子师范学校(1927年改名苏州女子师范学校),在数理方面展现了很高的天分。1929年,苏州女师保送她入中央大学,因师范生受保送要先服务一年,她去了中国公学。1930年吴健雄进入南京中央大学数学系学习,后又转入物理系学习。1934年中央大学毕业后,吴健雄去浙江大学当助教。一年后又被推荐到上海中央研究院物理所工作,开始加入到追寻科学奥秘的队伍之中。

1936年,吴健雄在叔父的资助下赴美留学,在加州大学伯克利分校物理研究所攻读物理博士。1944年,吴健雄作为资深研究人员进入哥伦比亚大学从事研究工作。她对铀原子核分裂后产生稀有气体的连锁反应实验取得的成果和数据资料,为美国“曼哈顿计划”顺利进行、原子弹实爆

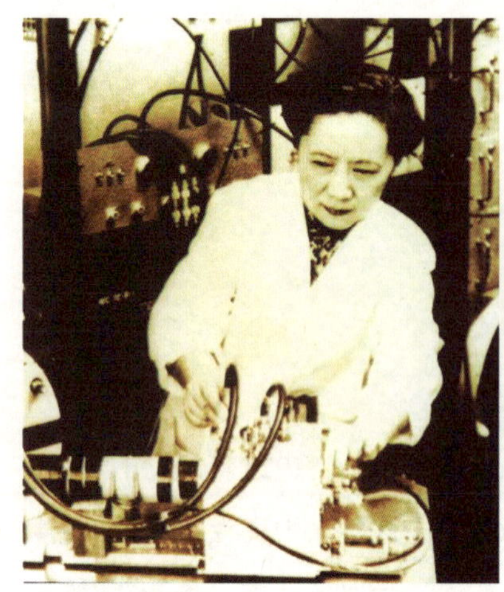

吴健雄做物理实验向来以精准著称

吴健雄在回旋加速器上帮助导师 Emilio Segre 从事寻找一种新元素的实验

成功提供了实验依据。

吴健雄在实验物理学上的贡献还有:证实了 β 谱形状的源效应, β 衰变的各种跃迁的研究,对双 β 衰变的研究,从而完善了 β 衰变的理论。对 μ 子、介子和反质子物理方面的实验研究,对穆斯堡尔效应的测量及其应用方面等工作。此外,还有核辐射测器的开发、放射性同位素的分析、慢中子速度谱仪研究、在气体中形成电子偶素时电场影响的研究、正电子谱及正电子湮没的研究、高能级发出的内转换谱线的观察等等。

1956 年,吴健雄迎来了自己物理学研究中的一个高峰。她在华盛顿国家标准局低温实验室里,经过艰辛而又精确的钴 60 的 β 衰变实验证明,在弱相互作用下,宇称并不守恒。她的这一发现,使杨振宁、李政道同时获得诺贝尔物理学奖,她也因此成为世界上最杰出的女性实验物理学家,被誉为“中国的居里夫人”、“世界核研究女王”,成为一代科学巨人。

1977 年，在日本东京参加国际原子核物理会议时，吴健雄与诺贝尔奖得主朝永振一郎(左二)晤谈

1978 年，吴健雄在以色列获沃尔夫奖。左二为以色列总理比金

1982 年，吴健雄获哥伦比亚大学荣誉博士后与梅拉合影

1975 年，美国总统福特在白宫为吴健雄颁发国家科学奖章

1984 年，吴健雄获意大利帕度亚大学荣誉博士时，在当年伽利略讲座的大厅中演讲

1986 年，吴健雄获爱丽丝岛奖章后与拳王阿里合影

返台时与原中央大学校友聚会。左起：余传韬、李国鼎、袁家骝、田蕴兰、吴健雄、余纪忠、虞兆中夫妇、王作荣、王成圣

吴健雄和她的低温实验小组在极温实验室

吴健雄、袁家骝伉俪情深

吴健雄宣布“在弱相互作用中宇称不守恒”的实验结果

在科学工作上如此成功的吴健雄，亦得益于她有一个十分支持和体谅她的婚姻伴侣袁家骝。吴健雄和袁家骝都是物理学家，由于彼此工作各有不同，有许多时候分离两地。吴健雄做的是原子物理实验，袁家骝则醉心于高能粒子物理领域。曾经有段时间，袁家骝在欧洲日内瓦和法国工作，在美国工作时也都在长岛的布鲁克海文国家实验室里，只有周末在家，两人还要各自出席不同的国际学术会议，虽聚少离多，但是夫妻感情却相当融洽。

1973 年，吴健雄夫妇回到阔别 37 年之久的祖国大陆，受到周恩来总理的亲切接见。晚年的她深情地眷恋着故乡浏河，为家乡培育人才竭尽全力。她用一生的积蓄设立了“纽约吴仲裔奖学金基金会”。该基金会一直对吴健雄家乡的教育事业进行资助，截至 2012 年，累计资助 600 多万元。基金会成立至今，每年对太仓市浏河镇明德学校进行 4 万美元的资助。1988 年 10 月，吴健雄第五次返回祖国，在故里出席为她父亲举行的“纪念吴仲裔百岁诞辰大会”。为了办好明德学校，她不顾年迈，筹备组织校董事会，构建学校总体布局，制定基金会颁发奖学金办法，努力改善办学条件。1992 年，八旬高龄的吴健雄夫妇第六次来祖国大陆，到家乡看望明德师生，捐资在校园内建造“紫薇阁”。1994 年，又捐资为明德

吴健雄出席太仓海外联谊会成立会

吴健雄为太仓明德学校风雨操场落成典礼剪彩

学校建造教工住宿大楼。1995年，再次出资为明德学校添置计算机30台，使学校有条件开设中学微机课程。同年，吴健雄因脑血栓引起小中风住院，经治疗后恢复良好。是年秋，她又嘱咐丈夫袁家骝代替她回家乡浏河镇出席计算机捐赠仪式和明德学校计算机中心揭牌仪式。为此，苏州市政府授予她“苏州市荣誉市民”称号，高度评价她“身在海外、心系中华”的赤子情怀。病中的她仍然在考虑要改变明德师生简陋的实验条件。1997年2月14日，她拨通越洋电话，嘱托她的侄子——已退休的吴颐教授，亲赴家乡与当地政府联系，表示愿意出资200万元为明德学校建造一幢现代化实验大楼。正当人们筹划此事时，吴健雄不幸于16日病逝，享年85岁。

遵照她生前的遗愿，她的骨灰由丈夫袁家骝护送回国，安葬在家乡浏河明德学校的吴健雄墓园中，长眠在她父亲亲手栽种的紫薇树下。

（撰稿：池景彦、张橙华）

宋鸿钊
妇科权威　绒癌克星

宋鸿钊(1915.8.13—2000.2.17),江苏苏州人。长期从事妇科医疗、教学和研究,治疗绒癌取得突破性成就,提出的绒癌临床分期方法成为国际标准。曾任中国医学科学院研究员、北京协和医院妇产科主任、中华妇产科学会主席、《中华妇产科杂志》主编。获国家科技进步奖一等奖、首届陈嘉庚医学奖、何梁何利基金科学与技术进步奖。1994年,当选为中国工程院院士(医药卫生学部)。

宋氏是苏州著名的书香门第,祖先大学士宋德宜入祀沧浪亭五百名贤祠。宋鸿钊父亲中榜后曾任知县,后以儒医济世。宋氏祖居内楠木花篮楼移筑寒山寺。祖传有《康熙南巡图》粉本,后捐献南京博物院。1985年,宋鸿钊和弟弟宋鸿锵分别获得国家科技进步奖一等奖和特等奖,兄弟会师在全国科技大会,成为佳话。侄子宋湛谦是林业工程与林产化学加工专家,也是中国工程院院士。

宋鸿钊1934年自东吴大学附中毕业,耻于"东亚病夫"之讥,立志学医,考入东吴大学医预科。后进北京协和医学院,因日本侵华,转入东吴大学生物系。1938年毕业获理学士学位,再进协和医学院,该校停办后,1942年转上海红十字会医院完成临床实习,次年取得上海医学院毕业文凭。1948年协和医学院复校,宋鸿钊回院,补授美国纽约州立大学医学博士学位。

1953年起,宋鸿钊积极提倡计划生育并进行科研工作,担任国务院计划生育领导小组专家组

实践出真知
路是人走出来的
宋鸿钊
1997/12/23

宋鸿钊在办公室

成员，成为中国计划生育学的开拓者之一。他编写的计划生育读物近 10 种，其中有受卫生部委托编写的我国第一本计划生育教材《避孕指导手册》。受卫生部委托，他领导避孕药具鉴定，还与北京市妇产医院王大婉合作，制成金属塑料混合避孕环，试用效果良好，被称为“北京型宫内节育器”。组织全国性的减少口服避孕药的副作用剂量的研究，发现剂量减少至国外用量的四分之一，仍可保持良好的避孕效果而大大减少副作用，后定为“中国口服避孕药标准”。曾担任卫生部和中华医学会、北京市等各级计生指导委的委员兼秘书，并被聘为国家科委计生研究委的委员兼秘书，国务院计划生育领导小组专家组成员等。他还参加了 1956 年和 1963 年两次全国妇产科和计生科研规划的制定与修改，并担任卫生部妇产科与计生两个专题委员会的秘书。

绒毛膜癌是从胎盘组织滋养细胞恶变成的肿瘤，故又名“恶性滋养叶细胞肿瘤”，扩散很快，发病后在半年内死亡，对中国及东南亚妇女威胁较大。宋鸿钊决心要攻克这种最凶险的绝症。开始时效果极差，他认真观察研究该肿瘤的病理特点，并建立诊断方法和标准。

宋鸿钊当时也在研究避孕药物，发现有些药物因强烈破坏组成胎盘的滋养叶细胞会引起流产，不宜作避孕药物。他考虑绒癌正是滋养叶细胞恶变成的，就试用来治疗。开始用过一些中草药，虽有作用但不持久，就改用治疗急性白血病的药物6－巯基嘌呤。此药可延长白血病病人存活期，但试用结果不佳，几位病人还未完成一个疗程就死亡。宋鸿钊为了掌握第一手资料，整天在病人床边观察，甚至帮助陪伴的家属解决生活困难，赢得了病人与家属的支持，不少家属在病人死后，含泪自愿献出亲人的尸体供解剖。他在一例尸检中发现体内肿瘤组织大片坏死，就肯定了此药物对绒癌的杀伤力，只是当时常规给药法剂量小，疗程长，而绒癌病程发展迅猛，来不及等到药物充分发挥作用，病人即已死亡。宋鸿钊决定缩短疗程，谨慎地加大剂量。当加大到常用量的一倍时，果然出现了明显疗效，治愈了第一例已有肺转移的绒癌病人。经反复试用，找到了合适的剂量与疗程，又有许多病人治愈出院。

剂量加大后，毒副作用也增加，有两个病例死亡，另一个也因败血症危在旦夕。宋鸿钊冷静分析了死亡病例，认为只要能克服药物毒副作用，是可以治愈绒癌的。他不分昼夜细心观察，积极治疗合并败血症，终于使病人转危为安，治愈出院。以后又通过大量实验室工作，取得了控制副作用的经验，治愈率提高到40%。宋鸿钊和同仁继续努力寻找新的有效药物，又找到了5－氟尿嘧啶，使绒癌治疗效果进一步提高。

“文革”中，宋鸿钊被下放农村，研究资料散失，实验动物被处死，造成许多本可救治的病人死亡。他仍不消极退缩，继续研究，不能公开进病房去看病人，就把病历偷偷地带回家中研究，几百度近视增加到两千度，从此只能把眼睛贴近

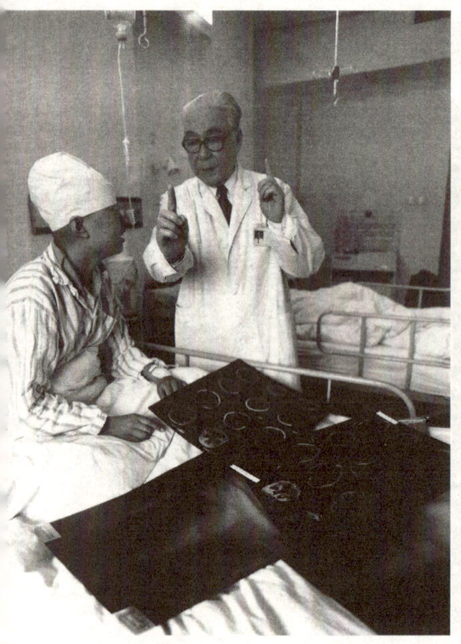

1997年12月23日，宋鸿钊在北京协和医院

宋鸿钊画像，其子宋湛恭初中时速写

纸面阅读。20 世纪 70 年代初，宋鸿钊刚恢复工作，立即重新制定规划，对晚期绒癌进行了更深入细致的研究。为了使各转移灶能同时获得足够剂量的药物，他们采用了多药物多途径给药，使许多晚期病人也获得新生。其中一位已有 8 个脏器 20 多处转移的绒癌病人，治愈后重新走上了工作岗位。

从 1959 年起至 1985 年止，他们共治疗了绒癌病人 655 例，恶性葡萄胎 695 例，绒癌的治愈率由 10%以下提高到 80%以上，恶性葡萄胎的治愈率几乎是 100%。长期随访表明，病人存活最长的已有 30 年，最少的也有 10 年。这是迄今世界上最大的绒癌病例系列研究，在药物治疗实体性恶性肿瘤史上，树立了第一个取得根治疗效的成功先例。

宋鸿钊采用化疗，保留了患者子宫，严密观察说明病人卵巢仍有功能，病人就能生育。到 1990 年，治愈后的绒癌病人已生育了 400 多个孩子，这些孩子生长发育正常，长大后，有的参军，有的当了国家运动员，有的成为画家，这些家庭重获幸福。

1978 年起，宋鸿钊在全国组织调查 300 多万妇女(约占育龄妇女 1%)，获得比较准确的发病情况，还发现几个高发地区，为今后研究绒癌的发病原因提供了线索。

宋鸿钊发表绒癌方面的论文 90 余篇，妇产科其他方面的论文 30 余篇，还受邀去欧、美、非、亚和大洋洲 20 多国参加会议，进行学术交流或讲学。宋鸿钊提出绒癌的临床分期方案，国内外多年的临床应用证明此方法简单，符合临床要求，已由世界卫生组织推荐给国际妇产科联盟采纳为国际统一临床分期。他还受聘为美国防癌协会名誉会员、国际滋养细胞肿瘤学会执委、英国皇家妇产科医师学院荣誉院士等。

为了加快救治各地患者，宋鸿钊从 1972 年起，在医院内举办 30 次半年期绒癌专题学习班，讲义都是自费印刷。后又到全国各省市办 40 多期百人以上大型短期讲习班，并帮助几个大区建立了研究中心。许多地级以上的医院均能收治这类肿瘤，每年救治病人数以千计。宋鸿钊还热心于科普，参加编制科普电影、录像 5 部。他担任全国政协第六届委员、第七届常委，任教科文卫委副主任，不顾年事已高，到各地视察希望工程。他为医学事业做出的贡献有目共睹，他的事迹入选了英国剑桥传记中心《世界名人录》、《世界杰出贡献者》。

(撰稿：张橙华)

吴中伟
中国混凝土科学的先驱

吴中伟(1918.7.20—2000.2.4),出身于江苏江阴南沙七房庄(今属江苏张家港)的书香之家。父亲吴瑞祯毕业于上海美术学校,后回乡执教。吴中伟出生刚满百日,举家迁居江阴新桥外祖母家。他先后就读于新桥小学、梁丰中学、苏州中学。学生时代的吴中伟就有报国爱民之心。九一八事变的消息传来,他和梁丰中学爱国师生一道,积极参加抗日救亡的宣传活动。1936年,以优异成绩考入南京中央大学(抗战期间迁入重庆)土木工程系。

1940年大学毕业后,吴中伟分配到綦江导淮委员会工作,其间参与研制石灰烧黏土水泥,开我国无熟料水泥研制应用之先河。1945年5月,出国深造,先后在美国垦务局丹佛材料研究所、陆军工程师团和加州大学学习进修混凝土科学技术,并在公路研究所等单位研究考察。他收集了大量的技术资料,为后来回国开创我国的混凝土科学技术事业打下了良好的基础。1947年,吴中伟学成归国,在南京中央大学土木系任副教授,率先提出"混凝土科学技术"概念,组织起第一支混凝土科研队伍,创建了我国第一个混凝土研究室。

1949年8月,吴中伟应邀北上,赴京任职,参加新中国最早的建材研究机构、中国建筑材料科学研究院前身——华北窑业公司研究所筹建工作。新中国的成立以及大规模经济建设的展开,激发起吴中伟以创造性劳动报效祖国的工作热忱。他积极配合有关部门,大力推介科学的混凝土配合比设

1958 年，吴中伟(前排右二)赴苏联考察留影

1959 年，吴中伟(前左)在新安江建设工地

计，指导现场质量控制与冬季施工技术。1951 年，与王季周合作研制成松香热聚合物引气剂，用于海港、治淮、水库与水电站等工程，获显著成效。该发明荣获 1965 年国家科委首次颁发的国家发明奖。1953 年，对苏联援建的我国大连机场工程的质量疑问做出了正确的分析，避免了苏方提出的巨额赔款。同年，应邀到佛子岭水库大型水利工程，协助建立试验室，进行质量控制并推广新技术。他首次在国内提出混凝土的碱集料反应问题及有效防止措施，得到水利部门的充分重视，避免了大坝混凝土因发生此类反应而引起的巨大损失。1954 年，担任建筑材料部水泥研究院混凝土室主任，后任该院副院长兼总工程师。任职期间，积极推进当时建材部领导提出的用水泥制品代钢代木的方针，组织研究队伍，大力研制与开发一系列水泥制品，满足了当时我国国民经济发展的需要，并为我国水泥制品工业的创建与发展奠定了基础。1959 年，首次发表“混凝土中心质假说”，开创了通过亚微观、微观方法研究混凝土组分、结构对性能影响之先河。1957 年，加入中国共产党。1964 年，当选为第三届全国人大代表。1978 年，被聘为清华大学土木系教授、博士生导师。

1979 年起，吴中伟先后担任中国建筑材料科学研究院总工程师、副院长、技术顾问等职。为

吴中伟在中国建材研究院查阅资料

作为发展中大国的科技专家，应该经常关注与本专业有关的国家经济发展中面临的关键问题，努力作出贡献。例如我国的水泥与混凝土的可持续发展问题，已到了非解决不可的地步 吴中伟
1998.12

解决混凝土的抗裂防渗问题，指导与推进膨胀混凝土的研究，他提出了混凝土的补偿收缩模式，结合工程实际进行推广，成效卓著，1979 年膨胀混凝土后浇缝技术成功地应用于毛主席纪念堂的防水工程。

进入 20 世纪 90 年代，吴中伟根据可持续发展战略，在国内首先提出研究推广高性能混凝土建议，提出“环保型胶凝材料”与“绿色高性能混凝土”新概念，针对我国水泥工业现状提出调整产业结构，大量利用工业废渣等建议。1992 年，担任国家自然科学基金项目“三峡大坝混凝土耐久性及破坏的研究”、国家“九五”重点攻关项目“重点工程混凝土安全性研究”的技术顾问。先后主持参与了数以百计的国家重点工程和重大科研项目的规划、论证和研究开发实践，为新中国建材工业，特别是水泥混凝土科学技术的创新发展以及水泥制品新型产业的形成，做出了不可磨灭的贡献。1994 年，当选为中国工程院院士(化工、冶金与材料工程学部)。1999 年，获何梁何利基金科学与技术进步奖。编著的《补偿收缩混凝土》、《膨胀混凝土》、《水泥基复合材料导

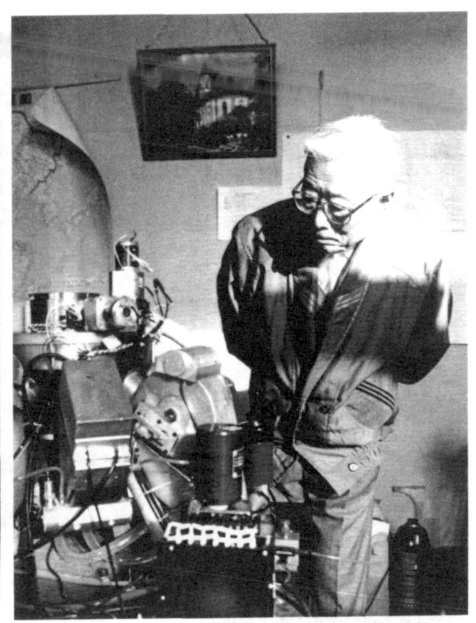

1981 年，吴中伟在同济大学讲课

1998 年 12 月 17 日，吴中伟在北京中国建筑科学院水泥与新型材料研究所

论》等被公认为是混凝土科学方面的经典著作。吴中伟为我国无机非金属材料科技的发展，尤其是混凝土科技的开拓创新与专业人才的培养，贡献了毕生的精力。

吴中伟一贯重视人才特别是青年科技人才的培养。1980 年后，分别在建材科研院、清华大学、武汉工业大学培养博士生和硕士生，他集科技和教育于一身，不遗余力，言传身教，培养了众多后起之秀，其中博士生和硕士生达 20 余名。

吴中伟不仅是一位蜚声海内外的科学家，还是一位才华横溢的诗人。在繁忙的工作之余，他写了大量诗篇，其中一部分诗作于 1999 年由清华大学出版社结集出版，取名《寸阴集》。“爱祖国，惜寸阴”是他终身的座右铭。这些诗歌，有赞美祖国大好河山，有抒发纯真的乡情、亲情和友情，更有关心祖国前途和民族命运的忧国忧民之作。

（撰稿：缪宏、陶忠华）

李政道 Tsung Dao Lee
以天之语解物之道

李政道 Tsung Dao Lee (1926.11.25—),美籍华人,祖籍江苏苏州,生于上海南汇。以李模型、粒子物理和非拓朴孤立子场论等领域的成就闻名世界。1957年因发现弱相互作用下宇称不守恒与杨振宁共享诺贝尔物理学奖。1994年选聘为中国科学院外籍院士。1995年获中华人民共和国国际科学技术合作奖。是美国艺术与科学院院士(1959年)、美国国家科学院院士(1964年)、第三世界科学院院士(1995年),任哥伦比亚大学物理系教授、中国高等科学技术中心主任。是北京大学、清华大学、浙江大学、苏州大学等多所大学的名誉教授。

李政道家族里有18人在东吴大学读书或工作。祖父李仲覃是苏州圣约翰堂的首任牧师。父亲李骏康金陵大学农化系毕业后在上海经营化肥,有五儿一女,李政道排行老三。他天资聪颖,酷爱读书,小学就读上海清心中学附小,每星期都要回苏州,到圣约翰堂见祖父。

抗日战争爆发后,李政道转学到东吴大学附中。此后,李政道和二兄崇道逃离沦陷区,先到赣州,进江西临时中学。历尽艰险奔赴贵州后,李政道以同等学力考入浙江大学,在束星北和王淦昌的启发和鼓励下,转入物理系,一年后转入西南联大。他热爱物理,求知心切,常去求教吴大猷。吴大猷给出再难的习题也难不倒他,就拿出美国大学高年级用的《物理学》,不到两个星期他又把书中全部习题解答完毕。1946年,经吴大猷推荐,二年级学生李政道和助教朱光

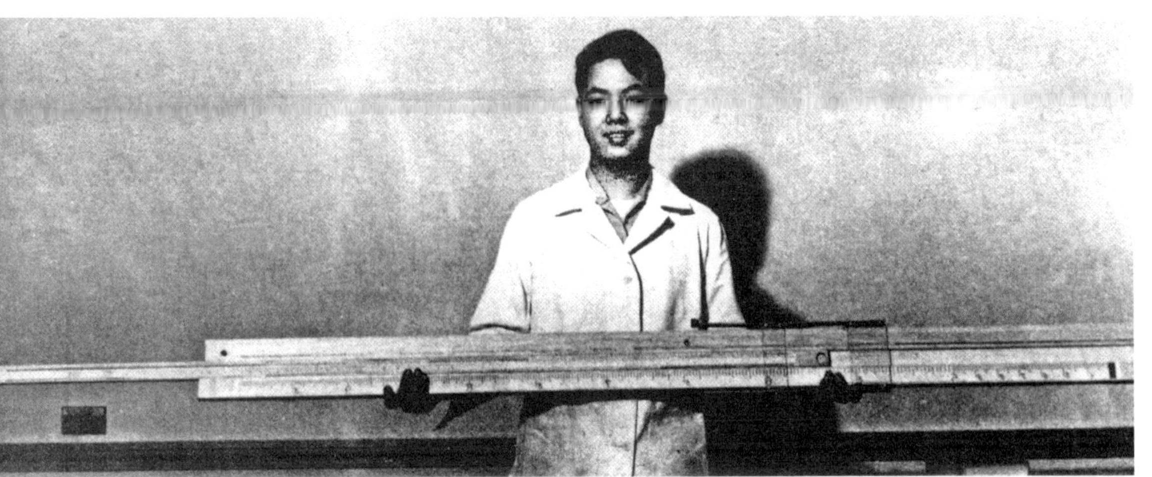

1948 年,李政道在美国芝加哥大学和博士导师费米合作手工制作的大计算尺

亚一起赴美深造。

李政道虽无大学毕业文凭,仍被芝加哥大学破格接收为研究生,师从费米(1938 年诺贝尔物理学奖获得者),于 1950 年获博士学位。其论文《白矮星的含氢量》纠正了对于太阳类恒星的演化过程的错误认识,确立从主序星开始,最终成为白矮星的正确观点,“有特殊见解和成就”,列为第一名。

毕业后,李政道受聘于普林斯顿大学高级研究所研究湍流,指出二维空间的流体没有湍流,飓风等天气系统必须有第三维与地面垂直的气流才能发生,这成为天气预报的重要基础。后任教哥伦比亚大学,最初研究量子场论中的可解模型(李模型),后来关注粒子物理。当时,物理学界认为宇称总是守恒的。1956 年,李政道意识到解决 K 介子之谜的关键在于宇称是否守恒。在他的建议下有了初步实验结果,接着李政道与包括杨振宁在内的同事对弱相互作用中宇称有可能的破坏进行系统研究。在吴健雄等用实验证实宇称不守恒之后,成为震惊物理学界的杰出贡献。李政道与杨振宁荣获 1957 年诺贝尔物理学奖。

李政道的论文、著作超过 300 篇,研究课题涉及天体物理、流体力学、统计物理、凝聚态物理、

李政道(左一)和母亲张明璋及兄弟、妹妹

1950年6月3日,李政道和秦惠䇹结婚时摄于美国芝加哥市政厅前

广义相对论等领域,如《高密度下一种物质的新形态》系列论文开创了相对论性重离子碰撞物理的现代领域。

1972年后,李政道向中国国家领导人就教育状况提出意见和建议,促成建立中国科学技术大学少年班,濒于停顿的高等教育得到部分恢复。1979年,李政道利用暑假在中科大研究生院讲授《粒子物理与场论》和《统计力学》,全国各地科研单位、高校的数百人坐在礼堂听课。每周5天,上午连讲3小时,他不带讲稿,遇到公式、定理则随手推导,嗓子几乎讲哑,只得常含胖大海。在不到两个月的时间里,他从场论、对称性,讲到粒子间的相互作用,涉及孤粒子、弱电统一理论和夸克模型。这促进了中国物理界跨入世界前沿。

1982年,李政道帮助中国选择了既先进又符合国情的北京正负电子对撞机(BEPC)方案。在他的建议和安排下,几十位中国学者到国外学习和培训,后来成为BEPC的骨干力量。BEPC于1988年建成,是当时世界上 τ-粲能区最先进的实验装置,有50多位各国科学家来这里合

1994年5月,中国CUSPEA委员会主席严济慈(左)在北京中山公园和李政道亲切握手

1998年1月23日,秦惠箬—李政道基金签字仪式在北京大学举行。签字人左起:李发伸(兰州大学校长)、杨福家(复旦大学校长)、李政道、陈佳洱(北京大学校长)、钱培德(苏州大学校长)

作研究。1992年,BEPC上有关 τ 轻子质量的精确测量,成为当年国际粒子物理实验中最重要的结果。

李政道倡议并创立了中美联合招考物理研究生(CUSPEA)计划。他帮助学生申请名校,亲自出考题,邀请美国教授来中国对学生面试,组织学生的录取等,这些虽然占用了他大量的宝贵时间和精力,但在国内各大学打开国门的思想解放过程中起到了很大的作用,对国内研究生教育的正规化也起到促进作用。十年时间里,国内共派出了近千位中国研究生赴美。

中国目前的博士后制度,也是李政道在1985年首先提倡的。他担任全国博士后管理委员会顾问和中国博士后科学基金会名誉理事长。博士后制度开始时,全国只有250名博士后,现每年新招收的博士后超过5000人。开始是为了吸引CUSPEA精英回国工作。20年多来,中国招收博士后3万多人,对促进培养、交流、储蓄人才和发展科技有重要意义。

李政道创立了中国高等科学技术中心(CCAST)并担任主任,每年回国亲自主持国际学术会

部分 1957 年诺贝尔奖获得者合影。左起：博韦(Daniel Bovet，医学奖)、塔德(Alexander Todd，化学奖)、加缪(Albert Camus，文学奖)、杨振宁(物理学奖)、李政道(物理学奖)

20 世纪 50 年代，李政道和就读西南联合大学时的老师吴大猷(左)在美国

议，并指导 CCAST 开展多种形式的学术活动，对提高科技人员的水平起了重要作用。同时，在北京大学、浙江大学和复旦大学也建立了类似的中心。

1985 年，李政道建议设立国家自然科学基金，提出具体方案。国家自然科学基金改变了以往科研基金通过计划分配的模式，首次引入同行评审、公平竞争的机制。20 年多来，国家自然科学基金委支持的项目总数超过 10 万个，重点支持基础研究，培养了一批杰出青年人才，推动了交叉科学和新兴学科发展。

李政道关心家乡的中学生，1985 年起在苏州设立“李政道奖学金”，奖励每年高考文、理科考生成绩最优者。他还为苏州三中、十中的学生做讲座。

1996 年年初，夫人秦惠箬患癌，为救治夫人，李政道四处求医。他精心守护，亲自给夫人喂药、喂饭，翻身、擦背。不幸的是，夫人还是带着无限憾意离去了。李政道把夫人的遗像安置在自己的床头，情真意切画一丛翠竹，写下“竹神萧萧问秋风，君影茫茫去何处”。他安排秦惠箬安

1986 年 11 月 22 日，李政道(左)在美国哥伦比亚大学与袁家骝、吴健雄夫妇合影

苏州一中
求学问 需学问
只学答 非学问
李政道
一九九九

息在苏州东山的公墓。以他和夫人的名义，捐赠家产设立“箬政奖学金”，专门资助苏州大学、北京大学等 7 所高校的优秀学生在暑假研修，以提高对科学的了解，规定女生应该占一半，鼓励学科交叉、校际交流。“箬政学者”的人数从 1998 年开始时每年 60 余人，现规模增至三倍。有些“箬政学者”的论文发表到国内外著名学术刊物，大部分毕业后进入国内外一流大学研究院深造。

李政道对中国的历史文化有强烈兴趣，也致力于研究科学和艺术的结合。他说，科学与艺术是一枚硬币的两面，是不可分割的。科学与艺术都在寻求真理的普遍性。他与艺术大师吴作人、常沙娜等合作，创作了数十幅表达科学内容的艺术珍品，促进了科学家与艺术家间的交流。

2005 年,李政道与苏州大学学生座谈

2006 年,李政道 80 寿诞现场

他还推动在北京和上海办科学和艺术展览。

2001 年,李政道把在美国长岛超级对撞机所作的"金核子对撞"实验照片交给苏州刺绣研究所高级工艺师张美芳,用苏绣表现出来。这幅描绘现代物理的苏州绣品在中国美术馆举行的"艺术与科学"国际作品展上陈列。2004 年,李政道出席了"苏绣艺术创新论坛"。

80 寿辰时,在人民大会堂隆重举行的报告会上,李政道引用最喜爱的杜甫诗句"细推物理须行乐,何用浮名绊此身",把自己为科学、为亲情所系的故土工作时的快乐蕴涵其中。退休时,他引用了孔子的话"学而时习之,不亦乐乎",确实,耄耋之年的他一直还在研究科学。

新中国成立 60 周年,李政道成为入选最有影响的十位海外专家中的唯一华人。这是祖国人民对他的崇高敬意。

（撰稿:张橙华）

汉字笔画索引

下

纪顺俊 主编

出版社

《苏州院士》编委会名单

目录

顾健人
“人生当淡泊，求索无止境”

顾健人(1932.1.13—)，江苏苏州人。肿瘤分子生物学专家。1954年毕业于国立上海医学院(新中国成立后改名为上海第一医学院，现为复旦大学上海医学院)。主要从事肿瘤病理、肿瘤生物化学、肿瘤分子生物学的科研、教学工作。是中国癌相关基因及基因治疗研究的奠基人之一，提出了肿瘤是一种系统性疾病的概念。现任上海交通大学研究员、教授、博士生导师，上海市肿瘤研究所名誉所长。1994年当选为中国工程院院士(医药卫生学部)。曾荣获国家科技进步奖二等奖两项、首届上海市科技功臣(1992年)、全国五一劳动奖章和全国先进工作者(1995年)、何梁何利基金科学与技术进步奖(1997年)、光华工程科技奖(2004年)等14项嘉奖。

顾健人自幼生长在苏州，在这里度过了美好的童年和少年时代。父亲顾唯诚是当地一位有名望的医师，曾是原苏州市第二人民医院的创始人并担任院长。受父亲的影响，顾健人从小立志从事医学事业。就读草桥小学，很多年后，应邀出席草桥小学建校90周年和100周年纪念活动。初中时代在景范中学度过，校门牌坊上的“先天下之忧而忧，后天下之乐而乐”至今依然深深地印在他的脑海里。靠着勤奋努力，顾健人在震旦大学附属苏州有原中学读高中时成绩更是名列前茅。1948年，他以优异的成绩考取了当时的国立

顾健人在工作

上海医学院医疗系。大学期间，顾健人勤奋好学，出类拔萃，不仅收获了知识和技能，还收获了爱情。他遇到了同班同学方利君，两人从相识到相爱，相知相伴 60 余年。方利君日后成为复旦大学附属儿科医院的肾脏病学教授。

1954 年毕业后，顾健人在上海第一医学院肿瘤医院（现复旦大学附属肿瘤医院、上海市肿瘤医院）任病理科住院医师。1958 年，奉命参加筹建上海市肿瘤研究所，任务是进行肿瘤病因与发病机理的研究。当时读了一本 Chargoff 主编的《核酸》，由此改变了他的一生，告别了从事的医学和病理学专业，开始转向生物学的探索。他从头学起，从生物学、核酸生化，到 20 世纪 70 年代后期赴英国 Beatson 肿瘤研究所师从国际著名分子生物学家、欧洲细胞生物学会主席约翰·保罗博士（John Paul）学习分子生

2001 年,顾健人(左二)访问美国诺贝尔奖得主 Michael Bishop(中)实验室时留影

物学,奠定了一生事业的基础。

1981 年,顾健人结束了在英国的研修,回国后便开始埋首探索“癌中之王”原发性肝癌的癌基因与癌变机理研究,从基因方面寻求征服肝癌的新途径。他承担了国家“六五”攻关项目“人肝癌癌基因的分离、表达以及肝癌癌基因与乙型肝炎病毒对肝癌的关系”研究课题,经过数年努力,于 1985 年至 1988 年间在国际上首次证明了 7 种癌基因及相关基因有异常的激活,成为肝癌特异的癌基因谱。该成果曾荣获国家科技进步奖二等奖、卫生部科技进步奖一等奖。目前,癌的激活或失活的基因谱型,已成为国际上研究的热点。

在乙型肝炎病毒与肝癌关系的分子机理研究中,顾健人于 1986 年与浙江医科大学合作,首次发现了感染乙型肝炎病毒的母亲的

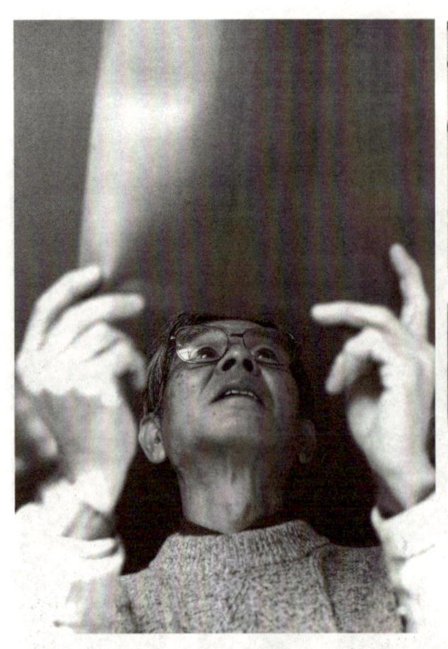

1997 年 11 月 19 日，顾健人在上海肿瘤研究所

顾健人与学生讨论实验数据

胎儿肝内存在乙肝病毒 DNA 的整合。后来，在与美国国立癌症研究所的合作中，又发现乙肝病毒 X 基因可阻断 p53 基因调控的 DNA 修补基因 ERCC3，易于发生 DNA 修补错误，对化学致癌更为易感而导致癌变。

近 15 年来，顾健人带领团队通过大规模功能筛选，发现肝癌发生中除肝细胞基因改变外，涉及整体系统性基因改变。发现了与肝癌相关新基因 372 个。新的基因筛选策略，加快了有应用价值的如对癌早期诊断、药靶等新基因的发现，为开发具有自主知识产权的生物制品积累了翔实的数据。由此，顾健人将癌症定位于"以局部组织细胞异常生长为特征的系统性疾病"，引起学术界的广泛关注。

追溯顾健人的人生轨迹，无论是同事、学生、同行都会称道：顾健人知识广博，思路敏捷，善于独立思考与探索，不断开辟新的研究领域，培植新的学科生长点，保持着年轻人一般的激情。

1985 年，顾健人创建了癌基因及相关基因国家重点实验室并担任主任。他认为现代科学已经成为群体智慧的结晶，居里夫妇的时代已经过去。当研究室主任，好比是交响乐队的指挥兼第一小提琴手，当指挥就是要尽可能发挥每一位艺术家的积极性。国家重点实验室创建 28 年，他担任了 18 年的室主任。作为博士生导师，顾健人始终以自己良好的学风和严谨的治学精神为人师表。他甘为人梯，无私奉献，想方设法为青年一代创造良好的学习、科研环境。他说："一个研究生如果做出的是导师所预期的结果，只能算中等水平；如果他做的是出乎导师意料之外的结果，这才是尖子。"

回顾半个多世纪的科学历程，顾健人欣慰地说："我似乎又回到了起点，但那是更高的起点，是螺旋形上升。" 对那些属于他的荣誉，他显得格外淡泊，觉得自己一生建树不多，并没有什么 "辉煌的经历"。他说："如果我健康条件许可，能在肿瘤研究中添上一砖一瓦，解决一个关键问题，来到地球一次就算不虚此行了。人生苦短，生命有限，我寄希望于我的青年同事们。参照海明威的一句话，一代人即将过去，但太阳永远从这里升起。"

顾健人的业余爱好是那如影随形、灵动飘逸的天籁之声——古典音乐。他说："AGCT 这四种碱基排列可变换组成千变万化的遗传密码，它们镶嵌在 DNA 双螺旋结构上，如同 12 个音阶组成的各种悠扬曲调。" 在音乐的海洋里，他驰骋着丰富的想象力，为他的事业不断开拓着新思路；在生命的奥秘中，他又乘着科学的翅膀，翱翔在 DNA 双螺旋结构的天空……

用他的话来作为总结："人生当淡泊，求索无止境。"

（撰稿：丁广菊）

殷瑞钰
“钢铁工业应成为发展循环经济的优先切入点”

殷瑞钰(1935.7.28—),江苏苏州人。生于苏州齐门外下塘一个职员家庭,在苏州接受了中小学教育。1947年,毕业于齐溪镇国民中心小学。1950年,毕业于晏成中学初中部(今苏州市第三中学)。1953年,毕业于苏州市第一中学高中部,同年考入北京钢铁学院(今北京科技大学)冶金系。回忆起当初选择报考钢铁学院的原因,殷瑞钰感慨地说:“虽然当年少不更事,但已种下了报效国家的心愿,那时国家很穷,百废待兴。中国富强要靠工业化,要实现工业化,基础是重工业,而重工业的基础是钢铁,所以我选择去北京钢铁学院学钢铁。”

大学期间,殷瑞钰一直成绩优异,给老师们的印象也是勤奋聪慧。四年的大学生活让殷瑞钰走近了钢铁,了解了钢铁。回忆当年埋头苦读的情景,他说:“大学时期只知道‘勤奋学习,独立思考,到祖国最需要的地方去’。”

1957年大学毕业后,殷瑞钰分配到唐山钢厂工作。正值国家即将进入“二五”计划的关键时期,唐山又是中国近代工业发源地之一,而唐山钢厂在我国转炉炼钢发展中起着重要的研究开发基地作用。这里成为了他为事业奋斗的起点。

1957年至1983年,殷瑞钰在唐山钢厂经历了火红的青春和丰富的实践过程,他从技术员逐步成为转炉炼钢总工长、技术科副科长。1973年组建唐山钢

1957 年，殷瑞钰(三排右九)大学毕业合影照片

铁公司后，历任钢铁研究所所长、公司副总工程师、总工程师、副经理等职。即使在“文革”期间遭受不公正待遇，他仍然不忘学习科学技术，注意跟踪正确的技术方向，辛勤地耕耘在钢铁生产第一线。在唐钢 26 年，他先后承担了转炉炉型设计，氧气顶吹转炉、氧气侧吹转炉、氧气底吹转炉的工艺、装备研究，产品研发，特殊生铁炼钢工艺研究等一系列科技研发工作。1975 年，殷瑞钰在国内首次发现炉渣在转炉炉衬上融接上长的现象，并进一步在理论上论证了特定条件下液—晶共存的转炉终渣有可能融接在炉衬上。此文发表在《金属学报》上，引起美国同行注意，为美国开展溅渣护炉技术提供了理论启发。20 世纪 80 年代初，他在唐钢总体技术改造方案的技术决策中发挥了关键作用，特别是在选择初轧机还是连铸技术的决策判断上，力主停建 850 初轧机，新建高速线材轧机，选择连铸工艺与

20世纪70年代，殷瑞钰（右一）在唐钢钢研所讨论科研方案

之匹配，并主张淘汰化铁炼钢，建设大高炉自主炼铁。这为唐钢的技术改造和结构调整把握了正确的方向，从而使唐钢跻身于我国十大钢厂之列。

1983年至1988年，殷瑞钰负责管理河北省钢铁工业的发展战略、企业领导班子建设、科技进步等方面的工作，并参与了下属有关钢厂的技术改造规划制订等方面的工作。随后，又积极推动了河北省黄金工业的建设和发展，其中包括崇礼等地区的新金矿建设。五年的努力和决策实施，为河北冶金工业的持续发展做出了贡献。

1988年至1996年，殷瑞钰任冶金工业部总工程师、副部长，负责并参与了20世纪90年代全国钢铁工业的技术进步和战略决策，主持并直接推动了全国钢铁工业六个关键共性技术的有序开发与集成，其中包括连铸技

2002 年，殷瑞钰（左）接受日本铁钢学会名誉会员授赠仪式

2007 年，殷瑞钰（中）参加苏州市第一中学老同学返校活动

术，高炉喷吹煤粉技术，高炉长寿技术，棒、线材连轧技术，流程工序结构调整综合节能技术以及转炉溅渣护炉等在全国范围内大面积突破和有效集成，并结合及时、有序的战略投资，集成为整体优化的生产流程，促进了钢铁工业快速发展，全国钢产量于 1996 年突破年产 1 亿吨。同时，全国钢厂的技术经济指标大幅度进步，初步实现钢厂技术结构现代化。

1993 年，殷瑞钰与徐匡迪共同推动了我国现代电炉流程的研究和工程设计进步，引导了一批全连铸电炉钢厂的出现，并迅速淘汰 1000 余台的落后小电炉，使我国电炉钢厂的技术水平进入了新的发展阶段。

1994 年，殷瑞钰当选为中国工程院院士，担任了化工、冶金与材料工程学部三届主任。1995 年，他又挑起了兼任钢铁研究总院院长的重担，意识到钢研总院必须走改革之路，致力于形成科研单位创新研发体系和成果转化体系两大发展动力，进而积极推进科技成果产业化体系的股份制改造，1998 年以钢铁研究总院为主组建了安泰科技股份有限公司，2000 年正式上市，从市场获得了大量资金，进一步推动了科研院所科技成果产

2006 年,殷瑞钰(二排左七)参加中德双边钢铁学术交流在德国杜塞尔多夫留影

业化发展。

在漫长的工作过程中,殷瑞钰保持着读书的习惯,关注有关基础理论的进展动向。基于深入的理论认知和丰富实践经验的结合,他对钢铁工业的发展战略、关键共性技术和钢铁制造流程的解析与集成、钢厂结构优化等问题进行了系统思考和研究,终于形成了具有开创性的新学科分支——冶金流程工程学。冶金流程工程学这一学科分支是在我国首先形成的,受到国际冶金学界的注意。2004 年殷瑞钰出版了学术专著《冶金流程工程学》,引起工程学界和企业界的热烈反响,先后三次印刷,成为现代冶金流程优化研究的代表性著作,已被译成英文和日文。在此基础上,进一步以新的学术观点,研究了过程工程和制造流程,新著《冶金流程集成理论与方法》已于 2013 年面世,对我国钢铁工业的竞争能力提升和可持续发展起到指导和推动作用。他的理论在首钢京唐钢铁公司的新一代钢铁基地建设中得到了应用。

作为国际钢铁界的活动家，殷瑞钰在国际上享有很高的荣誉和声望，2002 年被选为日本钢铁学会（ISIJ）名誉会员。他推动了中日和中德之间钢铁领域的定期学术交流与合作。

新世纪以来，殷瑞钰负责组建中国工程院工程管理学部并担任三届学部主任，在长期从事钢铁冶金工程研究和管理的基础上，进一步拓宽研究领域，致力于工程哲学的研究。2004 年起，他与汪应洛、李伯聪等院士和专家合作，建立了中国自然辩证法研究会旗下的工程哲学委员会并任理事长，开展工程哲学的专题研究。经过三年的努力，2007 年 5 月出版了《工程哲学》一书，明确指出工程是直接生产力，工程活动是现代社会存在和发展的基础，工程创新是创新活动的主战场，认识到工程需要在哲学层面思考并从“征服自然”到“工程与自然和谐”的理念转变，系统地研究了科学、技术、工程的本质和不同特征，以及三者之间的关系，进而指出工程创新需要哲学，工程应是哲学研究的新领域。该书在社会上引起了广泛关注，其理论体系与观点表明，我国在工程哲学的研究水平已居国际前列。2007 年开始，继续深入开展了工程演化的研究，2011 年出版了学术专著《工程演化论》。工程演化论既是工程哲学的重要内容之一，又是工程史学科的“史论”研究的基础。该书立足于“工程立场”分析和研究问题，为该领域的研究提供了新的认识、新的观点。

殷瑞钰一直牵挂苏州，感恩在家乡受到良好的基础教育和江南的文化熏陶，感念故乡高雅的文化韵味为他奋斗和思考过程提供的动力源泉。他参与了一系列与家乡有关的活动。2003 年，他回苏州出席了北大方正和苏钢集团资产重组的签约仪式，对苏州的钢铁工业与计算机技术的结合赞不绝口，并对苏钢的技术改造提出了指导意见。2007 年，在母校苏州市第一中学百年校庆之际，他参加了北京校友联谊会，并与苏州市领导以及苏州市第一中学领导亲切交流，不时流露出感念之意。2012 年，他与几位院士、专家在苏州共同发起成立了太湖书院，致力于工程哲学等领域的研究和推广。他多次到沙钢集团讲学并指导研发工作，也曾应邀到苏州大学沙钢钢铁学院做学术报告，为家乡的企业和高校的发展建言献策。

（撰稿：姜颖鹏、张旭孝）

钱易
"江山如有待，花柳更无私"

钱易（1936.12.27—），江苏苏州人。1951年至1952年在苏州市文联、苏南文教处工作。1956年毕业于同济大学卫生工程系。1959年清华大学研究生毕业后留校任教至今，现任清华大学环境学院教授、博士生导师。1994年当选为中国工程院院士（环境与轻纺工程学部）。钱易多年来致力于水污染防治工程的教学与科研，努力研究开发适合我国国情的高效、低耗废水处理新技术，对难降解有机物生物降解特性、处理机理及工艺技术进行了卓有成效的研究工作。曾获国家科技进步奖二等奖、三等奖，国家自然科学奖二等奖，国家技术发明奖三等奖。20世纪90年代以来，致力于倡导和推行清洁生产、循环经济和可持续发展，在参与立法、提出政策建议和建立示范省市方面做了大量工作。主编或与他人合编主要著作12部，主要译著5部。先后在国内外期刊及学术会议上发表论文百余篇。曾应邀赴美国、荷兰、英国、中国香港多所大学进行讲学，被香港大学土木系聘请为荣誉教授。先后担任全国妇联第八届副主席、全国人大环境与资源保护委员会副主任、世界工程组织联合会副主席、世界资源研究所顾问委员会委员等职。

少小坎坷，结缘环保。钱易是著名国学大师钱穆的长女。她的童年生活充满了艰辛。抗战爆发时，钱穆受聘到昆明的西南联大教书，与家里失去了联

人类只有一个家园
——地球，
为自己，为人类，为子孙后代
让我们共同努力，
善待自然，保护环境，
走可持续发展之路。

钱易

一九九八·八·二

1998 年 6 月 11 日，钱易在北京清华大学环境模拟与污染控制国家重点联合实验室

系，一家人的生活全靠做小学教师的母亲支撑。在她的童年记忆中，有沦陷区的灯火管制，有日本侵略者的刺刀和炸弹，但母亲坚韧不拔的精神影响了她，使她养成了不怕困难的性格，也让她从小就喜欢上了教师这个职业。

钱易天资聪颖，勤奋好学，1952 年进入上海同济大学学习上下水道专业。毕业时曾志愿到祖国大西北建功立业的她，被清华著名环境工程专家陶葆楷教授相中，成为他门下的弟子，没想到这一选择竟影响了她的一生。从此，她与造福苍生的环保事业结下了不解之缘。以优异成绩毕业并留校任教后，钱易作为陶葆楷的助手，开始潜心于水污染防治的研究，然而，“文革”打破了她专于事业的梦想，她被遣送到江西鄱阳湖畔的鲤鱼洲农场开荒种地，插秧割稻成了“必修课”。

2007 年，学生为钱易（捧花者）过生日

2012 年 9 月，钱易（前排右）参加苏州院士回乡活动时出席首届苏州市青少年科技创新市长奖颁奖典礼

“文革”后，已近不惑之年的钱易以只争朝夕的精神致力于研究开发高效低耗的废水处理技术，在工业废水处理与城市废水净化等领域不舍昼夜地工作，取得了令国际环境工程界瞩目的成果。

素质教育，环保先行。20 世纪 90 年代初，正是国家经济一路高歌猛进的时候，钱易在一片大好的经济发展形势下看到了极为重大的环保隐患：只顾 GDP 增长，不顾环境保护，环境、生态危机在中国已经相当严重，如果再不重视环保问题，国家和人民必将受到大自然的惩罚。她一方面以科学家和人大代表的身份在各种学术会议上和公共场合中呼吁政府及公众关注环境保护、落实可持续发展；另一方面她提出了在清华大学建设绿色大学的倡议，开始在清华大学为各院系学生着手开设公共选修课程——《环境保护与可持续发展》。为了与课程配套，钱易带领课题组与唐孝炎院士合作主编了《环境保护与可持续发展》教材，又制作了 29 集大型系列音像教学片，在国内环保领域开创了先河。该教材被评为北京市精品课程、国家级精品课程，2002年获全国普通高校优秀教材一等奖。

细微处成就大师风范。在学术研究和工作中，钱易的严格要求和原则性是出了名的。每次会议发言和学术报告她都亲自拟稿，认真准备，从不让别人代劳。虽然由于年事已高和事务繁忙，指导博士生不可能事必躬亲，但是对于博士生的毕业论文，她都会认真提建议和修改，连标点符号都不放过。作为全国人大代表和从事环境保护工作的科研专家，钱易参政议政的热情和强烈的社会责任感也永远是师生学习的楷模。与此同时，在繁忙的学术活动、社会活动和科研工作之外，她一直坚持为清华本科生上课。钱易坦言自己最喜欢的事情就是教书——每培养出一个学生，都会带给她无尽的喜悦。从1959年留校任教以来，听过她的课、在她指导下成长起来的学生数不胜数，很多学生已经成长为环境工程科学领域的中流砥柱。她的课循循善诱，娓娓道来，深入浅出，颇受同学们欢迎，她本人两次被学生评为“良师益友”。她从来不将自己的意见强加给学生，而是希望学生提出自己的见解，根据自己的兴趣点去做研究。每逢学生组织学术交流会或者是学生要做学术报告，除非出差在外，她都会赶来，像学生听课一样认真听取大家的发言，之后与同学们一起讨论。谦和民主的态度使同学们都愿意与她交流，不少学生的博士课题就是在会上商量出来的。只要是学生会、研究生会、学生绿色协会等学生组织邀请钱易做报告，如果时间允许，她基本有求必应，在各种学生主办的系列讲座、系列报告中，常常能见到她的身影。

钱易十分关心学生们的生活，经常慷慨解囊，帮助生活上有困难的同学。一位学生的父亲因车祸去世，生活十分困难，情绪低落，甚至想到了退学。钱易得知情况后，一方面给予关照，一方面鼓励和帮助他克服困难，继续学习，而钱易自己却一直非常朴素节约，她经常步行到系馆或者是教学楼，手里拎着一个包，身材瘦小，不认识的人很难想象这是位著名的科学家。

对于系里的青年教师，钱易也是尽心尽力地扶持帮助。她认为，高水平的教师队伍是提高教学质量、培养高素质人才的重要保证，而青年教师的配合和在教学实践中的锻炼是课程持续发展的重要环节。在讲课、编制教材等方面，她经常给青年教师以指导，帮助他们尽快提高教学水平，肯定他们的成绩。“青出于蓝而胜于蓝”，是她常常喜欢用来描述她众多优秀学生的一句话。

平平淡淡总是真。在外人看来，钱易是一位海内外著名的学者，有那么多耀眼的光环笼罩着，但同时她也是一个成功的女性。她有个幸福的家庭，她与丈夫张忠祥是上海同济大学的同学。张忠祥和钱易一样，都是

1988 年，钱易赴台探望父亲钱穆

2012 年 9 月，钱易、张忠祥夫妇在苏州旧居耦园

环保方面的专家。他们在事业上互相支持，生活上互相照料，“志同道合，不分你我，何其乐哉！”两个儿子都在国外工作，都有各自的事业。她常说：“我从不把头衔作为一个人成功的标志，在工作中我常忘记自己是女人，而在家庭中要牢记自己是一个女人。在外面我要做一个好师长、好领导，在家里更要做一个好妻子、好母亲。”她觉得，家庭对自己才是最重要的，即不能因事业影响了家庭，也不能为家庭影响了事业。

回顾这几十年所走过的路，钱易感到自己是幸运的，即使在最艰苦的岁月中，依然有那么多的好人关心她、帮助她、信任她。“我住长江头，君住长江尾。”钱易认为，河流上流的人，对河流下流的人，应该有爱心和关心。由此类推，城市人对乡村人、发达国家的人对发展中国家的人、当代人对未来人都应该如此。“江山如有待，花柳更无私。”钱易认为，以前的伦理观，主要是处理人和人的关系，现在要扩大，要大力提倡环境伦理观，人要善待自然，在新的发展模式下，经济发展和环境保护可以统一起来。谈及这几年还有什么打算,钱易说:“中国经济高速发展的这几年间,环境不断持续恶化,很令人担忧,但越是有问题,我越要努力工作。或许我看不到环境完全变好的那一天了,不过我仍然不悲观,相信可以实现可持续发展!”

钱易对家乡苏州的感情也很深厚。2012 年 9 月,在接受《姑苏晚报》记者采访时她表示:她的父亲钱穆是无锡人,曾在苏州中学任教;母亲是苏州人;她 3 岁到苏州,16 岁离开,在苏州整整生活了 13 年。钱易动情地说:“我幼年的记忆是和苏州连在一起的。在小新桥巷的耦园我们住了十来年,那时正是抗战时期,父亲在昆明的西南联大教书,母亲带着我们在苏州,日子还挺困苦的,但母亲用她的坚强、智慧和能干驱散了这些不愉快。我清楚地记得,耦园里有棵很大的桂花树,秋天的时候,见满树桂花快要谢落了,母亲就在地上铺上一张大大的床单,带着我们‘打桂花’,她把收拢的落花做成桂花糖浆,那个香甜的滋味好像至今还能感受得到。高一时,我加入了顾笃璜先生办的演剧研究社,他是我的恩师,带着我们排戏、唱歌,给我们讲昆曲、评弹、京剧以及文史知识,不久苏州市文联文工团成立,我又被动员参加,我当时热情很高,一心想着参加革命文艺工作。不过,一年后,文工团重新整编,我被分配到无锡苏南文教处。1952 年,作为‘调干生’被上海同济大学录取了。”至此离开苏州求学工作,但她依然忘不了家乡,多次回来省亲和参加苏州的相关活动,包括 2007 年的第二届苏州院士(专家)论坛、2012 年苏州院士回乡活动等等。

(撰稿:徐钦)

钱七虎
泰山崩于前而色不变

钱七虎(1937.10.26—),生于江苏昆山。防护工程及地下工程专家。曾任国际岩石力学学会副主席,国际隧道协会地下空间委员会委员,国际城市地下空间联合研究中心亚洲区主任,中共十二大代表,第八至第十届全国政协委员,国务院学位委员会土木工程学科评议组召集人。现任解放军理工大学教授、博士生导师,总参科技委常委,中国岩石力学与工程学会理事长,中国土木工程学会常务理事、防护工程分会理事长,国防科工委核废物深地质处置专家组副组长,国家南水北调工程专家委员会成员,国家能源储备工程专家组成员,住建部科技委委员,国家标准委专家委员会委员。

1937年,日本帝国主义发动侵华战争,战火烧到了他的家乡,母亲在逃难的小船上生下了他。七岁时,父亲去世,母亲一人艰辛抚养他和兄弟姐妹长大。七虎是他的乳名,因错过了改学名的时间,也就成了相伴终生的符号。1949年上海解放时,钱七虎在上海中学读初中一年级,那时,他最爱读的书是《钢铁是怎样炼成的》、《卓娅和舒拉的故事》、《古丽娅的道路》、《把一切献给党》,保尔·柯察金、卓娅、吴运铎等英雄事迹深深影响着钱七虎,引导着他在革命的道路上成长。1954年,17岁的钱七虎以优异的成绩从上海中学毕业,先被推荐出国留学,后因国防建设急需人才,改为保送到哈尔滨军事工程学院学习。

钱七虎(坐者)在图书馆查阅资料

我国人口众多，土地资源缺乏，城市大气、水环境污染相当严重。开发利用城市地下空间，建设发展三维城市在廿一世纪十分紧迫。是我国廿一世纪可持续发展的重要方向，也是可持续发展对岩土工程提出的发展机遇和重大挑战。让我们在廿一世纪建设众多的地下城市，使城市地面有更多的绿地，山水相映环境优美。

钱七虎 98、12.

他因此成了钱家兄弟姐妹中唯一的一名大学生。1960 年大学毕业后,由于成绩优异,留在学院任教。1961 年,赴苏联莫斯科古比雪夫军事工程学院攻读防护工程专业研究生。1965 年以《土中荷载和柔性结构相互作用计算》的论文获得了副博士学位。学成回国后,被分配到西安工程兵工程学院任教。1969 年又被调到刚刚恢复的南京工程兵工程学院工作,其间担任教员、副教授、教授、训练部副部长等职务。1983 年至 1996 年任南京工程兵工程学院院长。1988 年被授予少将军衔。1993 年成为第八届全国政协委员,并在第九届、第十届连任。1994 年当选为中国工程院院士(土木、水利与建筑工程学部)。1995 年作为总参系统唯一代表被选为全军爱国奉献优秀干部事迹报告会成员。1996 年起曾任总参科技委副主任,至今任常委。

钱七虎一直致力于国防工程和岩石力学工程技术研究,从事防护工程设计计算理论、

1959 年,钱七虎(前排中)在哈尔滨军事工学院时赴广州实习

1981 年,钱七虎为学员授课

教学与科研工作 50 多年,在防护工程计算理论、防护系统工程理论、岩石力学与工程领域进行了长期的探索和攻关,因科研工作成绩突出被中央军委记一等功一次。20 世纪 60 年代,在防护工程抗核、常规武器效应方面解决了防护工程孔口防护、土中浅埋结构、防护结构概率设计理论、三相饱和土介质中爆炸波传播及相互作用等一系列难点问题;70 年代初,在国内首次应用动力有限元法对防护门进行应力分析,先后进行了钢骨架帆布工事、40 米跨大型机库钢防护门、40 米跨钢筋混凝土机库大门等项目的设计和试验研究,领导了我国最大跨度、最大抗力的空军机库防护门的研究设计;80 年代,提出了改进土中结构频率计算的有益思路,对土中结构抗爆计算提出了新的计算系数,首次提出了冲击波作用下我国的三自由度土中结构相互作用计算理论及防护结构概率设计理论,先后建立了我国第一套集团军工程兵、全军工程兵发展趋势动态模型,提出了我国确定人防

钱七虎(中)深入工地指导工作

钱七虎(右二)在实验室指导工作

工程第一代防护标准的若干系列模型,在中国防护工程领域创立了防护系统工程理论;90年代以来,在三相饱和水土介质中爆炸波的传播与相互作用、断裂构造对爆炸参数的影响、抗侵彻炸弹的新型遮弹层研制等方面进行了开拓性工作。1992年,他担任了珠海炮台山大爆破工程总指挥,实施了装药量达万吨的峒室定向大爆破,创造了多层多列条形装药爆破的世界纪录。海内外100多家新闻单位做了报道,称此为“天下第一爆”。李鹏总理视察珠海时称赞道:“这次爆破很成功,是我国爆破史上的一个突破。”21世纪以来,钱七虎把研究重点转到了信息化条件下国防工程和人防工程抗高技术武器精确打击的新课题,带领学术团队开展了天然断层和软衬垫的消波隔震机理和计算方法、防护结构抗冲击爆炸的局部和整体破坏效应的理论计算与数值模拟研究,在深部岩石力学及地下防护工程的关键技术研究领域取得了重要成果,获国家科技进步奖一等奖。同时,他积

1999 年，中共中央军委副主席迟浩田接见钱七虎（左）

钱七虎（前排中）参加上海越海隧道评标会

极呼吁城市地下空间开发利用，主持完成了 100 多万字的《21 世纪中国城市地下空间发展战略及对策》国家咨询课题，推动了我国城市地下空间开发利用的蓬勃发展，主持和参加了国内多条地铁工程、城市水下隧道和海底隧道等重大工程的设计方案审查工作和评标工作，作为专家委员会主任和委员协助完成了南京长江隧道、上海长江隧道和武汉长江隧道，其中因在南京长江隧道建设中的重要建议和贡献，被南京市政府表彰为一等功臣。

50 多年的光阴，换来了满头华发，更换来了他的 14 部技术专著，200 多篇论文以及 10 项国家、军队科技进步奖。50 年求索，只为铸就“泰山崩于前而色不变”的盾，只为铸就一个从不炫耀但一声令下便可“一夫当关，万夫莫开”的阵地和堡垒！

（撰稿：曹小芳、高云、陆宜泰）

徐国钧
痴心研药苦，报得百草香

徐国钧(1922.11.17—2005.6.17)，江苏常熟人。徐国钧生于贫困农家。父母给他取名国钧，是期望他长大后为国家出千钧之力。徐国钧未满3岁时，父亲因病去世。从此，母亲一直守寡，含辛茹苦抚养徐国钧和他的姐姐。姐弟俩从小懂事，帮助母亲干农活、纺黄纱。徐国钧在亲友的资助下，先后进入横塘初小、东张小学读书。徐国钧的成绩总是名列前茅，但迫于生计，在读完高小后还是辍学了。14岁那年，徐国钧在亲戚的介绍下去米店当学徒。抗战爆发后，徐国钧跟随米店老板外出逃难。在重庆衣食无着时，幸遇在国立药学专科学校工作的同乡周太炎，由其介绍进入国立药学专科学校担任技术助理员。徐国钧白天担任制作植物标本等技术助理工作，晚上自学中学课程。终于在两年后的1941年9月，以优异的成绩正式考入国立药学专科学校。

1945年，徐国钧从国立药学专科学校毕业。历任华东药学院生药学系代主任，南京药学院生药学、药材学、中草药学教研室主任，中国药科大学中药系主任、中药研究所所长等职。致力于生药学的教学与研究，尤其在生药粉末、中成药显微分析鉴定方面取得了开创性的成果。

1951年，徐国钧首次将101种植物类生药整理成《粉末生药检索表》。后经过20多年坚持不懈的研究，完成了《中药材粉末显微鉴定》，

1951 年，徐国钧在攻克中药材粉末显微鉴定

青年时期，徐国钧与同事在实验室

收录了 380 种粉末，使我国粉末生药学的研究工作跃居国际领先地位。1956 年，以“灵应痧药”为突破口，率先应用显微分析技术，将麝香等十味药材一一检出，打破原先“丸散膏丹，神仙难辨”的神秘，开创中成药鉴定之先河。之后，继续研究石斛夜光丸、再造丸等近百种中成药显微鉴定标准，填补了国家药典的空白。

1957 年国庆前后，徐国钧被确诊为颅骨外“左筛窦未分化癌”，摘除了左眼，并留下了严重的后遗症——头痛以及三叉神经痛，但他仍重返工作岗位，坚持带病工作，数十年如一日。

20 世纪 70 年代以来，徐国钧开始对多来源中药材进行全面的品种整理和质量研究。“六五”期间完成贝母、金银花和石斛三大类药材的系统研究。“七五”、“八五”期间，“常用中药材品种整理和质量研究”课题被列入国家重点科技攻关项目。作为南方协作组组长，组织完成 112 个大类药材的研究。该课题运用多学科理论和技术，对多来源中药

20 世纪七八十年代，徐国钧（左四）带领师生采集标本

1993 年 1 月，徐国钧（前排左五）参加在新加坡召开的国际肿瘤专题研讨会

进行系统研究，取得举世瞩目的成就，成为中药发展史上的一个创举，为中药科学化、标准化、国际化做出积极贡献。作为该项目的第一完成者，徐国钧荣获国家科技进步奖一等奖。1972 年，徐国钧负责长沙马王堆一号汉墓出土药物的研究，鉴定出茅香、高良姜等 9 味药材，开创了药物考古史上的先河。

1975 年，徐国钧因胃溃疡，再次入院进行腹部手术。出院后的徐国钧依然顽强奋战在科教舞台上。20 世纪七八十年代，他亲自培训各省市药检人员，对我国中成药产品的检验与质量保证起到了重要作用。1982 年，完成了日方委托的海马补肾丸显微分析，将海马等 20 种组成药物逐一检出，成为我国第一个具备完整科学鉴定标准的出口中成药，赢得了国际信誉。

徐国钧出版专著、教材、教学参考书 50 余部。其中 1953 年主编出版的以中药材为主要内容的《生药学》，结束了我国生药学教材依赖外国教科书的历史。20 世纪 60 年代，与学校师生编著并负责审阅的《药材学》，被誉为我国中药材研究与应用领域的经典著作。该书是国内外第一部也是迄今唯一的具有中国传统中药特色的药材学专著，被国外学者誉为我国近代研究中药的巨著。另自编或合编《中草药学》、《中药材彩色图谱》、《中国药材学》等著作。

“今朝活着今朝干，哪怕明日赴黄泉。生命延续一天，就要为党和人民工作一天。”他是这样说的，也是这样做的。1995年11月，徐国钧中风入院，经抢救出院后再次投入紧张的科教工作中。同年，当选为中国科学院院士（生物学部）。2001年，获何梁何利基金科学与技术进步奖。

2007年4月15日，徐国钧的子女徐卫星、徐小梅根据父亲生前遗嘱，专程从南京赶到家乡常熟，向常熟市档案馆捐赠档案263卷3533件。

（撰稿：吴红红）

1987年11月，徐国钧在中药材品种整理和质量研究南方会议上做报告

1991年9月，徐国钧在药用植物园

徐国钧（中）访日期间与日本学者在药用植物园作业

顾懋祥
凌风御海的造船专家

顾懋祥(1923.1.25—1996.5.21),祖籍江苏太仓,生于吉林长春。我国著名的船舶与海洋工程专家。1979年任中国船舶科学研究中心(702所)所长、研究员,并兼任哈尔滨船舶工程学院教授、博士生导师,中国船舶力学学术委员会副主任,国防科工委水动力学专家组第一任组长,中国船模试验池大会主席等职。他倡议创办《水动力学与进展》并担任编委会主任。先后主持研究国家重大科研项目近百项。获全国科学大会奖、国家经委一等奖和中国船舶工业总公司二等奖等。发表学术论文近40篇,出版专著《船舶摇摆》。1995年当选为中国工程院院士(机械与运载工程学部)。

顾懋祥的父亲是爱国归侨。1935年,顾懋祥随家到北平,入崇德中学。次年迁居厦门,考取英华中学。1939年考入香港大学机械系,后因日军入侵而辍学。他做过柴油机修理技师,教授过柴油机与英语,在轮船上当过水手、伙夫、管轮等,既为自己筹备学费,又磨炼了意志,熟悉了船舶和海洋。1945年毕业于上海雷士德工程学院机械系。1947年考入美国密歇根大学研究院造船专业,1949年获工程硕士学位。

1950年,顾懋祥回国,任教上海交通大学造船系。1952年,奉调到哈尔滨军事工程学院筹建海军工程系,先后任系科主任、副教授和教授。除教学外,他

顾懋祥和 Bishop、Price 等在一起

在我国率先开展现代新船型的研究。1958 年，顾懋祥分析和阐明了逆浪与顺浪条件下水翼攻角变化的理论，指导把 123K 鱼雷艇改装为单水翼艇，提高其航速 5 节。

顾懋祥带领研制成第一艘气垫船，于 1959 年 7 月 12 日自旅顺基地出发开始海上长距离首航，比英国早 13 天。

顾懋祥是我国减摇鳍技术创始人。1960 年，他用平稳随机过程理论分析指导船舶减摇鳍系统设计，成功地应用于 0111 炮艇(即上海级高速护卫艇，曾是我国海军的主力攻击快艇，定型后大量生产并出口友好国家)，此项成果在 1978 年全国科学大会上获奖。他的《船舶摇摆》专著阐明和反映了当时国际上最新成果。

随后，顾懋祥开创我国船舶耐波性理论研究及数学计算工作，组织并领导了哈尔滨船舶工程学院的专家首次在国内完成了舰艇在波浪中运动的二维计算程序。

1979 年，顾懋祥到无锡 702 所任所长(1986 年后为名誉所长)后，积极组织和领导

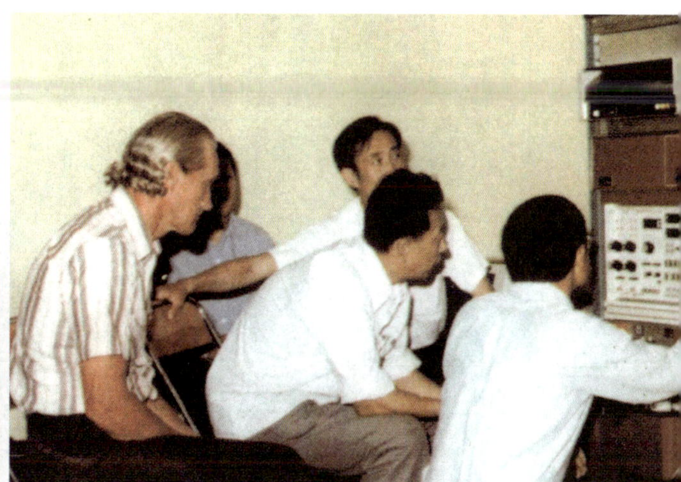

ITTC 耐波性委员会在无锡举行工作会议时合影。右一为顾懋祥

顾懋祥（右二）奋战在科研前线

所内科技精英，在我国最先系统地开展海洋工程研究工作。顾懋祥指导他们收集了我国南海与西太平洋海区的 20 年船舶资料，进行了大量的数据分析，提出了新的海浪估算方法。完成了单点系泊、多点系泊、张力腿式平台、半潜平台等大量浮式系统研究及平台管节点疲劳研究。这些研究成果直接应用于我国海上石油工业的发展。顾懋祥带领 702 所的海洋工程研究走在了全国前列，被称为我国海洋工程浮式系统研究领域的奠基人。

1985 年，在第四届国际数学船舶流体力学会议上，顾懋祥提出了由波群诱导的长波理论，至今仍处于国际领先地位。

20 世纪 80 年代末，澳大利亚 ASD 公司设计出世界上第一艘无舱盖集装箱船 Bell Pioneer 号，顾懋祥亲自主持在无锡 702 所水池为 Bell Pioneer 船模进行耐波性系统试验，采取了一系列技术措施，保证了该船的成功诞生。

1990 年，顾懋祥患癌症，动过两次手术，

留学归国途中

他不顾身体虚弱，开始研究人工神经网络。他率先把人工神经网络用于船舶控制，与他人合著《自适应神经网络用于船舶动力定位系统》、《人工神经网络控制器在水下无人运载器导航中的应用》等论文，相关成果获得国际专利和部级成果奖。

他长期执教于我国船舶教育高等学府，在讲台上辛勤耕耘近30年，诲人不倦，702所成为了国内船舶流体力学和船舶结构力学的第一批硕士、博士培养点。顾懋祥指导、培养了6名博士和11名硕士。顾懋祥以广博的学识和卓越的工作活跃在国际学术界，同时也带领科技人员走上国际舞台。

这位德高功著的学者永远活在人们心中。在他逝世5周年时，他

顾懋祥在哈尔滨军事工程学院时与苏联专家在一起

顾懋祥（左二）在孜孜不倦地工作

的同事、学生编写了《他还活着——顾懋祥院士纪念集》，由《中国造船》编辑部出版。100多位作者从各个侧面怀念他为祖国奉献一生，在船舶科研及教育事业中创下的丰硕业绩和他感人至深的精神风貌。哈军工老院长刘居英题词："教学科研成果卓著，爱才育人桃李芬芳。"在他逝世15年之后，702所为他竖立铜像，举行纪念顾懋祥院士学术研讨会，并编印出版了论文集，以他所开拓的海洋工程领域的新成果告慰他的在天之灵。

（撰稿：王敏红、张橙华）

殷震
喜欢新鲜的问号和未完的逗号

殷震（1926.6.28—2000.7.18），原名殷之士。江苏苏州人。动物病毒学和分子生物学专家。

殷震的祖父殷伯虔是当时苏州吴县甪直镇颇有名气的国画家。老画家一心想把最小的孙子培养成能与唐伯虎、文徵明比肩的苏州名士，故为他取名殷之士。殷震的父亲殷云林早年肄业于复旦公学，学的是机械，后因肺病退学返乡，在甪直中学教书。殷云林颇擅翰墨，写得一手好字，行草篆隶俱佳。甪直镇上的不少碑文、店幌都由他挥毫，堪称镇上的一位名士。殷家家学渊博，先后培育了两位院士，一位是家中排行第五的中国工程院院士殷震，另一位是材料学家、1993年当选为中国科学院院士的殷家长子殷之文。

生于书香门第的殷之士自幼接受传统文化的熏陶，不仅文化底蕴比较厚实，而且从小以长兄为榜样，养成和树立了矢志苦学、奋进攀登的志向。他喜欢各种有生命的小动物，对动物世界的痴迷爱好，使他在1945年考大学之际选择了南通学院畜牧兽医系。他抱定“科学救国”的理想，决心走一条自己向往的路。

1949年上海解放，正值大学毕业之际的殷之士，怀着满腔青春热血，改名为殷震，踏进了人民军队的大门——华东军区兽医学校。历任华东军区兽医学校教员，解放军兽医大学、农牧大学、军需大学助教、讲师、副教授、教授、校专家组组长、解放军基因工

工作上奋发进取；
学术上精益求精；
作风上严谨务实；
生活上适可而止。
殷震
1998.7.23.

1998 年 7 月 23 日，殷震在长春解放军农牧大学全军基因工程重点实验室

程实验室主任等职。

1953 年，华东兽医学校并入长春解放军兽医大学。殷震服从安排，从秀丽的江南来到冰天雪地的北国。因工作需要，他开始学习俄语。从头学习一门新的语言并且在很短时间内入门且熟练运用，对普通人来说是件十分困难的事，但殷震凭借自己良好的英语基础只用 23 天就基本掌握了俄语阅读能力，能够借助辞典顺利翻译俄语教材。他还担任了兽医大学的编译科长，先后翻译出版了 10 多本俄语教材和参考书。这时期的学业积累，使殷震在此后几十年的科研究教学事业中都受用不尽。

殷震(左一)和与学生一起做实验

殷震的四个子女

“文革”结束,重新打开国门后,殷震发现我国相关研究已落后先进国家至少20年。面对差距,殷震凭着精通外语的优势,带领学生们虚心向发达国家学习,不仅重拾起“搁浅”的老课题,而且深入了解西方发达国家正在研究的新课题。他曾感慨地说:“较好的英语基础,是我在同代知识分子中能够较快取得新研究成果的原因之一。”在治学的道路上,很多人喜欢画句号,但殷震喜欢的却是画新鲜的问号和显示着没有完结的逗号。他每天工作12小时,研究的领域也从过去的“以马为主”发展为猪、鸡和毛皮动物的疫病防治。

1984年开始,殷震的研究课题渐渐从细胞水平发展到分子水平。不仅在全国领先,有些项目在世界上也达到前沿水平。在殷震的主持下,兽医大学成立了中国人民解放军基因工程实验室和动物病毒研究室。在国内率先开展了基因工程、细胞工程等高技术研究,在国际上首次在实验室内实现不同属病毒基因的细胞内重组。他在国际上首创的转基因家兔的自体植入技术,曾获国家科技进步奖一等奖。

1995年,殷震用半年多的时间,马不停蹄地参观访问了美国6所大学和1个研究室,把目光始终瞄准世界科学的前沿。作为生物学家,殷震深深懂得人的寿命是有限的,一个

1994 年，殷震（右一）与大女儿一家在苏州角直保圣寺

1995 年，殷震夫妇在美国芝加哥

人的作用是渺小的，但事业是无限的，需要一代接一代的人去努力，去追求，去完善。他十分注意育人，要求学生们的格言是：有志，有心，有恒，有成！他甘当人梯，先后为国家培养出博士和硕士研究生近 50 名。为了赶超世界先进水平，殷震向国外一些大学、研究所推荐了 10 余名研究生。实践证明，中国的人才质量一点也不比发达国家逊色。殷震培养的学生，很快就能投入实验与工作。1990 年，殷震被国家教委、科委评为全国高校先进科技工作者，同年获国家“有突出贡献的高级专家”称号，并被批准享受政府特殊津贴。1995 年，殷震当选为中国工程院院士（农业学部）。

殷震说：“领先只能是暂时的、相对的，落后和不足却是绝对和永久的，所以必须不断充实自己，更新自己，这也就是为什么我们必须学习、再学习的道理。”“我希望我们这个泱泱大国在不太远的将来，能够成为全世界的科学技术中心，全世界的经济中心和全世界的文明中心。如果愿望没有达到而人先死了，那就叫作遗愿，我的遗愿也还是这些。”2000 年 7 月 18 日，殷震在外出讲学途中突遇车祸，因公牺牲，享年 74 岁。

（撰稿：薛懿）

徐晓白

中国环境化学学科的开辟者

徐晓白(1927.5.28—),生于江苏苏州的一个书香之家,曾住在学士街,很小的时候去了上海。父亲徐祖藩,字季杰,一生从事航海和航海教育,曾任吴淞商船专科学校(今上海海事大学的前身之一)校长。抗日战争时期,坚决拒绝为日伪政权工作,赋闲在家,依靠昔日积蓄维持一家人的生活。同时,他不放松对孩子的教育。良好的家庭文化氛围的熏陶,使徐晓白从小就养成热爱科学、追求真理的个性和品质。

1938年,徐晓白考入当时中国名校之一的上海南洋模范中学,6年后以全校第二名的成绩考取上海交通大学化学系,她当时的想法很朴素,选择化学专业是因为毕业后容易找工作。大学期间,她不仅学习刻苦,成绩领先,除一门功课虽为第一名但教师最高只给80分外,其他各门课程全优,还爱好文艺和体育,喜欢打篮球、排球和弹钢琴,是上海交通大学合唱团女高音部的一员。

1948年毕业后,徐晓白受聘中央研究院化学所,师从分析化学家梁树权教授,从事无机化学分析方法研究。在短短一年多时间里,她完成两篇有关钨、钼、硫等测定方法的研究论文。1950年,中国科学院成立后,徐晓白跟随柳大纲在上海中国科学院物理化学研究所工作。1952年,他们到长春应用化学研究所,从事无机发光材料研究。当时,中国仅南京灯泡厂能小批量生产日光灯,而且所用材料成本高、毒

1983 年，徐晓白（后排右二）参加老师柳大纲院士（前排中）80 寿辰暨从事化学工作 55 周年庆贺活动

性大。1953 年，徐晓白接受了研制新型卤磷酸钙日光灯荧光材料的任务，担任项目组副组长。他们于当年年底完成全部实验，掌握了数种发光效率高、具有不同色校温度荧光料的制备方法。1954 年，全套技术资料移交南京灯泡厂，该厂随后批量生产了采用新型荧光材料的日光灯。这是我国最早进行的新型日光灯荧光料的系统研究。

1956 年，中国科学院化学研究所成立，徐晓白调到北京工作。1958 年，中国开始开采稀土，相关研究急需跟上，徐晓白也在这一年承担了稀土高温二元化合物的研究任务。她先后完成了一系列稀土硼化物和硫化物等的制备、反应机理、物理化学性质以及较大量硼化镧、硫化铈的制备工艺，并将六硼化镧加工成阴极材料原件、将硫化铈加工成精密铸造模具芯和

20世纪40年代的全家福，摄于上海。后排左起：徐千里（妹妹）、徐晓白、徐民苏（弟弟），前排为母亲夏佩玉和父亲徐祖藩

1980 年至 1982 年，徐晓白在美国加州大学伯克利分校做访问教授时与同事合影

坩埚，交多家单位使用，效果较好。

20 世纪 60 年代，为配合原子能方面的任务，徐晓白又将工作重心转移至核化学研究。1962 年，徐晓白承担了合成从四氟化铀到六氟化铀之间的中间氟化物的任务。她深入考察了化学反应过程、中间物形成条件等因素，另辟蹊径，合成了一系列纯净的中间产物并阐明了工艺的优选条件。1965 年根据核工业需求，徐晓白开展了分离铀铝合金元件和回收铀的研究，她不顾“文革”的干扰，坚持实验工作，力排众议，采用正确的工艺路线，成功分离铀、铝，铀回收率达 99.5%，与当时美国阿贡国家实验室发表的结果相同。

1975 年，中国科学院环境化学研究所成立，组织安排徐晓白改行从事环境有机污染物分析研究，她告别了从事近 30 年的物理化学、无机化学工作，踏上新征程。当时，中国科学

20 世纪 80 年代，徐晓白和外国同行交流

1991 年，徐晓白与丈夫胡克源在美国加州大学伯克利分校合影

院环境化学研究所（现更名为中国科学院生态环境研究中心）正在研究重点有机污染物的痕量分析方法。徐晓白组织科研人员，引进吸收国外一系列监测方法，并通过一系列改进提高了检测灵敏度、扩展了实验对象，促使一批分析方法为国家环保局采纳，成为中国第一批有机污染物的环境监测国家标准。

1980 年至 1982 年，徐晓白在美国加州大学伯克利分校做访问学者。经过艰苦努力，她先在 1981 年首次报道了从柴油机尾气颗粒物中检出强致癌物 2－硝基芴，继而又报道检出 50 多种硝基多环芳烃和含氧硝基多环芳烃等直接致突变物。这是关于柴油机排放颗粒物研究的重大突破，有关结果已被百余篇外国文章引用，也是当时美国有关部门决策是否实施柴油机化的重要依据之一。

1984 年，回国后，徐晓白在北京大气飘尘中和我国工业炭黑中也检出一系列硝基多环芳烃致癌物，据此提出了炭黑工艺条件的改进

2002 年，徐晓白和外国同行交流

2007 年，中国科学院生态环境研究中心领导为徐晓白（右二）祝贺 80 寿辰

建议，并指出燃煤排烟是重要的硝基多环芳烃污染源。这些研究积累了不同炉型和煤种燃烧排放多环芳烃的数据，研究结果不仅丰富了环境化学的基础研究理论，还对决策部门制定大气质量标准和能源政策以保护环境和人体健康有重要意义。

1988 年，徐晓白开展了有毒有机物环境行为和生态毒理研究，对有机锡、多环芳烃、二噁英类及某些国产新农药在环境中的迁移、转化和归宿等环境化学行为和生态毒理效应进行了比较系统深入的研究。1992 年，徐晓白主持开展“八五”国家重大基金“典型化学污染物在环境中的变化及生态效应”项目，深入研究一系列国际上普遍关注的典型化学污染物在环境中的存在、迁移转化及降解过程、生态毒理效应、定量结构与活性关系以及其对生态系统结构与功能的影响，首次报道了我国二噁英类等主要污染源及其生成机理，所发展的环境化学与生态毒理学研究方法对我国相关领域的研究产生了重要影响。

1995 年，徐晓白当选为中国科学院院士（化学部）。同年，开展国内持久性有机污染物的调查和研究工作，为我国参加讨论制订国际公约的代表提供重要科学资料并开拓了新的研究领域。1999年,被聘为持久性有机污染物国家技术协调组成员。2001年,组建了中国化学会环境化学专业委员会,吸纳了全国范围内具有广泛影响的环境化学专家学者,建立了每两年一届的全国环境化学学术大会的机制,促进了环境化学学科的发展。2002年,当选联合国环境规划署/全球环境基金委第三届咨询理事会理事。2004年,在徐晓白等人研究成果的支持下,中国加入了旨在禁止或限制持久性有机污染物的《斯德哥尔摩公约》。

徐晓白的坚毅性格、严肃认真与耐心细致的作风和勤奋刻苦的精神使她在陌生的领域中取得一个又一个突破。她在国内外发表论文260余篇,译书1本,主持出版中英文专著3部;她在稀土利用及核化学领域的研究于1978年获中国科学院重大成果奖2项,主持的"硝基多环芳烃和多环芳烃综合研究"于1989年获国家自然科学奖三等奖,2001年获何梁何利基金科学与技术进步奖,主持的"典型化学污染物过程机制及生态效应研究"于2006年获国家自然科学奖二等奖,另获国家级或中国科学院奖励近10项。

徐晓白对培养科技人才也尽心竭力,善于引导身边的同事和学生开拓前沿性研究。她言传身教,在学术上严格把关,拒绝了所在单位以外所有其他单位邀请挂名的博士生导师头衔。她桃李满天下,先后培养硕士生10余人、博士生20余人、博士后4人,其中不少学生已在科学研究岗位上发挥着骨干作用。

徐晓白的弟弟徐民苏毕业于清华大学,曾任苏州建委副主任,牵头编写过《苏州民居》一书;妹妹徐千里,毕业于同济大学,曾创办芜湖市第二人民医院病理科,是全国劳动模范、全国五一劳动奖章获得者。

徐晓白关心家乡苏州的环境保护和年轻一代的发展。1998年,她致信苏州市沧浪区开展的"科学小主人"活动,鼓励小学生勤思考、多请教、多积累。其中特别提到了垃圾分类问题,分享了国外有关垃圾分类回收的见闻,并鼓励青少年思考如何做好苏州乃至全国的垃圾分类工作。

(撰稿:姜颖鹏)

潘镜芙
“为学当似金字塔”

潘镜芙(1930.1.20—),江苏苏州人,原籍浙江湖州。船舶工程专家,长期从事我国舰船总体设计研究工作,曾任701研究所副所长兼副总工程师、中国舰船研究设计中心研究员。作为总设计师主持设计了我国两代四型导弹驱逐舰,每一型舰在技术上均有新的突破,体现了我国水面舰船设计在各个阶段的最新技术水平,为中国海军装备现代化做出了重大贡献。1995年,当选为中国工程院院士(机械与运载工程学部)。

潘镜芙生在江南水乡南浔镇一户经商人家。日军入侵南浔后,潘家原本安定殷实的生活动荡起来。潘镜芙随家人乘坐一叶小船,沿水路辗转逃难,先到上海,然后举家落户苏州。童年时期的这段苦难经历让他印象深刻,他清楚地记得逃难途中在黄浦江畔看到的一艘艘日军军舰、外国巨轮,却没有一艘是中国的。自此,对舰船的企盼、对国家命运的理想在潘镜芙幼小的心灵上萌发。

1942年,潘镜芙随父母定居苏州,中学时代先后就读于乐群中学(今苏州市第三中学)、苏州市第一中学和苏州中学。在名师讲授和良好校风的培育下,潘镜芙勤奋好学,文理科成绩均优良,并记住了这样一句格言“为学当似金字塔,既要博大又要高”。很多年后,潘镜芙多次回顾自己的一生,都始终深情地说起中学时代的这句格言是如何指导着他在今后的学习和舰船设计生涯中获

"为学当似金字塔，既要博大又要高"这句话使我终身受益。青少年时代喜爱的文史诗词，長期来我仍然爱好。紧張的工作后，一卷在手，浏览阅读，感到其乐融融。

潘镜芙

1999年6月9日

1999 年 6 月 9 日，潘镜芙在上海中国船舶工业总公司 701 研究所

得成功的。

1952 年 9 月，潘镜芙以优秀的成绩毕业于浙江大学电机专业，被分配到华东工业部电工局电气设计处和第二设计分局工作。三年之后，这位怀抱着满腔建设祖国的热情、又有出色技术能力的年轻人得到了命运之神的特别眷顾。当时，中国海军急需加强装备建设，船舶行业迎来了大好发展机会。1955 年 3 月，潘镜芙作为专业技术人才被调派到上海船舶局第一产品设计室。自此，他与新中国的舰船设计结缘，开始了为之奋斗终生的事业，童年时期的梦想也变成了现实。也是在这里，1956 年，潘镜芙光荣地成为了一名共产党员，心中为国家、为民族新的崛起而奋斗的愿望更加强烈了。

在苏联专家的指导下，潘镜芙首先参加了扫雷舰研制全过程，并深刻理解了"学以致用"的道理，这为他今后一生的舰船设计事业打下了基础。此后不久，大批苏联援建专家撤走，我国自行设计舰船加强海军装备的事业起步。20 世纪 60 年代初，潘镜芙与一批设计人员

1955 年，潘镜芙（前排右三）在上海船舶局第一产品设计室与苏联专家室领导合影

集结到了中国舰船的总体研究设计所——701 研究所。31 岁的潘镜芙在负责水面舰船电气研究设计工作中，瞄准国外造船先进国家电气系统发展趋势，果断提出我国船用电制从直流电向交流电转换，首次成功地在我国自行设计的护卫舰上实现了交流电制。

20 世纪 60 年代后期，我国开始自行设计第一代导弹驱逐舰，潘镜芙担任舰船设计领导小组主要成员，具体负责舰上电气、武备和动力机械部分设计。舰船的设计制造是一门综合的科学，作为总设计师要懂得船舶、机电、电子、武器等各方面知识，这对他是极大的挑战，要解决各专业间交叉的重大技术问题，既要有广泛的知识面，还要能针对各专业技术难题找到解决办法。在当时国家财力紧张、长期受西方技术封锁、又遭遇"文革"冲击的境况下，潘镜芙带领多个科研单位多学科技术人员自力更生，以开创性的系统工程观点进行设计，攻克了大量技术难关。1971 年年底，我国第一代导弹驱逐舰首制舰 105 舰完成试航交付海军，舰上第一次加装了导弹，形成了导弹、火炮、反潜武器系统，实现了我国海

1995年辽宁锦西，潘镜芙（中）与112舰舰长、政委在甲板合影

1997年5月29日，112舰访美归来，停靠广东湛江

军导弹驱逐舰零的突破。中国海军从此迎来了导弹上舰、舰载武器由单个装备形成武器系统的新时代。

20世纪70年代后期，潘镜芙作为总设计师，攻克远洋航行中的油水补给等难题，为我国海军编队成功改装设计了一艘指挥舰，即132舰，这是当时我国驱逐舰系列中性能最优良的舰艇。潘镜芙因此获得国家科技进步奖二等奖。1980年，132舰率领我国自行研制的舰队首次远航南太平洋，结束了我国海军只能在家门口转一转的历史。

20世纪80年代初，潘镜芙受命同时担任第一代改进型导弹驱逐舰和第二代新型驱逐舰总设计师兼作战系统总设计师。当时潘镜芙已从事舰船研制设计20多年，对比国外舰船武器装备和电子技术的新发展，深感我国舰船作战能力要提高，急需大步改进提升舰上武器系统。他大胆瞄准世界先进水平，吸收国内最新电子科学成果，运用系统工程思路首次在我国改进型导弹驱逐舰上，将各种武器和电子战装备组成了有机联系的作战系统。1990年，两艘改进型驱逐舰研制成功。潘镜芙因此于1992年再次获得国家科技进步奖二等奖。此外，在研制过程中他提出的建立陆上全武器系统试验场的建议，成

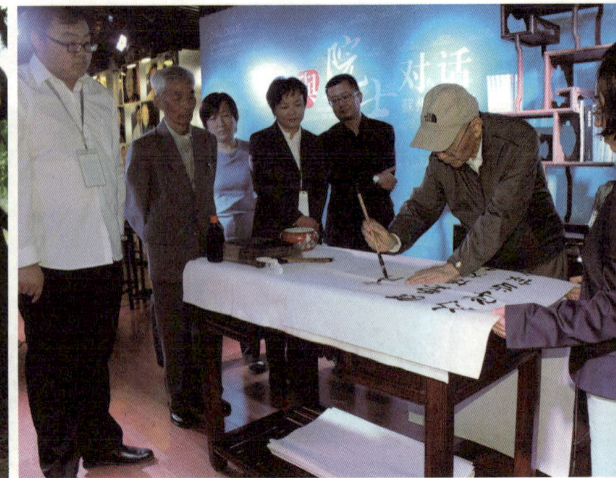

1998 年，潘镜芙与家人

2012 年 9 月 29 日，潘镜芙在苏州市名人馆题写人生格言“为学当似金字塔，既要博大又要高”

为之后我国新舰研制严格遵循的规则。

在我国第二代新型导弹驱逐舰的设计中，潘镜芙发展系统工程观点，对设计方法做了全面改进。明确应将驱逐舰这个平台自身与其上面的负载一起，看作一个全武器系统来进行优化设计，以达到全舰有机协调、综合性能兼优的目标。1994 年至 1996 年，两艘新型驱逐舰 112 舰和 113 舰相继完成，成为当时现役舰艇中排水量最大、技术最先进、作战能力最强的舰船。首舰 112 舰被誉为“中华第一舰”，在之后多次海上演习和出访活动中得到上级领导的高度评价。新型舰的总体性能达到了综合性能兼优的预定目标，在国内舰船上首次形成了完整的全武器综合作战系统，大大缩短了我国海军舰艇与世界先进海军的差距。1999 年，潘镜芙因此获得国家科技进步奖特等奖。

潘镜芙为我国两代四型导弹驱逐舰的研制成功做出了重大和开拓性的贡献，在中国海军走向蓝色海军的过程中，他担任总设计师研制的军舰在其中扮演了不可或缺的角色。

20 世纪 90 年代后期，潘镜芙从设计一线退出，担任顾问，但仍然时刻关注和思考现代水面舰艇发展趋势，撰写发表专业论文10余篇。同时，参加各种技术报告会和辅导讲座，表达对中国造船事业的一腔热情和对造船人才后继有人的期待。

在生活中，潘镜芙对家人充满了深深的歉意。科研工作的需要让他在婚后有20多年的时间都奔波在祖国的大江南北，长期与妻子分居，无法照顾一双儿女和在苏州老家的父母。对此，与他伉俪情深的妻子给予了他充分理解和大力支持。

潘镜芙对家乡苏州充满了感情。近年来他先后回到母校苏州市第一中学、苏州市第三中学和苏州中学参加校庆、报告会等活动。2012年9月，他专程到访苏州市名人馆并表示，虽然出生在湖州，但苏州的成长、求学经历，奠定了自己的人生基础，父母终老在苏州，兄弟也住在苏州，所以一直把自己看成是苏州人，每年都要回苏州看看。“祝愿家乡的明天更美好，希望家乡的孩子努力学习，培养不同学科之间的‘跨界能力’”，说到这里，他当场挥毫题字，“为学当似金字塔，既要博大又要高”。

（撰稿：钱轶颖）

李庆忠
毕生献给石油勘探事业

李庆忠(1930.10.10—),江苏昆山人。石油地球物理勘探专家。1995年当选为中国工程院院士(能源与矿业工程学部)。

李庆忠生于昆山,后随家人移居上海,抗战爆发后,他又回到昆山读了半年书,尽管时间不长,但对故乡的感情始终不减。后来每次乘火车路过昆山,他总要打开窗仔细观看。他为昆山崭新的厂房、高楼大厦和宽敞的大道而高兴,他看到故乡变了,再也不是昔日那个破旧的小县城了。

李庆忠在上海考入清华大学电机系,后转入物理系。1952年毕业后,主动要求到最艰苦的地方新疆去工作,年轻的李庆忠和他的伙伴们走进了一望无垠的准噶尔大沙漠,为新中国寻找石油,为摘掉贫油国的帽子贡献自己的青春。新疆8年的工作经历为李庆忠今后的研究打下了坚实的基础。

1961年,李庆忠和同样从事勘探工作的妻子一起参加大庆、胜利、华北石油会战。他始终严格要求自己,在艰苦的环境中锻炼自己,心里只有一个念头:只要能使祖国摆脱石油落后国的帽子,再苦也干。他参加了轰轰烈烈的大庆会战3年,后来华北石油会战打响后,又到胜利油田干了15个年头。历任胜利油田地质指挥所副指挥、胜利油田副总工程师、地球物理攻关队队长等。李庆忠领导的牛庄地球物理攻关队在会战中立下了不少战功:我国第

石油地球物理
勘探事业是一种
艰辛劳动与知识
密集的高科技
相结合的工种。
我热爱我所从
事的工作。

李庆忠
1998.3.

李庆忠在工作室

一台模拟磁带地震仪、第一台超声波测井仪、伽玛—伽玛测井仪等新仪器都在牛庄这个小园子里试验成功并投入了生产。后来，李庆忠到东营地质指挥所当副指挥，专管地球物理勘探及井位的审定工作。在东营的10多年里，他为孤岛、永安镇、郝家、现河庄、利津、商河西、义和庄及五号桩等油田第一批发现井的拟定都起到了积极的作用。长期艰苦的生活损害了他的健康，但每当他看到探井喷出高产油气的时候，总感到无比喜悦。他把壮年时代贡献给了祖国的石油会战。

1980年后，李庆忠在中国石油天然气总公司地球物理勘探局任副总工程师、教授级高级工程师。2001年，又兼任中国海洋大学海洋地球科学学院名誉院长、博士生导师。

李庆忠在长期地球物理勘探研究及实践工作中认识到几何地震学过于粗泛，必须研究地震波的绕射和叠加，才能全面认识地下结构，从而精确定位储油区，使我国地震勘探

2000 年，李庆忠（左三）参加北京 SEG 年会（勘探地球物理学家学会年会）

2002 年，李庆忠（前排左三）重返罗布泊

技术跃上波动地震学新阶段。他首先系统地阐明了地震波的波动理论。1966 年首次提出三维地震勘探方法及原理。1972 年与国外同时提出了“积分法绕射叠加偏移”技术，写成了《地震波的基本性质——复杂断块区的反射波、异常波与干扰波》共 20 万字的长篇论文，这时波动地震学的思想才逐步地为大家所接受。1975 年该技术在国产计算机上投产，发挥了很好的效益。在华北商河油田上，经绕射扫描叠加后的资料断层准确，构造清楚，在临邑大断层下方发现不少高产断块，短短两年时间内探明石油地质储量 5400 万吨，把一个鲜为人知的勘探新区建成年产 40 万吨的石油基地。针对美国十字型和环状三维技术的缺点，1974 年他在胜利油田辛立村地区组织了世界上第一片束状三维地震勘探，可以克服多次反射的干扰，后成为陆上三维勘探的主要方法。

为了在缺乏大型计算机的条件下运用波动地震学，1974 年他首创两步法三维偏移，可以少占内存，以便在中小型机上计算，在当时其效率比用“一步法”偏移高数百倍。1978 年在美国勘探地球物理学家协会年会上，他代表中国地球物理学家做了第一个学术报告，与会

各国专家报以长时间掌声。

1993年，李庆忠发表了专著《走向精确勘探的道路》，全面评述了高分辨率地震勘探的理论及发展方向。1985年作为主要参加者完成的“渤海湾盆地复式油气聚集区（带）勘探理论及实践”获国家科技进步奖一等奖。1991年李庆忠被国务院批准为国家级有突出贡献的专家。1995年被授予“石油工业杰出科技工作者”称号。

（撰稿：曹小芳、高云、张橙华、陆宜泰）

李庆忠（左二）指导学生研究

李庆忠（左一）指导野外试验

李庆忠（中）在国际会议上和外国专家交流

薛鸣球
光学点亮人生

薛鸣球(1930.10.18—)，生于江苏宜兴一个中医之家。1956年毕业于浙江大学首届光学仪器专业。1995年当选为中国工程院院士(信息与电子工程学部)。现任职于苏州大学现代光学技术研究所。

薛鸣球整个小学和初中时代在抗日战争中度过。作为抗日初期的前线，其家乡几乎每天下午都会遭到日军轰炸，母亲带着他到离家几里路更偏僻的地方躲避炸弹，母亲识字很少，但每次逃难总要叮嘱他带好学习用具，不时地督促其学习，还教他用杨柳枝在地上练字和做算术题。不幸的是，母亲过早地离开了他。初中开始，就读于宜兴西锄中学，后停办，改读凌霞中学，也停办，改读赋村中学。此时家乡已成为沦陷区，有老师通过巧妙的方式向他们传播抗日救国思想，在他幼小的心灵播下了以优秀成绩报效祖国、打击侵略者的火种。1945年，升入常州中学。三年后，以优异成绩考入浙江大学机械系。

由于家庭经济困难，长期营养不良和过度勤奋疲劳，薛鸣球进入大学不到一学期就不得不辍学，直到1950年8月继续学业。1952年，经何增禄教授同意，转入国内首创的光学仪器专业学习。四年后毕业。尽管学习成绩并不突出，但在毕业论文答辩时，意外地被答辩委员会主席王大珩教授看中，点名要他到中科院长春光机所工作。在王大珩的指

科研工作是艰苦的，也是乐无穷，有时可以如醉如痴。
薛鸣球
一九九八·十·廿八

薛鸣球在中国科学院西安光学精密机械研究所做学术报告

导和关心下，薛鸣球一踏上工作岗位就开始在科研上崭露头角，为新中国的光学仪器开创了多个第一。

1958年，薛鸣球成为了一名中国共产党员。同年，年仅28岁的他，研究设计出我国第一台高精度经纬仪，接受毛泽东主席的视察。

1959年，薛鸣球设计研制出我国第一台大口径高倍率远距离望远镜。该望远镜长期用于对台海防观测，随着台海局势的缓和，目前被架设在附近的一个旅游点，供游人观赏祖国宝岛的风光。同年，在我国第一次光学设计学术报告会上，发表了4篇论文，提出了广角长工作距物镜、光谱仪等系统的设计方法，获得了严济慈、钱临照和王大珩等著名科学家的赞赏。

1962年，薛鸣球研制了平面光栅单色光计的光学系统，与王之江共同提出了在光栅单色光计中校正残余彗差的新观点和增高狭缝高度的新方法，论文《论平面光栅单色光计的

薛鸣球(后排右)欢送同学参军

1998 年 10 月 28 日，薛鸣球在中国科学院西安光学精密机械研究所光学测试实验室

光学质量》发表在《物理学报》上。

1967 年，薛鸣球负责我国第一颗光学遥感侦察卫星"尖兵一号"相机的光学系统设计，设计了高质量光学系统，创造性地提出长焦距半复消色差设计，解决了高级色差校正、中心遮拦、杂光防止、工艺实现等难题，开启了我国军用侦察卫星相机的发展。作为国防军工"东方红、尖兵卫星"系列"6711"工程的主要参加者，于 1985 年获得国家科技进步奖特等奖。

1969 年，薛鸣球研制了我国第一台长焦距电视光学系统，用于天安门广场电视转播。1970 年至 1975 年，主持我国电影摄影镜头和电视摄像镜头的设计工作，开拓了我国变焦距光学系统设计，为我国摄影光学系统研究打下了坚实的基础。1976 年，研制了我国第一台电视跟踪变焦系统，用于 1980 年太平洋远程运载火箭和导弹试验。作为"现代国防试验中动态光学观测及测量技术"的主要参加者，于 1985 年第二次获得国家科技进步奖特等奖。

1978 年，薛鸣球作为先进集体代表参加全国科学大会，主持和参加科研的"150"工

2013 年 5 月 10 日，薛鸣球和学生探讨学术问题

薛鸣球在办公室

程、“160”工程、变焦距光学系统设计、高精度经纬仪等获全国科学大会奖。

1981 年，薛鸣球调到中国科学院西安光学精密机械研究所工作，历任副所长、所长，将研究方向瞄向空间光学的未来发展，对用于空间长焦距对地遥感系统进行深入研究，找到了此类反射系统的设计方法，取得了突破性进展，为我国研制新一代侦察卫星光学遥感相机奠定了基础，研究成果已用于载人航天 921 工程、遥感 12 号卫星等多种空间 CCD 相机。1984 年，薛鸣球被授予“国家级有突出贡献的中青年专家”称号，享受国务院政府特殊津贴。

1991 年，薛鸣球应加拿大同行的要求，为其舰载直升机研制了降落定位广角电视光学系统，解决了广角镜头的畸变校正问题，受到了加方的多次感谢，提升了我国光学系统设计的国际影响。1993 年，薛鸣球创建了西安光机所空间光学研究室，在高分辨率可见光成像、高光谱成像、空间特种探测等方面形成了特色。

2003 年，“详查普查结合型侦察系统原型样机和关键技术预研”获国防科学技术奖二

2011 年 9 月，苏州市科协主席纪顺俊看望薛鸣球

2012 年 2 月 28 日，苏州大学与航天科工集团 8358 所签订战略合作协议。前排右起：苏州大学副校长路建美、潘君骅、薛鸣球、8358 所所长吴志新。后排右二为沈为民，右三为苏州大学现代光学技术研究所所长王钦华

等奖。同年，获中国载人航天工程总指挥颁发的中国首次载人航天飞行任务纪念证书。2005 年，“SZ-5（神舟五号）CCD 相机及研制用配套设备”获国家科学技术进步奖二等奖。

1999 年 9 月，薛鸣球来到苏州大学，开始第三次创业。2000 年，创建了苏州大学现代光学技术研究所和江苏省现代光学技术重点实验室，并首任所长。组织了苏州大学光学工程和光学等学科建设和实验室建设，确立了以光学系统设计与仪器光学、空间光学遥感技术、光学非球面制造与检测、超（高）光谱成像技术、微纳光学为重点发展方向。

在薛鸣球的带领下，潘君骅院士和一批学有成效的专家集聚于苏州大学，在相关研究领域内形成了团队优势，在光学设计、光学加工、光学检测的研究与开发方面已成规模，带动了苏大光学工程学科的突进式发展，为满足国家需求和服务地方经济建设做出了贡献。

十几年来，在薛鸣球循序渐进式的引导下，研究所在光学工程领域声名鹊起，为江苏省、苏州市和苏州大学的学科建设、研发平台建设和科学研究做出了突出贡献。2002 年，

苏州大学光学工程学科成为江苏省重点学科。2003年，获得光学工程一级学科博士点授权。2004年，建立江苏省现代光学技术国家重点实验室建设培育点、教育部现代光学技术重点实验室。2005年，获得光学学科博士点授权。2006年，建立江苏省先进光学制造技术重点实验室。2007年，获得批准设立光学工程博士后流动站。2010年，微纳光学学科获江苏省首批优势学科建设工程立项。

在薛鸣球的培养下，苏州大学一批年轻学者开始活跃于国内外学术界。薛鸣球到苏州大学后培养的博士生已成为学科带头人，国家"863"计划、自然科学基金等项目的负责人，航天任务负责人，国际学术会议特邀报告人，国内学术会议组织者，国内学术组织骨干等等。薛鸣球带领其团队完成了我国传输型详查TDI-CCD空间相机的光学系统设计与研制。"天巡1号"微小卫星CCD相机于2011年11月发射成功，并超期正常运行至今，传回了清晰的对地遥感图像。苏州大学已成为我国极少数几个能够成功研制航天相机的高校。

薛鸣球的学术研究和实践，在国内外光学设计界享有名望，对成像光学理论进行了深入、系统的研究，丰富和发展了成像光学像差理论。特别是首先提出了衍生二级光谱概念，为设计高质量长焦距系统提供了理论基础。他还是我国变折射率光学、亚像元超分辨率、杂散光抑制、光谱成像等技术的开拓者之一。薛鸣球先后应邀到日本、美国、意大利、德国、加拿大、叙利亚等国参加国际会议，做特邀学术报告、专题讲学或合作研究，发表论文60余篇，在国际上有着广泛的交往与影响。

专著《电影摄影物镜光学设计》凝聚了薛鸣球的研究成果和工作经验。此书是这一领域第一部也是迄今仅有的专著，深受广大光学设计者青睐。他主编和不断完善的《仪器光学》和《光学设计概论》是我国光学设计和仪器光学方面的经典之作，自20世纪60年代以来，一直是我国许多单位光学工程研究生和光学设计培训班教材。

新中国为薛鸣球的执着追求提供了舞台，他成就于我国光学的摇篮，成为了我国光学设计与光学仪器领域的代表性人物。他身材瘦高，岁月没有磨去他的棱角，学者的儒雅里隐含着过人的胆识与睿智，夹杂着浓重方言的普通话柔中有刚，既是严师更如慈父，点拨年青学者的前进方向，激励着年轻一代求实创新。

（撰稿：沈为民）

李正名
“创新不仅仅是年轻人的专利”

李正名（1931.1.2—），祖籍江苏苏州，生于上海。1953年毕业于美国欧斯金学院，获学士学位。1956年南开大学研究生毕业。现任南开大学农药国家工程研究中心主任、南开大学讲席教授、博导。长期从事有机化学、农药化学的研究。其科研成果获国家自然科学奖二等奖、国家科技进步奖一等奖、国家技术发明奖二等奖，并荣获各部委级奖励8项。1995年，在日本农药学会20周年庆典会上被授予外国科学家荣誉奖。同年，当选为中国工程院院士（化工、冶金与材料工程学部）。他是国际纯粹与应用化学联合会应用化学部中国代表和资深代表。

李正名生于书香之家。祖父李维格是清末民初翻译家和教育家，曾任长沙时务学堂西文总教习，后任南洋公学提调。李维格受派管理汉阳铁厂时，该厂因炼出的钢铁低劣而濒临倒闭。经他努力整治，解决关键技术，产品质量得到很大提升，荣获世界博览会优质奖。汉阳铁厂成为当时亚洲最大的钢铁厂，李维格被誉为中国现代钢铁工业奠基人。李维格晚年遗嘱将部分家产捐给东吴大学，逝世后其子李中庸、李中道依照其遗愿，出售房产，将所得捐建东吴大学宿舍——维格堂，并以宿舍收入奖励贫困学生。父亲李中道毕业于东吴大学，留美获密歇根大学硕士、西北大学博士，回国任教于东吴大学法学院，担任该校校董，为学校发展建树良多。弟弟李正

在科学技术迅速发展的今天，我们在繁忙工作之余，应经常静下来，想一想，反省一下，我们的工作怎样才能更好地符合国民经济和社会发展的需要？作为一名化学工作者，深感持续向其他同志学习的重要性，要虚心、诚心、用心，才能有所进步。

李正名

一九九八年六月廿六日

1998 年 1 月 16 日，李正名在南开大学国家农药工程研究中心

心留学法国，是上海天文台研究员。妹妹李明真留学英国，行医香港，捐资在苏州大学法学院建立“李中道奖学金”。堂伯父李复几随李维格先后就学于长沙和上海，后留学德国，师从氦的发现者凯瑟尔研究光谱学，1907 年获德国波恩大学物理学博士，是中国第一位物理学博士。

1948 年，李正名在东吴大学附中毕业后留美，求学欧斯金学院。1953 年取得学士学位后，由于局势剧变，美国政府开始禁止中国理工科留学生回国，李正名经再三考虑后决定回国。当时教育部分配他来南开大学跟随中国农药化学和元素有机化学的奠基人杨石先续读研究生，毕业后留校任教。1962 年，他开始在杨石先创建的南开大学元素有机化学研究所从事有机化学、农药化学领域的教学与科研工作。1964 年，他参与研制的杀虫剂磷 32 及磷 47 获国家科委新产品二等奖。1965 年，农药化学被确定为南开大学元素有机

20 世纪 50 年代，李正名（右）担任杨石先的科研助手

1980 年，李正名在美国农业研究中心

化学所的主要方向之一。正当李正名为国家下达的任务——有机磷化学和农药化学而积极准备开展工作的时候，“文革”开始了。南开大学的科教活动全部中断，他和大家一起被下放到河北顺平县腰山镇安家落户，在下乡锻炼过程中他对我国国情有了更深入的了解，受益匪浅。

“文革”后，李正名深感“科学的春天”已经来临。为了把失去的时间争取回来，他及时跟踪国外新农药进展，带领课题组成功地研制出新杀菌剂“叶枯净”，填补了国内技术空白，1978 年获全国科学大会奖。他参加了多项国家农药攻关项目，抓紧时间查阅文献，下厂下乡，克服当时实验条件的种种困难，陆续做出成绩。他最感慨的是我国农药生产一直走仿制和引进的道路，长期受制于人，还没有自主创制研究的基础和能力。

1980 年，李正名受派赴美国联邦政府农业研究中心做访问学者。临行前向杨石先院士告别，杨老嘱咐他：“你一定要把国外的

2012 年 9 月，李正名（右四）在北京出席第四届农药与环境安全国际学术研讨会

李正名（右）和 J.Plimmer 博士开展午毒蛾信息素迷向法空中施药实验

先进科技学到手，你们这一代应该站在我的肩膀上超过我。”李正名去美国后对澳大利亚原始小蜂等昆虫信息素超微量活性物质进行研究，获得明显进展。他牢记恩师的嘱咐，在美国广泛搜集资料，不断拓宽加深课题研究。两年后回国，他的科研课题组在新有机磷化合物构效关系和基于各种特殊靶酶结构的植保药物分子设计等方面取得了重要进展，还首次鉴定了我国槐、茶尺蠖超微量活性物质并积极开展生物活性物质的立体有机合成工作。他对悉尼酮类、哒嗪酮类、吡喃酮类、咪唑酮类和异噻唑类等新颖杂环进行了探索性研究，其成果居同类研究前列。作为一名化学工作者，李正名不断激发新的思维，自 20 世纪 90 年代初开始倡导绿色农药的创制理念：除了追求超高效性能、对温血动物无毒外，还要考虑新创制结构分子对环境和生态的影响，尽量采用绿色工艺生产的新一代绿色农药。李正名带领研究组对磺酰脲类除草剂进行系统研究，从分子设计开始，在大量合成的新结构中筛选出超高效对环境友好除草剂的单嘧磺隆和单嘧磺酯。通过相

应的基础理论的研究，他修正和发展了国际上公认的磺酰脲构效关系的四条规则，使我国的除草剂研究不再单纯仿制外国，进入理论指导下的创制阶段。

近年，随着全社会对环境保护的日益重视，有机氯和一些剧毒农药已相继被禁用，整个化工行业也已经开始向洁净工业过渡，生产环境友好型农用化工产品已成为社会经济可持续发展的紧迫要求。李正名课题组研制的单嘧磺隆就是一种超高效、无毒、无公害、对环境生态友好的新型生物调控剂。2007 年，单嘧磺隆成为建国以来第一个获得国家新农药登记证的具有自主知识产权的除草剂新品种。它从实验室走到车间，实现产业化并进入了市场，已在华北 200 多万亩谷子田作为新除草剂示范推广，填补了我国长期以来的技术空白。另一个新超高效除草剂单嘧磺酯也拿到了国家正式登记证，已作为国产麦田除草剂示范推广 250 万亩。这两个创新成果已获得明显的经济和社会效益。至今为止，李正名课题组已发表学术论文 530 篇，编著 3 部，申请和授权发明专利 20 项，指导了 142 名研究生（含 52 名博士生和博士后），为我国有机化学和农药学的重点学科建设和人才培养做出了杰出的贡献。

李正名对中国有望在 21 世纪摆脱长期受制于人的尴尬境地、成为全世界第五个具有独立创制新农药能力的国家充满了信心。虽已步入耄耋之年，他在科研和教育上还有许多新的设想和计划。他说：“创新同年龄并不是直接挂钩的。我向来主张，创新不仅仅是年轻人的专利。”

李正名十分关心苏州大学的发展，在苏州大学校庆时积极捐款，并向苏州大学档案馆捐赠了祖父李维格先生的历史资料、出版书籍以及他本人的有关资料。

（撰稿：张橙华）

唐孝炎
为了天更蓝、地更绿、水更清

唐孝炎(1932.10.16—),祖籍江苏太仓,生于上海。环境科学专家。1995年当选为中国工程院院士(环境与轻纺工程学部)。

唐孝炎1953年毕业于北京大学化学系,1954年9月至1958年12月,在北京大学化学系和技术物理系任助教、讲师。1959年1月至1960年5月,赴苏联科学院地球化学与分析化学研究所进修。1960年5月至1972年,任北京大学技术物理系放射化学教研室副主任、讲师、副教授。1972年,唐孝炎创建环境化学专业,任教研室主任。1982年至1985年,任北京大学环境科学中心副主任。1985年9月至1986年10月,在美国布洛克海文国家实验室任国家大气科学中心(NCAR)高级客座科学家。1985年5月至1996年,任北京大学环境科学中心主任、教授。1996年至今,为北京大学环境科学中心、环境科学与工程学院环境科学系教授。

唐孝炎在我国创建环境化学专业和开创、发展大气环境化学新领域方面有显著贡献。在环境化学前沿领域大气臭氧、酸雨和大气细颗粒物(气溶胶)化学方面做过许多具有开拓性和创造性的系统工作,是我国大气环境化学领域的学术带头人。她领导组织了兰州光化学烟雾大规模现场综合研究,证实了光化学烟雾在我国的存在,发现了我国光化学烟雾不同于外国的原因。她设计建造了

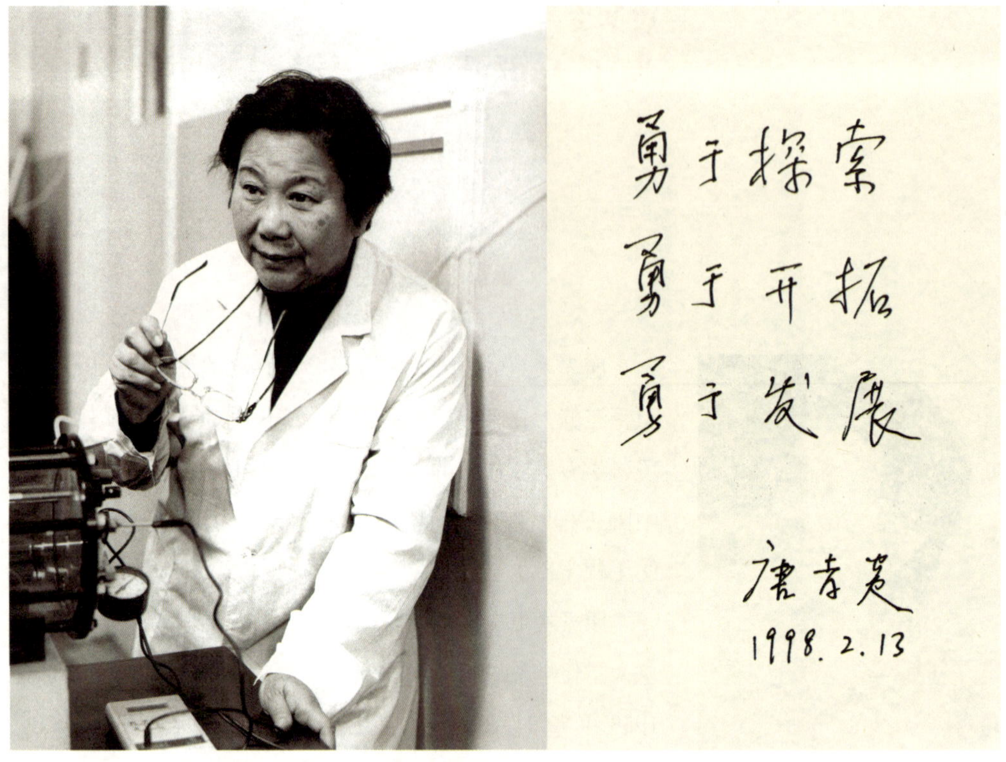

1998 年 1 月 20 日，唐孝炎在北京大学环境模拟与污染控制国家重点实验室

我国第一个大气光化学反应模拟装置并最早建立了化学反应与大气扩散相结合的计算模式。对酸性雨水、雾水和云水开展了酸化过程的化学研究。在国际公约履约方面，尤其是在《保护臭氧层维也纳公约》和《蒙特利尔破坏臭氧层物质管制议定书》的履约过程中为国家做出了重要贡献。她主持编写的《中国消耗臭氧层物质逐步淘汰国家方案》，获《蒙特利尔议定书》国际执委会批准，被译成六国文字，作为其他国家的参考范本，获得国际组织的高度评价。1990 年，她主持编辑出版的《大气环境化学》(2006 年第 2 版)先后获得教育部、国家环保局优秀教材一等奖、北京市先进教育集体和教材一等奖。40 余年来，为

2004年9月，唐孝炎(前排左)获得第二届中国保护臭氧层贡献奖特别金奖

唐孝炎(中)在全国环保科技大会上

我国环境科学的科研、管理和教学培养了大批学术带头人和骨干。

唐孝炎曾参加《国家中长期科学与技术发展规划纲要》第十专题战略及其政策研究，多次主持国家攻关项目、“973”与“863”有关项目、国家自然科学重大基金项目和北京市空气质量达标战略研究、北京市大气污染控制研究等。

唐孝炎主要著作有：《大气环境化学》、《环境保护与可持续发展》(与钱易合作主编)等。主要论文有：《光化学烟雾箱的试制和性能实验》、《石油化工区光化学烟幕模拟模式的研究》、《大气环境标准中的光化学氧化剂》、《大气污染物对平流层臭氧的影响》、《三种碘化钾化学法测定低浓度O_3实验条件的探讨》、《水蒸汽对光化学烟雾中臭氧生成的影响》、《用NO_2光分解反应测定紫外光强度的研究》、《兰州西固地区光化学污染规律及防治对策的研究》、《在异戊二烯$-O_3-SO_2$体系中SO_2的氧化》、《大气中臭氧浓度和几个气象变量的统计相关性》、《兰州西固地区气溶胶污染源的鉴别》、《南京尧

2005 年，唐孝炎获得联合国环境署和世界气象组织维也纳公约奖时，塞内加尔总理为其颁奖

唐孝炎与吴健雄亲属在健雄职业技术学院合影

化门气溶胶污染源的初步研究》、《兰州西固地区光化学烟雾污染气质模型》等。

唐孝炎屡获殊荣。1985 年、1987 年、1990 年三次获得国家科技进步奖二等奖，1993 年获国家教委科技进步奖一等奖，1996 年获何梁何利基金科学与技术进步奖，1998 年获国家科技进步奖一等奖，2003 年获国家环保总局臭氧层保护个人特别金奖，2004 年获国家环保总局第二届中国保护臭氧层贡献奖特别金奖、北京大学环境中心集体奖，2005 年获美国国家环保局平流层臭氧保护奖、北京大学环境中心集体奖及联合国环境署和世界气象组织维也纳公约奖，2006 年获北京市政府首都环保之星奖等。

唐孝炎曾任国际纯粹与应用化学联合会(IUPAC)大气化学委员会衔称委员、中国环境学会副理事长、教育部环境科学教学指导委员会副主任、北京奥运会和上海世博会大气质量保障专家组组长、广州亚运会环境空气质量保障专家。1993 年至 2012 年任联合国环境署臭氧层损耗环境影响评估组共同主席。

2008 年 10 月，唐孝炎（前排中）与学生一起庆祝生日

2012 年 9 月 13 日，唐孝炎参加苏州院士回乡活动

唐孝炎心系故土，十分关注家乡的青少年教育，特别是科普教育。2012 年 9 月，她参加了苏州市科协主办的苏州院士回乡活动。她给老师的建议是："老师除了教给孩子知识外，还应该把这些知识背后的科学家、小故事告诉孩子，从小培养他们对科学的兴趣。学习里面应该可以做一点科学史的内容，比如说一些科学家的故事，科学家做出来一些成果对国民经济的发展的重要意义等。应当有一些这样的教育，我记得儿时这些对自己触动很大。"

（撰稿：王敏红）

时铭显
“祖国的需要是我人生的第一志愿”

时铭显(1933.4.26—2009.9.24),江苏常熟人。时铭显的叔叔时钧是中国科学院院士、化工教育泰斗。1949年从常熟中学毕业后,在时钧的鼓励下,时铭显考入南京大学化工系。1952年,以优异成绩提前毕业,并被保送进入清华大学石油系攻读炼油机械专业研究生。1953年,随全国高校院系调整入北京石油学院,成为北京石油学院第一届研究生。1956年毕业留校任教,历任教研室主任、分管科研及研究生教学的系副主任。1985年晋升为教授。1993年,任石油天然气机械工程专业博士生导师。1995年当选为中国工程院院士(化工、冶金与材料工程学部)。

时铭显长期从事化学工程和装备领域的科技开发工作。1959年至1960年,组织教师及毕业班学生为北京特种钢厂研制了一台大型超声波除尘器,工业实验获得成功。1975年,从石油工业部组织川气东输的需要出发,时铭显开始从事气固多相流分离技术与装备的研究,研制成天然气干式除尘器,在四川输气站推广应用。此后,他主持完成了多项国家级和部级有关旋风分离系统研究的课题,首创了旋风分离器结构尺寸分类优化原理,首次解决了催化裂化旋风分离器完整的设计技术,开发出新型高效PV型旋风分离器,在全国炼油行业中全面推广,覆盖率已达95%以上,每年可为企业节省1.5亿元。1991年,该技术获国家科技进步奖二等奖,并被列入“八五”国家重点

1997 年，时铭显在上党课

勤学多思
在学术思想上永葆青春.
脚踏实地
在科学殿堂中艰苦探索
时铭显
九六·十·廿八

新技术推广项目，又于 1996 年获国家教委科技进步奖二等奖。此外，时铭显研制成了获国家发明专利的多型号高效旋风管，达到国际先进水平并推广应用，经济效益十分显著。他还承担了国家攻关项目“劣质煤增压流化燃烧（PFBC）联合循环发电”中一项关键技术“高温燃气除尘技术”的研究开发，填补了国内空白，并将研究领域向“多相反应工程”和“多相流基础研究”两方面延伸。他引领科研集体开发成功了在国际上亦属首创的新型“一串一的丙烯腈两级旋风分离技术”，使昂贵的丙烯腈催化剂耗损率及压降明显低于外商提供给我国的保证值，为生产力提高 50% 的扩容改造创造了前提条件，推广应用后的经济效益显著。他发明了“催化裂化提升管反应器出口三快组合技术”，在炼油企业广泛推广应用。他先后获得过 6 项国家级及部委级科技进步奖，为发展我国炼油工业催化裂化技术装备做出了重大贡献。他始终坚持“科研——设计——生产”三结合，将科研成果迅速转化为生产力，几十年来几乎跑遍了全国的大炼油厂，依据生产中提供的信息不断改进产品，逐步推出一代

1988 年，时铭显（前排右二）在工厂带学生做实验

1995 年，时铭显在第二届全国非均相分离学术交流会做报告

代新型号，形成全国炼油厂旋风分离器组已全盘国产化的新局面。

时铭显在进行科研的同时，一直从事着教育工作，培养了大批技术人才，积累了丰富的教育经验。他是中国工程院第一届、第二届教育委员会委员，提出了“面向工程、学产结合、调整结构、提高质量”的工程教育改革思路。他积极倡导建立以培养工程师为目标的工程教育体系，培养德智体美全面发展的基础扎实、实践能力强、具有创新精神的应用型高级专门人才，并身体力行，在培养现代工程师的过程中，把理论与实践、集成与创新、知识传授与能力培养有机地结合起来。在培养研究生和辅导青年教师的过程中，他注重启迪引导他们的创新思维，提倡扎实的理论基础、踏实的科学作风以及加强科研能力的锻炼，为我国石油化工事业和中国石油大学的学科建设、人才培养做出了卓越贡献。1990 年，时铭显被国家教委、国家科委评为全国高校先进科技工作者。1991 年，获国务院政府特殊津贴，并被中国石油天然气总公司评为石油工业突出贡献的科技专家。1993 年，被人事部及国家教委评为全国优秀教师。

1996 年 9 月，时铭显（右一）在德国 Karlsruhe 大学出席第三届国际高温气体净化学术会

时铭显（坐者）指导研究生工作

1986 年以来，时铭显结合科研发表重要论文 100 余篇，参与编写了《化学工程手册》中《气态非均一系分离》篇和第二版中《气固分离》篇，以及《化工机械工程手册》中的第三篇《流体力学》等。曾担任《化工学报》第八届至第十届编委会执行主任，推动了《化工学报》这一国内化工界权威性学术期刊的发展。

时铭显还兼任中国化工学会理事、中国颗粒学会第二届常务理事、中国石油教育学会第二届理事会顾问、中国石油学会石油炼制分会第五届委员会顾问、中国高等工程教育研究会第二届理事会副理事长等职。1982 年当选为中共十二大代表。

时铭显一生勤奋刻苦，治学严谨，取得了丰硕的科研和学术成果。他写过的一首自律诗："一生勤耕耘，满腔报国志。实践党宗旨，终身志不移。"时铭显就是以这样的使命感和责任感，忘我地从事科研和教学工作，实践着一名共产党员的人生追求。

（撰稿：吴红红）

汪集旸

心系冷热　执着人生

汪集旸（1935.10.11— ），江苏吴江人。地热学家。中国科学院院士，国际欧亚科学院院士。

汪集旸生于吴江严墓（今吴江桃源铜罗）的一个知识分子家庭。父亲1932年东吴大学经济系毕业后，在杭州两浙盐务管理局工作。母亲从苏州女子师范毕业后，在严墓任小学教师，并做过一任校长，对子女的教育十分重视。1946年，汪集旸就读吴江育英中学（今震泽中学）。1950年，随家迁往浙江杭州，就读杭州高级中学。1952年，汪集旸在舅父朱庭祜（我国最早学地质的十人之一）的影响下，响应“学地质，当建设尖兵”的号召，考取了刚组建的北京地质学院，成为地质“黄埔一期”的学员，由此奠定人生基石。

1956年毕业后，汪集旸即进入俄语专科学校（北京外语学院前身）留苏预备部学习俄语，并于1958年底被派往莫斯科地质勘探学院攻读副博士学位，师从著名地下水资源评价专家普罗特尼可夫教授。1962年6月，汪集旸通过了题为《西西伯利亚自流水盆地溴、碘地下水资源分布》的副博士学位论文答辩。

1962年7月，汪集旸回国。同年10月，赴中国科学院地质研究所（现为中国科学院地质与地球物理研究所）工作至今，历任副研究员、研究员、地热室主任。1979年至1981年，汪集旸作为中国科学院首批派遣的访问学者，赴美国进修了两年。

1980 年，汪集旸与美国国家科学院院士 D. White 博士(立者)考察地热

1981 年 8 月，汪集旸(左一)访问美国能源部干热岩(Hot Dry Rock)试验现场

汪集旸长期从事地热和水文地质研究，在国内外地热学界享有盛誉。20 世纪 70 年代，开展大地热流和矿山地热研究工作，填补了中国这一领域的空白。80 年代，开展深部地热研究，确定中国第一个“热流省”。他还提出在中国东南地区这类复杂的碰撞造山带，热流(q)生热率(A)线性相关律不成立的新观点。

汪集旸在应用地热方面开创矿山地热工程科技领域，提出矿山地温类型划分及矿山热害防治的地质工程措施；提出中国地热资源形成分布的构造热背景；对东南沿海地区水热系统属性提出新看法，认为该区不可能赋存高温地热资源；提出中低温对流型地热系统成因模式并撰写出世界上第一部专著《中低温对热型地热系统》，指出了中国大中型含油气盆地地热特征，并从地热角度对油气资源潜力做出评价；首次将岩石圈热结构概念引入含油气盆地研究，指出东部“热”盆、西部“冷”盆产生的深部地热背景；编制出《中国大陆地区大地热流分布图》、《中国莫氏面温度分布图》、《中国温泉及放热量

2006年12月,汪集旸(俯身者)在常熟沙家浜地热井竣工典礼现场

2008年12月,汪集旸(右)考察吴江三号地热井现场

分布图》(1∶600万)等一系列图件。

汪集旸于1995年当选为中国科学院院士(地学部),2001年当选为国际欧亚科学院院士,1989年至2001年任国际地热协会(IGA)主席团成员。他还担任过水文同位素技术应用国家委员会主席、国土资源部岩溶动力学开发实验室学术委员会主任、中国科学院能源研究委员会委员等。出版和发表《中低温对热型地热系统》、《中国地热》等7部专著及百余篇学术论文。

汪集旸多次回到家乡吴江。2000年春节,汪集旸回到了阔别50年的铜罗汪宅,又看到了迎春河里碧绿的流水,看到了迎春桥上斑驳的石阶,看到了老宅中精美的门楼,颇多感慨。2005年,建于民国初期的铜罗汪宅被列为苏州市文物保护单位。2012年6月6日,汪集旸受邀在吴江市委中心组学习扩大会上做题为《开发利用地热资源,造福吴江人民群

2009 年 9 月，汪集旸考察西藏地热区

2012 年 12 月，汪集旸与儿孙在美国滑雪场共度圣诞节

众》的科普报告。他认为家乡开发利用地热资源的潜力巨大，建议吴江结合滨湖新城建设，加大地热资源开发力度，提高温泉热水利用档次，打造温泉文化，将地热作为新兴产业的一部分，打造绿色 GDP，为吴江的经济发展和人民生活水平的提高造福，真正把吴江建设成为“乐居吴江”的温馨家园。

（撰稿：范红明）

周邦新
"成功就需要在困难面前再坚持一下"

周邦新(1935.12.29—),江苏苏州人。核材料、核燃料元件专家。1956年,毕业于北京钢铁学院。1965年至1967年,在英国纽卡斯尔及剑桥大学冶金系访问学习。1995年,当选为中国工程院院士(能源与矿业工程学部)。现任上海大学材料研究所研究员,兼任上海市核学会特别顾问、中国核材料学会名誉理事长、中国核学会及中国材料研究学会荣誉理事等。长期从事核材料及核燃料研究,曾对金属材料的形变和再结晶,以及锆合金耐腐蚀性能等问题做过深入系统的研究,解决了核工程材料的一些难题和生产质量问题;开发并主持研究反应堆用低浓铀板型燃料元件的国内首批生产,以满足研究反应堆的核燃料由高富集度铀转化成低富集度铀的需求;组建了核燃料及材料国家重点实验室,以满足我国核工业发展的需要。承担或参与了国家"973"项目、国家"863"计划、国家先进压水堆重大专项、国家自然科学基金、国防基础科研、上海市科委和核燃料及材料国家级重点实验室等20多项科研项目,取得了丰硕的成果。获1978年全国科学大会颁发的先进科技工作者、1979年第二机械工业部颁发的劳动模范称号、1990年中国核工业总公司颁发的突出贡献专家称号等20多项国家、部、省级奖励和荣誉称号,2000年和2012年分别获得国家科技进步奖

在科研工作中，只要能做到坚持实践，认真总结，坚韧不拔，精益求精，就一定能取得成功。

周邦新

1997 年 3 月 2 日，周邦新在成都中国核动力研究设计院电子显微镜实验室

一等奖和二等奖。已发表论文近 200 篇。

周邦新祖籍苏州木渎。祖父是前清秀才，在苏州女子师范学校教书。父亲在苏州工专学习土木建筑工程，毕业后一生从事道路、房屋建设工程工作。抗日战争爆发后，举家搬到了成都郊区的簇桥镇。1946 年春天，全家又回到了故乡木渎。灵岩山、老祖屋、青砖小道、门前石桥，还有河中成群的小鱼和不时划过的小渔船……构成周邦新儿时生活的回忆。

1946 年秋，周邦新考入木渎镇民办初级中学，第二年转入苏州城里的吴县县立中学（现苏州市第一中学），开始住校生活，跨出独立生活的第一步。回到故乡后，父亲一时找不到工作，靠母亲在木渎附近的农村小学教书养家，经济的拮据和生活的艰苦可想而知。为了节省一点路费，学校放假，他经常沿着河岸步行两个多小时走回木渎。生活的艰辛给他留下了深深的记忆，也养成了他一生注重节约的习惯。在苏州市第一中学建校 95

1993 年 9 月，周邦新做国防科技重点实验室的第一届学术报告会

1994 年 5 月，周邦新（前排左二）完成了为巴基斯坦研究实验反应堆生产低浓铀板型燃料组件的合同后访问巴基斯坦原子能研究所，与该所所长 Dr. Butt 在一起

周年和 100 周年之际，周邦新两度回到母校，他深感中学时代太值得珍惜了。

1950 年，国内掀起了抗美援朝和学生“参干”热潮，周邦新认识到个人前途和祖国的命运是紧密联系在一起的。高中毕业时，考虑到国家建设需要钢铁，他报考了北京钢铁学院。他是钢铁学院成立后招收的第一届学生，校舍才刚开始建设，第一年只能在清华大学上课。1956 年从北京钢铁学院毕业后，他被分配到中国科学院应用物理研究所。

在物理所工作期间，周邦新从事铜板中织构问题和碘化法提纯钛的研究。他曾先后得到颜鸣皋、李恒德和陈能宽等几位从国外学成归来的科学家的指导，他们后来都成为中国科学院或工程院的院士。周邦新说，从老师们那里学到严格的科学态度和严谨的科研作风，使他受益匪浅，一生受用。

1958 年，周邦新和其他两位同志一起承担了研究硅钢片中如何获得立方织构（也称“双取向”）的课题，经过半年多夜以继日、以实验室为家的努力工作，最终取得了成功。这激发了他对科研工作的极大兴趣，也使他认识到实验工作要认真，观察分析要仔细，实验结果要能多次重复。1960 年，周邦新从中科院北京物理所调到了沈阳金属研究所，进

1996 年 10 月，周邦新（前排左三）在成都参加压水反应堆材料问题的中法双边研讨会

1997 年 12 月，周邦新（中）回到阔别 45 年后的母校苏州市第一中学，参观校史馆

一步研究立方织构形成机理，选定钼、铌、钨和铁硅合金的单晶为研究对象。那时，在研究金属形变和再结晶问题的科学家心中，对体心立方结构金属中如何获得立方织构是一个研究重点。钼单晶的形变和织构方面的研究结果后来在全国学术会议上做了报告，钱临照先生将该文章推荐到《物理学报》上发表。这是对周邦新独立进行科研工作取得成绩的肯定，让他树立了做好科研工作的信心。每次回想起这段科研历程，周邦新就深深地感谢当时金属所张沛霖、郭可信等前辈的鼓励，也感谢所领导对他工作的支持和关怀。

1961 年，金属所成立了铀的化学冶金和物理冶金两个研究室，从事核燃料的基础研究和应用研究工作。周邦新参加了由张沛霖领导的铀物理冶金室工作。从那时起，核燃料及核材料成为他主要的研究方向。

1965 年至 1967 年，周邦新在英国纽卡斯尔大学和剑桥大学冶金系访问学习。从那时起，他接触到电子显微镜，并开始用它来研究材料中的一些问题。

1970 年，周邦新和沈阳金属所一批人集体调动来到了四川“三线”——峨眉山下青衣江边的中国核动力研究设计院，在那里连续工作了 28 年。他和一大批科研工作者一起从零开始，在隐蔽的深山沟里一砖一瓦把实验室建设起来，把青春献给国家的军工事业。在中国核动力研究设计院工作期间，周邦新接触到了生产和工程应用中出现的各种材料问题，这完全不像在实验室中自己构思出来进行研究的问题。他认真负责，带领组内同志深入现场了解情况，并进行实验室的模拟实验，通过观察和分析，逐一解决生产中出现的材料问题。例如，解决了核燃料元件包壳锆合金管不均匀腐蚀的问题，为国家挽回了经济损失。与此同时，锆合金也成了周邦新后半生一个重要的研究方向。他及他的科研团队针对核反应堆结构材料的研究成果为我国核反应堆运行安全及核电事业的发展做出重要贡献。

国民经济的快速发展，需要大力发展清洁能源，由此迎来了我国核电事业的大发展，也为从事核材料研发的科研人员提供了机遇。1998 年，周邦新调入上海大学，重心转向培养人才和建立科研团队。尽管在上海大学没有条件进行带有放射性核燃料的科研工作，但是研究不带放射性的核反应堆结构材料还是有条件的，这也是核工业中的重要材料。在上海大学，从组建实验室到建立一支科研队伍，周邦新花费了几年的时间。目前，除了科研外，他还花费大量时间培养学生，其严谨的科研作风、一丝不苟的工作态度影响着一批又一批的学生。他经常对学生说：“成功就需要在困难面前再坚持一下，找到了困难，也就可以发现问题，成功也就有了希望。”

（撰稿：周海蓉）

范滇元
汇集“神光”促聚变

范滇元(1939.2.18—),江苏常熟人。因日寇入侵,父母撤退大后方,他出生在云南昆明。童年随父母在重庆、桂林、贵州等地颠沛流离,抗战胜利后回到家乡。

1951年,范滇元以优异成绩考进常熟县立初级中学。一次,他家的小闹钟不走了,范滇元偷偷打开闹钟钻研了好几天,又进书店找到钟表书籍,弄清了闹钟的原理,也查出摆轮的轴略微脱出轴承,斜卡在侧边。他把轴重新装正后,闹钟的滴答声使他感到了成功的喜悦。范滇元的父亲范宝江毕业于浙江大学高工染织科,1953年调入华东纺织工学院机械工程系任教,常带给他科普书籍,他特别喜爱其中的《原子能电站》。在常熟县立中学读高中时,物理老师丰富的学识、生动的讲课增强了他学习物理的兴趣。他敬仰居里夫妇刻苦研究原子物理、造福人类的精神,作为班长的他提议命名本班为居里班。

1956年,范滇元以物理满分的成绩考入北京大学物理系无线电物理专业,入学后才知核物理专业在另一个保密的系。在校期间有幸聆听名师授课,如王竹溪的热力学和统计物理学、黄昆的固体物理、曾谨言的量子力学等。大学假期他都在北大图书馆读书,6年一共才回家4次。1962年毕业后,他考上了中科院电子所的微波专业研究生。

在激光发明后不久,王淦昌就倡议用激光引发核

1996 年，范滇元（左）在调试神光Ⅱ号激光装置

1998 年，范滇元（右）陪同徐匡迪院士参观神光实验室

聚变。一旦能用聚变能发电，就将造福人类千秋万代。各发达国家都为此投入研究，我国也专门成立了上海光学精密机械研究所。1964 年，范滇元跟随导师来到上海光机所从事激光研究，毕业后留所。

聚变能属于原子能，比起核电站的裂变，其难度大得多，要几代人的努力。范滇元参与了激光核聚变事业，他为这真实的原子梦奋斗、奉献了 40 多年。开始，他为了顺利转行，自学《光学原理》、《傅立叶光学导论》等名著，很快就发表《用光线矩阵元表达的光学传递函数》、《用光线矩阵元表达的菲涅耳数》论文。他逐步成为主要技术负责人之一，带领科研团队先后成功研制出了激光功率为百亿瓦、千亿瓦和万亿瓦的高功率钕玻璃激光系统。他主持技术方案制定、系统总体设计、单元器件研制和全系统总体调试，解决关键科学技术和工程实际问题；同时还在激光系统总体设计、光束传输理论与应用、强激光与物质相互作用等基础理论和新技术开拓上取得多项创新性成果，对我国高功率固体激光技术的开拓和发展做出了贡献。这些项目使我国在激光聚变、高压状态方程、X 光激光等前沿物理研究上取得多项国际水平研究成果。

1974 年，范滇元构思、设计新型激光放

1999 年 1 月 29 日，范滇元在中国科学院上海光学与精密机械研究所

大器，让激光束在放大器内往返 6 次，输出激光功率提高一个量级。1980 年，开始建造神光Ⅰ号，他在理论和实验上证明主动控制平面公差的新思路，又引入自适应光学等新技术，得到既有高功率又有高质量的激光束。用两束瞬间输出功率达 2 万亿瓦的强激光会聚在靶丸上，靶壁起爆，对丸内的氘氚施加强大压力，在瞬间超高温、超高压下发生部分核聚变。神光Ⅰ号是我国激光聚变发展史的里程碑，标志中国进入了国际先进行列。1990 年，这项成果获国家科技进步奖一等奖。1995 年，范滇元当选为中国工程院院士（信息与电子工程学部）。

20 世纪 90 年代初，范滇元又参与倡议规模增加十倍的神光Ⅱ号计划，并担任总设计

范滇元(左)陪同美国光学学会主席厉鼎毅访问实验室

范滇元代表苏州院士在苏州市第七届学术年会上致辞

师。1997 年,神光Ⅱ号项目负责人邓锡铭患癌症住院,担子更多地压在范滇元身上。他无法正常回家,只能克服上小学的女儿无人照看的困难、强忍妻子祝秀凤长期患尿毒症后又因中风去世的痛苦。他住在嘉定的单位宿舍里,长期加班加点。2002 年,神光Ⅱ号终于研制成功。该装置用 8 束激光会聚在靶丸上,已经开展了惯性约束聚变、X 光激光等研究约几十轮物理实验,取得良好成果。

2011 年,我国《国家中长期科学和技术发展规划纲要》的 16 个重大专项中有激光聚变。在“九五”计划初期,范滇元就已经投身于神光Ⅲ号巨型激光装置的研制,任总体技术专家组组长、项目总工程师。这个装置将用 48 束激光,总光强比神光Ⅰ号大 100 倍,向点火再前进一大步。

范滇元现为中科院上海光机所研究员、技术委员会主任,兼复旦大学博士生导师,已培养硕士、博士研究生数十名。迄今发表论文、报告 250 多篇,多次在重要国际学术会议报告我国高功率激光领域的研究成果。兼任中国光学学会激光专业委员会主任、中国电

“不因碌碌无为而羞耻，不因虚度年华而悔恨”。奥斯特洛夫斯基的名言，激励了一代人，是我青少年时代的座右铭。

“当你立志献身科学的时候，就不能过普通人的生活”。这是王淦昌院士喜欢的格言，也是我近三十年来生活的写照。我所从事的激光聚变驱动器和未来聚变能源研究，是一个能够千秋万代造福人类的事业，需要几代人的努力，更需要无私的奉献。格言贴切入微地折射出我们这代人生活的清苦，工作的艰辛，付出后的自豪和继续奉献的决定。

“宁静致远，淡泊明志”。诸葛先生的思想遗产，王淦昌院士身体力行作了表率。我要以此为楷模，轻装迈向二十一世纪。院士称号只能说明过去，一切从零开始。

范滇元 1999.2.3

范滇元手迹

子学会量子电子学和光电子学分会副主任，总装备部科技委兼职委员、上海市光电子行业协会理事长。是上海市政协常委。荣获陈嘉庚奖，中科院科技进步奖特等奖，国家科技进步奖一等奖、二等奖，光华工程科技奖等科技成果奖励，被评为全国“863”计划先进工作者、全国优秀科技工作者等。

范滇元生活朴素，为人随和谦虚，总把功劳归于领导和同事们，尤其是邓锡铭等前辈和比他先参加神光工作的合作者余文炎。他因长期扑在神光上，无法出国，却从不后悔，只是因没有照顾好妻子而深怀歉意。

范滇元对家乡有着深厚感情，凡是家乡组织的活动他总是乐于参加。1999 年，范滇元到常熟出席王淦昌档案捐赠仪式。2010 年，上海市委拍摄个人纪录片，他又来到常熟，走进母校，还把自己的荣誉证书等捐赠给了常熟市档案馆。2012 年 9 月，苏州市科协举办苏州院士回乡活动，他再次来到常熟，为常熟第二届学术年会做了主题报告——《创新发展中的光电科技》。

（撰稿：吕惠峰、张橙华）

朱能鸿
为天文学家造观星巨目

朱能鸿(1939.11.10—)，祖籍江苏苏州，生于上海。1960年同济大学毕业后入上海天文台，长期从事天文仪器的研究与研制。主持和参加研制真空天顶筒、第一架月球照相机、1.56米天体测量望远镜等。获国家和省部级奖项3项，其中1.56米望远镜获1992年国家科技进步奖一等奖。现任上海天文台总工程师。1995年当选为中国工程院院士(机械与运载工程学部)。

朱能鸿父母均是苏州人，父亲是职员，待人宽厚，从不逼迫孩子死读书。朱能鸿小学毕业后进入上海市五四中学，该校老师擅长教学，引起他的学习兴趣，课余喜欢和同学谈论文学、绘画和音乐，交流理想。他的志愿是成为集艺术与工程于一身的建筑师。1957年，如愿考入同济大学建筑系。刚升入大学四年级时，中科院急需人才，要学校选择优秀学生提前工作，朱能鸿被分配到上海天文台。怎样才能胜任那里的工作呢？一方面，朱能鸿得到了天文台前辈的引导；另一方面他基础好又能刻苦自学。他去上海分院的科学仪器厂接受培训，又到南京天文仪器厂工作多年，还自学完了精密机械、光学和普通天文学等课程。他常对青年学生讲“自学是获取知识的重要途径，学无止境，学到老，用到老”。

没过几年，朱能鸿就研制成月球双速照相机，可用两种曝光量把月球及其定标星同时拍摄在

宇宙是人类千百年至今一直探索的课题。
天文望远镜则是研究宇宙的重要工具
之一。我从1974年至1989年参与研制
了一架口径为1.56米的光学望远镜。
这虽是当时国内最大的望远镜，但与此同
时国际上却正在研制十米口径的望远镜。
时至今日已有数架十米望远镜已投入使用，
有的国家正在研究一百米口径的光学望远镜。
目前，我国正在推进知识创新，我想，技术
更应时时创新。我期望今后的科技专家
能在一个安宁的、适于潜心研究的环境之
下推进我国的科技发展、从而使我国的
科学技术水平赶上世界之林。

朱能鸿

1999.1.28

1999 年 1 月 28 日，朱能鸿在上海天文台佘山观测站

一张底片上。随后，又研制成真空照相天顶筒，采用真空镜筒可排除气流对成像的影响。采用光电显微镜计时，计时精度由机械式的百分之一秒提高到千分之一秒，大大提高了测定恒星赤经和赤纬的精度。真空照相天顶筒设计获得了 1978 年全国科学大会一等奖。这表明这位建筑专业的毕业生已经顺利转行并成长为优秀的天文仪器专家。

由于我国科技研究的落后，上海天文台到 1970 年还在使用法国 1900 年造的 40 厘米双筒折射望远镜。一位外国天文学家站在圆顶室外，隔着玻璃门望了一眼便说："你们这架望远镜可以进博物馆了！"话虽不好听，也是事实。若没有新颖、先进的观测设备，我国

1956 年，高中毕业照。后排右四为朱能鸿

同济师生合影。右三为朱能鸿

天文学无法赶超世界先进水平。1976 年，上海天文台提出要研制 1.56 米天体测量望远镜。经批准，成为中科院的重点项目，由朱能鸿主持研制。他结合我国的国情，既吸取国际望远镜的设计经验又有所改进，并采用当时能利用的新技术、新工艺，首次在国内实现卡塞格林(R-C)光学系统，镜筒短而集光能力强，像差小。为了满足天体测量的需要，经过详细的计算和分析，综合英国的轭式机架和美国的叉式机架的优点而创造出独特的叉—轭式机架，使望远镜既有高稳定性又能看到极区的星空。此外，采用一维 CCD 设计成望远镜的自动调焦系统，采用 1 米直径的半球液压轴承，自动控制伺服系统和光电自动导星系统，就可轻灵地转动 32 吨重的望远镜，进行自动调焦和跟踪。望远镜的大件加工分散到上海十几家工厂。作为项目负责人，在整个制造和装配调试过程中，朱能鸿要协调包括协作单位在内不同专业的工程技术人员和工人的工作。他虚心学习，坚持科学决策与民主管理，

当年的欧洲南方天文台(ESO)人。左起:崔向群院士、北京大学长江学者刘晓为、“千人计划”专家紫金山天文台王力帆、朱能鸿、国家天文台赵刚研究员

朱能鸿研制的 1.56 米望远镜

使项目得以顺利、快速推进。因项目的需要,上海天文台本部建起简易装配车间,各厂协作制作的零部件送到这里装配,并进行光、机、电预调。在联调期间,他的妻子因车祸受伤,住进了医院,他不得不傍晚去医院为妻子送饭,晚上八九点再返回车间继续工作,直到深更半夜。1985 年,望远镜终于在装配车间调试结束,并拍摄到哈雷彗星。1989 年,经鉴定,该望远镜性能稳定、定位精度高,最小星象直径达 1.2 角秒。与会专家一致认为,望远镜设计合理,有许多创新,重要指标优于国际上最大的同类望远镜——美国海军天文台 61 英寸望远镜。光学权威王大珩亲眼观看优质星像后,当即赋诗赞扬。

1.56 米望远镜不仅在彗木相撞、海尔—波普彗星等罕见天象观测中有出色的表现,也作为中科院开放实验室的重大设备,供国内外天文学家使用。在天然卫星的国际联测和定位等方面获得了第一手的观测资料,使我国大型天文设备的研发和观测天文学的发展迈出了坚实的一步。

朱能鸿积极促进国际和地区学术交流，亲自为公众做天文科普讲坛，担任过我国重大科学工程“大天区面积多目标光纤光谱天文望远镜”（LAMOST）的项目科技委委员。更值得提及的是，他为欧洲南方天文台（ESO）设计了光干涉合成望远镜方案。ESO 在智利建造“甚大望远镜”，由 4 个口径为 8 米的望远镜组成。当时征求干涉仪方案，要把几架望远镜所收集的星光引到一起，形成干涉条纹，从中复原出高角分辨率的星象。1991 年，他应邀赴德，负责做口径为 2 米的光学合成望远镜的概念设计。他提出采用机械手移动合成望远镜的馈入平面镜和以三个方向馈入来自望远镜阵的光束的设想，设计获得国际同行的好评。

朱能鸿的艺术潜质使他觉得宇宙中的星云不仅是科研的对象，也极具审美价值。在 2004 年上海科学与艺术展上，他提供了多幅神秘美丽又撼人心魄的天体照片，感动了观众。2005 年，朱能鸿作为大会主席主持在威海举行的“海峡两岸天文望远镜及仪器学术研讨会”，两岸学者在大型天文望远镜主动光学和自适应光学天文观测方法等领域进行了交流。

近年来，朱能鸿设计了 1 米口径激光测距仪和 1 米口径的激光通信望远镜，并已投入使用，还提出 1 米月基光学巡天望远镜的方案。目前，他正领导一支年轻团队进行 1.8 米大口径的激光测距结合大视场照相的光学望远镜和天文光学干涉仪的研究。

（撰稿：张橙华）

何鸣元
绿色化学的首席科学家

何鸣元(1940.2.8—),祖籍江苏苏州,生于上海。1961年毕业于华东纺织工学院应用化学专业,同年进入石油化工科学研究院。1980年后在美国西北大学化学系和德克萨斯大学奥斯汀分校化工系做访问学者。1984年回国后任石油化工科学研究院应用基础研究部主任,1993年任石油化工科学研究院副总工程师,1996年任该院总工程师。2000年兼任华东师范大学教授、博士生导师。1995年当选为中国科学院院士(化学部)。曾任中科院化学部副主任、中科院咨询工作委员会委员、中国石油炼制学会催化剂和分子筛专业委员会主任、国际分子筛协会副主席、国际催化理事会理事、《Applied Catalysis A:General》杂志编委等职。现任中国科学院主席团成员、中国科学院学术委员会委员、中国化学会绿色化学专业委员会主任。

何鸣元长期从事催化化学和材料科学等多领域的研究,在双金属催化剂、载持有机金属络合物、氧化物材料、固体超强酸、非晶态合金和分子筛材料等多种不同类型催化材料研究中做出了非凡成绩。他开发了几个系列具有优异性能的分子筛材料,并成功地应用在化学工业上,还发明了多种新的分子筛合成方法,许多产品销售国外。2001年获何梁何利基金科学与技术进步奖。

何鸣元生于书香门第,他的祖父教过私塾,父亲本学纺织,后来也当过教师。

1986 年，何鸣元（左）与闵恩泽院士(2007 年度国家最高科学技术奖获得者）在美国 UCC Tarritown 研究中心

2000 年，何鸣元（右）指导博士研究生工作

大哥何鸣皋和二哥何鸣谦都毕业于苏州中学，分别考入复旦大学和清华大学，后分任复旦大学和苏州大学教授。

何鸣元从草桥旁的实验小学毕业，后进入面对沧浪亭的苏州市立一中读初中。1954 年考入苏州中学后，他各科皆优，最爱文学，但受孙心慧、许楠英两位化学老师影响，爱上了化学。他的化学考卷简练准确，曾在课堂作为范例公布表扬。几十年后，何鸣元回忆苏州中学的读书经历深深感怀，他在 2004 年 6 月为苏州中学校庆所写的文章《明德惟馨，源远流长——记母校及师长与同学》中满怀深情地回忆了自己的求学经历，说：“我心中的苏中，文化悠远，千载厚积，人文荟萃，英才辈出，苏中就是这样的一方沃土；我心中的苏中，尊师爱生，教学相长，天空海阔，遨翔自得，苏中就是这样的一方乐土；我心中的苏中，无私无争，赤子之心，善意待人，抱真守诚，苏中就是这样的一方净土。”

高中毕业后，何鸣元第一志愿是清华大学工程物理系。考试成绩虽好，却因海外关系

2000 年，何鸣元(中)访问美国西北大学

何鸣元(右一)与闵恩泽院士(右二)在催化剂生产现场

未能如愿。被华东纺织工业学院录取后，他专心学习，常在图书馆中勤奋读书，废寝忘食。

1961 年，何鸣元毕业分配到石油化工研究院。“文革”开始后，他受到点名批判，大字报从研究室门口贴到了大院里，后又被下放到“五七”干校。因国家需要发展炼油催化等技术，何鸣元又被召回参加研究，用气相色谱法解决了油品烃族组成等问题。

1980 年，国家选拔公派留学生，何鸣元以高分通过教育部组织的统一考试，以访问学者的身份在美国西北大学研究载持有机金属络合物。两年中他完成了几篇高水平的论文，发表于《美国化学会志》等著名刊物。几位教授联名推荐他读博士，但未成功。随后他转入德克萨斯大学，继续以访问学者的身份进行催化化学的相关实验研究。他一年中完成了 5 篇论文，在美国《催化杂志》等刊物上发表，这表明他正步入催化化学研究的前沿。

1984 年，石油化工科学研究院准备成立基础研究部，何鸣元被召回，在闵恩泽院士领导下，研究催化化学基础，何鸣元任研究部主任。闵恩泽指出：“我们不能再亦步亦趋，只

2012 年 10 月 16 日，何鸣元（中）获得中国催化成就奖

2012 年 10 月 31 日，何鸣元获得法国政府棕榈叶骑士勋章

学别人的东西了，我们必须从导向性基础研究开始来实现创新。”何鸣元决定从催化材料着手。他带领一群年轻的研究人员，探索中国的催化剂开发之路。经过几年攻坚战，他们研制成功独特的分子筛。1993 年，含稀土氧化物富硅分子筛的研究获中国专利局优秀专利奖。1994 年，CHZ（SRNY）分子筛催化剂的研究获中国石化总公司创造发明一等奖。1995 年，ZRP 系列分子筛研究被评为国家十大科技成就之一，同年，CHZ（SRNY）分子筛催化剂的研究获国家创造发明奖二等奖。β 分子筛及其新合成方法获 1999 年国家发明奖三等奖。何鸣元在国内外申请的专利有 200 多项。2000 年 6 月，在加拿大卡尔加里举行的第 16 届世界石油大会炼油新技术分会上，何鸣元担任分会主席，他和他的团队已站在催化科学技术的前沿阵地。

何鸣元制造的催化剂加快了石油产品的生产，而消费石油增大了对环境的污染，这让他苦恼不已，转而思考绿色化学：一方面要推动量大面广的汽、柴油等清洁燃料的生产，要使汽、柴油质量与国际接轨，这对催化裂化、加氢、烷基化和异构化等石油炼制技术的绿色革命提出了要求；另一方面要对基本有机化学品的绿色化学展开基础研究。我国已有几十种有机化学品的生产技术，大多是从国外引进的，有些是几十年前开发的工艺，生产过程中要排放大量废物，有的还使用有毒有害的原料、催化剂或溶剂等，中国正处于化工生产技术工艺“弃旧迎新”的前夜。何鸣元认为，加强导向性基础研究，从源头上根除污染，实现我国基本有机化学品合成科学与技术的跨越，正当其时。他建议将绿色化学与技术研究列入国家“九五”基础研究规划。2000年，国家“973”项目“石油炼制和基本有机化学品合成的绿色化学”立项，科技部任命何鸣元为这个项目的首席科学家。

近年来，何鸣元在国内外各种场合发表化工过程绿色化、低碳发展途径等一系列新观点，如在第16届全国催化学术会议上，何鸣元获得中国催化成就奖，他向大会做的报告即是《绿色碳科学——寻求碳中性平衡实现途径》。

刚过古稀之年的何鸣元，依然精力旺盛、工作繁忙。他负责科技部、国家自然科学基金、中国石油化工总公司等多个科研项目。应聘华东师大兼职教授后，他建立并主持上海市绿色化学与化工过程绿色化重点实验室，培养了几十名硕士、博士。实验室所开发的MWW型分子筛催化剂已实现工业应用，并由此成功开发一种独特的绿色催化氧化过程，为世界首创。

何鸣元和夫人钱蕴华还积极推动中法高等教育交流，双双获得法国政府棕榈叶骑士勋章。

（撰稿：张橙华）

张钟华

苏州“小状元”登上世界电磁测量最高峰

张钟华（1940.7.2—），江苏苏州人。1965年清华大学电机系研究生毕业。长期研究电磁计量基准，为中国计量科技实现从实物基准到自然标准再到量子基准的两次飞跃并赶超世界水平做出了重大贡献。获得国家科技进步奖一、二、三等奖各1项和何梁何利基金科学与技术进步奖。先后获“全国先进工作者”、“全国优秀科技工作者”等称号。1995年当选为中国工程院院士（信息与电子工程学部）。

张钟华进入善耕小学后就爱看书，1951年以苏州地区第一名考进草桥中学，被同学们戏称为“小状元”。他不仅成绩优秀，还热爱科技制作，他买来眼镜片装配望远镜，又曾自制出矿石收音机。

1957年，张钟华考入清华大学工程物理系。1959年，转入电机系。1962年，因在校全部期末成绩为5分，被评为优秀毕业生，同年考入本校电机系读研究生，师从王先冲教授。清华重视基础教育的学风使他终身受益，带有苏州口音的王明贞教授带引他进入量子世界。

一个国家要发展科学技术，必须能精密、准确地测量各种物理量。提高观测精度和完善计量制度是科学文化进步的重要标志，但我国直到20世纪60年代初还没有自己独立的计量标准，只得定期将各种标准量具送到苏联去检定。王大珩曾亲口告诉张钟华，把棉被包裹的设备抱在怀里带到莫斯科去，怕温度、湿度变化及路途颠簸等因素

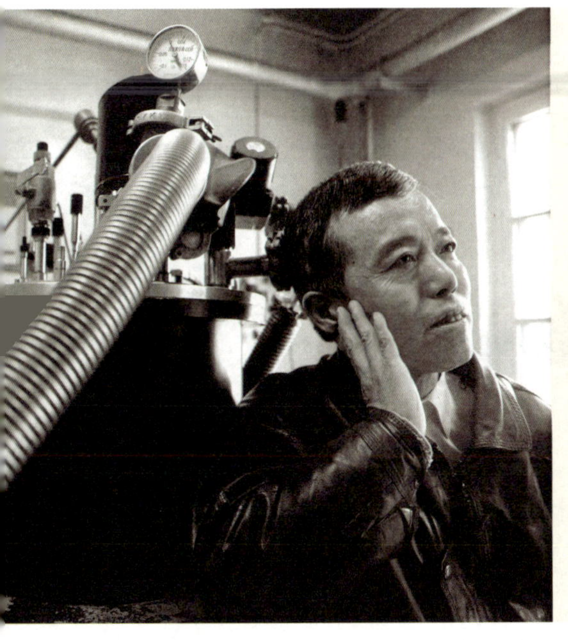

迷信权威是科学的敌人，只有把勇于探索的精神和严谨的作风结合起来，才有可能在科学的道路上有所发现，有所前进。

张钟华

一九九七年四月

1997 年 4 月 3 日，张钟华在中国计量科学研究院量子化霍尔效应实验室

影响了测量结果的准确性，因此建立自己的国家级电磁计量标准刻不容缓。当时，我国长度和时间的标准已经跟上世界步伐、进入了自然基准时代，分别用光的波长和原子钟为基准，精度达到 8 位有效数字，而电学标准还停留在实物基准，精度只有 6 位有效数字。他承担了“计算电容”课题，凭着深厚的数学基础，提出“变动边界微扰法”解决误差计算，制成标准电容的精度比原来用的标准电容提高三个数量级。后来在 1997 年参加由国际计量局组织的电容国际比对，与国际值的差别仅为 4×10^{-8}，是国际上最好的结果之一。法国同行专家为此专程访华向张钟华请教。

1983 年至 1988 年，张钟华负责用低温核磁共振法建立国家强磁场标准（2—12 特斯拉，不确定度 6×10^{-5}）。为了克服信号在短距离内衰减造成的困难，他设计专门抑制基频的网络，让各种高频谐波出现，从而可在低温下测量更高的强磁场，此标准至今仍为国际上最好的同类标准之一。

2008 年，张钟华(左)回母校苏州市第一中学和学生座谈。右为苏州市第一中学校长周祖华

2010 年，在 IEEE 精密电磁测量会议上，张钟华向加拿大计量局专家介绍自己为建立量子质量标准所首创的焦耳秤

1980 年，张钟华在国际精密测量大会上聆听德国冯·克利青宣布量子化霍尔效应，他认识到此发现将使基本物理常数的测定再次飞跃。约瑟夫森效应和量子霍尔效应成为基本物理常数计量中的两大支柱，中国要在计量科技上赶超世界，必须跃上量子霍尔电阻这个高台阶。回国后，他提议立项研制电阻标准，可惜未获批准，只能先做些理论探究。1983 年，他用保角变换证明了任意截面形状的二维样品中量子化霍尔效应的公式仍严格成立，发表在《计量学报》上。冯·克利青获得 1985 年诺贝尔物理学奖后，张钟华的申请才被批准。量子化霍尔电阻量值仅取决自然常数，可以达到极高的稳定性和复现性，远远超过线绕标准电阻。要在实际测量中应用量子化霍尔电阻标准，必须解决把这个标准电阻量值传递到十进制电阻量值的难题。20 世纪 90 年代以来，国际上发展了低温电流比较仪，国外最好的低温电流比较仪的精度为 10^{-9} 量级，再要提高则遇到了工作状态不能稳定的困难。张钟华经过十多年的钻研，终于发现了不稳定的原因在于其中高灵敏检测器件有多平衡状态的非线性特性，平衡状态之间的转换会造成比较仪的不稳定。张钟华提出一系列有效的解决方法，带领研制的低温电流比较仪的精度达到 10^{-10} 量级，比美国精确十倍，为世界第一。这一贡献获国家科技进步奖一等奖。诺贝尔奖获得者冯·克利青和崔琦都高度赞扬这项成就，日、德、韩等国的计量机构邀请他去讲学和合作。他还是国际

张钟华、赵志芬夫妇和女儿张雅琴、外孙赵一风

2009 年，张钟华国庆观礼

基本物理常数工作组(CODATA)的中方代表，这些标志着我国已步入计量科学先进国家之列。

1998 年，张钟华患肾肿瘤，手术后不久，他就继续工作了。上述成果中有许多是患病后取得的。已逾古稀之年的张钟华思维依然敏捷，在创新求实的道路上并未停步，继续带领团队攀登世界计量高峰，这次的目标是研究量子质量基准。

张钟华在国内外各种学术刊物上发表了学术论文 60 多篇，并参加了 6 种学术专著的编写工作。还担任《仪器仪表学报》、《计量学报》、《电测与仪表》等学术刊物的主编，被多所大学聘为兼职教授，为学术交流做了大量工作。他还兼任中国仪器仪表学会副理事长、中国计量测试学会常务理事等学术职务。

虽然工作繁忙，但张钟华积极参加中学母校在京的校友会活动。他为善耕小学题字，为苏州市第一中学和苏州中学写回忆录，难得有机会回家乡时，还到苏州市第一中学为学生做报告。苏州市第五中学举行科技周活动，他也为之题词。回忆起苏州园林时，他说，那里太湖石多姿多态，布局步移景换，往往走到山穷水尽处会有柳暗花明的景色，使他体会到客观世界的复杂性，养成了透过现象探索本质和多方位考虑问题的思维习惯。

（撰稿：张橙华）

程耿东
努“力”进取的校长院士

程耿东(1941.9.22—),江苏苏州人。计算力学专家。1958年至1964年,北京大学数理力学系本科。1964年至1968年,大连工学院(今大连理工大学)数理力学系研究生。1978年至1980年,丹麦技术大学固体力学系,获博士学位。另获比利时列日大学(2000年)和丹麦阿尔堡大学(2001年)名誉博士学位。1995年,当选为中国科学院院士(技术科学部)。2012年,当选为俄罗斯科学院外籍院士。曾任大连理工大学副校长、校长,国际结构与多学科优化协会副主席,中国力学学会副主席,《中国力学学报》、《Mechanics Sinica China》及《大连理工大学学报》主编,《固体力学学报》、《应用数学与力学》、《计算力学学报》、《Computers and Structures》、《Structural and Multidisciplinary Optimization》、《Engineering Optimization》等国内外十多个杂志编委。先后获得1985年国家科技进步奖三等奖,1991年、2006年国家自然科学奖二等奖以及国家教委科技进步奖一、二等奖等。2004年,获何梁何利基金科学与技术进步奖。2013年,获周培源力学奖。还曾获全国优秀建筑标准设计奖、光华科技基金奖和IET基金会“大学校长奖”等多项奖励。是第九、第十届全国人大代表。“973”计划第三至第五届顾问组顾问。

程耿东的外祖父程幹卿是爱国商人,曾任吴县县商会主席委员(1935—1938),苏州沦陷后,因拒绝担任伪职辞任。程耿东青少年期间,

1960 年，程耿东（前左）在北京大学上学期间和中学同学合影

1965 年，程耿东在大连工学院读研究生时在宿舍自修

1968 年，程耿东（左）在北大荒军垦农场劳动

家庭生活困难，靠母亲做刺绣维持家用。坚强的母亲教会了他在逆境中奋斗，在艰难中起飞，他立志要做个有为的人。

程耿东曾在苏州善耕小学、晏成小学、苏州市第一初级中学和苏州市第六中学学习。从小学起，一直是优等生。初三时的班主任王季倩教化学，知道他喜欢做实验，把钥匙交给程耿东，让他自由出入，他还差点把实验室给烧起来。1958 年，程耿东从苏州市第六中学毕业，考入北京大学。大学期间，助学金付了伙食费外所剩无几，因没钱买书，图书馆成了他第二个家。大学六年，程耿东只回过三次家，多次寒暑假在学校勤工俭学。他曾在校内留学生宿舍当清扫工，也去过北京天文台帮忙搞计算。1964 年，他以优异成绩考取大连工学院数理力学系唐立民教授的研究生。考试时他很快完成试题，还在考卷后附上自己对一些题目的评论意见。

“文革”时期，程耿东先在黑龙江北大荒军垦农场劳动锻炼，后赴沈阳八十八中学教数学，还教过物理、语文，受到学生喜爱。在逆境中，他坚信“知识就是力量”，从未放弃钻研力学，他还复习英语、俄语，并自学了日语。

爱才心切的钱令希教授在“文革”后期亲自到省里奔走，在 1973 年把程耿东调回了大连工学院。又以“学工”为由，把程耿东等几位年轻人组成小分队，由

2006 年 10 月 28 日，程耿东参加母校善耕小学百年校庆和老校长金国忠(中)、老校友张橙华(左)合影

2012 年 9 月 13 日，程耿东(右)回到母校苏州市第一初级中学在班级毕业照前

钟万勰教授带领，派往上海，白天在工地推水泥车，晚上到计算中心去学习、演练计算机技术。那时上海用的 X-2 机内存仅有 8192 个字节，他们和来自各地的学子们排队轮流使用，利用这台计算机完成了一批标准设计，程耿东在钟万勰教授指导下用群论分析水塔支架。

回到大连后，程耿东和同事何穷抓住时机，合作翻译了《有限元的概念和应用》。

1978 年，程耿东以优异的成绩通过国家考试首批出国留学。同年 12 月，来到丹麦技术大学，师从国际理论和应用力学学会主席尼奥德森教授，虽然不会丹麦文，但他刻苦学习，通过了五门专业课的考试，完成了后来在结构优化学术界有影响的博士论文，于 1980 年 10 月获得博士学位。这在当时丹麦教育史上尚无先例，他也成为"文革"后首批留学人员中第一个取得博士学位的人。此后，程耿东多次被丹麦阿尔堡大学和丹麦技术大学请去合作研究和讲学。

回国后，程耿东在计算力学的教学和科学研究中不断做出成绩，他和钟万勰、林家浩

2008 年 9 月 20 日，程耿东(左四)回到高中母校苏州市第六中学参加毕业 50 周年纪念活动

程耿东(右)和学生、丹麦学者在日本举行的学术会议上

开发了用于研究汽轮机基础强迫振动的计算机程序，为很多设计院所采用。他对实心弹性薄板的研究表明，为了得到全局最优解，必须扩大设计空间，包括由无限细的密肋加强的板设计。这项研究工作被认为是近代布局优化的先驱。他提出并实现了结构响应灵敏度分析的半解析法，和丹麦学者共同研究了误差分析和提高精度的方法。该方法被很多通用结构优化程序采用，可以在已有的有限元程序中方便地实现灵敏度分析。他指出结构拓扑优化中奇异最优解的本质是约束函数不连续，并给出了可行区的正确形状，在此基础上给出求解奇异最优解的拓扑优化问题的 e- 放松模型及算法。他还研究了多项重要工业装备的结构分析和优化设计。

程耿东编著有《工程结构优化设计》等 5 部著作和 2 部译作，在国内外发表学术论文 180 多篇。1996 年夏，在日本京都召开的第 19 届国际理论和应用力学大会上，程耿东应邀在大会做主题报告，该大会被国际力学界誉为“力学界的奥林匹克”。

程耿东已经培养出近 50 名硕士和博士，

其中有1人成为中国科学院院士，2人任大学校长，12人为教授，多人成为国家有突出贡献的中青年专家、国家杰出青年基金获得者及“长江学者奖励计划”特聘教授，在企业工作的毕业生也不乏佼佼者。

1995年起，程耿东任大连理工大学校长。他精心策划学校的建设和发展，关注学生的健康成长，和班子全体人员同心合力，带领大连理工大学以充满生机和活力的新姿态进入国家“211”工程、“985”工程，并成为“中管干部学校”。学校进入了一个新的发展时期。

如今，程耿东从领导岗位上退了下来。虽然事务减少了，但并未停下脚步，继续活跃在科研和教学岗位上。

程耿东和夫人、女儿的苏州话仍然很地道。他多次回到母校。2006年10月，参加善耕小学百年校庆，和老校长金国忠亲切见面。2012年9月，回到苏州市第一初级中学，给学生讲授求学之道，并在惠荫园内种下了一棵院士树。他多次回到苏州市第六中学，表达对母校、老师的感谢，对昔日同窗友情的怀念，对母校发展的关注。

（撰稿：张橙华）

1980年，程耿东在丹麦技术大学做博士论文答辩。右为导师尼奥德森

2000年，程耿东接受比利时列日大学校长授予的名誉博士学位

2012年7月3日，程耿东（右一）当选为俄罗斯科学院外籍院士

贝聿铭 Ieoh Ming Pei
心系故园　桑梓情深

贝聿铭 Ieoh Ming Pei (1917.4.26—)，美籍华人，祖籍江苏苏州。世界著名建筑设计师。1940 年，美国麻省理工学院获学士学位。1946 年，美国哈佛大学建筑设计学院获硕士学位。美国艺术与科学院院士。1996 年当选为中国工程院外籍院士。

贝聿铭设计的建筑遍布世界各地，代表作品有肯尼迪图书馆、华盛顿国家美术馆东馆、卢浮宫玻璃金字塔、香山饭店、苏州博物馆等。1983 年，获普立兹克建筑奖，被誉为“现代建筑的最后大师”。

贝聿铭生于苏州的一个名门望族。贝氏家族在明朝中叶定居苏州，至清乾隆年间，因经营“刘海”商标的国药号成为苏州“四富”之一。贝聿铭的祖父贝理泰，是苏州倡办银行的第一人，担任过苏州商会会长等众多社会职务，热心公益事业，在地方上颇具影响力。贝聿铭的父亲贝祖诒是中国第一位国际汇兑专家，一生从事金融业，曾任中国银行代总经理、中央银行总裁等职。

1917 年，贝聿铭在广州出生。不久，全家搬迁香港。10 岁那年，又随父亲工作调动来到上海。1930 年，母亲病故，父亲再婚后，年迈的祖父便出面照顾孙儿们。祖父常常谆谆教导说，做事须“全力以赴”。这话成为贝聿铭人生的座右铭。

贝聿铭在上海读中学，几乎每年寒暑假，都会回到苏州老家。祖父的老宅在西花桥巷，那儿离贝氏的家族

美国国家艺术馆馆长布朗、赞助人梅伦与建筑师贝聿铭

贝聿铭作品：苏州博物馆新馆(2006 年竣工)

产业狮子林很近。小时候，贝聿铭常常随祖父去狮子林，在那里的贝氏祠堂拜祖，余下的时间，便与堂兄弟们在狮子林假山丛中捉迷藏、嬉戏游玩。他对园内千奇百怪、造型奇特的太湖石产生浓厚的兴趣，当了解到精美的太湖石要经过石匠两三代人才最终打造完成时，领悟到一件优秀的作品要经得起时间的考验。苏州精巧别致、曲径通幽的园林建筑给幼小的他留下深刻的印象。他不知不觉就浸润于这独特的文化艺术氛围中。很多年后，当他已成为知名建筑大师时，谈起苏州园林建筑带给他的感悟："我后来才意识到在苏州让我学到了什么。现在想来，应该说那些经验对我后来的设计是有相当影响的。它使我意识到人与自然共存，而不只是自然而已。创意是人类的巧手和自然的共同结晶。这是我从苏州园林中学到的。"

1935 年，贝聿铭从上海圣约翰中学毕业，放弃了直升圣约翰大学的机会，也放弃了父

2003 年，贝聿铭（中）和江苏省省长梁保华（右一）和苏州市委书记王珉（左二）等交流苏州博物馆新馆建设情况

2005 年，贝聿铭在苏州博物馆新馆工地

亲为他安排的赴英国攻读经济学后继承父业的道路，而是选择去美国学习建筑设计专业。他以优异的成绩从麻省理工学院毕业，并得到建筑师学会奖章，之后继续攻读哈佛大学研究生学位。战争的种种变况，使得他未能顺利归国，便在美国留了下来，并在母校哈佛大学执教。学术前途正一片光明时，他却选择了另一条道路，离开校园来到韦伯纳普建筑公司当建筑研究室主任。很快他的建筑设计一鸣惊人，得到业内评论家的关注。在人们心目中，他机智、优雅、稳重、从容，而且设计的东西总是那么富有创造力和想象力。1955 年，他开始创建自己的事务所。命运总是青睐有准备的人。1964 年，经过重重选拔，他被肯尼迪总统夫人杰奎琳确定为肯尼迪图书馆的设计建造者，然而，图书馆在选址问题上却遭到种种意想不到的挫折，直到 15 年后终于在波士顿港口落址建成。这个建筑一面世，立刻因其新颖的设计理念、大胆的外观造型和高超的处理技术，在建筑界引起轰动。美国建筑

贝聿铭作品：巴黎卢浮宫金字塔（1989 年竣工）

界宣布 1979 年是“贝聿铭年”，并授予其该年度的美国建筑学院金质奖章。自此，他正式跻身于世界级建筑大师行列。

随着在世界各地的作品越来越多地问世，贝聿铭名扬四海，成为举世闻名的建筑大师，但正如他自己所说，他的根在中国。20 世 70 年代初，他首次回到阔别近 40 年的中国探亲。1979 年，他接受了北京香山饭店的设计工作，多次到香山勘察地形，还走访国内各地园林建筑。他从苏州园林借鉴来粉墙黛瓦、庭院竹林等因素，形成与北方建筑迥然不同的淡雅风格。1982 年，香山饭店开幕，贝聿铭带着包括杰奎琳·肯尼迪在内的一群友人前往出席，到中国的第一站就安排在老家苏州。他带着朋友们在狮子林的假山与凉亭之间

穿行，津津乐道地向他们讲解中国建筑的精妙之处。他探索出一条历史与现代相结合的道路，在自己的作品中体现出中华民族建筑艺术的精华。

1996年，贝聿铭应苏州市政府邀请，再次回到魂牵梦萦的故乡。他冒着蒙蒙细雨走进西花桥巷的老宅，追忆旧梦、凭吊故人。“昔我往矣，杨柳依依。今我来思，雨雪霏霏。”家乡人民为他在狮子林里欢庆他的80大寿。看着经历世事沧桑后的故园，他挥笔题下七个字：“云林画本旧无双。”这次，他欣然接受了苏州市政府的聘书，担任城市建设高级顾问。5年以后，他又接受了苏州市政府委托，设计苏州博物馆新馆。他把这项工程视为与自己的过去、祖先、老家联系的纽带，为之倾尽心血。他从苏州传统建筑的飞檐翘角中寻找到灵感，并用现代科技重新诠释，将建筑物演变成一种奇妙的几何效果。从新馆项目酝酿、选址直至圆满落成，已是耄耋之年的贝聿铭5次远涉重洋，返回故乡，不辞辛劳地踏勘工地，对每一个细节、一草一木都反复斟酌，力求尽善尽美。2006年10月6日，一座“中而新、苏而新”的博物馆在旧馆忠王府边上建成。90岁高龄的贝聿铭亲自赶来为苏州博物馆新馆剪彩。他踏上红地毯，穿过忠王府，推开新馆大门，就像在为最疼爱的“小女儿”送嫁。临行那日，他在博物馆里来回走了一圈又一圈，对工作人员千叮万嘱，最后才依依惜别。

就在这一年年底，贝聿铭被家乡人民授予“苏州市荣誉市民”称号。他说：“我的家族六百年来一直生活在这里。”桑梓情深，他的根在这里，他与故园的情缘永远割裂不断。

（撰稿：俞菁）

童秉纲
“人生在世，总要做点事”

童秉纲(1927.9.28—)，江苏张家港人。童秉纲11岁时父亲去世，家中5个兄弟由母亲抚养长大。1945年，毕业于梁丰中学(现为江苏省梁丰高级中学)，并考入南京大学工学院，在机械工程系就读。1950年毕业后进入哈尔滨工业大学读力学专业研究生。1953年，研究生毕业，留校任教，曾任讲师及理论力学教研室主任。1961年，调到中国科学技术大学近代力学系任教，先后担任流体力学教研室主任、近代力学系主任。曾协助钱学森等著名科学家建设了中国科大高速空气动力学的专业教学体系。

20世纪70年代，由于我国独立研制战术、战略导弹武器的急需，童秉纲在国内率先开展非定常空气动力学的一个重要研究领域——飞行器飞行时的动态稳定性导数研究。他领导研究小组针对跨声速和高超声速流固有的非线性困难，提出了相应的模型：非定常跨声速局部线化面元法和非定常内伏牛顿—布兹曼流动理论，从而开拓和发展了一整套从低速到高速的飞行器动态气动特征的分析方法。这些方法有力地支持了我国有关飞行器设计部门的研制工作。这项研究延续到80年代，组织了研究团队，获得一系列成果和奖励。

1981年，他晋升教授，并受聘为我国第一批博士生导师。他说：“博士生的教育模式是独立研究型，其培养方式不一样，是由导师单独培养，有点像以前的私塾一样，目标是培养他们独立从事科学研究工作的能力，做出创造性的结果。”他这样说，也是这样做的，他对每一位研究生都根据不同情况提出不同的培养和要求，从科研思想、基本训练、方向选择、课题确定都给予规划。迄今他共指导了 21 名博士生，培养了他们扎实的根基和求实创新的风格。2012 年，世界力学家大会在北京召开，流体力学领域共有 17 个分组会，担任分组会主席的大陆学者有 7 位，其中 2 位，清华大学的朱克勤教授和中科大的陆夕云教授都是童秉纲培养的博士生。

1998 年，童秉纲在图书馆

1984 年 5 月至 1985 年 10 月，他在北美 4 所大学做访问学者，从事合作研究工作。1986 年，回到中国科大研究生院（现改名中国科学院大学）任教。此后的 80 年代到 90 年代，他指导研究生主要取得了两项成果。其一是建立了模拟鱼类波状游动的三维波动板理论，在此基础上定量分析了鱼类几种游动模式的形态适应问题，得出了若干新的结论，该理论多次被科学引文索引(SCI)文章所引用，国际同行给予了充分肯定。其二是为了适应复杂构形航天器热环境预测的需要，他和航天气动热专家合作，发展了基于有限元方法的计算气动热力学。此外，他主持编写的《气体动力学》(1990)成为国内多所重点高校和研究机构的教材和参考书，获 1995 年国家教委优秀教材一等奖和 1998 年教育部科技进步奖二等奖。他主持编写的《涡运动理论》(1994)受到读者青睐，还销售到台湾，受到台湾同行和学生的欢迎。正是他在非定常空气动力学、生物流体力学、航天器热防护气动热力学等前沿领域做出了系统的创造性工作，他的研究成果得到了各界的肯定和重视。1997 年，童秉纲当选为中国科学院院士（数

1953 年，童秉纲在哈尔滨工业大学读研究生期间与其导师、苏联专家克雷洛夫讨论问题

1985 年，童秉纲（后排右二）在美国加州理工学院工程科学系做访问学者。前排中为吴耀祖院士及夫人

学物理学部）。

从 20 世纪末至今的十几年，童秉纲又踏上了新的征程，他主持中国科学院大学生物运动力学实验室，带领研究生在两个研究领域进行探索。

其一是飞行与游动的生物运动力学研究。10 年间，实验室有 6 名博士研究生在该领域取得了博士学位，并发表了创意的成果。中科院外籍院士吴耀祖(T. Y. Wu)在《Ann. Rev. Fluid Mech.》(2011)上发表的综述文章中，共引述了该实验室发表的 7 篇论文。他将该实验室发表的小型昆虫拍翼的理论模化解析途径列为开创中小型昆虫大攻角拍翼飞行研究领域的近期 4 篇代表作之一，并两次提及该实验室在鱼游领域提出的变形体动力学与流体动力学耦合系统。在即将出版的我国《力学学科（流体力学）发展战略研究报告》之《动物飞行与游动的流体力学》中提到：童秉纲小组基于模型理论分析途径发展了二维拍动翼的半解析方法，前人提出的三个升力机制均能在该方法中体现。童秉纲研究群体通过实验手段从力学角度归纳总结出鲫鱼“数字鱼”模型。

1996 年 10 月 1 日，童秉纲（中）访问台湾大学应用力学研究所，做学术报告后合影

1997 年 8 月 15 日，童秉纲（右三）在美国俄亥俄空间研究所做学术报告后合影

其二是气动加热的工程理论。这十年间，面对高超声速近空间飞行器的气动加热新问题，在童秉纲的带领下，以模型理论分析方法为主，结合数值模拟手段，建立起解决高超声速气动热环境预测的工程理论，共培养了 5 名博士生。完成了高超声速飞行器非烧蚀热防护热环境预测、非定常气动热力学理论框架、尖化前缘气动加热受稀薄气体效应和非平衡真实气体效应的工程理论、壁面流动分离—再附产生高气动热的广义物理模型及其理论和应用研究等工作。其中稀薄气体效应和真实气体效应方面的工作被评价为“难得一遇”、“值得称赞”和“高度原创性”的成果，还被国家自然科学基金重大研究计划评为“突出进展”，获得了连续三年的资助。流动再附点附近产生高气动热的广义物理模型被评价为“颇具新颖性和创新性”。这些工作不仅具有学术价值，还具有工程应用价值，因此，童秉纲应邀到多个科研院所做报告，受到了多个工程部门的关注，他们主动与课题组联系并签署了研究合同。

2002 年，童秉纲获何梁何利基金科学与技术进步奖。2006 年获“中国科学院第三届

2004 年 6 月 30 日，童秉纲指导的余永亮博士学位论文答辩会合影。前排左三为张涵信院士，前排左二为童秉纲，前排右三为崔尔杰院士

2004 年 9 月 15 日，童秉纲（右四）与中国科学技术大学近代力学系 1958 级同学在母校聚会

创新文化建设先进个人”荣誉称号。

他说：“由于历史原因，我 45 岁才开始做流体力学研究，在这个领域做了 25 年的研究，到 70 岁当选为中科院院士。创业很晚，小有成就。我信奉一句格言，叫作‘不畏曲折，锲而不舍，谋事在人，成事在天’。”童秉纲历尽艰辛，排除万难，大器晚成，在逆境和坎坷中展示了自己作为一名教师和科学研究工作者的风采。

童秉纲一直都眷恋着故乡张家港。他说，家乡的阳光雨露哺育了他，家乡的人民支持了他，在有生之年回报家乡是他的心愿。2007 年，他将 127 件个人档案资料捐赠给张家港市档案馆。2012 年，张家港市建县（市）50 周年庆典，他特意发去贺信。他说：“我深深怀念和感谢我的母亲和家乡父老的养育培植之恩，希望家乡日益美好光明。”

（撰稿：管子武、缪宏）

赵铠
病毒学界的常胜将军

赵铠(1930.12.6—),江苏苏州人。医学病毒学专家,现为北京生物制品研究所研究员。赵铠生于苏州阊门内下塘街。1947年就读于吴县县立中学(今苏州市第一中学)。1950年考入复旦大学生物学系。1954年大学毕业后,被分配到卫生部中央生物制品研究所(今北京生物制品研究所)痘苗室工作。就这样,他进入了为之奋斗半个多世纪的医学病毒学领域。“探索无尽期,求是在恒心”,是赵铠的座右铭,同时也是他半个世纪以来科研工作的最好写照。

我国自1921年开始使用牛体培养繁殖病毒批量制备牛痘苗,30多年来没有改变,劳动强度大,制品含有杂菌却被认为合法。1956年,为革新痘苗生产技术,赵铠开始研究鸡胚培养痘苗。经小量试制,准备用研究的痘苗进行临床试验时,1958年,他被下放到宁夏,进行了为期一年的“知识分子劳动锻炼”,而手头上的研究工作只能留给科室其他同事。1959年,赵铠从宁夏回来,被科主任告知,因为鸡胚培养痘苗接种后反应大,研究工作已经停止。经研究分析后,他重新制定了研究方案,改用鸡胚细胞培养来研究新型疫苗。以他为首的课题组,在研究了病毒培养的适宜条件后,将牛痘苗病毒在鸡胚细胞适应传代2至3代后作为种子批用于制备痘苗,动物试验证明有良好的免疫原性和保存稳定性,临床观察证明接种反应温和,免疫效果

探索無止期
求是在恒心
趙鎧
二〇〇三年十二月

2001 年，赵铠在基因工程乙肝疫苗室

和牛痘苗相当。1965 年，经大量的临床观察，赵铠成功地开发了新型的用于预防天花的细胞培养痘苗。该技术随后在全国各生物制品所推广应用，淘汰了古典的牛痘苗。

1977 年，世界卫生组织报告消灭了最后一例天花，人类终于赢得了与天花的斗争。消灭天花，意味着不用再生产天花疫苗了，也就是说赵铠要“失业”了。一直在科研道路上不懈追求的他，一刻不停地踏上新的征服之路。1979 年，又全身心投入到风疹疫苗的研究中去。这一研究在国内还是空白，一切都要从零开始。以他为首的课题组在建立了风疹病毒分离、鉴定及血清学检测等技术后，将分离到的风疹病毒在人二倍体细胞传代减毒，于 1984 年成功获得具有良好免疫应答、但无传播性的风疹病毒减毒株——BRD-2 株。

1950 年，原吴县县立中学校址在沧浪亭北的可园侧，赵铠（后排中）与高三同学在沧浪亭后的石桥上合影

1954 年，赵铠在复旦大学学生宿舍学习

1990 年，制成冻干疫苗，其质量达到国际同类制品中的先进水平。经新药审评获得有保护期的新药证书。

我国是乙型肝炎高流行区，“六五”期间，国家科委将血源乙肝疫苗的研究及中间试验列为国家科技攻关的重点项目，由卫生部北京生物制品研究所和中国药品生物制品检定所承担，赵铠被选为该项目的负责人。他制订攻关计划，协调合作单位之间的工作，在总结了小量研究的经验后，提出和设计了中间试验的技术路线，即以高滴度乙肝表面抗原血浆为原料，采用多次区带超速离心、超滤浓缩结合胃酶消化的综合纯化技术，多步骤灭活的大规模生产工艺流程。同时国家检定所制定了安全性上有保证的质量控制方法和标准。通过合作，研制的疫苗经大量人群观察证明有效，未发现与接种疫苗有关的感染病例。1985 年，按时完成了中间试验，通过了国家鉴定和验收，获得了新药证书。疫苗推广使用后，在接种疫苗的儿童中，乙肝表面抗原携带率降低了 90%，取得了巨大的社会效益。

血源乙肝疫苗安全有效，但其材料来源

1992 年，赵铠（右一）在法国安纳西参加国际疫苗会议

1993 年，赵铠（中）在实验室启开乙型肝炎重组酵母菌种前留影

受到血源的限制，他预见到这只是一种过渡性疫苗。赵铠提出了采用我国痘苗生产毒种开发亚单位乙肝疫苗的设想，随后与中科院生化所合作，共同承担了国家“七五”攻关项目——乙肝基因工程疫苗（痘苗表达）的研究及中间试验。赵铠负责开发工作，他们的课题组将生化所构建的重组痘苗病毒进行挑斑、传代、纯化筛选、培养条件和抗原纯化技术等的研究，建立了生产工艺流程。中试疫苗临床观察证明安全有效，也获得了新药证书。

20 世纪 80 年代后期，鉴于开发的基因工程乙肝疫苗未能形成规模化生产，赵铠建议引进国外先进的重组酵母乙肝疫苗模块式工业化生产技术。经过批准后，他负责该项目的引进工作，重点指导了引进技术的消化吸收，使得在试产期间能成功制备出符合要求的疫苗。经临床观察证明，试产的重组酵母乙肝疫苗阻断母婴传播的效果优于其他乙肝疫苗，阻断率达 90%。这一技术使得乙肝疫苗的质量和产量不断提高，满足了我国新生儿免疫接种的需要，也为卫生部淘汰血源乙肝疫苗做好了技术和物质准备。

赵铠从事病毒疫苗研究开发工作 50 余年，主持的疫苗研究开发项目共获部委以上科技进步奖和科研成果10项，其中国家科技进步奖3项、新药证书3件。1986年，获“六五”国家科技攻关先进个人奖。1988年至1997年，任北京生物制品研究所所长。1990年，被卫生部批准为有突出贡献专家。1997年，当选为中国工程院院士（医药卫生学部），曾任学部主任。2008年，获中华预防医学会公共卫生与预防医学发展贡献奖。2010年，获中国药典发展卓越成就奖。赵铠曾主编《医学生物制品学》、《中国生物制品发展史略》等多部专著，并多次被聘为世界卫生组织临时顾问，参加有关国际专业会议。

谈及成功秘诀，赵铠说，从小事做起。人应该有大的远景，要有理想，但是真正做事的时候，应该从基础的、小的事情做起，一步一步就可以做大。他还特别重视积累，对知识的积累，一靠读书，二靠实践。在积累知识的同时，还应该不断思考。在工作中要善于观察，遇到不合理的现象，通过思考寻求解决办法。

赵铠笑谈已是“80后”了。如今他除指导课题研究外，还担任卫生部疾病控制专家咨询委员会副主委、免疫规划分委会主委、国家药典会执委、病毒类制品专业委员会主委。对他来说，有工作，就可乐在其中。

（撰稿：李志娟）

黄崇祺
与中国电缆工业的脉搏共跳动

黄崇祺(1934.11.7—),江苏常熟人。1947 年,黄崇祺在常熟梅李中心小学毕业,到常熟城里的中山中学读初中。高中二年级就读于常熟中学,1953 年以优异的成绩考入东北工学院有色金属系有色金属及其合金压力加工专业。1957 年 8 月毕业后,分配到上海电缆研究所,成为所里招收的第一批大学生之一。1997 年,当选为中国工程院院士(机械与运载工程学部)。现为上海电缆研究所研究员级高级工程师。

黄崇祺刚到上海电缆研究所工作,就跟同事开展"铁道电气化用钢铝接触导线"的研究。"文革"期间,黄崇祺被下放到"五七"干校劳动,后来回到单位,埋头搞研究,完成了"铝包钢线研究及生产线"和"330 千伏超高压扩径架空导线研究"两个项目,在"文革"后的第一次全国科学大会上,均获得全国科学大会奖。

20 世纪 60 年代,由于我国电力事业的发展,加上我国大江大河多,急需跨越江河的大跨越架空导线和实现架空输电线路地线(避雷线)的载波通信。黄崇祺及其团队与湘潭电缆厂大力合作,从钢、铝复合的基础研究开始,开发了生产铝包钢线的新工艺,具有中国式的独创性和完全的自主知识产权。用这种方法制造的铝包钢线所生产的大跨越导线就有 17 条线跨越了我国的大江大河,其中最为著名的是长江南京

350公里时速高铁运行有了“安全阀”

高铁铜镁合金接触线打破国外垄断　国家采购成本直降22%

项目名称

高速铁路超细晶强化型铜镁合金接触线关键技术研究

第一完成单位

中国铁建电气化局集团有限公司

项目介绍

接触线是高速铁路牵引供电网中直接影响运行安全的最关键装备之一。时速300公里以上的铁路接触网均采用强度较高的铜镁合金。截至2010年，高铁铜镁合金接触线一直被国外垄断，我国正在研发时速350公里以上的高铁技术，国外产品不能满足我国技术要求。

课题组研发特殊的材料及优化技术，突破了合金熔炼、高温连续挤压及纤维化连续精密成型等难点，形成了具有完全自主知识产权的铜镁合金上引连铸高温连续挤压新方法。不仅在世界上首次获得横向晶粒尺寸小于8um的超细晶纤维结构的大长度铜镁合金接触线产品，还获得了特种铜合金高温高强连续挤压新技术，为特种材料生产探索出了一个新方法，填补了我国的技术空白，使我国拥有了时速350公里及以上高速接触网线材成套生产技术。

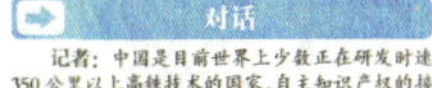
对话

记者：中国是目前世界上少数正在研发时速350公里以上高铁技术的国家，自主知识产权的接触线技术在其中有什么意义？

李学斌（中铁电气化局集团技术开发部副部长，项目第二完成人）：一直到2009年，全世界只有德国掌握高铁接触线的技术，我国发展高铁要花费大量外汇购买德国的产品。我们通过5年不懈努力研发出来的超细晶强化型铜镁合金接触线，与德国产品比，抗拉强度提升10%以上，导电率提升5%以上，韧性提升25%，不仅增加列车运行安全系数，还将接触网能耗降低5%。由于打破了国外高价垄断，国家对同类产品的采购成本直接降低了22%。我们的产品在国内外与他们竞争时，价格也比他们便宜30%以上。

北京市2012年科技成果一等奖——高铁接触线项目第一完成人黄崇祺院士（右一）对技术人员进行生产现场指导（照片原载《北京青年报》2013年2月22日）

2013年2月，《北京青年报》关于黄崇祺的报道

燕子矶—八卦洲2000米级220千伏大跨越工程。该工程一直安全运行，至今已有40多年的历史了。

20世纪70年代，我国第一条330千伏超高压、长距离输电线路刘家峡—关中线的建设提上日程。为了解决线路“电晕”损耗增加问题，需要研究开发扩径架空导线及相配套的线路变电站内部用的扩径母线。黄崇祺牵头负责“330千伏超高压扩径架空导线研究”项目的开发，联合多家电缆厂，经数年努力，于70年代中期建成线路投入运行。时至今日，这种330千伏架空线路已在西北地区建成约1万公里。刘家峡—关中线一直安全运行至今，在我国西北地区发挥了重要的作用，开创了我国研究开发、生产和使用扩径架空导线和扩径母线的先河。

后来，黄崇祺主导的“提高国产铝导体性能，研制电工用铝的研究”和“稀土优化综合处理在电工铝导体生产中的应用”两个科研项目，均获得国家科技进步奖二等奖。

2006 年，黄崇祺在上海电缆研究所架空线试验室

2007 年 9 月，黄崇祺在中国电线电缆行业大会上做《论中国电缆工业的废杂铜直接再生制杆和以铝节铜》的报告

由于我国铝导体的导电率和抗拉强度一直互相制约，尤其是导电率达不到国际标准，因此出口受限，电工铝导体基础的国家标准无法升级，不能与国际接轨。在这种背景下，“提高国产铝导体性能，研制电工用铝”的课题项目开发迫在眉睫。黄崇祺和他的同事经过 4 年努力，终于找出原因，解决了关键技术，稳定了大生产，用该种技术生产的架空导线已在各种电压等级的输配电线路上获得了广泛的应用。

虽然生产电工铝导体的技术问题解决了，但市场需要的电工铝导体的数量不能充分满足。利用我国丰富的稀土资源，黄崇祺和同事开创性地研究开发了“稀土优化综合处理生产电工铝导体”技术，解决了面广量大国产材料的来源问题，并且稳定了大生产，使产品达到了国外同类产品的先进水平。这项技术向全国推广后，一直使用至今，全面提高了铝导体的质量，满足了市场的大量需求，现已在各种电压等级的交流、直流输配电线路上发

2007 年 7 月，黄崇祺夫妇在新疆喀纳斯湖

2011 年 5 月，黄崇祺夫妇在辰山植物园

挥了重要的作用，经济效益和社会效益显著。

黄崇祺在国内外发表论文 80 多篇，编著有《电缆金属文集》、《金属导体及其应用》（上、下册）、《中国电气工程大典》（第三卷）、《金属导体文集》（上、下册）等，翻译或校对了一些有关裸线标准方面的英文和俄文的标准，都纳入了国外系列标准集。黄崇祺被授予“为发展我国工程技术事业做出突出贡献工程技术人员”、“上海市优秀科技工作者”称号，荣获上海市科技精英提名奖、徐光启科技荣誉奖等。

黄崇祺为我国电工铝导体和稀土电工铝导体提高导电率，解决量大面广的国产材料来源，根据我国铝矿资源条件使用非电工级高硅铝锭生产电工铝导体，并达到工业化的稳定生产，实现技术创新，使我国的电工铝导体达到了国际先进水平；为我国开创铝包钢线、超高压扩径架空导线的研究、生产和应用；为我国铁道电气化建设用接触导线和废杂铜直接再生制杆利用的研究、生产和发展做出了贡献。面对这些成就，他在《黄崇祺文集》的自序中说：“我是新中国培养的第一代工程师……我的工作与国家和中国电缆工业的发展需要是同脉搏的，我仅做了一点铺路和开拓的工作……我感悟到：做人要诚信、实在和直率；做事要认真、负责和敢闯；做学问要严肃、严格、严密，实事求是、不说假话、多做实事，不断进取并获得新成果。”

（撰稿：吴红红）

蔡吉人

从太湖农家娃到信息处理技术专家

蔡吉人(1935.7.15—),江苏苏州人。我国著名的信息处理技术专家。

蔡吉人出生于苏州太湖西山岛。西山岛蔡姓是宋代南渡进士蔡源的后裔。蔡氏家族历来重视教育,古代多人考中科举,当代也涌现出 10 多位专家教授。太湖在他幼小的心灵中留下了美好的回忆,有时随着大人去捕鱼捞虾,有时去湖湾采荷摘菱,然而好景不长,他 5 岁那年,家中连遭不幸,祖父、父亲相继去世,沉重的家庭负担落在了母亲的身上。为谋生活,全家来到苏州市区,挤进了一间整年不见阳光的小屋,两个姐姐进了纺织厂当童工,蔡吉人被送进了纺织厂职工子弟小学就学。苏州解放后,进入马医科市立职工子弟中学学习(即苏州市第二中学,现并入苏州市第一中学)。

1952 年,蔡吉人考入复旦大学数学系。来到繁华的大上海,跨入全国名牌大学,对一个多少带有乡土气息的青年来说,一切都是那么新奇。数学,被公认是难学的学科,有的同学中途辍学,有的转到了别的系,蔡吉人对数学本来并没有多大兴趣,学习缺乏主动性,虽然勉强跟上了,但成绩处于中下。事情偶然地发生了变化,一次上普通物理课,听着听着,蔡吉人打起了瞌睡,授课老师发现后并没有点名批评他,而是自责地说:“我在这里讲课,讲得不好,有的同学不爱听,可能是误人子弟呀。”短短的几句话,蔡吉人感到真比

把个人的理想自觉地融汇到党和国家的事业中，在发展党和国家的事业中实现人生价值。

蔡吉人
2001年2月7日

2001 年 2 月 6 日，蔡吉人在北京电子技术研究所第一研究室

被狠狠批评一顿还难受，他默默地低下了头，眼眶湿润了。课后，蔡吉人想得很多很多，想到党和国家把自己这样一个穷苦孩子送上了大学；想到人民用血汗供养自己，让自己在优越的环境下学习，这都是为了什么呀？从此，蔡吉人痛下决心，再不能这样不用心地混下去了，必须发奋学习。认识的转变，提高了他学习的主动性。正当他在学习上奋起直追的时候，一件不幸的事情发生了，蔡吉人在练习单杠时不慎从杠上摔下来，右臂骨折，那时正临近期末考试，真叫人着急。他抱着断臂一面复习功课，一面练习用左手写字，付出了超乎常人的努力后，终于可以参加考试了。当时的俄语老师是一位

2007 年，蔡吉人（右）与苏州一中校长周春良交流

2009 年 10 月 19 日，蔡吉人（左三）受聘为北京理工大学顾问教授

2011 年 1 月 14 日，蔡吉人（前排左三）出席全国科技奖励大会

2011 年 1 月 14 日，蔡吉人获颁国家科学技术奖励证书

苏联人，他好奇地望着蔡吉人挎着伤臂，在规定的时间内用左手顺利地答完了试卷，当场就给蔡吉人批了个 5 分。一旦学习成为一种自觉的行动时，蔡吉人就再也不觉得学习是一种负担，相反是一种乐趣。他抓紧一切时间学习，决心把失去的时间夺回来，上课专心听讲，课后就跑图书馆，连星期天也是在学习中度过的。

蔡吉人长期从事信息处理研究工作，在信息压缩、转换、传输等方面做出卓著贡献，是我国信息安全领域的主要学术带头人。由于信息安全的重要性日益增加，相关高校、省部级政府部门邀请他做信息安全方面的讲座。北京邮电大学、北京理工大学、清华大学等高校聘请他为学术顾问或兼职教授、博士生导师。他还兼任《中国信息年鉴》顾问。

蔡吉人主持过 10 多个重大科研项目的研究工作，主持审查过 30 多个设计方案，曾获国家科技进步奖一等奖 1 次、二等奖 5 次以及省部级其他奖励。1997 年，当选为中国工程院院士(信息与电子工程学部)。2011 年，被评为全国优秀共产党员。

（撰稿：苏档信、李志娟、张橙华）

阮长耿
仁心仁术的血液学专家

阮长耿（1939.8.14—），上海人。血液学专家。苏州大学医学院教授、博士生导师。苏州大学附属第一医院主任医师。曾任苏州医学院院长、中华医学会血液学分会第七届委员会主任委员、《中华血液学杂志》总编。现任江苏省血液研究所所长、江苏省医学会副会长、卫生部血栓与止血重点实验室主任以及《中华医学杂志》、《中华血液学杂志》、《J. Thromb & Hemost.》、《Thromb. Res》、《Int. J. Hematol》等国内外学术期刊的编委。曾荣获“国家级有突出贡献的中青年专家”、“全国先进工作者”、“法国医学科学院外籍通讯院士”等荣誉称号和全国五一劳动奖章。1997年，当选为中国工程院院士（医药卫生学部）。

阮长耿从小就喜欢医学，高中毕业时准备报考上海或北京医科大学，但成绩优秀的他被中学保送进了北京大学。当时的北大没有医学院，他就选择了和医学最接近的生物化学专业。1964年毕业后，阮长耿被国防科工委选中到苏州医学院工作，师从名医——主攻血液病研究的我国血液学专业奠基人之一、著名血液学家陈悦书教授，从事血液病发病机理的生物学研究。改革开放后，国家在各高校里选拔最优秀的人员出国深造，第一批55个人到美国，38个人到法国。40岁的阮长耿由于学有所长，从未中断过科学研究，成果显著，以优异的成绩在出国深造选拔考试中轻松

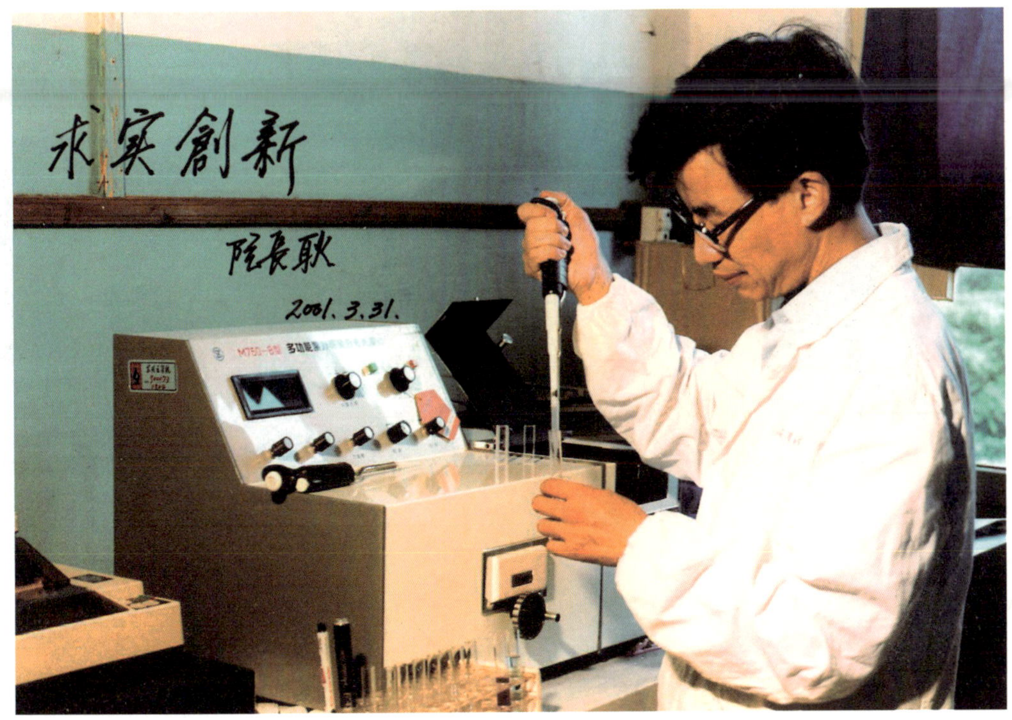

阮长耿在做实验

胜出，成为首批赴享有盛誉的法国巴黎第七大学留学深造的人员之一。

在法国进修期间，阮长耿凭借惊人的毅力、敏捷的思维、超强的动手能力，在法国导师Caen教授和英国有关专家的帮助下，用不到两年的时间，鉴定出国际上第一个抗血小板膜糖蛋白I单克隆抗体，并首先阐明血小板膜糖蛋白I作为粘附蛋白Von Willebrand因子受体的功能，于1981年被法国巴黎第七大学授予法国生物学国家博士学位，成为获此学位的第一位华人留学生；在第八届国际血栓与止血会议上，阮长耿发表了自己的研究成果报告，因在世界上首先用单克隆抗体研究血小板获得成功而被载入科学史册(3年之后，第二株同样的单抗才被美国科学家B. Coller教授发现)；他当选为国际血栓与止血学会会员，

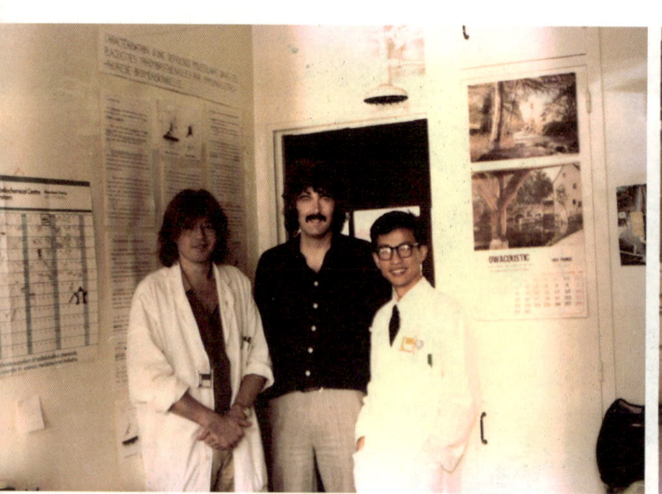

1979 年,阮长耿留法时与实验室同事合影

1981 年,阮长耿与 Caen 教授合影

成为该学会第一位中国会员。1981 年学成回国后,他在极其艰苦简陋的条件下建立了我国第一个血栓与止血研究室。在自强不息的“烛缸”精神的鼓舞下,阮长耿率领他的团队,只争朝夕、团结拼搏、刻苦攻关,1983 年,回国还不到两年,我国第一组抗人血小板膜糖蛋白单克隆抗体即告研制成功。1985 年至 1990 年,抗 vW 因子单抗、抗纤维蛋白单抗、抗人活化血小板单抗等命名为“苏州系列(SZ)”单克隆抗体相继研制出来,受到国内外医学界的重视。至今,“苏州系列”已有 9 大类,150 多株单抗,在血小板膜糖蛋白缺陷及 vW 因子缺陷引起的出血性疾病、心肌梗塞、脑血栓等疾病的诊断方面,做出了显著的成果。该组单抗中 SZ−1、SZ−2、SZ−21、SZ−22 已成为国际上研究血小板功能的标准抗体,不仅填补了国内空白,而且达到国际先进水平。

1985 年,阮长耿在“苏州系列”基础上建立了血小板膜糖蛋白、vW 因子和活化血小板等“检测药盒”。目前,我国已有 300 多家医疗单位使用这种药盒,提高了出血和血栓疾病的诊断水平。

2000 年 10 月，阮长耿在江苏省血液病研究所流式细胞实验室

2011 年 6 月，法国前总统德斯坦先生向阮长耿授予法兰西国家功绩军官勋章

1987 年，阮长耿任苏州医学院副院长。1993 年，担任院长职务。借鉴国外高校办学经验，在担任领导期间，他特别注重学科建设、师资队伍培养包括职称评审以及学院知名度的打造。由此，当时江苏省的 8 个医学院校中，苏医的博导最多、博士点最多，师资队伍名列全省第一。

1988 年，江苏省血液研究所成立，阮长耿任所长，在其领导下的学术梯队所从事的某些领域的科学研究，达到全国领先、亚洲第一、国际先进水平。目前，江苏省血液研究所以其骄人的累累硕果和精深的学术造诣，成为我国血液学研究的重要方面军，其杰出的领军人阮长耿院士，亦成为血液学王国公认的锐意创新的开拓者。

作为项目负责人，阮长耿先后承担国际原子能机构资助重点项目 2 项、中法先进研究计划课题 2 项，国家 “863” 项目 5 项、国家 “七五”、“八五”、“九五”、“十五”、“十一五” 攻关课题各 1 项、国家自然科学基金重大项目 1 项、国家自然科学基金项目 9 项以及省部级课题 34 项，累计获各项科研经费近 3800 万元。发表科研论文 600 余篇，其中 80 多篇在

阮长耿(右一)在指导研究生实验

阮长耿一家在虎丘

国外期刊上发表,主编《血小板》、《血栓与止血》和《血液学》等专著 6 部。获得国家发明专利 4 项、美国专利 1 项,国家发明奖 1 项、国家科技进步奖 2 项、中华医学科技奖 2 项以及省部级科技进步奖二等奖 14 项。他应邀多次参加血液学科及相关领域的国内外学术会议并做大会报告,并担任国际血液学和血栓止血学术会议大会和分会主席。阮长耿积极广泛地开展国际性学术交流活动,与法国、美国、日本、英国、德国、瑞士、澳大利亚等国家的有关科研机构建立了长期的技术交流与合作关系。2006 年 9 月,在苏州举办的第四届亚太血栓与止血会议上,阮长耿担任大会主席,这是中国大陆首次举办该项重要的国际会议,来自世界各地共 25 个国家和地区的 600 余位专家学者参加了此次盛会。大会圆满成功并获得了国内外专家的一致肯定,这亦促进了苏州的对外交流,扩大了苏州的国际影响。

阮长耿亲自招收培养博士生45名，硕士生37名。学有所成的弟子已冲出亚洲，走向世界。如美国Cleveland大学吴庆宇教授、美国Illinos大学杜晓平教授、美国Oklahoma大学夏利军教授，他们的学术成绩已经获得国际同行认可。他的学生戴克胜博士的学位论文《血栓性疾病及抗栓基因工程抗体的分子生物学研究》2004年被评为全国百篇优秀博士学位论文，这是当年全国血液学研究领域唯一的一篇获奖论文。

阮长耿长期从事血液学研究，特别是研究血小板在血栓与止血中的作用方面，取得了许多突破性的成就。2006年9月，当选为中华医学会血液学分会主任委员。这是首次由北京、天津以外的委员担任中华医学会血液学分会的主任委员，也是对他在全国血液学专业的学术地位给予的充分肯定和认同。

阮长耿致力于促进与国外的科研和文化的沟通，为苏州对外国际合作和交流做出了不懈的努力。为了苏州在经济上的腾飞，他积极参与苏州高新技术产业的招商引资，将美国生物制药企业普强公司引入苏州新区，将世界五百强企业美国葛兰素制药企业和法国欧莱雅化妆品企业引入苏州工业园区，并担任欧莱雅中国第一届董事会副会长；同时，他在担任苏州医学院院长期间，为国家培养医学人才尽心尽责。他牵线搭桥，在苏州医学院设立了“普强”、“欧莱雅”与法国血液和血管研究所(IVS)奖学金，以奖励在学业上取得突出成绩的优秀学生；设立“唐氏青年教师奖励基金”，以此激励苏州青年教师们奋发上进，学有成效。1992年，在他和中法科技协会创始人、首任会长Caen教授的共同努力下在苏州创立了第一家“中法友好医院”（苏州大学附属第二医院前身）。鉴于阮长耿为中法学术交流做出的突出贡献，他于1994年和2011年先后被授予法兰西国家功绩骑士勋章和法兰西国家功绩军官勋章。

（撰稿：赵凌颖、朱燕）

杨胜利

始终站在生物经济的最前沿

杨胜利(1941.1.5—),江苏太仓人。生于一个普通的教师家庭。幼时的杨胜利在父母的关爱中快乐成长,家庭的熏陶让他自幼就有强烈的好奇心和求知欲,喜爱博览群书。因受从事过儿童文学创作的父亲的影响,杨胜利对文学情有独钟,无论是古典文学还是现代文学,无论是国外名著还是国内名家的作品,都让他畅游其中,废寝忘食。学生时代的杨胜利成绩优异,小学时曾连续两次跳级。1957年毕业于上海市五爱中学。1962年以优异的成绩毕业于华东化工学院(今华东理工大学)有机化工系。

大学毕业后,杨胜利到中科院上海药物研究所从事科研工作。专长化学工程研究的他,在工作中不断探索和创新。即使在"文革"期间,也刻苦攻读分子生物学方面的外文图书,关注领域逐渐转向了基因工程。1980年,杨胜利赴美国加州大学,师从美国国家科学院院士海林斯基,从事博士后研究。他抱着报效祖国的信念,刻苦攻读,努力钻研,成绩优异。尽管导师对他非常欣赏,希望他留美工作,但两年后,杨胜利毅然回国,主持青霉素酰化酶基因工程研究。

杨胜利在主持青霉素酰化酶基因工程研究中,建立了基因克隆、定位表达系统,并采用DNA体内重组提高质粒的稳定性,优化了宿主和表达的条件,构建了高稳定性、高表达的基因工程菌。

2001 年 2 月 25 日，杨胜利（左）在中国科学院上海生物工程研究中心实验室

该项成果于 1988 年获中国科学院科技进步奖一等奖，于 1989 年获中国科学院第二届亿利达科技奖。其主要技术指标优于国际同类基因工程菌。杨胜利与中科院大连化学物理研究所袁权院士合作发展了基因工程菌膜反应器，于 1990 年用于工业生产。

杨胜利长期从事基因工程在酶、发酵和制药工业中的应用研究，开发和代谢工程研究，并致力于将微生物血红蛋白、热休克蛋白、分子伴侣等基因用于工业生产菌株的优化，推动基因工程、代谢工程在医药和工业生物技术产业中的应用。他还在分子药理学、微生物血红蛋白和蛇毒基因工程、蛋白酶蛋白质工程、分子伴侣等方面进行了开拓性的创新研

2006 年，杨胜利（前排右三）与华东理工大学系统工程研究中心首届学术委员会会员合影

究，取得了一系列成果。近年来，杨胜利主要从事系统生物学及合成生物学在生物技术中应用的研究。

杨胜利说："攀登科学高峰就像爬山一样，爬到一个小山峰，就要看看周围，悟出一些道理，再爬更高的山。"不断攀登科学高峰的杨胜利逐渐把更多的精力放到组织和引领行业战略发展上。1992 年至 1996 年，杨胜利担任中科院上海生物工程研究中心主任、党委书记。1997 年当选为中国工程院院士（医药卫生学部），现为中国工程院医药卫生学部主任、中国工程院主席团成员。2001 年筹建中科院大连化学物理研究所生物技术研究部，并担任主任。2007 年担任中科院天津工业生物技术研究与发展中心专家委员会主任。杨胜利还曾兼任中科院生物技术专家委员会主任委员、中科院新药专家委员会副主任委员、国家"863"生物技术领域专家委员会委员、中国微生物学会理事长、中国生物工程学会理事长等职。现兼任上海交通大学系统生物学研究所所长、华东理工大学生物工程学院名誉院长、国家"973"计划专家顾问组成员等职。他不辞辛劳地在北京、上海、大连等地奔波，指导着我国生物技术的快速发展；他组织和参加国际、国内学术会议，引领着生物技术的

2004 年，全国生化与生物技术药物学术年会

杨胜利（右）在母校太仓城厢第一中心小学做报告

前进方向。

50 余年来，杨胜利在钟爱的科研事业中不断攀登，专注务实又勇于创新，尝尽了科研工作的艰辛，也收获了“胜利”的快乐。乐观豁达、兴趣广泛的杨胜利，在工作之余依然像年轻时那样充满活力。曾是学校系篮球队主力的他，仍然喜欢运动、喜爱旅游；他爱好摄影、痴迷古典音乐；儿时起对文学的热爱也延续至今，他在阅读中感悟人生哲理，体会科学和艺术的真谛。他说：“科学的发展就像哲学的否定之否定规律，不是简单的否定，而是螺旋式地上升。”

年过七旬的杨胜利时时想念家乡太仓，那里是他魂牵梦绕的故土，有他快乐难忘的童年。尽管为人低调，但对家乡的请求他却十分热情。2005 年 10 月，母校太仓城厢镇第一中心小学百年校庆，杨胜利欣然题词——“饮水思源”。2007 年 9 月，杨胜利回到阔别多年的小学母校，亲切地与师生们交流，满怀深情地回忆自己的读书、学习经历，激励小校友们奋发学习、快乐成长。2008 年，杨胜利将上海市科学技术进步奖证书、中国工程院主席团成员证书等证书、文章捐赠给太仓市档案馆，丰富馆藏爱国主义教育素材。

（撰稿：池景彦）

沈倍奋
“这件事我们得赶紧做”

沈倍奋(1943.5.1—),江苏昆山人。免疫生物化学专家。沈倍奋生在一个比较富裕的家庭里,且是家里唯一的女孩子,所以不论父母,还是兄弟,都十分爱护和关照她。父母在无微不至照顾她生活的同时,并没有忘记培养她自强自立的性格。沈倍奋读小学时,父母经常会在周末带她和弟弟到上海市岳阳路中国科学院生理所门前,告诉他们科学院是科学研究的最高殿堂,要他们好好读书,将来有一天能成为在那里工作的研究人员。在复旦大学生物系生物物理专业学习的5年间,沈倍奋各科成绩一直名列前茅。1965年考入军事医学科学院放射医学研究所,攻读硕士学位。1980年获洪堡奖学金,赴德国西柏林技术大学生物化学研究所做博士后。沈倍奋现为军事医学科学院基础医学研究所研究员、博士生导师、分子免疫学学科的学术带头人。曾任中国人民解放军分子免疫学重点实验室主任、中华医学会副会长,现任中国免疫学会副理事长、中国人民解放军医学科学技术委员会常务委员兼基础医学领域主任委员等职务。

沈倍奋多年来从事生物化学和免疫学方面的工作,特别是在基因工程抗体的研制和应用上有很深的造诣。20世纪80年代以来,开展了一系列人白细胞分化抗原的结构与功能研究、细胞因子及其受体、免疫细胞信号转导等研究。近年来,和不同学科专家合作,在免疫调节和免疫耐

20 世纪 80 年代，沈倍奋（前排右二）与同事合影

受机制及应用领域的研究为自身免疫性疾病治疗提供了新的思路。抗体人源化改造、抗体高效表达系统以及基于抗原—抗体相互识别的立体结构信息设计抗体类药物等技术，促进了我国抗体药物产业发展。发表论文 600 余篇，主编专著 5 部。获国家科技进步奖、国家自然科学奖、军队科技进步奖等 20 余项，国家发明专利 30 余项。培养硕士、博士、博士后 30 余名。1987 年，年仅 43 岁的沈倍奋成为我国首届"863"计划专家委员会中最年轻的委员，也是唯一连续四届当选为"863"计划生物技术领域专家委员会委员的专家。1997 年，当选为中国工程院院士（医药卫生学部）。2003 年，被评为全国十大女发明家。

沈倍奋只有 1 米 59 的个头，体重不足百斤，但同事们说："她总是步履匆匆，行色匆匆，

2011 年，沈倍奋（右）指导学生工作

2012 年，沈倍奋（前排左三）与江苏吴中医药集团院士工作站人员合影

沈倍奋（右三）与毕业学生合影留念

走起路来就像一阵风，我们谁也赶不上。”无论是在研究室召开的会议上，还是在实验室里，她最常说的一句话是“这件事我们得赶紧做”。她曾从事白血病导向药物的研究，而我国是白血病的高发区。一项统计表明，我国白血病患者的死亡率呈上升趋势，尤其是青少年发病率高居各类癌症之首。多年来，沈倍奋就是在这种局面下超越和收获：她和已故的白炎研究员领导的实验室在国内最早开展加成指数测定法，分析单克隆抗体所抗抗原决定簇的异同，有关技术在全国进行了推广；最早做出白血病免疫分型试剂，使白血病诊断进一步提高；用单克隆抗体分析特发性血小板减少性紫癜，填补了国内特异性诊断方法的空白；研制抗人白细胞分化抗原的单克隆抗体 17 类 43 株，全部被白细胞分化抗原国际会议确认；开展白血病导向治疗的研究，研制的免疫毒素是我国单克隆抗体及衍生物最早通过新药评审进入临床的制品；从中国人外周血单个核细胞中克隆出粒细胞/巨噬细胞集落刺激因子基因，并研究了它们的升白细胞作用，在国内最先通过了新药评审。

搞自然科学，来不得半点虚假，沈倍奋不仅这样要求自己，也要求她的同事和学生要尽量客观地看待自己的实验结果，只有符合客观规律，才能立于不败之地。她告诫年轻的同志不要急于求成，在科学的道路上是没有捷径的，必须付出艰苦的努力，一步一个脚印，才能获得真正的成功。

沈倍奋虽然工作繁忙，但只要有机会回

1992 年，沈倍奋（二排右四）获“巾帼发明家”称号

到家乡，她都不辞辛苦。2012 年 9 月，苏州市科协举办苏州院士回乡活动，她推掉了其他公务，轻车简从赶回苏州。在苏两天，她除了参加苏州市科协主办的第七届学术年会和青少年科技创新市长奖颁奖典礼外，还应苏州大学基础医学与生物科学学院、苏州市生物学会邀请，做了一场生物技术药物方面的学术报告，受到了师生们的欢迎。另外，她与江苏吴中医药集团有限公司共建院士工作站，为苏州生物医药的转型升级默默奉献着她的智慧。

（撰稿：曹小芳、高云、吕明、陆宜泰）

施敏 Simon M. Sze
世界半导体大师

施敏 Simon M. Sze (1936.3.21—)，号福佑。美籍华人。祖籍江苏吴江，生于江苏南京。国际知名的微电子科学技术与半导体器件专家。中国工程院外籍院士，美国国家工程院院士，台湾"中央研究院"院士。

施氏是吴江震泽望族。施敏的曾祖辈施则敬是中国红十字会的创办人，施肇基为中国第一任驻美国大使，施肇曾参与创办了无锡国学专修馆，并与施肇基共同创办了震泽中学。施敏的父亲施家福是矿冶专家，20世纪40年代被调派至台湾基隆金瓜石，全家因此迁至台湾。

1957年，施敏毕业于台湾大学，之后到美国留学。1960年、1963年分别获得华盛顿大学硕士和斯坦福大学博士学位。毕业后，施敏进入贝尔实验室工作，直到1989年。1990年，又应聘为台湾新竹交通大学电子系讲座教授。1998年，兼任台湾"国家纳米元器件实验室"主任。

施敏对半导体器件有开拓性贡献。1967年7月，他与姜大元在《贝尔系统科技杂志》发表第一篇关于非挥发性半导体内存的论文，这个内存已成为世界集成电路产业主导产品之一，被广泛应用于可携带式电子产品中，并于1990年左右开创了"数码电子时代(Digital Age)"。20世纪80年代初，施敏首先以电子束制造出线宽为0.15μm MOSFET器件，首先发现崩溃电压与能隙的关系，建立了

2001 年,施敏(左三)参观苏州刺绣博物馆

2001 年,施敏(左二)游览拙政园

微电子组件最高电场的指针等等。

施敏关于微电子科学技术的著作被广泛用作教科书与参考书。他的 3 本专著已在我国翻译出版,其中,《半导体器件物理学》(1969 年第 1 版,1981 年第 2 版,2007 年第 3 版)是近代工程及应用科学引用最多的文献之一,被翻译成 6 种语言,销售超过 150 万册,被引用次数达 2.4 万多次,有“半导体界的圣经”之称。施敏还是一位杰出的教育家,曾担任多所大学客座教授,包括台湾的新竹交通大学、台湾大学、中山大学,以及大陆的苏州大学、上海交大、西安交大、北京交大、吉林大学、山东大学、安徽大学、北京工业大学、东北大学和国外的剑桥大学、瑞士科技大学、日本东京工业大学,为国内外半导体行业培养了大批优秀人才。

1977 年,施敏当选国际电机电子学会杰出会员。1991 年,为表彰他在电子组件领域做出的基础性及前瞻性贡献,国际电机电子元件学会(IEEE Election Device Society)授予

1985 年，施敏（后排左）与父母、弟弟摄于台北

1985 年，施敏夫妇和儿子施迪凡（左一）、女儿施怡凡（右一）摄于美国

2001 年，施敏（左）回到吴江震泽故居

2001 年，吴江有关领导会见施敏（左六）

2002 年，施敏（左五）和夫人（左六）参加吴江震泽中学科技节

2009 年 5 月，北京交通大学党委书记王建国向施敏（左）赠送他与学生讨论的合影

其最高荣誉奖——Ebers 奖。1994 年，当选为台湾“中央研究院”数理组院士。1995 年，当选为美国国家工程院院士。1998 年，当选为中国工程院外籍院士。

施敏多次来国内讲学，参加我国微电子器件研讨会。他对台湾微电子产业的发展，曾提出过重要建议。施敏对苏州微电子的建设与发展非常关心，曾为苏州大学微电子学专业开设了为期一个月的《半导体物理及器件》的课程并亲自授课。2002 年 11 月，施敏被苏州大学授予名誉教授。

2001 年、2002 年施敏连续两年回到家乡吴江震泽探亲寻根，他参观了震泽施氏故居、震泽中学、吴江经济开发区，应邀出席了吴江经贸洽谈会，并向当地的学校赠送了自己的专著。

（撰稿：范红明、张橙华）

朱棣文 Steven Chu
用激光"冻住"原子

朱棣文 Steven Chu，(1948.2.28 —)，美籍华人。祖籍江苏太仓，生于美国密苏里州圣路易斯。诺贝尔物理学奖获得者，中国科学院外籍院士，美国国家科学院院士，美国艺术和科学院院士。

朱棣文出身于书香世家，祖宅在太仓城厢镇东大街。祖父朱筑岩是读书人，祖母是王锡爵后裔，他们很重视培养后代。外祖父李书田是水利专家，曾任北洋工学院院长。父亲朱汝瑾1940年毕业于清华大学化工系，1943年留美攻读麻省理工学院博士，获学位后任教于美国圣路易等大学，是台湾"中央研究院"院士。母亲李静贞从清华大学毕业后，到美国麻省理工学院攻读工商管理。大姑妈朱汝昭留学日本，二姑妈朱汝华和三姑妈朱汝蓉都是留美化学教授。朱汝华曾任美国化学学会会长，和吴健雄是同学。哥哥朱筑文是麻省理工学院博士，现任斯坦福大学医学教授。弟弟朱钦文毕业于哈佛大学，后成为一名律师。

1950年，朱棣文父母选择定居纽约郊区花园市，因为那里公立学校质量较高。童年时的朱棣文爱好制作飞机、军舰模型，客厅里常堆放着大量玩具梁架和螺母、螺栓，还和小朋友施放自制的火箭。他第一个感兴趣的课程是几何学，看到可以推导出难以获知的结果，学会了证明定理。从此，他用清晰、符合逻辑的步骤去思考问题，而不是背诵某些实例。他也阅读了许多文学作品，还爱好橄榄球、网球、

2000 年 8 月，朱棣文夫妇在太仓娄东宾馆 8 号楼与亲友合影

撑竿跳等体育运动。进入高中后，他学习高年级先修物理和微积分课程。在高中最后一年，他自己动手做了一个物理摆以测量重力加速度。

高中毕业时，因获得的 A 相对较少，朱棣文被常青藤联盟各校拒之门外，进入了罗切斯特大学。在大学里他最喜欢的数学和物理两门课程都取得优异成绩且获奖，最终获得数学学士和物理学学士双学位。1976 年获加州大学伯克利分校物理学博士学位，后留校做了两年博士后研究。1978 年到贝尔实验室工作，1983 年任该实验室量子电子学研究部主任，开始研究原子冷却技术。1987 年任美国斯坦福大学物理系教授，1990 年担任该系主任。他带领合作者一起用激光束使原子减速，达到仅高于绝对零度万分之一度的低温。该技术可用来生成原子激光，精确测量重力加速度测量(比他 25 年前测量的精度提

1985 年 5 月，朱棣文(右)出席北京大学校庆著名华人科学家演讲会时，与菲尔兹奖获得者丘成桐教授互致问候

朱棣文(右)被北京大学聘为名誉教授

高几倍)，还可以由此做成重力分析图，解开地球上的许多谜团：例如观察油田的内层、勘探海底或地层内的矿物质；在生物科技上可以解读去氧核糖核酸(DNA)的密码。

1992 年，朱棣文被选为美国艺术和科学院院士。1993 年，被选为美国国家科学院院士。1997 年，因发明"用激光冷却和俘获原子"的方法和美国威廉·菲利普斯、法国科昂·塔努吉共获诺贝尔物理学奖。在得知获诺贝尔奖的当天，他仍平静地去上课，说道："当我想到还有更多优秀科学家，特别是比我强的科学家还没有获奖时，我自然就不应把这项奖看得有多重，我只是运气比较好而已。"他的双亲则说："身为父母，有子荣获诺贝尔奖，当然非常开心，更重要的是，他替中国人争了光。"1998 年，朱棣文当选为中国科学院外籍院士。

2004 年 6 月，朱棣文被任命为美国能源部劳伦斯·伯克利国家实验室主任。此后，他把研究方向转到新型的生化能源、人工光合作用和太阳能等一系列"绿色工程"上，研究号称为"分子马达"(molecular motor)的肌蛋白细胞的收缩，此技术可以在不破坏细胞膜的情况下操控细胞内的物质，或在密闭容器内处理稀有元素或者放射性元素。

2008 年 12 月，朱棣文被美国总统奥巴

太仓市朱棣文小学

2000 年 8 月 25 日，朱棣文首次来到太仓市朱棣文小学和学生互动交流

马提名为能源部长，成为继前劳工部长赵小兰之后的第二位华裔内阁成员。朱棣文倡导低碳经济，促使美国加入哥本哈根气候委员会。2013 年 2 月，他提出辞职，回到斯坦福大学任教。

朱棣文曾多次回到中国。1997 年 6 月，朱棣文应邀到杭州参加国际激光光谱会议。2009 年后，陆续访问清华大学、天津大学、同济大学等校，和教师座谈，为学生做讲座，主题都是如何创新，应对能源和气候挑战，主张中美共同发展清洁能源。

朱棣文活力充沛，谈吐幽默，他的厨艺也很高，以中国菜和墨西哥菜最拿手。虽然没有学好中文，但怀有浓厚的家乡情怀。1998 年 8 月，趁赴上海参加学术交流之机，他挤出半天时间回太仓。1999 年 5 月，家乡人民把太仓市新区小学更名为朱棣文小学。2000 年 8 月，朱棣文携夫人吉恩·朱（Jean Chu，英籍物理学家，毕业于牛津大学）来太仓寻根、扫墓，又来到朱棣文小学，并为学校题词："Primary school is the first school,and as the

朱棣文在美国能源部讲话

朱棣文在诺贝尔颁奖仪式上

朱棣文在实验室

first school,it is the first important step forward in a long quest of knowledge.May the students learn to love learning during this first step."（"小学是人生第一所学校，是长期追求知识重要的第一步，愿学生们在这第一步学会热爱学习。"）

（撰稿：王敏红、张橙华）

潘君骅
非球面光学领路人

潘君骅(1930.10.14—)，祖籍江苏常州，生于上海吴淞。1952年毕业于清华大学机械工程学系。1952年至1980年任职中科院长春光机所，其中1956年至1960年在苏联普尔科沃天文台攻读天文光学，获副博士学位。回国后，1980年起在南京天文仪器研制中心任研究员至退休。1989年主持研制2.16米望远镜，获国家科技进步奖一等奖。因折轴阶梯光栅分光仪获1999年国家科技进步奖三等奖。1999年当选为中国工程院院士(信息与电子工程学部)，兼任中国光学学会光学测试专业委员会主任委员。2000年起任苏州大学现代光学技术研究所研究员。

潘君骅生于爱国的书香门第。父亲潘蔚岑于北洋海军医学堂毕业后在上海圣心医院行医，生母朱贞慧是助产士。日军侵华后，杭州汉奸市长利诱潘蔚岑出任卫生厅长，虽然当时家境困难，但他坚决拒绝。哥哥潘君牧、潘君拯都毕业于交通大学，分别是铁路建筑专家和土壤力学专家；哥哥潘君乾考入北京大学农学院，毕业后成为畜牧专家；姐姐潘君昭毕业于暨南大学，是宋词专家。

由于随家庭多次逃难，潘君骅断断续续在嘉兴中学等6个学校里读完中学，但他始终努力学习。初中老师汪家诉兼任物理和几何课，激发了他的学习兴趣。他还借阅《科学家传记》，得过专项奖学

1946年，全家在嘉兴。前排母亲朱贞慧、父亲潘蔚岑，后排左一为潘君骅

金。1948年毕业于嘉兴中学，因没考上理想的大学，潘君骅到南洋模范中学旁听一学期。再度高考，被交大、清华、浙大同时录取，他随哥哥潘君乾同赴北京，潘君乾进入北京大学，他则进入清华大学学习机械工程。出于对天文及望远镜的热爱，他参加物理系高班生组织的天文学习会，动手画星图、刻蜡纸、学磨镜片，还旁听叶企孙先生的光学课。暑期回家，找了老花镜片和近视镜片装配成伽利略望远镜。毕业分配时，他报名中科院仪器馆(长春光机所前身)。

潘君骅先被派往技校教学，后来边教书，边搞仪器。他前后改造和仿制的有：炮队镜改经纬仪、沼气检定仪、气体流量计、青岛观象台的150毫米赤道仪、意大利经纬仪等。1955年，脱产学习俄文，背字典，练听力，进步很快。一年后，国家制定《1956—1967年科

1982 年，潘君骅在南京天文仪器厂

1996 年，潘君骅在兴隆调试 2.16 米望远镜

学技术发展远景规划纲要》时，选派他任俄文笔译。

1956 年，潘君骅被派往苏联学习，到列宁格勒普尔科沃天文台，师从著名光学专家马克苏托夫。他在推导马克苏托夫光学系统的设计公式时发现一处错误并予改正，在导师的《天文光学》中，又发现另一处错误。马克苏托夫要其他研究生像潘君骅那样学会独立思考。他的研究课题是“大望远镜二次凸面镜的检验”。他把反射检验的补偿原理用于凸面镜的检验，从而发明新的检验方法，论文发表于中国《天文学报》。潘君骅的新方法被称为“潘氏法”，用于磨制、检验 PM700 望远镜的凸面镜。后来，苏联同行还用潘氏法分别检验了 2.6 米望远镜和 6 米望远镜的副镜。

1960 年，潘君骅获得副博士学位后回国，投入研制 625 毫米大型电影经纬仪的光学，该设备观测距离超过了预期值。同时，他还对非球面光学元件的应用进行开创性的研究，在大口径夜视系统、红外测温仪中引入非球面，都取得明显效果。1963 年，长春光机所研制半导体激光，潘君骅参加砷化镓半导体激光的研制，在 1964 年初就获得成功，然后又设

2002年10月，潘君骅（左六）出席中国天文学会成立80周年纪念大会

2011年9月，苏州市科协主席纪顺俊（左）向潘君骅致以中秋慰问

计测定其光谱。不久，他研制成激光球面干涉仪。

2.16米望远镜早在1958年就列入国家项目，1977年重新启动，由中科院南京天文仪器厂承担。在长春光机所所长王大珩院士的建议下，潘君骅参与此项目，并被任命为题目组长。他奔波于长春、南京两地，直到1980年调到南京，1983年担任副厂长。为了这台当时在亚洲最大的天文望远镜，他辛苦10年，两鬓染霜。他既要领导组织，也负责设计、指导加工，亲自在车间装配调试，到北京天文台兴隆观测站，调试望远镜并拍照试验。终于在规定时间的三天前完成安装调试。1989年底，2.16米望远镜尚未验收，北京天文台就用它出色地参加了与法国天文学家共同发起的国际联测。

潘君骅还为2.16米望远镜研制了配套的折轴阶梯光栅分光仪，用其高色散特性和高光效特性可同时拍摄0.33到1.1微米的恒星光谱，使这台望远镜由光度测量发展到光谱观测。一批天文仪器专家和天体物理学家从中得以成长，对中国天文学的发展和我国建造世界级大望远镜的征程具有里程碑意义。

此后，潘君骅还负责航天部508所资源一号卫星的主光学系统加工和检测，设计制造总参二部所需的侦察光学系统，为508所红外平行光管首次采用Yolo系统，同时也导出了该系统的解析公式。在这些项目中，他研发了单件制造离轴抛物面镜的技术，最早磨制并用光学方法检验轮胎曲面，总结成科研论文多篇。

球面光学元件易于加工，但像差校正能力很弱，采用非球面元件可以克服这点，而且可以简化光学系统，是当今国际光学加工的主要方向。潘君骅的《光学非球面的设计、加工与检验》于1994年由科学出版社出版，这是我国非球面光学唯一专著，初版很快售罄，2004年在苏州大学出版社又再版印刷，很受欢迎。

2000年，潘君骅应邀来到苏州大学，和薛鸣球院士一起创建现代光学技术研究所。2003年，他发明了一个新的望远镜系统，称之为“泛卡塞格林系统”，有很大的优越性，小口径的可作为科普望远镜，大口径的可为专业使用，有望投入生产。

（撰稿：张橙华）

刘守仁
中国细毛羊之父

刘守仁(1934.3.21—)，祖籍江苏靖江，生于江苏苏州。羊与羊毛学专家。现任新疆农垦科学院名誉院长、研究员。长期从事绵羊育种和牧业工程科技研究。创立绵羊“血亲级进育种法”，打破了传统育种方法中血亲近交的禁区；提出建系新理论，率先采用血清转蛋白、基因定位和两月龄羔羊特殊培育等方法，育成5个获部级奖的新品系；独创品种品系齐育共进的育种配套技术，育成国际先进水平的中国美利奴军垦型细毛羊；研制出的多胎基因芯片技术应用于绵羊育种，在国内外尚属首例。获得全国科学大会奖、联合国技术促进委员会发明创新科技之星奖、国家科技进步奖一等奖2次，多次被授予国家、部、省级荣誉称号。发表学术论文50多篇，撰写的专著有《军垦细毛羊》、《羊毛与羊毛品质》、《中国美利奴羊的品系繁育》、《绵羊学》和《细毛羊育种文集》等。1999年当选为中国工程院院士(农业学部)。曾任新疆生产建设兵团高级畜牧师、农八师总畜牧师、新疆农垦科学院院长等职。是党的第十二、第十三届全国代表大会代表，第九、第十届全国人大代表，南京农业大学、新疆农业大学、石河子大学博士生导师，新疆石河子大学终身教授。

刘守仁有三个姐姐和三个妹妹。作为家中的独子，家人对他寄予厚望，父亲为其取名“守仁”，希望儿子能堂堂正正地做人。

2001 年，刘守仁（右）在新疆天山北坡大草原

刘守仁在苏州完成了小学和中学的教育以后，就面临考大学和职业选择。当时，父亲是苏纶纺织厂的总工程师，公私合营后任资方第二副厂长，在纺织界颇有威望。他本曾想继承父志，学习纺织专业，但父亲却为他指明了另一个方向，让他报考浙江农学院畜牧系（后院系调整为南京农学院）。本来相对而言这不是一条平坦的道路，没想到他靠个人奋斗，成为了赫赫有名的“中国细毛羊之父”。

1955 年，21 岁的刘守仁大学毕业。在填写工作分配志愿时，他的前三志愿都写着“要到最艰苦的地方干最艰苦的工作”。于是他被分配到塞外的新疆八一农学院任教，不到半年，又被调到位于天山深处的新疆建设兵团农八师“紫泥泉”种羊场。从山温水软的江南水乡直接跨越到白雪皑皑的北国天山，刘守仁的人生发生了天翻地覆的变化，他从此过上游牧民般的生活，常常涉尽千山万壑，走访当地牧民请教放牧经验，为羊群寻找优良牧草资源。

种羊场的生活条件非常艰苦。刘守仁天天与羊群打交道，他一人放养 360 只羊。产羔期间，他就睡在羊的产房里，地上铺点树条，再铺上被子就和衣而睡。他不分白天黑夜，忙着为母羊接产，以至自己两个儿子出生时，他仍然忙碌在羊的产房里，却来不及去妻子

2002 年 12 月，刘守仁（左）冒着大雪视察羊群

刘守仁（左一）带领团队考察羊群

的产房看上一眼。有时牧场一天产三四十只羊羔，他常常连一口气吃完一只馒头的时间也没有。刚产下的羊羔很娇弱，容易感冒，他就一只只抱进自己的被窝，直到把它们捂出汗来为止。由于缺少水、缺少消毒用品，他从羊身上感染了流产杆菌，患上难以根治的杆菌病，开始发高烧，后来双腿肿痛，并影响到脊椎，外面风一刮就起不了床。刘守仁的座右铭是："宝剑锋从磨砺出，梅花香自苦寒来。"他艰苦生活的付出得到了事业成功的回报。

1957 年，他就引进苏联阿尔泰细毛羊用来改良当地毛质粗劣的哈萨克土种羊，培育出了第一代军垦细毛羊。这种羊既有个体大、毛质细的特点，又保持了本土种羊对当地环境的适应能力。第二年，他又培育出毛色更纯的第二代细毛羊，产量也比第一代平均提高 2 公斤。他给自己定下一个目标，要不断培育出质量更高的新品种。从 1968 年起，他历经 15 年潜心钻研，又用澳洲公羊与军垦细毛羊杂交，成功培育出中国美利奴军垦型细毛羊，成为中国当时最好的细毛羊品种，这种羊毛各项指标均达到国际优质毛纺原料水平，并解决了国产羊毛光泽暗淡的难题。用它织出的牧歌牌 Z201 毛华达呢产品远销欧美 16 个国

2011 年 5 月刘守仁(右一)参观位于张家港保税区的天宇羊毛工业有限公司

刘守仁(左)做实验

家，是国家优质银牌产品。

刘守仁在育种技术上不断创新，他采取“引血改良”、“封闭育种”、“二母带一羔”、“全价饲料喂养”等综合技术措施，并率先在育种科研上采用“品种品系齐育并进”的方法，先后培育出产毛量高的、毛质优良的、长毛的、无角的、多胎的等各种品系细毛羊。育种界培育一个新品种往往要花费上百年时间，当品种性状稳定并达到一定规模后，才从中发现系祖，培育新的专用品系。刘守仁在选育中国美利奴军垦型细毛羊的同时，就开始建立品系，仅用数年时间，就建立了 10 多个专用品系。

1985 年，刘守仁主持国家重点工业性试验项目——中国美利奴羊(军垦型)繁育体系，担任行政负责人和技术组组长。他采用强化培育等综合技术措施，把世代间隔从 2 年缩短为 1 年，同时以适应毛纺工业应用为目的设定新品系培育目标，大幅度提高羊毛质量。他还建成“三级繁育体系”，形成科研、院校及农牧团场三结合的工作体系。他用 4 年时间超额完成任务，细羊毛产量比试验前增长 5 倍多，净毛率提高 7.5%，毛长平均增加 1.28 厘

外国专家对刘守仁(左二)的羊赞不绝口

米。中国美利奴军垦型细毛羊取得了巨大的经济效益和社会效益,也获得了国家科技进步奖一等奖。

由此中国结束了耗费巨额外汇进口国外高档细羊毛的历史。澳大利亚的一位细毛羊研究专家,在紫泥泉种羊场参观以后,看到原本只能生存于水草丰茂之地的良种细毛羊也能在干旱寒冷的高原生存,不由惊叹地向刘守仁赞道:“中国人创造了一个奇迹!”

他在新疆半个多世纪,这里的羊毛轻盈如天上的云,洁白如天山的雪,温柔地缠绕住这位江南书生的心,使他再也不舍得离开。50 多年来,经他培育的军垦细毛羊种羊达 13 万只以上,推广到全国 25 个省、市、自治区,总饲养量达到上亿只,产生的经济效益已有 30 多亿元。刘守仁,他是当之无愧的“中国细毛羊之父”!

(撰稿:俞菁)

陆汝钤
为机器装上智能的大脑

陆汝钤（1935.2.15—），祖籍江苏苏州，生于上海。计算机专家。中国科学院数学与系统科学研究院数学研究所研究员。曾任中国科学院数学研究所副所长、代所长、学术委员会主任。1999年当选为中国科学院院士（技术科学部）。

陆汝钤2岁的时候，全面抗战爆发，八一三事变的炮火席卷上海，全家生活陷入困境。4岁时在家跟随母亲——他的第一个启蒙老师学习方块字。6周岁时因交不起学费，经母亲托人说情，免费直接上小学二年级。1942年，随祖父母回到苏州凤凰街孔付司巷陆家老宅。同年秋天进入振华女中附小三年级。1943年底随母亲投奔上海外祖父家，在当地念书。1945年春又回到苏州，不过此次是回凤凰街醋库巷东瓦爿弄新宅。当年秋天在家乡亲历了庆祝抗战胜利的鞭炮声。经多年转学苏沪两地，陆汝钤1952年毕业于上海麦伦中学。1953年受国家派遣赴德国留学。1959年毕业于耶拿大学数学系。回国后被分配到中国科学院数学研究所工作。

数学所的学术氛围非常浓厚，陆汝钤被分配到数学分析室（一室）函数论组学习多元复变函数论。这是华罗庚先生最有贡献的三个学科之一。陆汝钤直接受华先生的大弟子陆启铿先生的指导。正好在1960年，关于典型域的著名Cartan猜想（可递域一定是对称的）被否定，人们不知道在非对称可递域上能否建立调和函数论。陆启铿指导陆汝钤首先在一大类非对

陆汝钤的长辈们。前排左起：祖母、外祖母、姨妈、外祖父、祖父。
后排左起：小舅、母亲、父亲、大舅

称可递域上建立了调和函数论，给此问题以肯定回答。

1972 年数学研究所成立计算站。陆汝钤转到计算机科学领域，从头学起。他的任务是维护、修改和扩充国产 DJS-21 计算机上由王选院士开发的 AlGOL60 语言编译程序。这是他进入计算机领域遇到的第一个考验。当时国内计算机还不普及，数学所的 DJS-21 机面向社会提供计算服务。陆汝钤的工作起到了技术保障作用，以至后来该机生产厂家不再向客户提供 ALGOL 编译软件，改由数学所直接供应，该软件还曾随 DJS-21 机出口国外。

1975 年至 1981 年，在当时科研环境还相对封闭的情况下，陆汝钤倡导、主持并完成以编译软件的机械化生成和移植为目标的系列软件计划(XR 计划)，在 20 多所高校和科研机构参与下，研制出一套软件生成和移植工具及 9 个可移植的高级语言编译程序，为 6 种

陆汝钤与 BKB 教授在德国不来梅大学

1989 年初，陆汝钤代表数学所在唐山我国著名数学家张广厚雕像揭幕仪式上致辞

国产机建立软件的机械生成和移植环境，实例测试表明，XR 工具的效率与国际上当时的最佳成果相当。这项工作在推动早期国产机缺乏软件问题的解决上做出了贡献，获 1978 年全国科学大会先进集体奖和中科院 1983 年重大科技成果奖一等奖。

20 世纪 80 年代初开始，陆汝钤以人工智能、知识工程和基于知识的软件工程为主要研究方向。设计了集逻辑语言和产生式系统于一体的知识表示语言 TUILI，由高全泉实现。在国家“七五”攻关中主持研制大型专家系统开发环境《天马》，TUILI 和《天马》已应用于国防和经济的 20 多个领域，取得重要的经济和社会效益，《天马》获 1992 年中科院科技进步奖一等奖、1993 年国家科技进步奖二等奖。

在中科院院长特别基金支持下，陆汝钤研究出能把中文童话故事自动转换成动画片的计算机动画全过程自动生成技术路线，并与张松懋合作，主持实现了原型系统《天鹅》，专著出版于德国 Springer 出版集团，在艺术创造领域内推进了人工智能。法国信息科学和技术

陆汝钤与 Petri 教授

陆汝钤(中)与合作共事 40 年的周龙骧(右)、陆维明在张家界

学会在他们的网站上评价说:"我们能够让计算机不仅仅是作为实现动画的工具,而且还能够积极参与从自然语言文本开始直到最后动画完成的整个过程,甚至充当一个完全自动的导演吗? 两个中国人,陆汝钤和张松懋,成功地做到了这一点。"

为了克服"知识获取"这一知识工程的瓶颈,陆汝钤提出"类自然语言理解"技术,可用于从技术文档中自动获取领域知识,提高了应用软件开发的自动化程度。基于此思想,陆汝钤在"八五"、"九五"攻关中与金芝合作,主持研制《天鹰》平台,能够在领域知识库的支持下,从企业情况描述自动生成管理信息系统。1994 年英国《AIWATCH》杂志,用整整一页篇幅发表评论指出,这是他们所见到的"以领域知识库支持主流软件开发的第一例","很有可能发展为可实用的工业工具",并就此提出:"看来是欧洲的人工智能 / 软件工业界与中国的人工智能界建立联系的时候了。"进入 21 世纪后,陆汝钤把他提出的软件开发和领域知识开发分别进行的思想进一步发展为领域知识以知件的形式成为独立商品,硬件、软件和知件成为鼎立三足的未来 IT 架构的理念。曾多次在国际会议上报告并应邀

陆汝钤(左)与刘叙华教授在内蒙古草原

陆汝钤和母亲在重庆北碚

作为意大利一套《创新丛书》的首册出版。

陆汝钤发表论文100余篇，出版中英文专著7部。2003年，由于在知识工程和理论计算机科学方面杰出的研究与贡献，他荣获第六届华罗庚数学奖。

在阔别苏州12年之后，陆汝钤在1959年回乡拜见包括祖父母和外祖父母在内的诸多亲人。那个童年时曾在东吴大学的操场上荡过秋千，在葑门的城墙上烧过野火，在深巷陋室的灯草微光下做过功课，还曾用双脚丈量过七里山塘的孩子，如今又踯躅在繁华的观前街头，幽静的公园路上，细细寻找和复原儿时的记忆。他最近一次回苏州是应苏州市科协之邀，参加2012年苏州院士回乡活动和苏州市第七届学术年会，留下了寄语："年轻人应该沉下心来，学好基础，培养好基本功，不要太着急于投身市场经济。"

（撰稿：金贤、韦梓楚）

薛永祺

“胜利，往往是在坚持一下的努力之中”

薛永祺(1937.1.11—)，江苏常熟兆丰(今属江苏张家港)人。红外和遥感技术专家。1959年毕业于华东师范大学物理系。现任中国科学院上海技术物理研究所研究员，兼任宁波大学信息科学和工程学院院长、华东师范大学成像信息联合实验室主任、中国空间科学学会遥感专业委员会主任等职。从事多光谱和成像光谱技术研究，先后研制成功红外扫描仪、多光谱扫描仪、成像光谱仪、高光谱成像仪等光电遥感器，为我国建立机载实用遥感系统提供了多种先进的遥感手段，并推动了我国遥感技术的应用。开拓三维成像遥感新技术，将扫描光谱成像和激光扫描测距一体化，实现无地面控制点快速生成数字地面高程模型和地学编码图像，对于滩涂、沙漠、岛屿等交通困难地区，这是一种实时、高效的新型遥感系统。1999年当选为中国科学院院士(技术科学部)，2004年荣获何梁何利基金科学与技术进步奖。获得国家科技进步奖二等奖3项、三等奖2项，中科院自然科学奖一等奖1项，中科院科技进步奖特等奖1项、一等奖3项、二等奖4项，上海市科技进步奖一等奖2项，获得发明专利2项。

薛永祺出生于兆丰乡，外祖父家在乐余乡。靠着父亲在南丰、兆丰长江边围垦耕种、勤劳苦干，家境还算殷实。薛永祺有弟妹5人。父母对子女的教育十分重视，为了培养他们成才，动足了脑筋。父亲有时不惜冒着可能分文无

1978 年 12 月云南腾冲，薛永祺在遥感飞机上操作仪器

薛永祺（右二）和同事讨论工作

取的风险，耕种比水稻、棉花等当地传统作物收益更高的薄荷，以图让子女有更好的成长条件。父亲敢于冒险、勇于创新的精神深深地影响了薛永祺。

六七岁时，因家附近无学校就读，薛永祺寄住在姨母家，与表姐、表兄一起进入泗兴小学，一年后才回自己的家走读。学校离家很远，单程步行至少要一个多小时。因此，他不得不早早起床，带上简单的午餐赶到学校，五年级时才转到新办的兆丰小学。1949 年，进入崇实中学读初中，开始独立的住校生活。高三时，崇实中学的高中生并入沙洲中学。受到物理老师蔡翰能的影响，薛永祺对物理产生了浓厚的兴趣。高中阶段，薛永祺成绩优秀，社会活动也很丰富，曾被选为班长和团支部书记。

每年的寒暑假，作为家中的长子，薛永祺放学回家便协助父亲劳作，养成了踏实勤恳、热爱工作的好习惯。在所有劳作中，他最感兴趣的是和父亲一起将种植的薄荷提炼出薄荷油这项有些技术元素的活。父亲还请人造了一架木结构的大风车，用来汲水。这些田头水塘边的劳作，蕴含着生活中的物理知识，真可谓“劳动出智慧”。

1990 年，薛永祺(左)在苏联遥感飞机上工作

2006 年 6 月 15 日，薛永祺(左)与匡定波院士(中)、童庆禧院士在玉龙雪山留影

1955 年高中毕业前，薛永祺被学校推荐为留苏预备生，高考后成为学校那届学生中获此机会的两人之一。在去苏联之前，他先要到北京俄语学院留苏预备部读 1 年俄语，然后出国学习 5 年。初到北京，因惦念家中的父母、弟妹，加之不太适应北方的水土，薛永祺向学校申请不去苏联留学，获准在国内任挑一所高校就读。1955 年秋季，薛永祺进入离家乡较近且免学费的华东师范大学物理系就读。从此，踏上了"判天地之美而究万物之理"的道路。

1959 年大学毕业，薛永祺被分配到上海电子学研究所，得到匡定波院士的赏识。一年后，随红外技术研究室在匡定波的带领下并入上海技术物理研究所。1963 年，在匡定波领衔的科研团队，参与研制成功空对空红外测向装置，小批量提供空军战斗机使用，后获得全国工业新产品二等奖。

1965 年 6 月，薛永祺随匡定波去北京某机场考察机载红外设备。其间，发现身体不适。他坚持着完成任务后回到上海，检查发现肝功能异常。本以为是小病一场，不料一病就是

2006 年,薛永祺在芬兰大地测量研究所(FGI)学术交流

2013 年 5 月 11 日,薛永祺(右)和吴培亨院士出席张家港科普宣传周活动

五六年。恰逢"文革"开始,因生性耿直又好仗义执言,他遭遇了多次批斗,被停止了科研工作。贫病交加又背着黑锅的薛永祺坚持服了 5 年的中药,终将病魔驱走。

在薛永祺最困苦的日子里,一位独具慧眼、聪明贤惠的上海姑娘始终用柔情温暖着他,并不顾非议毅然与他喜结连理。婚后,他们住在复旦大学一间 14 平方米的集体宿舍内,很快女儿诞生了。他们工资微薄,生活清苦。从小就爱动手动脑的薛永祺自己学裁剪做新衣,自己淘零件装缝纫机,自己淘元器件配收音机、电视机。1973 年,研究所决定让薛永祺回到工作岗位,所领导来到他家访问,眼见薛永祺正在缝纫机上忙得不亦乐乎,也只能无可奈何地苦笑。一位满心想为国研制"千里眼"的科技工作者却成了业余"裁缝"……

遥感(REMOTE SENSING)是一种远离目标,利用电磁波与物体的相互作用及其传输,由遥感器采集从目标反射或辐射的电磁波,达到分析和识别目标的新技术。20 世纪 70 年代初,我国大兴安岭林区发生了重大的森林火灾,1973 年的全国计划工作会议将"森林防火灭火的研究"列为第 18 项国家重点科研项目。薛永祺接受任务——根据林火(6000℃以上)和森林背景(常温)的辐射光谱的不同,主持研制双波段(3—5 微米和 8—14 微米)红外扫描相机,在 3000 米高空可以透过烟雾探测 0.1 平方米的火情。这台相机的研制成功,开创了我国民用航空遥感的发展，从此，薛永祺以应用牵引与课题实践相结合的思维之路，重新走进了为我国航空遥感技术的发展贡献智慧与才能的事业的春天。

40年来，致力于多光谱和高光谱遥感技术的发展，一直是薛永祺的不懈追求。1978年，负责研制的热红外6波段扫描仪，在云南腾冲航空遥感试验中获取了地质局51盆地铀矿的多光谱图像，并为热液成矿机理和构造控矿模式的研究提供了修正资料。该项研究技术进展得到了美国GER公司的关注，达成了上海技术物理所与GER公司发展短波红外多光谱技术进行地质遥感的合作研究。由上海技术物理所完成的红外细分光谱扫描仪于1985年在美国内华达州进行了遥感探矿试验，取得预期的研究目标。此外，其研究团队和课题组在“六五”至“九五”期间的遥感技术攻关项目和高空机载遥感实用系统中，先后承担了多光谱扫描仪、红外细分光谱扫描仪、成像光谱仪和航空遥感磁带数据预处理系统等；还完成了国家“863”计划信息获取与处理主题的“九五”重点项目——实用性模块化成像光谱仪、超光谱成像仪和三维成像仪等，使我国的机载光电遥感器的光谱范围从紫外、可见光、近红外拓展至热红外，从多波段向高光谱成像仪发展，形成了实用化的机载遥感系统。

在主持遥感技术发展的同时，薛永祺还积极推进研究成果的商品化和开拓应用。1987年，国家海洋局在联合国开发计划署的援助下，建立业务化的海洋油污染航空遥感执法监测系统。薛永祺的课题组在国内外竞争中取得了红外/紫外扫描仪的合同订单，也开创了与瑞典空间公司(SSC)和丹麦TERMA公司合作组建成套航空遥感系统的先例。2003年，继续获得海洋局的海监飞机“机载多通道扫描仪”的定购。薛永祺的团队还与国际科研机构、企业合作，在我国塔里木盆地、苏联库尔斯克(科尔恰托夫核电站)地区、澳大利亚北领地和西澳省、马来西亚热带雨林地区等进行遥感技术应用，显示了我国自主开发的遥感器具有国际先进水平。

当前，我国已发射了近百颗人造地球卫星，在遥感技术和应用领域取得了一系列长足的进展。我国还将继续发射“神舟”载人飞船和实施探月工程，遥感科研工作者的脚步将越跨越大。此外，以认识和了解地球系统和环境变化、服务于人类社会可持续发展为目标的公益性遥感系统的构建，向遥感科研工作者提出了更高的要求。“莫道桑榆晚，为霞尚满天。”年过七旬的薛永祺依然如年轻人一样不知疲倦地奋战在研发“千里眼”的第一线。他说，当年新四军革命精神的样板戏《沙家浜》中有一句很经典的台词：“胜利，往往是在坚持一下的努力之中。”

（撰稿：杨一德）

于文虎
对电机振动说“不”

于文虎（1941.12.10—2001.8.28），祖籍江苏无锡，生于江苏苏州。1966年毕业于清华大学，1995年获博士学位。曾任山东电力集团公司副总工程师、山东电力科学研究院院长兼总工程师。在大型汽轮发电机组的调整、运行及故障诊断中解决了多项关键技术问题，获1978年全国科学大会奖和国家科技进步奖二等奖两项。1999年当选为中国工程院院士（能源与矿业工程学部）。

于文虎家庭环境良好，但在少年时代还不知道用功。中考失利后，发誓一定勤奋学习，后以优异的成绩考入清华大学燃汽轮机专业，在班里经常成绩第一。

清华大学毕业后，于文虎分配到山东电力中心试验所。在发电机组的安装与运行中，尤其在启动阶段，常发生异常振动情况，造成运行不稳定，还有机毁人亡的惨痛事故。于文虎立志要解决这个难题，广泛钻研专业书籍，还到现场积累实践经验，忘我研究，几乎达到痴迷的程度。

当时都以刚性转子为基础来解决机组振动的平衡，而于文虎在研究中发现，凡是振动超标的转子都发生弯曲。一次到基层坐在简单支起的长木板上开会，看到有人坐在中间时，木板就弯下，如两头也坐上人，木板反而直了。他触类旁通，认为必须考虑转子的弯曲，提出“单个挠性转子平衡理论与方法”。他的论文《汽轮发电

在解决工程问题的实践中，要注意用科学的眼光分析事实、发现矛盾，善于捕捉灵感，勇于创新。这样持之以恒，必将取得良好的效果。

于文虎 2001.4.8.

1987 年 4 月，于文虎在山东石横电厂

20 世纪 90 年代初，于文虎在一线工作

20 世纪 90 年代末，于文虎(右)在发电厂工作现场

机组转子的现场平衡》被多所工科大学翻印，作为汽机专业的讲义，被誉为“对传统刚性理论的一次革命”。按此理论，他负责解决了东方电机厂制造的 200 兆瓦发电机定子的重大缺陷。论文《消除大型机组振动过大的措施》获 1978 年全国科学大会奖。

山东邹县电厂从日本日立公司引进 60 万千瓦机组，按合同由日方专家负责调试汽机。山东电力局也提出调试方案，日方对山东方案不屑一顾，按自己的方案实施。结果，一个个问题出现了，而且都被于文虎言中。此后，日方在调试每一步都要与于文虎商讨。最后调试成功，日方非常感谢。

1985 年，山东引进美国西屋公司 30 万千瓦机组，试运期间振动居高不下，不能安全稳定运行。于文虎用挠性理论去分析，表明是设计和制造引起的，而西屋公司坚持是安装质量问题。于文虎采用冷热态相结合的现场平衡技术，前后只花了 5 天就解决了问题，年均直接效益近亿元，获国家科技进步奖二等奖。

于文虎提出了“振型影响系数法”，可根据振动频谱、幅值及相位变化特性、机组结构以及与各种运行参数建立比较完善的振动故障诊断系统。在国内首先将计算机应用于现场平衡，提出了“轴系多平面多转速的同时平衡法”，平衡启动次数约减为原方法的一半。于文虎先后主持或参与解决了200多台次的汽机振动超标的机组，参加或负责大小47台机组的调试，从根本上解决了发电机组的振动难题，为中国电力发展做出了杰出的贡献。

于文虎40岁自学英语，三年后赴美时，不但能笔译，还可做口译。为了在理论上提高和拓展，于文虎在51岁时，考进清华大学热力汽轮机械专业，师从中国能源学会会长倪维斗教授，攻读在职博士。论文《汽轮发电机组轴承现场平衡及故障诊断的技术研究》得到高度评价。他和年轻人一起获得了博士学位。

从此，于文虎如虎添翼，利用计算机网络技术等现代化的研究手段，组织起多学科的联合作战，将数据采集、网络通信、故障诊断、计算机技术与人工智能等多方面的先进技术融于一体，研究出大型电站的热力系统、锅炉、汽轮机组、化学汽水品质等状态的远程监测与故障诊断技术，防“振动”于未然，此项技术达到了国际领先水平。

于文虎在科研中一丝不苟，工作勤勉，生活中平易随和。闲暇时，看看老伴养的花，听听音乐，或者跟同事们打打桥牌。

（撰稿：张橙华）

1989年4月，于文虎在苏州山塘街旧居前

1995年，于文虎获得清华大学博士学位

宋湛谦
开拓中国松脂深加工创新之路

宋湛谦(1942.7.22—),祖籍江苏苏州,生于上海。1964年毕业于中国科学技术大学高分子化学专业。1983年和1996年两度赴美,先后在加州大学伯克利分校和美国农业部林产品研究所进修、研究。曾任国务院学位委员会学科评议组召集人和全国政协委员。现任中国林业科学研究院首席科学家、国家林业局林产化学工程重点实验室学术委员会主任、林产化学工业研究所研究员。1999年,当选为中国工程院院士(农业学部)。是我国林产化学及其工程化开发的开拓者之一。

宋氏是清代苏州著名书香门第,家族中先后考中8位进士,其中一位是大学士宋德宜。宋湛谦的伯父宋鸿钊和父亲宋鸿锵曾分别就读东吴大学医预科和化学系。宋鸿钊是北京协和医院妇产科主任,取得治疗绒癌突破性成就,1994年当选为中国工程院院士。宋鸿锵是解放军军事医学科学院药物化学研究室主任、一级研究员,在抗神经性毒剂药物方面取得开创性成果,达到国际领先水平。

宋湛谦说,小时候父母就教导他"踏踏实实做人,勤勤恳恳做事",而他也一直把父母作为工作和生活中的榜样。

父亲一生敬业奉献,淡泊名利,小时候宋湛谦就经常看见父亲读书至深夜,甚至拿自己的身体做试验检验药效。由于从事的是军事医学科学研究,当时一些

宋湛谦在施工现场

重要成果不能公开，所以 1980 年父亲参加院士评选时最后落选了。母亲李善馥是无机化学教授，曾任北京服装学院副院长，70 岁高龄时还从北京远赴苏州讲学。母亲从教 45 周年庆典时，学生们的贺信从世界各地雪片般飞来。“无论是言传还是身教，我都从父母那里得到了许多受益终身的东西。”宋湛谦如是说。

宋湛谦的妻子毕业于华东化工学院无机化工系，两个儿子都是化学博士，宋湛谦一家可谓化学世家。

1964 年大学毕业后，宋湛谦被分配到中国林业科学研究院林产化学工业研究所，开始和松脂打交道。中国的松脂产量居世界第一位，但当时仅能作为原材料出口，结果是外国人拿中国的原材料深加工后，再高价返销给中国，这对资源保护和经济发展十分不利。他

2005 年 9 月 14 日，宋湛谦出席首届国际生物经济高级论坛

宋湛谦(左二)指导博士生

立志要改变这种状况。在国内率先研制松脂深加工产品并工程化开发，在工艺、设备上创新，为创建我国松脂深加工产业做出了重大贡献，使它成为我国林产化学工业的支柱产业；在国内外首次系统研究松树松脂化学特征，为松树化学分类和开发松脂资源提供重要依据。

20 世纪 60 年代，我国要发展彩色印刷油墨急需进口一种深加工产品——聚合松香，宋湛谦率先进行研制。经过反复试验，获得成功，产品质量达到要求。这是我国第一个松香深加工产品。兰州合成橡胶厂生产丁苯橡胶需要另一种深加工产品——歧化松香作为聚合乳化剂，这是苏联的对华援助项目，由于专家突然撤走，使该项目的昂贵催化剂的回收和重复利用成了技术难题。宋湛谦在查阅大量国内外资料的基础上，结合生产实际，首创还原法工艺，终于解决了问题，歧化松香和丁苯橡胶也投入了正常工业化生产。上述两项成果分别获得 1978 年全国科学大会奖。

氢化松香的研制是宋湛谦在 70 年代解决的又一个重大科技难题。氢化松香是技术难度最大的松香深加工产品，需要高温和高压，当时只有美国具有该项技术。宋湛谦和他的课题组不畏困难、不怕艰险、合力攻关，经过小试、中试和生产性试验，终于克服了松香和氢气的高温输送和高压分离等关键技术，解决了连续加氢技术，实现了自动化生产，工艺和产品质量均达到国际先进水平，产品很快出口国外，成为我国第一个松香深加工出口产品。项目获得 1985 年国家科技进步奖二等奖。

宋湛谦主持完成和开发了氢化松香酯类系列 10 多种产品，提出了特殊工艺条件，设计出了新型反应器，既缩短反应时间，又降低催化剂用量，制成的产品质量均达到国外先进水平，代替了进口产品，还向国外出口了制备技术。根据市场需求和国际趋向，又提出异构化和高压氢化工艺，制成无色的松香，成为继日本后又一个具有该项技术的国家。该项目获得 1998 年国家科技进步奖二等奖。电子工业专用松香的研制，使制成的助焊剂可以适应在恶劣环境下的高速、可靠的焊接要求，成功地用于我国“神舟五号”飞船中。

近几年，宋湛谦又从事纤维素和生物农药等材料的开发。目前，又把研究重点瞄准到高附加值的医药产业。通过化学方法分离出松香中的树脂酸单体，再利用化学手段进行改性，制备得到一系列具有抗癌、抗病毒活性的新型药物先导化合物，已经取得显著成效。

40 多年来，宋湛谦用累累硕果圆了儿时“当一名化学家”的梦。宋湛谦长期在科研一线孜孜不倦、辛勤耕耘，科研成果卓著。共主持完成国家、省部级科研项目 40 余项，研制新产品 30 多种，有的填补了国内空白，有的达到了国际先进和领先水平。共获得国家科技进步奖二等奖 3 项、三等奖 1 项，部省级奖励 14 项，国内外发明专利授权 30 余项，著作 1 部，参编 2 部，发表学术论文 300 多篇。2004 年，获得首届林业科技贡献奖。2012 年，获得光华工程科技奖。

宋氏家族珍藏《康熙南巡图》孤本，传至宋湛谦时，他按照父辈意愿将这件孤本捐赠给北京故宫博物院。他说这是传家宝，但更是国宝，国宝更应该属于国家。况且，放在家里只有家族的几十个人可以看到，但放在博物院展览可以有更多的人来欣赏，才能发挥国宝应有的作用。

宋湛谦也在用自己的行动恪守着父亲淡泊名利的人生态度。在 2004 年 11 月举行的全国林业人才工作会议上，宋湛谦获得 10 万元林业科技贡献奖奖金。他把 10 万元奖金全部捐给中国林科院林化所，设立了“宋湛谦奖学金”。宋湛谦说:“这不是我一个人的成绩，是集体的成果，奖金应该返还给集体。”

（撰稿：张橙华）

秦国刚
浪沙淘尽始是金

秦国刚(1934.3.19—),祖籍江苏昆山,生于江苏南京。北京大学物理学院和人工微结构与介观物理国家重点实验室教授。

秦国刚是家中长子,有三个弟弟和一个妹妹,父母非常重视对他们的教育并督促他们努力学习和上进。秦国刚在上海读了几年小学后,随家庭搬迁到无锡,在连元街小学读了小学最后的两年多。1946年,他考入无锡著名的辅仁中学。1948年,他初中三年级上学期转学到昆山陈墓镇(今昆山锦溪镇)檠亭中学读书。檠亭中学的古老校园,琅琅的书声,悠扬的校歌,他至今记忆犹新。后来,他转学回到辅仁中学直到高中毕业。1952年,他考上北京大学物理系。1956年毕业后,在该系攻读研究生,师从国际著名固体物理学家黄昆教授,研究方向为半导体物理学。1985年,秦国刚始任北京大学物理系教授。1986年被评为博士生导师。2001年当选为中国科学院院士(技术科学部)。

秦国刚的研究领域为半导体材料、器件和物理。先后在半导体中杂质、缺陷和深能级,金属与半导体接触,纳米硅(或锗)/氧化硅(或其他介质)体系发光,硅基和石墨烯基电致发光,低维纳米化合物半导体材料和原型器件,硅/化合物半导体混合激光和新型半导体太阳电池等方向上从事研究工作。

秦国刚几十年来勤勤恳恳、勇于开拓创新,取得了丰硕的科研成果,先后发表学术论文300余篇,还获得多项国

1981年,秦国刚在美国伊利诺大学做访问学者

家级、省部级奖励。1987年“单晶硅中氢的行为和与氢有关的缺陷”获国家教委科技进步奖一等奖;2005年“纳米硅/氧化硅材料体系发光及其物理机制”获北京市科学技术奖一等奖;2007年“纳米硅/纳米氧化硅体系发光及其物理机制”获国家自然科学奖二等奖。上述奖项中,秦国刚排名均为第一。2001年获中国物理学会叶企孙奖,2008年获何梁何利基金科学与技术进步奖。他先后培养硕士生、博士生和博士后约60名。博士生中获叶企孙实验物理奖一等奖和二等奖各一次,获第19届半导体物理国际会议(1992年)最佳青年论文奖一次。

老骥伏枥,志在千里。秦国刚在教学和科研岗位上奋斗了半个多世纪,他以极大的精力投入到为国家培养科技人才的光荣事业中，为弘扬科学精神、传承科学文化发挥了重要作用。他始终怀着满腔的爱国热情，忠诚于党和人民的事业。他秉承严谨求学的治学态度和淡泊明志的高尚情操，无私奉献，呕心沥血，教诲提携，为我国的半导体科学和教育事业做出了突出贡献。

（撰稿：曹小芳、高云、陆宜泰）

1981 年，旧金山国际会议期间，秦国刚（右二）与黄昆夫妇、虞丽生和任尚元合影

1984 年，圣迭戈国际会议期间，秦国刚（左）与导师黄昆合影

第 15 届凝聚态物理国家重点实验室网络会议。前排左四为秦国刚

秦国刚（右六）与实验室老师、研究生共度中秋佳节

夏建白
“做研究，才智、灵感固然重要，但努力不可或缺”

夏建白(1939.7.5—)，半导体物理学家。祖籍江苏苏州,生于上海一个银行职员家庭。幼时以在国外做研究的堂兄为榜样,立志为家庭争光。1946年前,在重庆读小学,后随家迁回上海。1951年,在上海位育小学毕业后,以第一名的成绩考取上海市市西中学。高三时,参加上海市第一届中学数学竞赛,在没有课外参考书,也没有教师辅导的情况下过关斩将,最终获得第五名。1956年,17岁的夏建白考取北京大学物理系,两年后,进入理论物理专业。其间,经历了1957年的“反右派”斗争、1958年的“大跃进”、1959年“反右倾”、1960年的困难时期,直至1962年才毕业。夏建白常常白天参加各类劳动,晚上抓紧看书学习。黄昆教授的固体物理课深入浅出,概念清楚,使夏建白产生了浓厚的兴趣。毕业后,夏建白以100分的成绩考取了黄昆教授的研究生,学习研究固体物理学。当时没有复印机,夏建白每天都到物理系图书馆,从开门看到关门,认真研读导师开列的经典专业文献,逐一做笔记。当时没有计算机,只有一种靠机械转动的计算器,做复杂计算费时费力,夏建白就在这种机器上完成了自己的毕业论文《III-V族化合物价带能量的线性项对回旋共振的效应》。艰苦的学习,为此后的研究打下了扎实的基础。他认为:“做研究,才智、灵感固然重要,但努力是不可

2011 年 1 月，夏建白（左一）参加中科院新春团拜会

2011 年 4 月，在北京的上海市市西中学校友合影。后排左二为夏建白，后排右三为曾任苏州市委书记、时任商务部部长的陈德铭

或缺的，非得坐上 5 至 10 年的‘冷板凳’，否则难成气候。”

当年轻的夏建白满怀热情走向自己的研究道路的时候，政治运动却让这一切变得坎坷起来。夏建白先是被分配到四季青公社搞“四清运动”，一年后，回到北京大学物理系能谱教研室工作。1968 年，夏建白与其他教师一起被安排到江西鄱阳湖边鲤鱼洲荒滩地上“接受再教育”，挑砖、挖泥、捞木头，吃住都极其艰苦，但他还是念念不忘科研事业。1970 年，夏建白申请调离北京大学支援三线建设，和新婚妻子秦华曾一起前往位于四川乐山山区的第二机械工业部 585 所（现西南物理研究院）。虽然这里条件比北京大学艰苦得多，从事的也是与半导体研究不相干的等离子体和受控热核反应研究，但夏建白工作热情还是很高，成为了工作骨干。作为国家级保密单位，这里政治运动少，夏建白得以安心做学问、搞研究，还学会了运用计算机进行科研。夏建白在这里工作了 8 年，女儿也出生在这里的平板房里。他将这段经历视为人生最重要的财富，这使他在任何艰苦时期都能坚持挺过去，也使他习惯了在挫折中调整心态。

2011 年 3 月,夏建白(左三)参加第二届黄昆物理奖评奖会

然而,毕业十多年,却一直无缘研究钟爱的半导体物理,成为夏建白的一大遗憾。1977 年,黄昆担任了中国科学院半导体研究所所长。第二年,爱才的黄昆在时任第二机械工业部副部长王淦昌的帮助下,将夏建白调入半导体研究所。从北京到四川,再从四川回北京,夏建白一去一回,都是源于对科学研究的渴望和热爱。回到自己专业领域的夏建白,如鱼得水,潜心研究,教书育人。1984 年,赴瑞士洛桑联邦高级综合技术大学,在 A.Baldereschi 教授的指导下工作。1986 年,赴意大利国际理论物理中心工作。

夏建白在低维半导体微结构电子态的量子理论及其应用方面进行了系统的研究。1988 年,提出了计算超晶格电子态的有限平面波展开方法,用赝势理论研究了长周期超晶格,解决了用平面波方法计算大元胞晶体电子态的困难。1988 年,提出了半导体双势垒结构的空穴隧穿理论,发展了多通道的传输矩阵方法。1989 年,提出量子球空穴态的张量模型,获得重轻空穴混合的本征态,并给出正确的光跃迁选择定则。1991 年,提出(11N)取向衬底上生长超晶格的有效质量理论，解决了一大类非(001)取向衬底上生长超晶格的空穴子带的理论问题。1992年，提出介观系统的一维量子波导理论，对任意复杂的一维介观系统给出了直观、简单的物理图像和解析结果。2001年，夏建白当选为中国科学院院士(技术科学部)。

夏建白发表论文100余篇，编著有《半导体超晶格物理》、《现代半导体物理》、《半导体自旋电子学》、《半导体微纳电子学》等。曾获1993年、2004年、2009年国家自然科学奖二等奖，1989年、1998年中国科学院自然科学奖一等奖，2005年何梁何利基金科学与技术进步奖等。其专著获得1998年第八届全国优秀科技图书一等奖和第三届国家图书奖提名奖、2001年全国优秀科技图书三等奖等。

在繁重的科研工作之余，夏建白还关注我国的科学创新和文化教育工作。2003年，夏建白当选为第十届全国政协委员。夏建白认为，为保证教学质量，需控制研究生规模；科研人员要把最大精力放在科学研究上，少一些会议和活动；国家要加大投入，鼓励科技创新，发展公共图书馆等公益性文化事业等等。

近年来，夏建白所在的中国科学院半导体研究所一直支持中国科学院苏州纳米技术与纳米仿生研究所建设，并保持密切合作。夏建白也多次来到苏州纳米所指导工作。2012年春，夏建白热情接待了苏州市档案馆工作人员，并向苏州市档案馆捐赠了个人照片等档案资料。

（撰稿：刘凤伟）

王志珍
“我自豪地告诉大家，苏州是我的故乡”

王志珍(1942.7.6—)，江苏苏州人。现任中国科学院生物物理研究所研究员、博士生导师。多年来在蛋白质折叠、折叠酶和分子伴侣、胰岛素A、B链相互作用及重组等研究领域做出了重要贡献。曾获国家自然科学奖二等奖2项，中国科学院自然科学奖一等奖1项，发展中国家科学院基础科学奖，何梁何利基金科学与技术进步奖以及国家“中青年有突出贡献专家”、中国科学院“十大杰出妇女”、“全国三八红旗手”、“中国十大女杰”等荣誉称号。2001年当选为中国科学院院士(生命科学和医学学部)。2005年当选为发展中国家科学院院士。任九三学社第十一、第十二届中央委员会副主席，第十一届全国政协副主席。曾任中国国际交流协会副会长、中国科学院学部主席团成员、亚洲大洋洲生物化学家和分子生物学家联合会中国代表。

王志珍生于上海。1951年全家迁回苏州，王志珍便从上海榆林区中心小学转到江苏师范学院附小读五、六年级。在美丽的江南古城苏州短短两年的生活培养了她热爱自然和对故乡的深厚情怀。11岁考取著名的上海中学，初中毕业被保送到高中部。1959年以第一志愿被录取中国科技大学，学习新兴学科、交叉学科——生物物理。1964年毕业，分配到中国科学院生物物理研究所。1965年在山西运城参加“四清运动”，与农民同吃、同住、同劳

1979 年至 1981 年，王志珍在德国亚琛德国羊毛研究所做胰岛素化学研究

1981 年至 1982 年，王志珍在美国国立健康研究院做胰岛素受体和作用机制研究

动，是她初步认识中国农村、农业、农民的宝贵实践。“文革”期间，在石景山钢铁厂转炉车间当炉前工一年，是她经历大工业烈火的洗礼，见证产业工人伟大无私的奉献而得到的人生巨大财富。后在胰岛素结构研究组，进行各种化学修饰胰岛素衍生物的设计、制备，构象和生物活性测定，研究结构与功能关系。

改革开放后，中国科学院与德国洪堡基金会达成协议，派遣中国学者到西德做科学研究。王志珍幸运地成为第一批洪堡学者，到了当时世界上人工全合成胰岛素成功的三个实验室之一的德国羊毛所，进行胰岛素化学研究。接着她用在德国制备的光亲和标记胰岛素衍生物在美国国立健康研究院进行胰岛素与其受体相互作用的合作研究。随后在加州希望城国立医学中心用化学修饰胰岛素衍生物和胰岛素受体的单克隆抗体研究纯化受体的性质。这些工作使王志珍从胰岛素化学到胰岛素受体结构与功能再到胰岛素作用机制有了比较系统的研究经历，对国际学术界也有了认识。

20 世纪 80 年代中期，王志珍在生物物理所酶室参加胰岛素 A、B 链相互作用的研究，参与提出“胰岛素 A 链和 B 链已经含有足够的结构信息而能在溶液中相互识别和相互作用，并形成结构最稳定的天然胰岛素分子”的观点。1993 年，在生物大分子国家重点实验室参与“新生肽链折叠研究”攀登项目，建立了“帮助蛋白质折叠的生物大分子结构与功

2011 年 9 月 28 日,王志珍考察苏州评弹学校

2012 年 5 月,王志珍作为胡锦涛主席特别代表,出席东帝汶恢复独立 10 周年庆典活动,会见东帝汶新任总统鲁阿克

能”研究组,开拓了分子伴侣和折叠酶的研究方向。他们提出“蛋白质二硫键异构酶不仅是酶而且是分子伴侣”的假说,并为之提供大量翔实的实验证据,此概念已被国际学术界接受。“胰岛素分子正确结构的形成和蛋白质二硫键异构酶”和“蛋白质二硫键异构酶的分子伴侣活性以及分子伴侣帮助的蛋白质折叠”分别获 1995 年和 2002 年国家自然科学奖二等奖。有关文章于 1997 年和 1998 年连续两年被评为国内文章被引用最多的十篇论文之一。最近又解出了该酶发现 50 年以来的第一个分子结构,并拓展蛋白质氧化折叠的研究提升到通路网络水平,研究蛋白质二硫键异构酶家族的其他成员、有关的氧化酶以及过氧化物酶等酶活力和分子伴侣活性的调节和发挥功能的分子机制。

王志珍对家乡苏州的深情厚谊常常溢于言表。2010 年 5 月,王志珍在苏州召开的国际风景园林师联合会第 47 届大会上致辞说:“苏州,素以众多精雅的园林闻名天下。我自豪地告诉大家,苏州是我的故乡。60 年前我在这个风景如画的城市度过的童年培养了我一生对自然、对绿色、对艺术无比的热爱和追求。现在我又重新用我的眼睛、我的心灵仔细去感受今天的苏州……”

2012 年 9 月 13 日，苏州市科协主席纪顺俊（右二）陪同王志珍（右三）参观

2012 年 9 月 13 日，王志珍和苏州市副市长浦荣皋共同为“苏州市青少年科技创新市长奖纪念基地”揭牌

王志珍钟爱苏州评弹，高度认同地方剧中所蕴含的深厚艺术价值。2011 年 9 月，她来到苏州评弹学校，看到学校的粉墙黛瓦、曲径幽庭、花草树泉处处与苏州评弹相互映辉；看到完善的教学设备、老师的敬业、学生对艺术的追求，称赞“苏州评弹学校不愧是国家级重点职业学校”。王志珍鼓励同学们刻苦学习，一定要把评弹艺术传承下去，发扬光大。同年 12 月，她再次回到家乡，出席苏州市评弹团建团 60 周年庆典时她说：“苏州评弹是江南文化最美丽的载体，社会主义文化大发展大繁荣将为评弹艺术的保护传承迎来历史性的机遇。”

改革开放把苏州从宁静的“上海后花园”转变为中国最具经济活力城市、中国大陆创新能力最强的城市、古典与现代完美结合的国际城市。王志珍对家乡的发展充满自豪。2011 年 5 月，她考察了苏州高新区，对高新区积极鼓励和引导企业自主创新的做法给予充分肯定，希望进一步完善科技创新体系，推动产业结构的整体提升。同年 9 月，来苏州参加冷泉港会议，并考察了太湖湿地公园，对苏州在保持特色山水风情、保护文化遗产方面取得的成就予以赞赏。2012 年 9 月，考察吴

王志珍(前排左三)和她的学生们

中经济开发区东太湖科技金融城,参观了吴中区规划展示馆。同年10月,考察吴中区越溪街道旺山村城乡一体化建设情况,对取得的成效给予充分肯定并提出今后发展的意见。

王志珍对苏州教育事业的发展更是关心备至。2012年9月,她参加了苏州市科协组织的苏州院士回乡活动,感受到充分的归属感。她认为苏州院士如此之多,是因为苏州的历史文化积淀深厚,苏州地区经济发达,民间历来重视教育。仅仅一个月后,王志珍又来到江苏省木渎高级中学,与学生一起实践了一个科研活动后给予了中肯而生动的评论,并与学生面对面讨论科学问题。她希望退休后能来这里教点书,直接跟大学生和中学生接触。她希望年轻人要以向上的、积极的心态,永远学习,追求知识、热爱科学。

(撰稿:朱玉芳、王细娥)

郑兰荪
来自传奇世家的杰出青年

郑兰荪（1954.10.22—），祖籍江苏吴江，生于福建厦门。父亲是吴江盛泽人，母亲是吴江同里人。父母均是厦门大学教授。1978年2月，郑兰荪以学徒工身份考入厦门大学化学系。本科毕业后，考取首批中美联合招收的化学类（CGP项目）留学生，于1982年8月年至1986年5月在美国Rice大学学习，师从著名化学和物理学家、1996年诺贝尔化学奖获得者理查德·斯莫利教授，参与了原子团簇科学的开拓性研究。

1986年5月，郑兰荪在获得博士学位后旋即回国，进入厦门大学物理化学博士后科研流动站工作。1988年出站后，留在化学系工作至今。1987年，获国家自然科学基金首届青年科学基金资助。1988年，获霍英东青年教师基金资助。1993年，入选国家教委首批“跨世纪人才计划”专家并获霍英东青年教师奖。1994年，获国家自然科学基金首届杰出青年科学基金资助。1995年，当选为全国先进工作者。1996年，入选国家“百千万人才工程”。2000年，成为“长江学者计划”特聘教授。2001年，当选为中国科学院院士（化学部）。2007年，被聘为“973”计划项目首席科学家。

郑兰荪是我国原子团簇科学研究的开拓者和学术带头人之一。在他1986年回国之初，激光产生原子簇、激光化学等研究在国内基本是空白。他充分发挥国外所学之长，立足

1982 年，首届中美联合招收的留美研究生(CGP)合影。三排右一为郑兰荪

国内条件，从无到有地建立起在国内有重要影响并得到国际同行重视的原子团簇科学研究基地，在国内率先开展以激光产生和研究原子团簇的工作，为推动这一前沿学科在国内的开展做出积极贡献。

1998 年开始，郑兰荪作为项目负责人之一，参加国家自然科学基金委“九五”重大项目“原子团簇化学和物理”的研究工作。相关研究成果获得2006年国家自然科学奖二等奖。

2004 年 4 月 30 日，郑兰荪领导的科研组合成 $C_{50}Cl_{10}$，在美国《科学》杂志发表《活泼碳 50 的捕获》一文，取得富勒烯科学的重要突破，在国际学术界引起较大反响。当年斯莫利教授和其他两位科学家就是因为合成和发现了碳 60 而荣获 1996 年度的诺贝尔化学奖，比碳 60 更小、更难以捕捉的碳 50 的发现无疑是该领域研究的一项重要突破。

郑兰荪(右)与他的导师、1996年诺贝尔化学奖获得者斯莫利教授

郑兰荪学成归来，回到母校厦门大学

2006年以来，郑兰荪课题组又陆续合成表征了两种C_{60}的异构体。至此，他和他的课题组经过20多年探索，先后运用激光溅射、交叉离子—分子束、离子选择囚禁等技术，设计了独特的激光溅射团簇离子源，先后研制了激光等离子体源飞行时间质谱计、交叉分子—离子束串级质谱计、激光离子源射频离子阱质谱计等以激光产生和研究原子团簇的大型仪器，发现了一系列新型团簇，并研究了它们的特性和规律。独创了液相电弧、激光溅射、辉光放电、微波等离子体等多种合成方法，制备了一系列特殊构型的团簇及其相关的纳米结构。通过合成与表征一系列富勒烯形成的中间产物，研究了C_{60}等碳原子团簇的生长过程，发现和总结了原子团簇的统计分布规律，建立了团簇形成的动力学方程及相关理论。制备了管、线、鞘/核、球、孔洞、螺旋等多种形态和多种组分的纳米结构，并研究了它们的特殊性质。

现在郑兰荪的工作重心已经逐渐从科学研究转向了人才培养。从2005年起，担任教育部化学类专业教学指导委员会主任。除了每年雷打不动的本科教学以外，在他的实验室和科研团队里，也能时常看到他辅导学生的身影。除科研、教学、带研究生以外，郑兰荪还担任着许多社会职务。他先后担任了第十至第十二届全国政协常委，福建省政协第十、第十一届副主席，厦门市政协第九届副主席，民盟第八届中央委员，第九、第十届中央副主席，民盟福建省委第九、第十届副主委、第十一、第十二届主委，民盟厦门市委第九届主委等。

郑兰荪生于一个传奇世家。据统计，在他的大家族里，出现了近30位科学家，其中不乏数学大师陈省身、物理学家朱经武这样的科学巨匠。南社爱国诗人柳亚子是郑兰荪父亲的姑父。郑兰荪的父母均为留学归国的爱国知识分子。父亲郑重是海洋生物学家，曾任厦门大学海洋系教授、博士生导师、海洋学系主任、生物学系主任。母亲顾学民是无机化学家，曾任厦门大学教授、化学系主任。1987年，郑重、顾学民夫妇还设立了厦门大学"重学奖学金"。从一名学徒工到蜚声海内外的化学家，郑兰荪延续了家族的荣耀和优秀传承。

郑兰荪对家乡吴江一直怀有很深的感情，对吴江的发展一直非常关注。他曾表示，希望吴江能够有一所大学，里面能有个化学学科，这样他就能够有机会多去吴江看看，多为吴江发展做出自己的贡献。

郑兰荪在美国Rice大学留学期间在实验室工作

2012年2月21日，郑兰荪在广西师范大学讲课，用足球生动形象地解释C_{60}的结构

郑兰荪自行研制的我国第一台激光等离子体源飞行时间质谱计

（撰稿：张园）

屈梁生
给机器看病的“医生”

屈梁生(1931.3.17—2007.12.7),江苏常熟人。屈梁生祖上是常熟的名门望族,和清代两朝帝师翁同龢家族是世交,老宅位于常熟南门大街,是常熟市文物保护单位。屈梁生在常熟中山中学读完初中后,就读苏州中学。1948年考入交通大学。同年,加入中国共产党外围组织——新民主主义联合会。1949年3月加入中共地下党。1952年在交通大学机械系毕业后,去哈尔滨工业大学攻读硕士。1955年完成研究生学业后,回交通大学执教。1958年响应党中央“关于交通大学西迁”的号召,举家迁至西安。从此他就和西安结下了不解之缘,并毕生奋斗在西安交通大学和大西北的黄土地上。2003年当选为中国工程院院士(机械与运载工程学部)。

屈梁生长期从事机械质量控制与监测诊断领域的基础性、开拓性研究工作,提出了“诊断是以机械工程学科为基础,以计算机技术为依托,综合利用信息论、信号处理、人工智能等多学科融合,进行机器状态和故障识别的技术,其本质是模式识别”的学术思想。独创了全息谱理论与技术,全面集成和利用了机器振动的幅、频、相信息,显著提高了状态识别和故障诊断的准确性,在回转机械的监测诊断方面具有独特的优点,得到了国内外专家、学者和工程技术人员的广泛认同和赞誉。以全息谱为核心的机械监测和诊断系统两次被国家

1980 年,屈梁生(右一)与机床研究所总工程师等在澳大利亚墨尔本参加国际制造工程年会时合影

2000 年 4 月,屈梁生在西安交通大学接待英国曼彻斯特大学机械故障诊断专家 Starr 博士

科委列入国家级科技成果重点推广计划,在国内众多企业得到广泛应用并取得了显著经济效益;之后,他又将全息谱理论与传统的机械动平衡技术结合,发明了转子全息动平衡技术,提高了平衡精度和质量,缩短了平衡周期;运用和发展机械信号处理技术,从发动机噪音中成功提取了故障特征,实现了发动机敲缸等多种故障的声音识别;开展了机器噪声分析方面的研究工作,揭示了机器声悦耳感的机理,解决了机床噪声悦耳度的评价问题。

屈梁生是西安交通大学机械工程学科、仪器科学与技术学科两个一级学科的学术带头人,他思想敏锐,勤奋务实,勇于创新,造诣深厚,建树卓著。作为机械故障诊断领域的开创者、全国教育系统劳动模范和高校先进科技工作者,屈梁生为中国高等教育事业和机械学科的发展做出了杰出贡献。他始终站在机械动态信号处理和故障诊断学科的国际前沿,不断采用先进理论和技术,将科学技术转化为生产力,为中国石化、化工、电力、冶金、

2002 年,屈梁生(前排右二)与西安交通大学智能仪器与检测诊断研究所博士们合影

2005 年 2 月,屈梁生在机电设备监测与诊断现代技术会议上做特邀专题报告

交通、军工等行业设备的状态监测、故障诊断和安全运行做出了突出贡献,取得了显著的经济和社会效益。获得国家级奖励 2 项,省部级奖励 12 项,已授权国家发明专利 7 项,发表论文 220 篇,出版著作 3 部,主编丛书一套 15 册,培养了研究生 98 名。

屈梁生十分关心家乡,又是一个很低调的人。2006 年 5 月,有常熟的记者打电话提出专访要求,他婉言谢绝了,但当他得知记者出行前查询了很多关于他及西安交通大学、上海交通大学的资料后,欣然同意他们登门拜访。这是一种家乡情结! 虽然离开常熟几十年,屈梁生仍讲得一口流利的家乡话,还时常挂念着家乡的人和事,但因忙于科研和教学工作,多年没能回去。常熟理工学院成立初期曾向他发出邀请,他表示由衷的高兴,并说:“常熟理工学院是全国县级市中唯一的一所本科院校,不容易啊。明年春暖花开的时候,我争取回家乡来!”

2008 年 4 月 7 日，常熟市档案馆举办屈梁生院士档案捐赠仪式

屈梁生（右二）指导博士生做研究工作

屈梁生逝世后，常熟市档案馆经多次联系，取得了其夫人及子女的支持。2008 年 4 月 7 日，常熟市档案馆隆重举行了屈梁生院士档案捐赠仪式。屈梁生夫人及其子女亲临现场，把屈梁生的个人档案资料共计 1194 件捐赠给了家乡档案馆。

（撰稿：吕惠峰）

陆埮
中国天文学界的一颗“奇异星”

陆埮（1932.2.23— ），江苏常熟人。陆埮从小受到良好的教育，1949年在常熟县立初级中学毕业，考取东吴大学附属中学。在中学读书时就对自然现象中蕴含的科学问题着迷，立志于探索物理世界。1952年，报考北京大学物理系，却被直接编进了留学苏联的预备班里。学了两个月俄语后，因身体原因不得不回家休学一年。第二年，免考重新进入北京大学物理系。大学毕业后，先后在中国科学院原子能研究所、哈尔滨军事工程学院、长春防化学院、南京电讯仪器厂工作。1978年，调入南京大学天文系。2003年7月，调入中国科学院紫金山天文台。同年11月，当选为中国科学院院士（数学物理学部）。

1958年至1978年是陆埮从事科研的第一个阶段，在这20年中，受各种政治运动的影响，除了在大学从事基础课教学外，他还烧过锅炉，干过木匠，科研工作只能是业余的，也是自费的。当时，他与北京大学的同班同学罗辽复（在内蒙古大学任教）和杨国琛（在河北工业大学任教）用通信的方式合作搞理论粒子物理方面的业余科研。“文革”期间，他和罗辽复之间的通信合作也没有停止过。仅陆埮和罗辽复两人之间的通信就达2800余封，再加上早期杨国琛的参与，通信总数远超3000封。由于远程通信速度慢，资料的获得、交流既费时又滞后，而且在当时搞科学

人的差异产生于业余时间，业余时间能成就一个人，也能毁灭一个人。

录爱因斯坦语
与青少年朋友共勉
陆 埮
2013.8.8.

陆埮手迹

研究又不被重视，更得不到鼓励，因此这种交流方式是一段艰难的过程，但是，就是在这样的环境下，他们一直坚持着所热爱的事业，在《物理学报》、《科学通报》等国内刊物上发表了40余篇论文。“文革”结束后，陆埮和罗辽复的科研合作终于得到了肯定，两人一起出席了全国科学大会并得了奖。著名作家柯岩据此写成的报告文学《奇异的书简》，发表在《人民文学》上，故事很快传遍大江南北，成为科技界的一段佳话。

1978年，陆埮调入南京大学天文系，从此恢复了安定的大学教学和科研生涯，开始了从事科研工作的第二个阶段。研究方向从“地上”搬到了“天上”，专攻天体物理。主要通过培养并带领研究生，从事高能天体物理，特别是伽玛射线暴（简称伽玛暴）、致密星物理和宇宙学等方面的研究，并建立起了一个已有相当国际知名度的研究小组。

1981年，陆埮晋升为教授。1982年起，招收研究生。1984年，成为博士生导师。陆埮带领学生们在天体物理方面取得了丰硕的科研成果。1984年，他与他的学生王青德在国际著名物理刊物《物

1978 年出席全国科学大会时，陆埮（左）与北京大学同学罗辽复在下榻的友谊宾馆里做学术讨论

1987 年 2 月，陆埮（中）访问意大利佛罗伦萨城 Arcitri 天文台，与台长 F. Pacini 在伽利略故居前合影

理快报 B》上发表论文《中子星核心振荡的阻尼效应》，得到了国际上广泛和持续的引用。1994 年，陆埮和他的学生韦大明、宋黎明分析了伽玛射线脉冲星辐射的级联过程，发现了代与代之间的循环关系，据此提出了一个颇有意义的新概念"代参数"，成为描述脉冲星的一个新特征。1997 年，伽玛暴余辉的发现成为当年世界十大科技成就之一，陆埮和他的学生们及时抓住了这次机遇，全力以赴投入这方面的研究。按照标准模型，伽玛暴被认为产生于一个以极端相对论速度膨胀的火球。1998 年，陆埮和他的学生黄永锋等通过研究发现，这种火球膨胀减速很快，一般在几天至多几十天后就会转入非相对论膨胀阶段，而余辉的可观测时间往往可以延续若干个月甚至一年以上。1999 年，他们纠正了前人理论的错误，指出"标准模型不适用于伽玛暴余辉的晚期演化"，并提出了正确的动力学演化统一模型。另外，伽玛暴的起源是一个基本问题。他和他的学生戴子高等从研究伽玛暴环境

1989 年 10 月，陆埮（前排左三）在中国科学院上海原子核研究所做关于宇宙学和中子星等共 11 个方面的报告

1990 年，陆埮与吴健雄在纽约哥伦比亚大学普平物理楼前合影

2012 年 9 月，陆埮参加苏州院士回乡活动时给苏州中学学生题字勉励

入手开辟了研究伽玛暴起源的新途径。1998 年，他们首次发现，一些伽玛暴的环境不是标准模型所说的均匀介质，而是密度与距离成平方反比关系的星风环境。这种环境表明伽玛暴起源于大质量恒星的塌缩。

陆埮对于国际前沿科研问题的把握相当准确，以深邃的洞察力和高度的敏感性，带领着学生们奋战在天体物理的前沿领域。在南京大学从事教学和科研的 25 年中，培养了一批年轻人才，并建立了一支相当强的天体物理学科研队伍，发表学术论文 300 余篇，出版著作 4 部。他们的科研成果获得 2 项教育部科技进步奖一等奖和 1 项国家自然科学奖二等奖。2007 年，又获国家科技进步奖二等奖。2008 年，获何梁何利基金科学与技术进步奖。陆埮曾任中国天文学会第五、第六、第八、第九届理事和中国物理学会两届引力与相对论天体物理分会主任，还当选为第五至第七届全国人大代表，5 次在国际学术会议上做报告。几十年来，陆埮在科学的道路上执着勤勉，勇于攀登，获得了累累硕果，终成中国天文学界的一颗“奇异星”。

陆埮十分关心家乡，2012 年 9 月，应苏州市科协、常熟市科协的邀请，参加了苏州院士回乡活动。

（撰稿：吴红红）

陆佑楣
为我中华　志建三峡

陆佑楣(1934.1.7—)，祖籍江苏太仓，生于上海。水利水电工程专家。1956年，毕业于华东水利学院(今河海大学)。2003年，当选为中国工程院院士(工程管理学部)。曾任水电部副部长、能源部副部长、国务院三峡工程建设委员会副主任、中国长江三峡工程开发总公司总经理、中国大坝委员会主席，现为清华大学、河海大学教授。

陆佑楣长期从事水利水电工程建设的技术和管理工作。先后参与、主持了黄河刘家峡、汉江石泉、安康、黄河龙羊峡等水电工程的建设。在水电部、能源部期间，推进了水电建设体制改革，参加了三峡工程论证工作并任论证领导小组副组长。1993年至2003年期间主持长江三峡工程建设，研究和决策了一系列重大的工程技术和管理问题，如工程施工的总体布局、交通运输方案、导流围堰工程、大坝快速施工以及大型水轮发电机组选型采购等；实行分项目招标、分项目管理，建立了完整的质量控制、投资控制体系及多元化筹资方案；提出“双零(零质量事故、零安全事故)”建设管理目标，实现工程与环境同步建设。实践证明这些研究和决策是成功的，三峡工程完全按照原定的进度计划、质量标准和投资概算实施，已于2003年成功地实现了水库初期蓄水、首批机组发电和船闸通航的建设目标。

三峡工程从最初的设想、勘察、规划、论证到正式开

2000 年 9 月，陆佑楣(右二)在第 20 届国际大坝会议期间与国际大坝委员会主席霍格先生交谈

工，经历了 75 年。在这漫长的岁月里，梦想、企盼、争论、等待相互交织，三峡工程载浮载沉，几起几落。在中国综合国力不断增强的 20 世纪 90 年代，经过国家最高权力机关——全国人民代表大会的庄严表决，三峡工程建设正式付诸实施。

陆佑楣把三峡工程的顺利建设归功于中国的改革开放。他说，我们的综合国力、经济实力、科技能力都形成了建设三峡工程的有利条件，所以才能有效地避免以往水电建设中常见的“投资无底洞、工期马拉松”等问题。他说：“要在孙中山时代建三峡工程是不可能的，在 20 世纪 50 年代建也是不可能的，改革开放之前也不可能，经济实力不够，政治条件不具备，社会条件也不具备。到了 90 年代建三峡工程，时机非常好。”

2005 年 3 月，陆佑楣（右一）考察向家坝水电站工地

2005 年 6 月，陆佑楣（右二）与何祚庥院士（右三）在三峡工地

从论证到建设，陆佑楣经历了三峡工程中最重要的 19 年，他深有感触地说："三峡工程十几年建设没走弯路，主要归功于 70 多年的科学论证。" 他认为决策论证、正确实施和管理运营是保证一个工程顺利实施的三个阶段。关于三峡工程的几次论证，上了点年纪的人们对其中一些片断至今仍会记忆犹新。

1985 年 3 月召开的全国政协七届三次会议上，三峡工程问题成为会议的重要议题。一些政协委员从关心国家建设的角度提出了不同意见，并引起争论。

1990 年 7 月 6 日至 14 日，国务院在京召开三峡工程论证汇报会，听取论证领导小组关于论证工作和新编可行性报告的汇报。出席会议的有中央领导、民主党派负责人、一些学会的理事长、国务院有关部委与湘、鄂、渝等中上游沿江省市、地区的负责人以及特邀代表、专家共 178 人。会上，绝大部分人同意论证的结论"建比不建好，早建比晚建更为有利"，少数人有不同意见。

1992 年 4 月 3 日下午，全国人大全体代表经过分组审议后表决 "三峡决议"，出席会

2006 年 10 月，陆佑楣在韩国参加东亚区大坝会议

陆佑楣主持三峡工程论证讨论

议的代表 2633 人，其中赞成 1767 票，赞成票占全部票数的 67.1%，超过半数，通过了《关于兴建长江三峡工程的决议》，要求国务院适时组织实施。一项水利工程在全国人民代表大会通过，在中国历史上还是第一次。这是一项历史性决议，从此，中国历史上最大的水利工程进入具体实施阶段。

追忆闯关夺隘的十年建设历程，陆佑楣说，有许多“三峡经验”值得总结，最主要的是科学的态度、一切从实际出发和创新的意识，概括为 6 个字：科学，求实，创新。

科学是三峡工程的基本品质。长江上游滩险，中游水浅，水患连年，历代统治者都寻求过治水之策。陆佑楣说，洪患本身就是生态失衡，因为人也是自然的一部分，治理水患就是要在自然生态与人类社会生存之间找到一个平衡点。用现代工程措施来解决水患问题，是经过了近代以来 70 多年反复论证的选择，是有科学依据的。三峡工程不是好大喜功的政治工程，而是个理性工程，是治理长江的骨干工程和改善人类生存和发展条件的基础性工程。

陆佑楣主张以人为本，“人定应天”。只有掌握了自然规律，适应后再采取工程措施来改善它，人与自然才能可持续发展。例如，当人们认识到水患产生的一个突出原因是泥沙问题，就会控制长江上游的输沙量，除修建三峡工程外，还要在金沙江兴建大型水库。当然，水坝不能完全解决泥沙问题，根本途径还是植树造林。他相信经过几代人的努力，长江会变成一条“清江”。

三峡工程是世界超级工程，概算总投资 2039 亿元，作为具体负责工程实施的三峡总公司，其管理难度之大可以想见。三峡总公司有条不紊地按期实现了各阶段建设目标，有力地回答了“工程马拉松、投资无底洞、质量豆腐渣”等怀疑和议论。

陆佑楣掌管三峡总公司 10 年有余，他把三峡工程 10 年建设成就归功于良好的政治环境、强大的综合国力和全国人民的有力支持。至于工程管理上，他认为最根本的是靠建立了一套完善的制度，而不是一个人的功绩。三峡工程每个单项工程都采用招标方式，严格签订合同。每一笔资金支出，都要经过总公司 4 人以上签字，不搞“一支笔”。其间，三峡工程投资近千亿元，未出现重大违纪现象。

185 米的三峡大坝背后，是中华民族无以复加的骄傲。陆佑楣，三峡工程总指挥，领导主持了这项工程最关键十年的建设。陆佑楣说，三峡工程的影响是世界级的，要利用好“三峡”这个品牌，打造“百年老店”。

（撰稿：池景彦）

龚知本
给大气环境做 CT

龚知本(1935.11.28—),江苏太仓人。大气光学专家。2003年当选为中国工程院院士(信息与电子工程学部)。

龚知本1954年从常熟中学毕业,考入北京大学。1960年毕业于北京大学地球物理系。1960年至1971年在中国科学院大气物理研究所工作。1971年至今在中国科学院安徽光学精密机械研究所工作。1987年任研究员、博士生导师。1985年至1987年任安徽光机所副所长。1987年至1995年任安徽光机所所长。1987年至1996年任国家"863"计划激光大气传输及自适应光学校正专题专家组组长。是国家"863"计划领域专家组成员、国家"863"计划大气光学重点实验室主任。龚知本先后获得国家科技进步奖二等奖4项,中国科学院等部委级科技进步奖一等奖4项、二等奖2项,获得国家"863"计划重要贡献奖、光华科技基金二等奖,被评为国家级有突出贡献的专家和全国优秀科技工作者。

龚知本一直从事大气光学及其工程应用研究,在激光大气传输及其相位校正、高分辨率大气吸收光谱、大气气溶胶光学特性、大气光学参数探测及其设备研制等方面做了大量开拓性的工作。他主持建成了激光大气传输及其相位校正实验系统。负责建成的我国最大的公里级控温高分辨率高灵敏度大气分子吸收光谱实验系统达到了国际先进水平。主持研制完成我国最大的平

1993 年，龚知本（中）访问日本东北大学

流层气溶胶探测激光雷达、第一台可移动双波长米散射激光雷达、紫外差分吸收激光雷达和车载测污激光雷达等一大批大气光学参数测量设备，并系统地开展了大气光学参数测量研究。为安徽光机所发展以激光大气传输为重点的大气光学、以环境监测技术为重点的环境光学奠定了基础。安徽光机所研制的大气监测设备被人们比喻为给大气做“CT”，不仅在北京奥运会、上海世博会和广州亚运会三大盛事大显身手，也为全国各地保障城市环境管理立下汗马功劳，还对世界环境监测做出了贡献。如 1991 年，菲律宾 Pinatubo 火山爆发，龚知本带领团队在合肥利用自行研制的 L625 激光雷达，作为美国宇航局(NASA)在全球选择的 10 个联合监测激光雷达站之一，对该火山云进行远程监测。

根据国家高技术“863”计划发展的需要，在王大珩和朱光亚的关心下，由我国许多单位共同组成的队伍专攻强激光技术，激光技术集成实验（PTIE）在合肥科学岛实施。龚知本参与了 PTIE 的构思与实施工作，是实验的领导小组成员之一，对各次实验的方案构思

1995 年，龚知本向王大珩院士介绍工作

龚知本（左一）与访问安徽光机所的美籍物理学家杨振宁（左三）交流

贡献了很多有益的建议。他为 PTIE 创建了我国第一个基本设施比较完善的激光实验场，负责完成了激光实验场建设的总体规划设计及一批大气光学参数测量关键设备的研制工作，确保了 PTIE 在该实验场的顺利进行。他首先提出了激光近地面水平大气传输中的大气湍流的影响问题及其解决方案，提出了非均匀光强分布的激光在室内传输通道内热晕问题的解决方案和系统布局，为保证实验的顺利进行做出了贡献。

尽管年事渐高，龚知本仍然全身心地坚守在工作岗位上，每天和大家一样按时上下班。他利用自己多年积累的知识、智慧和经验，为大气光学的学科建设、为科研项目的立项与实施出谋划策，发挥着指导作用。在科研工作中，他坚持原则，治学严谨，一丝不苟。不论他的同事还是学生，在学术上都能与他平等讨论，在工作中都能得到他无私的帮助和指导。因此，不管是本单位还是外单位的科研合作者都能与他愉快共事，和谐相处。龚知本对学生的学习和科研要求严格，学生的毕业论文都多次审阅，反复地提出修改意见，直

龚知本主持37单元激光发射湍流效应校正系统及实验鉴定会

2005年,龚知本(中)当选为全国劳动模范

到满意为止,而对学生的思想与生活关怀备至,看到学生有困难他马上解决。龚知本自律廉洁,为人低调,至今坚持不配秘书,起草报告与文件均是自己动手。一些相关单位聘请,或一些与专业关系不大的会议邀请,他一概婉言谢绝。他认为,一个人的时间和精力都是有限的,不能去做本职工作以外的事情。为此,他潜心于大气光学研究,矢志不渝。这些事在单位有口皆碑,为大家树立了很好的榜样。

2008年,太仓市档案馆征集院士档案资料,龚知本捐赠了部分工作照,反映他数十年如一日奋战在科研前线的场景。

(撰稿:王敏红、张橙华)

张祖勋
“一个科技工作者最大的幸福是出成果”

张祖勋(1937.6.5—),摄影测量与遥感专家。中国工程院院士,国际欧亚科学院院士。曾任武汉测绘科技大学副校长、测绘遥感信息工程国家重点实验室主任。现为武汉大学遥感信息工程学院教授、博士生导师。

张祖勋出生在江苏无锡,在襁褓中便随父辈举家迁至苏州,居住在胥门外小日晖桥弄,年少时期先后就读于苏州万年桥小学和桃坞中学、河清中学(后发展为苏州市第三中学)。他天资聪颖却也十分贪玩,在父母的严格教育下,懂得了学习需要努力与钻研的道理,于1951年考上了苏州市第一中学。

1955年,张祖勋高中毕业,考取上海同济大学测量系摄影测量专业。1956年进入武汉测绘学院航空摄影测量系学习。在这里他遇到了科研之路的引路人、中国摄影测量与遥感学科奠基人——王之卓教授。张祖勋学习认真刻苦,各科成绩均为优秀,成为王之卓非常喜爱的学生。1960年初,张祖勋毕业前就被学校安排到摄影测量教研室做助教,并于当年加入中国共产党。本科毕业后,张祖勋留校担任王之卓的助教,同时任航测系办公室秘书。当时王之卓为系主任。1963年,张祖勋又考取了王之卓的研究生。在导师的培养、教诲下,张祖勋在摄影测量领域打下了坚实的基础,并在学术上初露头角,1964年至1965年就有三篇学术论文在《测绘学报》、

希望在经济转型的
新时代，苏州继续走在
前列，愿我的故乡
明天更美好！
张祖勋
2012.8.3.

2012 年 8 月 3 日，张祖勋在苏州市名人馆接受采访

《测绘通报》发表。

1970 年，张祖勋参军，进入解放军测绘学院。作为教员，他在教学之余仍然孜孜不倦地学习，特别是对摄影测量自动化方面产生了浓厚的兴趣。他怎么也没有想到，这成为了他为之奋斗终生的目标。1975 年底，张祖勋回到武汉测绘学院。1978 年底，王之卓提出了《全数字自动化摄影测量测图系统》的研究方案，由张祖勋具体主持实施。该项目得到国家 120 万元资助，1981 年花费约 25 万美元从英国引进滚筒式影像扫描仪、NOVA3/12 计算机与数字影像输出装置。这项研究就在这一套看似十分“豪华”，但相对于“全数字化系统”而言却只是一个非常简陋的“装置”上进行。20 世纪 70 年代末，国内外普遍认为“胶片是影像最好的信息载体”，同时计算机的发展也完全不能承担“摄影测量全数字化”的要求。如 NOVA3/12 计算机的内存仅仅是 64KB，两个磁盘仅 20MB，而一张影像数字化以后的数据量至少需要 50MB。在这样的系统上进行“全数字化”研究真可谓步履维艰。张祖勋带领团队不断探索、坚韧不拔，从 70 年代末起，在王之

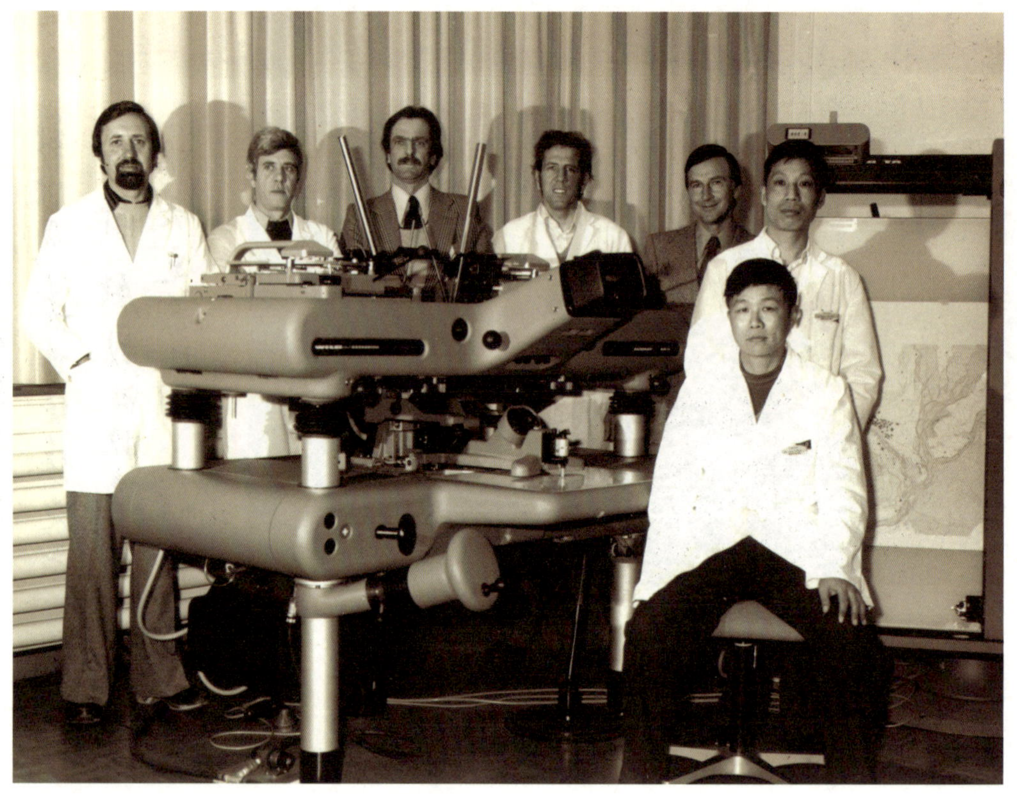

1976 年至 1977 年，张祖勋（坐者）在瑞士

卓的指导下，经过 20 多年的研究开发，从“六五”到“九五”期间，取得了开创性的理论研究成果，为我国的数字摄影测量系统走向世界奠定了坚实的理论基础。1985 年编制的“全数字化自动测图系统软件包”通过专家鉴定，达到了当时国际先进水平，引起整个测绘界的震动，荣获 1989 年国家教委科技进步奖一等奖。其理论研究成果“全数字化自动测图的理论与方法”获 1993 年国家自然科学奖二等奖。

在邓小平“发展高科技，实现产业化”思想的感召下，根据当时计算机性能、价格的实际情况，张祖勋毅然决定走“借鸡生蛋”、“先国外后国内”的独特产业化道路。1992 年，开

1994 年 3 月，张祖勋（左二）在澳大利亚黄金海岸签订 VirtuoZo 海外推广合同

2006 年，张祖勋向国际摄影测量与遥感学会（ISPRS）主席 Ian Dowman 教授介绍数字摄影测量网格（DPGird）

始与澳大利亚合作，并直接在澳大利亚布里斯班对“全数字化软件包”进行进一步完善与开发。1994 年，在澳大利亚的黄金海岸，张祖勋在测绘年会上正式推出具有中国百分之百知识产权的数字摄影测量系统 VirtuoZo 的 SGI 工作站版。

1997 年起，包括 Intel 在内的国际风险投资公司投资于原武汉测绘科技大学创建的适普软件公司，成功地开发了 VirtuoZo 的微机版。到目前为止，已有 17000 套正版的 VirtuoZo 在国内外的测绘、土地、水利、铁（公）路、城市、电力、世界文化遗产保护等领域得到广泛应用，实现了我国摄影测量产业的跨越式发展。它也彻底简化了数字摄影测量的仪器设备，改变了摄影测量过去的“贵族”身份。从以前只有极少数院校能进行摄影测量教学，发展到现在已有 145 家院校使用 7000 套教育版软件进行摄影测量教学。1997 年，VirtuoZo 的推广获国家测绘科技进步奖一等奖，1999 年获国家科技进步奖（推广类）二等奖。

VirtuoZo在国际上声誉也很高。1996年，国际摄影测量与遥感学会(ISPRS)维也纳大会上的专题报告中，VirtuoZo被称为具有很多创新特点的、羽翼丰满、可进行全球竞争的产品。2002年，国际摄影测量与遥感学会前主席(1992年至1996年)、东京大学教授村井俊治在日本《测量》杂志撰文《中国的IT行业登陆日本》称："最先商品化的软件是张祖勋教授开发的利用数字影像匹配进行数字摄影测量的软件，名称叫VirtuoZo，这个软件就是一个数字摄影测量的优秀产品。我想我们已经到了该向中国学习的时候了。"

1995年，张祖勋当选为国际欧亚科学院院士。2003年，当选为中国工程院院士(土木、水利与建筑工程学部)。

张祖勋探索的脚步从未停下。近年来，他不断拓展数字摄影测量应用新领域，如工程设计、工程测量与数码城市等。他提出新一代航空航天数字摄影测量处理平台——数字摄影测量网格(Digital Photogrammetry Grid-DPGrid)。2009年，以张祖勋为首的科研团队完成的基于DPGrid的正射影像更新项目在广州通过了国家测绘局组织的成果鉴定，实现了大范围航空航天遥感正射影像的全自动更新，整体上达到国际领先水平。

张祖勋撰写论文、著作200余篇(部)，被科学引文索引(SCI)、工程索引(EI)检索70余篇，著作《数字摄影测量学》获1999年全国优秀科技图书奖暨科技进步奖(科技著作)三等奖。他注重人才培养，既循循善诱，又严格要求，已培养研究生50余名、博士生10余名。

"一个科技工作者最大的幸福是出成果，而且成果被社会承认，转化为生产力，为社会发展做贡献！"这是张祖勋的幸福观。

从小在苏州长大、从苏州走出去的张祖勋虽然科研工作繁忙，但经常会抽时间回故乡苏州看望弟弟妹妹们。2007年，张祖勋携其首个产业化公司——苏州武大影像信息工程研究院有限责任公司落户苏州，并担任公司名誉董事长。他与故乡苏州的联系也更加密切了。

2012年8月3日，张祖勋来到苏州市名人馆参观，并接受了故乡媒体的专访。采访中，他语重心长地寄语年轻人应该踏踏实实走好每一步，才能成功，同时，他坦言故乡苏州的发展让他十分牵挂，并在名人馆留言本上写到："希望在经济转型的新时代，苏州继续走在前列，愿我的故乡明天更美好！"

(撰稿：钱轶颖)

吴培亨
“极端的手段，极端的目标”

吴培亨(1939.11.12—)，祖籍江苏张家港，生于上海。从小学到高中都在苏州读书。每谈及籍贯问题，吴培亨都会不厌其烦地给人解释，为什么在自己的档案里，籍贯栏有江阴、沙洲、张家港、苏州等多种版本，而他本人则更喜欢用“苏州地区”加以概括。他在张家港生活的时间累加起来不到4年，但是一口原汁原味的杨舍土话和一直保留着的许多当地的生活习惯使人不会怀疑他的归属。至于苏州的大街小巷、风土人情、叫卖酱肉和方糕的吆喝声……无不让他梦牵魂系；对于苏州评弹的嗜好、在世界各地捕捉苏州口音的敏感性和惟妙惟肖的转述，总是让周围的人感受到老苏州吴培亨浓烈的乡情，难怪在少小离家老大回的日子里，上街用丝毫未改的乡音打听“彩香路(近年开发、当地人熟知的)在哪里”的时候，孩童会嗔怪道：“老苏州怎么不认识彩香路？”

吴培亨幼时曾短期就读于张家港杨舍镇梁丰小学。1946年迁居苏州，毕业于苏州景海女子师范学校附属小学，初一、初二就读于东吴大学附属中学，后因全国高校院系调整，该校停办，即被转往苏州市第二中学(已并入苏州市第一中学)，完成初中学业。1953年考入苏州中学高中部，1956年毕业后考入南京大学物理系，1961年毕业后留校任教至今。曾先后到过十几个国家和地区任职、访问研究、讲学，在学术会议上做邀请报告，在多种学

1982年，吴培亨（二排左六）与毕业生合影。二排左七是著名教育家、南京大学校长匡亚明

术机构担任顾问等职。

吴培亨专长于超导电子学及其高频（微波至太赫兹波段）应用，在探索超导体内有关物理过程的基本规律、据以发展新型的电子器件、努力推进实际应用等方面做了系统的工作，并取得了丰硕的研究成果。

乍听起来，这是一个高深莫测的领域，但是吴培亨却能说得娓娓动听。许多材料，当它们所处的温度逐渐降到非常低的时候，其直流电阻从有限的大小突然降低到几乎为零，并排斥磁场，这就是超导电性，相应的材料就叫超导体。既然电阻为零，这就意味着在超

1996 年，吴培亨在日本东北大学

業精於勤，荒於嬉；
行成於思，毁於隨。
录韩愈名句
与[illegible]师生共勉
吴培亨
2013.5.10

导样品中可以通有一定的电流，而其两端的电压却能保持为零。如果把超导体一剖为二，在其中间加入绝缘层，上述通以电流、电压降为零的现象想必不会再有了，但实际却不然，在一定条件下仍会发生。究其原因，就涉及超导体内一些基本的物理过程和效应。仔细研究这些效应、发现有关的规律，并把它们用在电子器件等方面，这就是超导电子学。

由于吴培亨在相关领域的成就，他荣获 1978 年全国科学大会奖、1989 年国家教委科技进步奖一等奖、1990 年国家自然科学奖三等奖、2010 年江苏省科技进步奖一等奖等多项奖励。2005 年当选为中国科学院院士（信息技术科学部）。他还担任过中国科学院信息技术科学部副主任、国务院学位委员会学科评议组（物理、天文组）成员、中国电子学会超导电子学分会主任、南京大学研究生院院长等职。

对于超导电子学及其应用，吴培亨常用“极端的手段，极端的目标”来加以概括。“要达到超导状态，目前至少要把样品冷却到摄氏－140℃或更低的温度，这是日常生活中没有的‘极端’的条件，但是，利用超导体做成的电子器件的性能，具有一般器件无法达到的‘极端’的指标。例如，用来接收非常遥远的天体发出的极其微弱的电磁信号，用来接收臭氧分子的活动发出的电磁波、监视大气污染情况等等，都是一般器件很难做好的；再如，人脑或心脏的活动产生极其微弱的磁场（脑磁图、心磁图），在医疗诊断上与脑电图或心电图相比，有其独到之处，而这种极其微弱的磁场只有超导器件才能很好地测量出来。”

目前，吴培亨及其团队正在进行国家重大科研仪器设备专项“多通道超导单光子探测器”的研究工作。他们将用5年的时间完成一种性能指标极为先进的设备，用于单周期纠缠光子对的研究、量子密钥传递、集成电路故障诊断等方面，并为天文观测、深空通信、量子雷达等其他基础或应用研究提供有力的手段。光子是光能量的最小单位，一支蜡烛每秒钟发出大约100亿亿个光子，可见每个光子携带的能量是何等的小。探测它们是一种“极端的目标”，利用超导器件这种“极端的手段”是目前最好的一种办法。

吴培亨既是学有所成的科学家，也是严于律己、精心育人的好教师。他常常用“铁肩担道义，妙手著文章”来勉励自己和他人。“‘铁肩担道义’就是要求我们每个人都要有远大的理想和追求，把时代赋予我们的重任坚定地担当起来；‘妙手著文章’说的是，无论做什么都要有娴熟的专业技能，在所从事的领域中取得出色的成果。”

2006年，吴培亨（左七）与南京大学超导电子学研究所部分成员合影

2013年，张家港科普宣传周开幕式。左二为薛永祺，左三为吴培亨

2013 年，吴培亨（左）在听取中组部“千人计划”特聘教授王华兵（中）、许伟伟汇报工作

2013 年，吴培亨在母校苏州市第一中学为学生签名留念

从小受到的良好家庭教育和学校教育，使吴培亨知书达理、学识渊博。一次在母校苏州市第一中学与学生互动时，有人问他中小学时代最开心的是什么事，他不假思索地回答“到新华书店看书”，既看科学方面的，也看文艺、历史、社会科学方面的。难怪后来南京大学文学院有的教授认为吴培亨可以到他们学院当教授，历史系有的教授认为他讲历史比自己讲得好。再加上他记忆力超群、风趣睿智，大家都喜欢和他聊天、听他讲话。他经常应邀给各类学生和干部做励志、修养、创新等方面的报告，总是把深奥的道理融化在生动有趣的故事、个人见闻或感悟中，让人从不知不觉中受到教育。虽然他常常自谦“江郎才尽”，但是每次讲座都能博得满堂彩，而他还在不断推出新的“专辑”。

（撰稿：许伟伟）

吕达仁
炼就穿雾透云的“火眼金睛”

吕达仁(1940.1.14—),江苏常熟人。我国现代大气物理学杰出的学术带头人,中层大气物理和大气遥感的创建者之一。1956 年至 1962 年就读于北京大学物理系气象专业,1962 年至 1967 年在中国科学院就读研究生,师从我国著名气象学与大气物理学家顾震潮。1967 年始在中国科学院大气物理研究所工作至今,1985 年晋升为研究员。2005 年当选为中国科学院院士(地学部)。

吕达仁家风纯厚、心怀故乡。祖父和外祖父均为知识分子。父亲吕琦行早年就读上海哈同中学,长期从商而重教,曾参与创建家乡小学并执教。母亲王芹芬心系家乡,热心教育,支持子女学业,将幼年的吕达仁带回到常熟生活,直到从县立中学高中部毕业。1967 年,吕达仁与大学同学、印尼归侨刘锦丽结为伉俪。刘锦丽现为中科院大气物理研究所研究员,长期从事雷达气象学及大气微波遥感研究,学术成绩显著。他们育有两子,均获博士学位,从事科研工作。

吕达仁先后发表学术论文 100 余篇,合作专著多部,获国家自然科学奖三等奖 1 项,国家科技进步奖二等奖 1 项,中国科学院等部委的重大成果、自然科学奖等 8 项。吕达仁创建和发展了我国中层大气物理、大气遥感、日地物理等分支学科,在雷电物理、大气辐射传输与大气遥感、中层大气与日地关系、对地观测与空间地球科学、土壤—植被—

光明的未来
来自梦想
和努力！

吕达仁
2012-9-13

2012 年 9 月 14 日，吕达仁（右三）及其家属参观常熟市档案馆举办的常熟籍院士展

大气等地球系统圈层相互作用、全球气候变化等多领域进行了开创性工作，为推动我国大气科学、遥感科学和日地空间探测高技术应用研究和发展做出了突出贡献。

吕达仁非常重视科研与国家发展需求的结合、基础研究与高技术发展的结合、学科自身与相关学科的结合、学术研究与人才培养的结合。曾先后担任国际辐射委员会委员、国际中层大气委员会委员、国际日地物理学会科学代表、中国空间科学学会理事、中国气象学会大气物理委员会副主任、中国气象学会大气科学名词审定委员会副主任。先后担任国家自然科学基金委员会大气科学学科评审组成员、组长，地球科学部专家咨询组成员。现任国际气象与大气科学协会（IAMAS）委员、中国委员会主任。培养硕士、博士 50 多名。

50 年来，吕达仁研究不断，创新不断，贡献不断。1980 年在国际上首先提出微波主—被动联合遥感降水分布的原理及反演方法。在极化交替和自适应信号提取等方面有重要创新。利用雷达及高空气球探测资料对平流层重力波频谱结构以及对流风暴激发平流层重力波的机制进行了深入研究，积极推进了大气物理和日地物理的交叉科学研究。1987

2002年11月，吕达仁(左三)向中国科学院院长路甬祥(左二)介绍他承担的项目设备

2006年，吕达仁回常熟时与范滇元院士(右)拜访高中物理老师孙鸣玉(中)

年至1993年担任国家“863”计划航天领域“载人空间站及其应用”(代号863-205)主题专家组成员，主管天文、空间物理和对地观测应用规划。1991年起负责南极综合科学考察重大项目“南极地区日地系统整体行为研究”专题。1993年至1997年受聘为国家“863”计划航天领域专家委员会委员，分管空间应用和国际合作。1997年主持开展国家自然科学基金“九五”重大项目“内蒙半干旱草原土壤—植被—大气相互作用(IMGRASS)”。2000年主持的大型平流层相控阵探测雷达建成，这是我国第一个自主研发的大型大气探测雷达。之后，主持的载人航天工程“地球环境监测分系统”，于2002年在“神州3号”飞船实验中获得成功。2004年起担任国家自然科学基金“十五”重点项目“平流层—对流层多尺度耦合及其与天气气候关系研究”负责人和国家“973”计划“平流层大气基本过程及其在东亚气候与天气变化中的作用”首席科学家。2011年担任中科院第一批战略性先导科技专项“应对气候变化的碳收支认证及相关问题”首席科学家。2012年担任国家

2006 年 8 月 4 日，吕达仁（右三）在青藏高原研究所纳木错圈层相互作用综合观测研究站

2013 年 5 月 4 日，吕达仁（中）参加北京大学 115 周年纪念交流会，与校长王恩哥（右）合影

自然科学基金首批重大科研仪器设备研制专项“多波段多大气成分主被动综合探测系统”负责人，构建一个能对全大气层垂直结构、运动变化与成分输送进行全面研究的探测系统，实现他一生追求的能穿雾透云的“火眼金睛”。

作为新中国培养的科学家，吕达仁不仅是一位执着坚定、终生以科学为追求的学者，还是一位通达睿智的智者，一位爱国爱乡、有着浓厚文人情怀的宽博长者。虽年过七旬，他总能保持年轻的心态。他说自己对任何新鲜事物都想多一点了解。

近几年，常熟市档案馆多次派人前往北京拜访他，虽然他工作很忙，却总是抽空接待。2012 年 9 月，吕达仁参加了苏州市科协举办的苏州院士回乡活动，还前往常熟参观考察。

（撰稿：罗云峰、吕惠峰）

王家骐
为导弹和神舟造天眼

王家骐（1940.2.17—），江苏苏州人。1963年毕业于哈尔滨工业大学金属材料系，考入中科院长春光学精密机械研究所研究生，毕业后留所工作至今。历任副研究员、研究员、所长、所总工程师。现任长春光机所学术委员会主任。兼任中国仪器仪表学会精密机械分会理事长、吉林省光学学会理事长、中国空间科学学会副理事长等职。第八、第九、第十、第十二届全国人大代表。先后获全国五一劳动奖章，是中国载人航天工程突出贡献者奖章、中国科学院优秀研究生导师。2005年当选为中国科学院院士（信息技术科学部）。

王家骐家住苏州娄门，1952年从娄江小学毕业后进苏州市第六中学，品学兼优，还是学校体操队员。六年后，考入哈尔滨工业大学金属材料系锻造工艺与设备专业，在学校受到“规范严格，功夫到家”传统的熏陶。1963年以全优的成绩被评为优秀毕业生，考取长春光学精密机械研究所金属压力加工专业研究生，后来却受命研制光学仪器。他自喻是“打铁的捏上绣花针”。

1988年之前，王家骐曾同时主持研制陆基、海基两种型号弹道导弹的光电瞄准仪，负责研制成系列光电原始方位校正仪，可进行高精度光轴基准的检测及校正，新型复合光学转折系统能自主补偿艇体变形。后来，他又主持研制星敏感器和星光仿真器，经过三年的研究探索，装备有关实验

2006 年 9 月，王家骐为母校苏州市第六中学题词

2010 年 10 月，王家骐出席母校苏州市第六中学 70 周年校庆

室，并通过了中科院的鉴定。由他主持完成的这些研制成果，分别获得国防科委科技成果奖三等奖、中科院科技成果奖二等奖、国家发明奖二等奖、国家科技进步奖特等奖（主要参加者）、中科院科技进步奖一等奖、中科院科技进步奖二等奖等。

1993 年，王家骐被任命为中国载人航天工程分系统主任设计师，投入研发航天仪器。他带领长春光机所的同事们成功研制了载人航天工程所需的大型高集成度、高精密度的高级光学遥感器，突破了高力学稳定性、高温度稳定性、高精度像移匹配、高精度调焦、TDICCD 焦平面成像技术、总体集成、集成测试和试验等一系列关键技术。同时，培养了一支研究型、创新型的空间光学仪器研制队伍。他主持研制的“神舟五号”、“神舟六号”高级光学遥感器，分别于 2003 年和 2005 年获得圆满成功，实现了航天光学遥感技术突破性进展，得到中央领导和用户的高度评价。2005 年和 2008 年，王家骐以第一完成人两次获得国家科技进步奖二等奖，但他总是把成功归结为全体科研人员的奋斗和团结协作。

王家骐发表《航天光学遥感器像移速度矢计算数学模型》、《机载光电跟踪测量设备的

王家骐和学生们在一起

2006 年 9 月，王家骐在苏州大学做报告

目标定位误差分析》等论文和大量的内部技术报告，并根据多年来的研究工作，在所内为研究生讲授《光学精密仪器总体设计》课程。

王家骐念念不忘老所长王大珩立下的传统，就是“一竿子插到底的精神和理念，即一项研究工作从研究、设计、制造、检验和试验，最终的目的要拿出东西来，满足国家的社会经济发展的需要”。

为了“神五”、“神六”飞上天，王家骐带着他的科研团队拼命忘我地工作，整整 13 年主要科研骨干没有歇过双休，取消五一、十一长假，往往一年只放两次半天假：除夕放半天，正月初一再放半天，但他们以苦为甜，乐在其中。他说：“搞科研就得有忘我的钻劲，有吃苦的精神和拼搏的毅力。”他总结自己的学习和工作经验时提出要五个“会”、五项基本素质和三个精神。五个“会”是指：第一“会学”。他重新诠释“天、地、君、亲、师”，说“天、地”是指自然规律，人要向自然学习，与自然和谐共处；“君”过去指的是君王，现在就是要求科研人员紧密团结在党中央周围，从宏观上学会从国家层面去考虑问题，那境界就会更高；“亲”是指亲人，要向父母学习，要向亲人学习，深深地扎下以人为本的理念；“师”指的是老

2005 年 6 月 6 日，为航天员授高级航天光学遥感器后，王家骐与“神六”的五组乘员合影

2008 年，王家骐(左)从吉林省委书记王珉手中接过奥运火炬

师。第二“会想”。在学习过程中要善于独立思考，学会触类旁通、举一反三。第三“会讲”。就是会表达，能把自己的想法说清楚，要有条理，思路要清晰，让别人了解。第四“会干”。就是要注重实践，具有很强的动手能力，真所谓“知之不若行之”。第五是“会组织”。在研究工作中要能动员和组织团队协同奋斗，关键是以身作则。五项基本素质指：数学根底要牢、物理概念要清、空间想象力要丰富、身体要好、心态更要好。此外，搞科研有三个精神：一是刻苦，二是自信，三是一丝不苟。他之所以能长期拼搏也离不开强健的体魄。从学生时代起，他就热爱体育运动，乒乓球、篮球、体操、跑步、游泳都喜欢。2008 年，68 岁的王家骐，作为奥运火炬吉林省传递首站——长春的首棒火炬手，手持“祥云”，精神抖擞地以标准的动作健步跑出了中国人的风采。同时他置备了一辆赛车型自行车，每天都在研究所附近骑行 40 分钟。

高中同班同学在长春合影。后排中为王家骐

2013 年 3 月，王家骐参加第十二届全国人民代表大会第一次会议

王家骐长期在东北学习、工作，已经爱吃玉米饼、棒子面粥，但也挂念家乡的菜肴，还说得一口流利的苏州话。2006 年后，他两次返回母校看望老师，和老同学会面，为学生做报告。他为苏州市第六中学题词“特色兴校，桃李满天下”。他说：“科学要人才，艺术也要人才，只要出人才，就是好学校。”

2011 年 10 月，王家骐来到中国科学院苏州生物医学工程技术研究所，勉励青年科技人员和研究生学习长春光机所艰苦奋斗、敢于创新的精神，为苏州发展添砖加瓦，描绘崭新篇章。2012 年 9 月，他为苏州市名人馆题词：“传承文明，启迪心智，勇于奋斗，创造未来，为中国的社会经济腾飞做出新的贡献。”

（撰稿：张橙华）

李述汤
"中国人要在中国的土地上做出让中国人骄傲的事情来"

李述汤(1947.1.28—),生于湖南邵东。1969年毕业于香港中文大学化学系,1971年获美国罗彻斯特大学硕士学位,1974年获加拿大不列颠哥伦比亚大学博士学位,1976年美国加州大学伯克利分校博士后出站。曾任美国柯达公司高级研究员、香港城市大学物理及材料科学系讲座教授及超金刚石及先进薄膜研究中心主任。现任苏州大学功能纳米与软物质研究院院长、纳米科学技术学院院长,兼任中国科学院理化技术研究所纳米有机光电子实验室主任。2005年当选为中国科学院院士(技术科学部)。2006年当选为发展中国家科学院院士。

2003年3月21日,全球自然科学界最权威的刊物《科学》的封面照片是3根漂亮的纳米硅线,世界上最细的纳米硅线第一次如此清晰地展现在世人眼前,它的创造者就是李述汤。

李述汤是材料科学与技术领域国际著名科学家。长期从事有机光电子材料及显示器件,纳米功能材料及器件以及金刚石和相关超硬薄膜领域的研究,在上述领域都取得了卓越的成就,并获得了一系列创新性研究成果。2001年获德国洪堡基金会研究成就奖。2003年和2005年两次获得国家科学技术进步奖二等奖。2008年获何梁何利基金科学与技术进步奖。2013年获得苏州市创新创业市长奖。截至2012年年底,已在国际化学、物理、材料等领域的著名期刊发表

1969 年，李述汤毕业于香港中文大学

1972 年，李述汤在加拿大读博士期间

学术论文900余篇，撰写专著9部，获美国专利20余项，论文被他人引用超过26000余次。据基本科学指标数据库(ESI)和美国科学情报研究所(ISI)数据库检索结果显示，李述汤研究论文的引用次数在材料科学领域中全世界排名位于前列，H-index达到85。其中有5篇研究论文发表在美国《科学》及英国《自然》期刊，另有多篇学术论文以封面文章的形式发表。其研究成果在国际材料科学界占有重要地位，其学术水平得到了广泛的肯定，是香港与内地纳米和材料科技界的领军人物。

李述汤的父亲是国民政府中将，新中国成立初到香港，尽管曾是黄埔军校毕业的高材生，但由于不会广东话，难以谋生，家道逐渐衰落不堪，穷困潦倒。李述汤随父亲颠沛流离，早年就读的学校都不是殖民地政府资助的学校，而是由政治、宗教或慈善机构设立的学校。虽然条件艰苦，李述汤的童年还是充满了奋斗与梦想的色彩，父亲常常诫勉他要好好读书，“十年窗下无人问，一朝成名天下知。”在冰冷的冬天，四处漏风滴雨的破木板屋里，

2002 年，中国科学院副院长白春礼（左）访问李述汤香港实验室

李述汤争取一切机会读书。从小学开始，他年年在班上排名第一，最终考取了香港中文大学化学系。也正因为这样的经历，他认为自己“少受了殖民地教育的影响，反而被灌输了更多的国家、民族的思想”。

1969 年大学毕业后，李述汤到美国深造，从硕士到博士，学成之后在美国工作定居，成家生子。作为材料科学与技术领域的国际著名科学家，他说：“我是一个标标准准的游子，北美洲、欧洲，香港、内地都待过。”生在内地，长在香港，定居在美国，成名又在香港，李述汤常常笑称自己也不知道自己是哪里人，但记忆深处的“根”，却一直在祖国秀丽的山水间。“在外国生活了 1/4 个世纪，能做的，可以说都做了，可是我却一直难以忘怀当年出国的初衷是为了要回国，要为国家做事。”1994 年年底，他挥别美国，加盟香港城市大学物理

2005 年，李述汤在香港实验室

2008 年 6 月，李述汤（左）签约苏州大学，右为苏州大学校长朱秀林

及材料科学系。他坦言那时就已想到利用香港和内地双方的优势，强强相配，互补互利。香港回归前夕，出现了“移民潮”，而李述汤恰恰相反，更加勤快地往内地跑，到处招兵买马，寻求合作，希望能将内地的人才优势与香港的资金及研究条件结合起来。他的真情与真诚，也使很多内地学者愿意与他合作。自 2001 年起，李述汤兼任中国科学院理化技术所纳米有机光电子材料与器件重点实验室主任。2002 年，又获科技部技术发展及产业化司委任，成为国家“十五”期间“863”计划新材料技术领域——高清晰度平板显示技术重大专项总体专家组成员，因此，他往内地跑得更多了，而这些都为他后来到苏州进行人生的第三次创业埋下了伏笔。

李述汤曾明确说过加盟苏州大学的原因是由于他的内地情结：第一，他祖籍湖南，“同根同源”；第二，他的普通话比一般香港人好，“有共同的语言”；第三，他在美国求学、工作时，最好的朋友大多是台湾人和内地人，“有共同的理想与追求”。2008 年，当苏州大学党委书记王卓君与校长朱秀林“三顾茅庐”去香港拜会李述汤，主动把实验室组建方案摊在桌上时，他决定回到内地发展。他说“苏州的大环境很适合我，苏州园区是纳米产业的高地，而苏州的发展需要依靠苏大”。他召来了自己最信赖的弟子和朋友，全职加盟苏州大学，希望能“把苏州大学带向国际舞台，做到国际一流”。苏州大学也承诺在“无时间限制、无指标规定、无框架局限”的“三无”状态下，让他放开手脚架构起他理想中的研究机构——一个真正干事的研究院。2012 年成立的苏州大学纳米科学技术学院成为国家首批 17 个教育改革试点学院。2013 年又成功获批教育部首批认定的 14 个“2011 协同创新中心”，为研究院的工作创造了良好的环境。目前，李述汤正带着他的科研团队，创造着一个又一个的辉煌。他的一首诗充分地表达了自己的心声和愿望：

重洋负笈几多秋，学术奋搏力索求。
归来心击创新力，俯首甘为孺子牛。
喜看中华重崛起，一代英才显中流。
科技兴国任重远，万众同心谋鸿图。

（撰稿：王伟群）

柴之芳
“我要将余生献给苏州”

柴之芳（1942.9.1—），祖籍浙江鄞县，生于上海。放射化学家。中国科学院高能物理研究所研究员，苏州大学教授。1964年，毕业于复旦大学物理二系放射化学专业。1980年至1982年，在德国科隆大学核化学所任洪堡学者。曾获全国科学大会奖、国家自然科学奖二等奖、国家科技进步奖二等奖、中国科学院自然科学奖一等奖等国家级和部委级奖励8项。2005年，获国际放射分析化学和核化学领域的最高奖——George von Hevesy奖，是迄今发展中国家第一位获奖人。2007年当选为中国科学院院士（化学部）。2012年6月，加盟苏州大学。现为苏州大学医学部放射医学与防护学院院长、苏州大学放射医学及交叉学科研究院院长。

50多年前，复旦大学有个新成立的原子能系，后来称为物理二系，里面设有核物理和放射化学两个专业，而柴之芳正是从这个神秘的物理二系毕业的。1964年，柴之芳走出复旦大学校门，进入更神秘的中国科学院原子能研究所。他埋首实验室，只争朝夕，致力于放射分析化学方法学及其在国家安全中的应用研究，获得1978年全国科学大会两项大奖。

1980年，柴之芳获得德国洪堡基金会的资助，前往科隆大学核化学所工作。科隆大学创建于1388年，是德国最大的综合性大学之一，以优异的科研成果和教学质量著称于世。柴之芳在这里工作了整整两年，然后又到

2011 年，柴之芳在美国休斯顿为国际中核方法委员会主席 Peter Bode 颁奖

美国普渡大学、法国斯特拉斯堡核研究中心、荷兰德尔夫反应堆研究所、日本东京都立大学等地任访问学者或客座教授。

柴之芳基础扎实，思维活跃，研究视野相当广阔，迷恋交叉科学，一直致力于核技术在地学、生物和环境中的应用研究。他从事的代表性工作，一是中子活化分析在环境监测中的应用研究，发展了有毒元素放射化学中子活化分析方法，并用于官厅水库和蓟运河的污染调查；二是核分析技术在地学中的应用，开展了铱化学状态的研究及对生物灭绝事件的探讨；三是核分析技术在生命科学中的应用，致力于分子活化分析方法学的建立，以及对

柴之芳出席香山会议——纳米生物安全性会议

2012 年 6 月 25 日，柴之芳参观苏州大学附属第一医院

汞、碘、铬、硒、稀土等元素的生物效应的研究，并于近期发展到金属组学和纳米毒理学等。

如此广泛、深层次的研究，再加上一丝不苟、孜孜不倦的钻研精神，使柴之芳在他的研究领域中不断创新。他和同事们开发了用长链伯胺 N-1923 放射化学中子活化方法分析铂族元素，用分子活化方法研究了地质样品中 Ir 的丰度变化及其化学种态，提出了解释白垩纪末期 Ir 异常的混合模型。通过分析白垩纪 / 三叠纪恐龙蛋壳，提出了恐龙灭绝和环境变化可能存在的因果关系。他和同事们建立了中子活化分析和化学提取相结合的方法测定头发中总汞、甲基汞和无机汞的含量，并确定汞在母子体间的转运机理，创建了测定总卤素，可萃取有机卤素和持续性有机卤素的分子活化方法，这将中子活化分析(NAA)的使用范围拓展到了有机卤素污染物。建立了运用 NAA 技术研究植物组织和人肝亚细胞中镧系元素化学种态的新方法，研究了人肝含硒蛋白以及 DNA 和 RNA 与 Cr 的结合。利用放射性或富集稳定性同位素研究环境和生物组织中有毒或必需微量元素，其中包括利用稳定 48Ca 和放射性 45Ca 来研究补钙和骨质疏松症中钙的生物利用率。

2005 年，Gerogevon Hevesy 获奖者合影。右一为柴之芳

柴之芳成就卓著，已经在核分析和放射化学领域发表了论文 440 余篇，其中科学引文索引(SCI)收录 300 余篇，包括《Nature》、《Nature Nanotechnology》、《Chemical Society Review》、《PNAS》、《JACS》、《Nano Letter》等等。中文著作 8 部，英文著作 5 部。在国际重要会议做大会或基调报告 50 多次。担任过国际纯粹与应用化学联合会(IUPAC)的领衔委员(Titular Member)、英国皇家化学会会士(Fellow)以及其他 5 个国际学术组织的委员或顾问，《Radiochimica Acta》、《Metallomics》等 4 本国际杂志的编委。

2005 年，柴之芳获国际放射分析化学和核化学领域的最高奖 Georgevon Hevesy 奖。该奖设立于 1968 年，是以匈牙利科学家、诺贝尔奖获得者 Hevesy 名字命名的国际科学奖。每年评选一次，主要奖励在放射分析化学和核化学领域取得杰出成就的科学家。柴之芳被授予该奖，是我国该领域科学家迄今为止在国际上获得的最高奖励，是国际上第 26 位获奖人，也是迄今为止发展中国家科学家第一次获此奖项。这表明我国相关研究成就

2012 年 9 月 11 日，苏州大学医学部放射医学与防护学院院长柴之芳（中）聘任仪式暨放射医学及交叉学科研究院揭牌仪式

2012 年 9 月 11 日，苏州大学校长朱秀林为柴之芳（右）颁发聘书

开始受到国际同行的认可和重视。

2012 年 6 月 25 日对柴之芳来说是个特别的日子。上午，柴之芳任职苏州大学医学部放射医学与防护学院院长仪式在独墅湖校区炳麟图书馆举行。柴之芳发表了热情讲话。他说，苏州大学是一所百年老校，有着悠久的历史和深厚的文化底蕴，特别是这几年学校在原来基础上发展迅速，放射医学学科在国内具有一定的知名度和办学基础。苏州大学领导的诚心感召，使其做出一个重要的决定，加盟苏州大学。他提出了“民主办院、开放兴院、人才强院”的发展战略，并表示将依靠学校、学部领导的支持和全体师生的团结努力，把放射医学学科做大、做强。他毫不掩饰自己对苏州的情有独钟：“希望我的余生在苏州散发光芒，以后苏州就是我的研究工作基地。”

柴之芳同样关心学生的成长。2012 年 9 月 13 日，他在苏州大学医学楼为学生做题为《多学科交叉——一条通向成功之路》学术报告。同年 10 月 24 日，柴之芳与苏州大学放射医学与防护学院研究生进行了座谈，指出研究生素质的重要性并强调研究生的宝贵性，提出了研究生“八大守则”、“四个提倡”以及“四个反对”。他指出科研的兴趣是需要培养的，是可以培养的，鼓励同学们要多思考，打开思路、放宽视野。通过努力，相信研究生阶段可以做出了不起的成果。

目前，柴之芳正在承担国家自然科学基金委员会重大研究计划“先进核裂变能的燃料增殖和嬗变”，力图为我国的核能事业做出新的贡献。

（撰稿：朱玉芳）

翁宇庆

百炼精钢的帝师后裔

翁宇庆(1940.1.1—),祖籍江苏常熟,生于四川西昌。金属材料学家。中国工程院院士,俄罗斯工程院院士。1963年,翁宇庆毕业于清华大学金属材料专业。1963年至1980年,任冶金部钢铁研究总院技术员、工程师。1980年,被派往美国作为访问学者,后在宾夕法尼亚大学当研究生,于1985年获材料科学及工程博士学位。1985年至1994年,历任冶金部钢铁研究总院工程师、项目负责人、研究室主任、院长助理、副院长、院长。1994年至1998年,历任冶金部科技司司长、副部长。1998年至2000年,任国家冶金局副局长。1997年至2001年,兼任中国钢铁工贸集团公司董事长。2001年10月后,任中国金属学会理事长。是第十届全国政协委员。现为北京清华大学和北京交通大学教授(双聘)。

翁宇庆于1994年当选为俄罗斯工程院院士。作为第一获奖人,获得2004年国家科技进步奖一等奖和中国冶金科技进步奖特等奖。2005年,为表彰他对新一代钢铁材料的研发,香港生产力促进局授予其紫荆杯奖。因对我国钢铁材料的重大技术基础研究项目做出的重大贡献,获得香港求是科技基金会2008年度求是杰出科学家奖,被评为科学中国人2008年度人物。2009年,在德国柏林召开的国际先进材料制造大会中获杰出贡献奖。同年,当选为中国工程院院士(化工、冶金

祝家乡人民
更加美好！
翁宇庆
二〇一二年九月

2012 年 9 月 11 日，翁宇庆（中）参观常熟市档案馆，在翁同龢中状元的大金榜前

与材料工程学部）。

翁宇庆等所编著的《超细晶钢——钢的组织细化理论与控制技术》一书获得中国图书奖和政府图书奖提名奖，所著英文专著《Ultra-Fine Grained Steels》已由德国 Springer 出版集团以英文出版，并发表论文近百篇。翁宇庆是国家发明奖三等奖“硅锰钼系中空合金钎钢及其生产工艺”的主要发明人，获 8 项国家发明奖和省部级科技进步奖及多项发明专利。

1998 年 9 月至 2003 年 9 月，翁宇庆担任第一批“973”项目“新一代钢铁材料的重大基础研究”首席科学家。在主持“973”项目期间，团结项目工作人员，勇于创新，形成了“形变和相变耦合”的超细晶形成理论及控制技术。该成果具有国际领先水平，使中国成为世界上首先将上述成果用于工业生产的国家。领导的团队在世界各国研发超级钢的热潮中提出并成功实现了以下目标：少用资源和能源，成本基本不增加，保证材料强韧性和应用

2008 年 9 月 17 日，刘璧如女士向翁宇庆（右）颁发“求是杰出科学家”奖金

2011 年 11 月 15 日，翁宇庆（中）在宝钢特钢现场调研

性能良好配合下，采用超细晶、高洁净、高均质为特征的技术路线，使钢铁结构材料强度提高一倍，部分钢铁材料所制造的装备使用寿命也提高一倍。

经过十多年的持续努力，翁宇庆及其团队完成了从基础理论到关键技术再到工艺流程的系统研发。开发出高强碳素结构钢（强度由 200MPa 级提高到 400MPa 级）、高强微合金钢（强度由 400MPa 级提高到 800MPa 级）、高强合金结构钢（强度由 800MPa 级提高到 1500MPa 级）三类新的钢铁材料。目前，我国已成为国际上最先进行规模生产超细晶碳素结构钢的国家。据不完全统计，总产量已超过 1000 万吨，现已应用于西直门交通枢纽、北京中央商务区、国家体育馆（鸟巢）等建筑，产值超过 300 亿元。他们通过形变诱导析出和中温相变控制等技术创新，生产出高强微合金钢板，在鞍钢、武钢、济钢投产，已超过 30 万吨，用于大型桥梁、汽车起重机的挂臂、采矿液压支架等处，销售收入已超过 30 亿元。翁宇庆领导的团队还研发出了强度级别达到 14.9 级的耐延迟断裂紧固件用合金钢，是目前

2010 年 8 月 25 日，翁宇庆（右一）与中国工程院化工、冶金与材料工程学部的院士们在黑龙江伊春林区

国际上强度级别最高的耐延迟断裂紧固件用合金钢，已经在汽车上使用，并成为香港 9 号码头大螺栓用材。

翁宇庆现被聘为中国金属学会名誉理事长、钢铁研究总院名誉院长、国家气候变化专家委员会委员和国防科工局技术委员会委员。

翁宇庆是常熟翁氏家族后人，与清代两朝帝师翁同龢同宗。2010 年 10 月 21 日，常熟市档案馆经过多次联络，派人拜访翁宇庆。翁宇庆热情接待，并将部分个人档案捐赠给档案馆。2012 年 9 月，翁宇庆参加苏州市科协主办的苏州院士回乡活动时回到常熟，参观了常熟市档案馆和翁同龢纪念馆。他在参观档案馆时亲笔题词“祝家乡人民明天更美好”。

（撰稿：吕惠峰）

陈祥宝
中国复合材料研究的“领航员”

陈祥宝（1956.4.25—），江苏常熟人。1973年，陈祥宝毕业于常熟吴市中学。之后做过木匠，当过普通工人。恢复高考后，于1978年至1984年就读于北京航空航天大学材料科学与工程学院，获学士、硕士学位。1991年，毕业于比利时鲁汶大学，获工学博士学位。现任北京航空材料研究院副院长、研究员、博士生导师。是中国航空工业集团公司复合材料首席专家、总装备部先进材料技术专业组副组长、“863”计划航空航天领域专家、中国复合材料学会副理事长。2011年，当选为中国工程院院士（化工、冶金与材料工程学部）。

陈祥宝长期从事先进树脂基结构复合材料和结构/功能一体化复合材料研究工作，带领团队研制了耐高温高韧性复合材料、低温固化高性能复合材料和结构功能一体化复合材料，发展了复合材料制造过程模拟优化和自动铺放技术，提升了树脂基复合材料性能、功能和制造技术水平，并在航空装备得到大量应用，为我国树脂基复合材料的发展和应用做出了重要贡献。

先进树脂基复合材料的高成本是制约其大规模应用的重要因素。复合材料60%—70%的成本来自制造过程，包括能耗、模具和辅助材料成本，这三者同时受复合材料的固化温度的影响，固化温度越高，能耗就越高、模具和辅助材料的成本就越高，如果把复合材料的固化温度降低到80℃以下，复合材料的制造

2012 年 9 月 13 日，陈祥宝参加苏州院士回乡活动

陈祥宝在实验室

成本就会大大降低。

陈祥宝及其团队抓住低温固化这个降低制造成本的关键，历时 5 年多，合成了新型潜伏性固化剂，这种固化剂在室温下跟环氧树脂反应非常缓慢，但在 60℃—80℃时能够迅速和环氧树脂发生化学反应。通过控制固化剂在环氧树脂的溶解性和形态，将固化剂做成了在室温状态下不溶于环氧树脂的颗粒，当升温到 60℃的时候，固化剂颗粒就会融化，扩大了反应面积，使得复合材料迅速固化。

低温固化高性能复合材料的成功研制，解决了复合材料成本过高的问题，而且还具有与常用中温、高温固化复合材料一样的高性能，极大地促进了高性能复合材料应用领域的扩大。目前，低温固化高性能复合材料已经在预警机、无人机和直升机的构件上获得应用。该项目获得了国家技术发明奖二等奖。

传统的材料学是一门实验学科，要制造出理想的复合材料，需要耗费大量的人力、财力、物力，研制周期长、成本高。如何提高复合材料研究过程的效率呢？陈祥宝带领科研团队首先系统研究了树脂基复合材料制造过程的热化学、热物理规律，建立了制造过程固化动力学方程、温度场分布模型和树脂流动浸润模型，发展了固化变形控制和制造过程工艺优化技术，形成了结构完整、实用的“先进树脂基复合材料制造模拟与优化系统”，该系统的成功研制，缩短了复合材料的研制周期，提高了研制水平，同时，也间接降低了复合材料的制造成本。该技术获得国家科技进步奖二等奖。

除此之外，陈祥宝和他的团队持续开展了复合材料增韧技术研究，发展了复合材料树脂基体分子结构改性、高性能热塑性树脂本体增韧及“层间协同增韧”技术，建立了高韧性复合材料技术体系，成功研制了高韧环氧复

陈祥宝（中）等获得中国航空工业集团公司表彰

2012 年 9 月，6 位常熟籍院士被聘请为常熟市人民政府顾问，陈祥宝从常熟市市长王飏（左）手中接过聘书

合材料及高韧性双马复合材料；开展了国产碳纤维增强高性能复合材料应用技术研究，牵引和促进了国产碳纤维 CCF-300 实现稳定生产和工程应用；主持了复合材料自动铺带技术研究，建立了复合材料预浸带技术标准和自动铺带工艺规范，明显提高了制造效率，提升了复合材料构件自动化制造技术水平。

陈祥宝长期从事先进复合材料的研究工作，科技成果获得多项国家奖励，申请国家发明专利 47 项，其中 29 项已经得到授权；出版《高性能树脂基体》、《先进复合材料制造技术》、《复合材料制造模拟与优化技术》等著作 11 部，在国内外学术刊物和会议发表论文 100 多篇，其中 50 多篇被科学引文索引（SCI）和工程索引（EI）收录。

（撰稿：吕惠峰）

田禾
高调工作　低调生活

田禾(1962.7.22—)，祖籍江苏常熟，生于新疆乌鲁木齐。中学毕业于新疆石河子市第二中学。1978年9月，进入南京理工大学化工学院。1982年7月，获学士学位。1982年8月至1983年8月，在新疆乌鲁木齐5223厂任助理工程师。1983年9月，华东理工大学物理系硕士研究生。1986年7月，获硕士学位。1986年9月，华东理工大学精细化工研究所博士研究生。1989年1月，获工学博士学位，并被授予“全国有突出贡献的博士学位获得者”称号，之后留校在精细化工研究所工作。1990年8月至1990年10月，苏联科学院莫斯科化学物理研究所访问学者。1991年10月至1993年7月，德国锡根大学化学系洪堡基金博士后。后为华东理工大学教授、博士生导师。1996年至今，任华东理工大学化学与分子工程学院院长。1996年，获得国家杰出青年基金。1998年，获“全国优秀教师”称号。1999年，被聘教育部长江学者奖励计划特聘教授。2004年，被评为全国优秀留学回国人员、新世纪百千万人才工程国家级人选。2011年，获全国五一劳动奖章。2011年，当选为中国科学院院士(化学部)。

田禾现任英国皇家化学会学术刊物《Chemical Science》、《Polymer Chemistry》的国际顾问编委，国际学术刊物《Dyes and Pigments》的主编等职。任第五、第六届教育部科学技术

2009 年 9 月，田禾与国际著名学者意大利博洛尼亚大学 Balzani 教授合影

委员会化学化工学部副主任等。主要从事精细化工尤其是功能染料的基础与应用研究，在国际学术刊物上发表论文 300 多篇。获 2000 年国家科技进步奖二等奖和 2007 年国家自然科学奖二等奖等多项科技奖项。至 2013 年 3 月被科学引文索引(SCI)他人引用超过 10300 次。现担任国家“973”项目“分子探针识别肿瘤特异性血清标志物的基础研究”首席科学家。

田禾主要从事有机功能材料的合成及其光物理、光化学研究。他从产品工程的基础研究入手，针对染料分子内弱相互作用可控转换与其多尺度功能调控的关键科学问题，提出染料分子设计新概念，发展了多尺度体系的精细荧光表征方法，探索多功能应用新体

2012 年 6 月 14 日，田禾(左三)参加北京大学纳米科技论坛并做学术报告

系，解决了产品清洁高效合成工艺的关键难题，取得系列研究成果。田禾提出以荧光作为读出信号的可擦式光信息存储新概念，创新合成一系列具有高信噪比的光致变色荧光材料，大幅度提高其应用稳定性；创新合成可用荧光信号表征的可“锁”的光驱动分子梭和多构型逻辑功能分子机器等，解决了分子尺度上精确表征分子机器运动的关键问题；在国际上首先报道高选择性汞的荧光比率传感体系，在荧光探针和高性能有机太阳电池染料等方面进行了创新探索。通过 20 年的研究积累，他形成了以“共轭 π 体系

田禾(左二)与嘉兴学院有关领导合影

田禾为苏州市首届青少年科技创新市长奖、耕耘奖获得者颁奖

结构与多尺度功能精细调控”为主要特色的研究体系。

田禾针对功能染料新品种、关键生产工艺和应用开展了深入研究,构筑了具有自主知识产权的产品体系,在产品工程的应用和产业化方面解决了一系列工艺难题;发明了新型多枝结构稀土金属盐多相催化剂,形成高性能颜料清洁生产的创新工艺;开发出系列全新结构的高性能光盘染料,解决了低成本合成生产技术难题,突破了光盘染料的国外技术壁垒。这些创新的生产工艺和已实施的发明专利技术,创造出显著的经济与社会效益。

田禾工作中严谨高调,但生活中却朴实低调。面对社会与媒体对他的关注,他总是淡淡地说:“这不是什么重要的事情。”

(撰稿:吕惠峰)

后记

苏州作为吴文化主要发源地，历来崇文重教，人文厚重，科教繁盛，英才辈出，既是历史闻名的“状元之乡”，更是当代著名的“院士之乡”。

苏州院士多达110余位，在新中国科技发展史上群星闪耀，灿若星河。我曾在苏州大学工作多年，作为一名大学教学科研管理工作者，和院士之间的交往也颇有渊源，如中科院上海有机化学研究所陆熙炎院士、南开大学李正名院士、厦门大学郑兰荪院士等等，都是我所敬重的恩师。2007年赴任苏州市人事局局长到现在任苏州市科协主席，与院士的交集更加紧密，逢年过节去看望在苏工作的院士，多次参加各类高层次学术活动，也会适逢来苏州出席会议的诸位院士，让我对院士工作有了更深理解、更多敬意。苏州院士既是可敬的科学大师，又是可亲的学界长者，他们或出生在苏州，或祖籍在苏州，或成长在苏州，或工作在苏州，无论是美好的童年记忆，还是奋进的求学历程，或是执着的科研探索，或是惊喜的发现之旅，或多或少与苏州有着千丝万缕的渊薮，怀着难以割舍的家乡情结，时时关心、关注、支持着苏州经济社会发展。

苏州院士是苏州的骄傲与荣耀，“院士精神”乃是引领苏州创新发展的强大动力。科协是党领导下的人民团体，作为科技工作者的群众组织，要充分发挥党和政府联系包括院士在内的广大科技工作者的桥梁和纽带作用。我们深深感到，在着力实施科技工作者“暖心工程”的同时，很有必要做好苏州院士资料采集工作，全面系统地收集和整理他们的成长资料，真实生动地记录和展示苏州院士的成长历程，面向社会公众，特别是广大青少年，宣传和展现苏州院士的光辉业绩和崇高精神，以求真务实的科学精神滋养年轻人，进一步营造全市上下更加浓厚的创新创业氛围。

《苏州院士》一书共收录了109位苏州院士的个人资料，首以院士当选时间、次以院士出生时间为序，每位院士资料单独成篇，多角度、全方位地记载了他们的成长历程，史料翔实，内容丰富，文字精练，图文并茂，体现了科学性、纪实性、历史性和可读性的有机统一。该书由苏州市科协和苏州市档案局共同组织编撰，既是院士个人风采的展现，又是苏州院士群像的塑造，把科学家宝贵的精神财富汇聚起来，又传播开来，让社会大众走近科学家，了解科学家的梦想，弘扬科学家的精神。

《苏州院士》一书是集体智慧的结晶。该书在编撰过程中，得到了中国科协、中国科学院、中国工程院等国家部委和上级部门的关心重视，得到了市委、市政府领导的亲切关怀，得到了院士、家属、助手以及社会各界的大力支持。中共江苏省委常委、苏州市委书记蒋宏坤为本书作序，中共苏州市委副书记陈振一担任本书编委会主任，苏州市书法家协会主席、苏州大学博士生导师华人德教授为本书题字，给我们莫大的鼓励。许多院士、家属和助手热情提供了珍贵的文稿、资料和照片，参与了本书的撰写、审阅和修改工作，对于丰富内容、甄别史实和提高质量发挥了关键作用。在此，我谨代表编委会向他们表示衷心的感谢，对全体撰稿人、相关单位和个人付出的辛勤劳动一并致谢。

"中国梦"连着"科学梦"，"科学梦"助推"中国梦"。我们衷心期待广大读者，特别是青年科技工作者和青少年朋友们，以苏州院士为楷模，进一步弘扬老一辈科学家的科学思想、科学方法和科学精神，并将其接力下去，薪火相传，代代相继，发扬光大，为谱写"中国梦"的苏州篇章留下精彩一笔。

格物致知，厚德载物。院士精神励志化人，人格魅力润物无声，学术资料浩瀚精深。由于篇幅和水平所限，加之时间较紧，对苏州院士资料的采集难免挂一漏万，如有不当之处，竭诚期盼读者批评指正！

是为后记，助推美好"苏州梦"！

苏州市科学技术协会党组书记、主席
苏州大学教授、博士生导师 纪顺俊

2013年8月

汉字笔画索引

参考书目

[1]本书编委会.功高德劭:"两弹一星"功勋科学家程开甲[M].北京:国防工业出版社,2008.

[2]曹雪娟.吴江名人录[M].上海:上海文艺出版社,2009.

[3]冯步云.点滴凝聚铸人生:冯端传[M].南京:南京大学出版社,2012.

[4]冯新德.冯新德文集[M].北京:北京大学出版社,1998.

[5]顾诵芬,师元光.我的飞机设计生涯[M].北京:航空工业出版社,2011.

[6]郭梅,周樟钰.水利泰斗:张光斗传[M].南京:江苏人民出版社,2011.

[7]纪晓阳.20世纪中国著名科学家书系:郑国锠[M].北京:金城出版社,2011.

[8]江阴市暨阳名贤研究院.科技之光:江阴籍院士风采录[M].北京:中国科学出版社出版,2006.

[9]经济日报文化新闻部.院士风采[M].北京:经济日报出版社,2012.

[10]李建君,曹慧.大洋彼岸的华裔巨星:朱棣文[M].北京:北京交通大学出版社,2009.

[11]李敏.20世纪中国著名科学家书系:唐孝威[M].北京:金城出版社,2011.

[12]廖小东.贝聿铭传[M].武汉:湖北人民出版社,2008.

[13]刘晓.卷舒开合任天真:何泽慧传[M].北京:中国科学技术出版社,2013.

[14]卢嘉锡等.院士思维(1、2卷)[M].合肥:安徽教育出版社,1998.

[15]卢嘉锡等.院士思维(3、4卷)[M].合肥:安徽教育出版社,2001.

[16]潘承洞,潘承彪.简明数论[M].北京:北京大学出版社,1998.

[17]潘承洞.潘承洞文集[M].济南:山东教育出版社,2002.

[18]潘承洞,潘承彪.哥德巴赫猜想[M].北京:科学出版社,2011.

[19]钱伟长,白春礼.20世纪中国知名科学家学术成就概览:化学卷(第2分册)[M].北京:科学出版社,2012.

[20]沈善炯,熊卫民.沈善炯自述[M].长沙:湖南教育出版社,2009.

[21]宋明达.20世纪中国著名科学家书系:潘镜芙[M].北京:金城出版社,2011.

[22]王浩治.中国化学家与化学会[M].北京:北京大学出版社,2012.

[23]魏然.科技之光:记杰出科技作家[M].北京:化学工业出版社,2008.

[24]相里斌.光耀人生:王大珩学术思想与创新贡献[M].北京:科学出版社,2011.

[25]晓亮.从清华走出的科学家[M].北京:三峡出版社,2011.

[26]肖芃.馆藏苏州名人相册[M].济南:山东画报出版社,2012.

[27]谢牧人.绍兴籍院士风采录[M].北京:人民日报出版社,2008.

[28]咏康.一个院士的成功之路:东吴病毒学家殷震传[M].北京:解放军文艺出版社,2001.

[29]张涤生等.共和国院士回忆录(二)[M].上海:东方出版中心,2012.

[30]中国高等科学技术中心.李政道文选(科学和人文)[M].上海:上海科学技术出版社,2008.

[31]中国工程院.中国工程院院士指南[M].北京:宇航出版社,1999.

[32]中国工程院等.中国工程院院士(1、2)[M].北京:高等教育出版社,2000.

[33]中国工程院等.中国工程院院士(3、4)[M].北京:高等教育出版社,2002.

[34]中国工程院学部工作部.中国工程院院士自述(第一卷)[M].上海:上海教育出版社,1998.

[35]中国工程院学部工作局.中国工程院院士自述(第二卷)[M].北京:高等教育出版社,2008.

[36]中国科学院学部联合办公室.院士风采:中国优秀科学家肖像手迹集[M].杭州:浙江科学技术出版社,1995.

[37]中国科学院院士工作局.科学的道路[M].上海:上海教育出版社,2005.

[38]中国科学院院士工作局.中国科学院院士画册[M].济南:山东教育出版社,2006.

[39]周向群.院士风采录[M].苏州:古吴轩出版社,1998.

图书在版编目（CIP）数据

苏州院士 / 纪顺俊主编.—上海：文汇出版社，2013.8
ISBN 978-7-5496-0970-3

Ⅰ.①苏… Ⅱ.①纪… Ⅲ.①院士—人物传记—苏州市 Ⅳ. ①K826.1

中国版本图书馆CIP数据核字（2013）第197226号

苏州院士

主　　编 / 纪顺俊
策　　划 / 陈雪春
责任编辑 / 李　蓓
特约编辑 / 张　琦
装帧设计 / 周　丹

出版发行 / **文匯出版社**
上海市威海路755号
（邮政编码200041）
印刷装订 / 苏州市越洋印刷有限公司
版　　次 / 2013年8月第1版
印　　次 / 2013年8月第1次印刷
开　　本 / 787×1092　1/16
字　　数 / 300千
印　　张 / 33.125
印　　数 / 1—3000

ISBN 978-7-5496-0970-3
定　　价 / 388.00元（全二册）